Le droit du commerce international contre l'économie africaine ?

Godé Mpoy Kadima

Le droit du commerce international contre l'économie africaine ?

Comptes rendus

L'Harmattan

Collection « Comptes rendus »
Fondée et animée par Eddie Tambwe Kitenge

5-7, rue de l'École-Polytechnique – 75005 Paris

www.editions-harmattan.fr

ISBN : 978-2-343-18433-3
EAN : 9782343184333

Remerciements de l'auteur

Ce livre est une partie de la synthèse de nos recherches consacrées au coût d'opportunité de la mise en œuvre de l'Accord sur la Facilitation des Echanges de l'OMC en Afrique. Je voudrais remercier les personnes dont l'apport a été crucial dans la rédaction de cet ouvrage. Ma gratitude à mon épouse Betty MPOY, à mes enfants : Roi Salomon MPOY, Baron MPOY, la Duchesse Fanny MPOY, Princesse MPOY, Prince MPOY et Altesse MPOY qui se sont privés de la régularité de nos entretiens familiaux.

Ce livre n'aurait pu être réalisé dans sa forme actuelle sans le précieux concours de Pathy KITALA et Floribert MUNGABA : leur apport dans la saisie et relecture du manuscrit a significativement réorienté le contenu de cet ouvrage.

Je ne pourrais terminer sans avoir une pensée de reconnaissance à l'égard de ces anonymes collaborateurs qui ont contribué à la réalisation de cet ouvrage, chacun à sa manière et à son niveau.

Abréviations, Sigles et Acronymes

ACP: Groupe des États d'Afrique, des Caraïbes et du Pacifique (Convention de Lomé et Accord de Cotonou).
ACTSA : Action for Southern Africa
ACR : Accords des communautés régionales
ACREANZ : Accord commercial de rapprochement économique australo-néo-zélandais
ADPIC: Aspects des droits de propriété intellectuelle qui touchent au commerce
AELE: Association européenne de libre-échange
AEM: Accord environnemental multilatéral
AFE : Accord sur la Facilitation des Echanges
AFTA: Zone de libre-échange entre les pays de l'ANASE
AGCS: Accord général sur le commerce des services
ALENA: Accord de libre-échange nord-américain
AMF: Arrangement multifibres (remplacé par l'ATV)
ANASE: Association des nations de l'Asie du Sud-est
AOC: (Région douanière de l') Afrique de l'Ouest et centrale
APEC: Coopération économique Asie-Pacifique
ASACR: Association sud-asiatique de coopération régionale
ATV: Accord sur les textiles et les vêtements
BERTI : Système britannique de recherche électronique de renseignements tarifaires contraignants
BRVM : Bourse régionale des valeurs mobilières
BVMAC : Bourse des valeurs mobilières d'Afrique centrale
CAE: Communauté de l'Afrique de l'Est
CCD: (anciennement) Conseil de coopération douanière (maintenant: OMD)
CCD: Comité du commerce et du développement
CCE: Comité du commerce et de l'environnement
CCI: Centre du commerce international
CDB: Convention sur la diversité biologique
CEEAC: Communauté économique des États de l'Afrique centrale
CEDEAO : Communauté Economique des Etats d'Afrique de l'Ouest
CEMAC : Communauté économique et monétaire de l'Afrique centrale
CEN-SAD: Communauté des États sahélo-sahariens
CFE : Comité de facilitation des échanges
CIR: Cadre Intégré Renforcé

CITES: Convention sur le commerce international des espèces de faune et de flore sauvages menacées d'extinction
CKR: Convention de Kyoto Révisée
CNC: Comité des négociations commerciales
CNFE: Comité national de facilitation des échanges
CNUCED: Conférence des Nations Unies sur le commerce et le développement
COMESA: Marché commun pour l'Afrique de l'Est et l'Afrique australe
COPES: Recueil des pratiques opérationnelles douanières en matière de lutte contre la fraude et de saisie
CPS: Conseil de paix et de sécurité
CVM : Chaînes de valeur mondiales
DET: Dispositifs d'exclusion des tortues
DTS: Droit de tirages spéciaux (FMI)
ECOSOCC: Conseil économique, social et culturel
EGC: Equilibre général calculable
ESP: Équivalent subvention à la production (agriculture)
ETI: Enabling trade index
FAO: Organisation des Nations unies pour l'alimentation et l'agriculture
FEM: Forum économique mondial
FMI: Fonds monétaire international
GATT: Accord général sur les tarifs douaniers et le commerce
GCF: Gestion coordonnée des frontières
IAE: Inspection avant expédition
ICITO: Commission intérimaire de l'Organisation internationale du commerce
IDA: Indices de développement humain
IDE: Investissements directs étrangers
IFE: Indicateurs de facilitation des échanges
IFIA : Fédération internationale des sociétés d'inspection
IGAD: Autorité intergouvernementale pour le développement
INTA: Association internationale pour les marques
IPL: Indice de performance logistique
JECFA: Comité mixte d'experts des additifs alimentaires,
MARP: Mémorandum d'accord sur les règles et procédures
MEPC : Mécanisme d'examen des politiques commerciales
MERCOSUR : Marché commun du Sud
MGS: Mesure globale du soutien (agriculture)
MIC: Mesures concernant les investissements et liées au commerce
NCM: Négociations commerciales multilatérales
NEPAD: Programme du nouveau partenariat pour le développement de l'Afrique
NPF: Clause de la nation la plus favorisée

NPI: Nouveaux pays industrialisés
OEA: Opérateurs économiques agréés
OEPC: Organe d'examen des politiques commerciales
OIC: Organisation internationale du commerce
OIT: Organisation internationale du travail
OMC: Organisation mondiale du commerce
OMD: Organisation mondiale des douanes
OMPI: Organisation mondiale de la propriété intellectuelle
ONU: Organisation des Nations unies
ONUDI: Organisation des Nations unies pour le développement industriel
ORD: Organe de règlement des différends
OSPT: Organe de supervision des textiles
OTC: Obstacles techniques au commerce
OUA: Organisation de l'unité africaine
PDD: Programme de Doha pour le développement
PME: Petites et moyennes entreprises
PNUD: Programme des Nations unies pour le développement
PNUE: Programme des Nations unies pour l'environnement
PED: Pays en développement
PPTE: Initiative en faveur des pays pauvres très endettés
RTC: Renseignements tarifaires contraignants
SACU: Union douanière d'Afrique australe
SADC: Communauté de développement d'Afrique australe
SELA: Système économique latino-américain
SGP: Système généralisé de préférences
SH: Système harmonisé de désignation et de codification de marchandises
SPS: Mesures sanitaires et phytosanitaires
TSD: Traitement spécial et différencié
UA: Union africaine
UE: Union européenne
UEMOA: Union économique et monétaire ouest-africaine
UMA: Union du Maghreb arabe
UPOV: Union internationale pour la protection des obtentions végétales

Avant-propos

Les instruments de l'Organisation mondiale du commerce, sont-ils servants de l'Afrique ? L'Accord sur la facilitation des échanges pourrait-il lubrifier la compétitivité économique de l'Afrique ? Quelle stratégie à adopter par l'Afrique pour un commerce mondial dans les conditions de pleine concurrence ? C'est à ce triple questionnement que les chercheurs en commerce international sont confrontés et proposent des réponses différentes.

Dans cet ouvrage, nous tentons également d'y répondre, mais en présentant le caractère inéquitable de l'Accor de facilitation des échanges et autres instruments de l'Organisation mondiale du commerce, qui risquent de plonger l'Afrique dans une dépendance économique pérenne. L'enjeu du jeu économique africain dans le contexte de la mondialisation et de la Zone de libre-échange continentale africaine passe, inéluctablement, par un engagement massif et effectif dans le commerce mondial. Le continent africain a toujours été considéré comme un marché potentiel pour l'Occident et même l'Orient, du fait de sa forte démographie (aujourd'hui estimée à 1.250.000 âmes) et du déficit en technologie. La situation s'explique par un environnement inapproprié. Primo, le droit de l'Organisation mondiale du commerce, d'essence coloniale, conçu sans l'Afrique et s'appliquant contre elle, ainsi que l'absence de l'expertise dans le chef des négociateurs postindépendance. Secundo, le commerce interafricain toujours faible et inorganisé, nonobstant des efforts fournis ces dernières années.

L'Afrique a maintes fois dénoncé les inégalités du système international dont les mécanismes sont sous contrôle exclusif des puissances commerciales du monde. Le continent se trouve marginalisé dans les négociations où le blocage se situe généralement autour de questions agricoles. La part de l'Afrique est certes insignifiante dans le commerce international, mais les citoyens africains sont indignés à l'idée que les puissances commerciales contraignent leurs pays à supprimer taxes et autres formes de subventions, tout en subventionnant leurs propres agriculteurs aux dépens de ceux d'Afrique, bien plus démunis. Le commerce mondial constitue de ce fait un marché de dupes, dominé par la même pensée unique et inique.

Il y a peu, l'Afrique, faiblement représentée, agissait en ordre dispersé. Chaque Etat recourant à sa propre stratégie. Mais l'on s'aperçoit bien vite que les choses ne sont pas aussi faciles. Il semble cependant que la situation change. De fil en aiguille, l'expertise se développe et se renforce. Peu à peu, l'on apprend aussi à mieux maîtriser les dossiers et à étoffer les délégations de manière conséquente. Les négociations internationales deviennent de plus en plus ardues parce que l'Afrique prend sa place et s'affirme davantage. La contribution des organisations sous régionales et régionales, et l'ensemble de la société civile, sont pour beaucoup dans ces performances. Il faut se féliciter que des juridictions supranationales s'imposent de plus en plus à l'intérieur de nos frontières, même si des poches de résistance existent. Il est aussi évident que l'Afrique est beaucoup défendue par les organisations de la société civile occidentale dont le travail est inestimable.

L'Afrique a pris conscience de ses forces, mais aussi de ses faiblesses. De mieux en mieux pourvus, les pays disposent d'experts de toutes disciplines et des spécialistes de très haut niveau pour les négociations. Il n'y a plus de complexe à poser les problèmes et à les discuter. Il faut non seulement être averti des enjeux, mais surtout apprendre à bien préparer ses dossiers et à les défendre au moment opportun. Les pays africains cherchent de plus en plus à parler d'une seule voix, comme dans le cas des pays producteurs de coton réunis au sein de l'Initiative C4 qui comprend le Bénin, le Burkina Faso, le Mali et le Tchad. Cela permet, tout au moins, de mieux se concerter et de peaufiner les stratégies face aux défis et perspectives. Dans le même ordre d'idées, l'Afrique doit travailler de manière grégaire pour que le droit de l'Organisation mondiale du commerce préserve les droits des Etats commerçants du monde. Ce livre propose donc aux 54 Etats d'Afrique, les stratégies d'ensemble pour une bataille commerciale massifiée, sans laquelle la recolonisation, économique cette fois-ci, sera foudroyante et chirurgicale.

Chapitre I

Le fondement théorique du commerce international

La théorie du commerce international est la branche des sciences économiques. Elle s'intéresse à la modélisation des échanges de biens et de services entre Etats ; elle se penche aussi sur les questions d'investissement international et de taux de change[1]. Elle comprend donc deux branches essentielles ; à savoir : la pensée classique (largement inspirée par David Ricardo[2]) et les outils de l'organisation industrielle et de l'économie géographique. Seront ainsi présentés, premièrement, les théories classiques et modèles suivants : théories des avantages absolus, théorie ricardienne des avantages comparatifs, le modèle Heckscher-Ohlin-Samuelson (HOS), le modèle Cairnes-Haberler, le modèle Ricardo-Viner. Deuxièmement, les théories protectionnistes qui traitent du protectionnisme ou libre-échange, du mercantilisme, de l'échange inégal avec le tiers-monde, des avantages comparatifs auto-consolidants. Troisièmement, les nouvelles théories du commerce international, la théorie du cycle de vie des produits, la théorie stratégique du commerce, la théorie de la concurrence monopolistique, la théorie des rendements d'échelle croissants et effets de réseau. Quatrièmement, les modèles opérationnels.

I.1. Les théories classiques

Dans sa quête de faire triompher l'idée du libre-échange, Adam Smith[3] montre, à la fin du XVIIIe siècle, en 1776, qu'un pays ne doit pas hésiter à acheter à l'extérieur ce que les producteurs étrangers peuvent produire à meilleur compte que les producteurs nationaux[4]. Il affirme que le pays qui vend un certain produit moins cher que tous les autres pays, possède ainsi un avantage absolu pour ce produit. Smith indique alors qu'un pays doit se spécialiser dans la production de biens pour lesquels il possède cet avantage absolu et acheter tous les autres biens.

---

[1] Silem(A), *Lexique d'économie*, 10ème éd., Paris, Dalloz, 2008, p.164.
[2] Nyahoho (E) et Proulx (P-P), *Le commerce international, théories, politique et perspectives industrielles*, 4ème éd. Quebec, 2011, PUF, p.12.
[3] Combe (E), *Précis d'économie*, 12ème éd, Paris, PUF, 2012, p.53.
[4] N. Mankiw (Gr) et P. Taylor (M), *Principes de l'économie*, 2ème éd, De Boeck, Bruxelles, 2011, p.222.

Il sied de préciser que l'avantage se justifie, entre autres, par la disponibilité des ressources naturelles et d'une main-d'œuvre entreprenante.

Il appert ainsi que la théorie des avantages absolus exclut l'échange réciproque entre pays ayant des niveaux très différents de développement. En effet, le plus développé des pays est susceptible de bénéficier de la productivité la plus élevée dans tous les secteurs. De ce point de vue, nous estimons que les flexibilités accordées aux pays africains par le droit de l'OMC ne sauront pas résoudre efficacement les inégalités entre l'Afrique et les pays développés. Aussi, nous ne partageons pas le point de vue Smith selon lequel le fait pour un pays de vendre moins cher un bien lui confère automatiquement l'avantage absolu, car si le bien vendu est de mauvaise qualité les nations concurrentes peuvent en produire de bonne qualité.

David Ricardo[1], en 1817, développe la théorie de l'avantage comparatif : « un pays peut bénéficier de la spécialisation en produisant les biens pour lesquels il possède un avantage comparatif, et ce, même s'il possède un désavantage absolu pour tous les biens qu'il produit ». Il considère que le travail est le seul facteur de production et que ce facteur est mobile à l'intérieur du pays, mais immobile internationalement. En réfléchissant sur les coûts comparatifs et non absolus, il démontre qu'il est avantageux pour chacun de se spécialiser dans la production pour laquelle il possède l'avantage le plus fort ou le désavantage le plus faible.

La théorie ricardienne des avantages comparatifs, lie le commerce international à des différences de technologie de production entre les pays. On note également que le modèle de Ricardo arrive à deux conclusions fondamentales ; à savoir : les pays sont toujours gagnants à l'échange qui permet de produire de manière plus efficace. En situation d'échange, ils vont se spécialiser dans la production du bien où ils possèdent un avantage comparatif[2]. Nous relativisons, par conséquent, en disant que les inégalités sont, dans une certaine mesure, atténuées par les flexibilités et appellent les PED, et l'Afrique, à plus de dynamisme commercial.

Le modèle d'Hechscher-Ohlin Samuelson suggère que les échanges internationaux reposent sur des différences de dotation dans les facteurs de production. Le modèle est connu sous plusieurs noms. Il fut d'abord publié sous une forme plus littéraire par Bertil Ohlin, qui attribua la copaternité du modèle à son directeur de thèse, Eli Heckscher, en 1933. En 1941, Paul Samuelson et Wolfgang Stolper en déduisirent un théorème important sur la rémunération des facteurs,

---

[1] H. Perkins(D), Radelet(S) et L. Lindauer (D), *Economie de développement*, 3ème éd, Bruxelles, De Boeck, p.814.

[2] Samuelson (P) et Nordaus (W), *Economie*, 18ème éd, Paris, Economica, 2005, p.293.

systématiquement incorporé dans la présentation du modèle, désormais connu sous l'acronyme HOS. Il en découle des conclusions suivantes :

1) on a spécialisation partielle de chaque pays dans le bien relativement le plus intensif dans le facteur dont ce pays est relativement le mieux doté ;

2) on a égalisation des prix relatifs des biens entre les pays ;

3) en raison de la relation entre prix relatifs et rémunérations relatives, la rémunération relative du facteur relativement le plus rare dans chaque pays, diminue, tandis que celle du facteur relativement le plus abondant, augmente[1].

On note cependant que, nonobstant la place centrale qu'occupe ce modèle dans la littérature, c'est avant tout à cause des intuitions qu'il souligne, et de la richesse des résultats qu'il propose, qu'il fait autorité. Cependant, il est contestable sur plusieurs points :

1) la plupart de ses prédictions sont infirmées par les flux du commerce international. En effet, on constate alors que les Etats-Unis ont un taux de capital par tête parmi les plus élevés, ils exportent des produits relativement intensifs en travail (paradoxe de Leontief)[2] ;

2) l'égalisation des prix relatifs n'est que rarement observée, même au sein d'une union monétaire comme la zone euro. Cette observation amène à étudier les conséquences de différences de demande entre les pays ;

3) dans ce modèle, la mobilité du capital conduit à une situation dégénérée, car après un équilibrage des dotations relatives, les pays se retrouvent en autarcie.

Le modèle Cairnes-Haberler Il stipule que tous les facteurs de production sont fixes, et ne peuvent même pas passer d'une industrie à l'autre. Le modèle Ricardo-Viner affirme que certains facteurs de production sont fixes, mais pas tous. Ainsi, lors de la production de deux biens, l'offre de travail est répartie entre deux secteurs. Le modèle explique le sens de l'échange international en développant un modèle à facteurs spécifiques (ou analyse néo factorielle) qui énonce ses

---

[1] Krugman (P), *Economie internationale*, 10ème éd, Paris, Nouveaux horizons, p.89.

[2] Le paradoxe de Leontief dénote le fait que les Etats-Unis, pays qui dispose du rapport le plus élevé de fonds financiers par travailleur, exporte des produits qui demandent plus de main-d'œuvre que les produits importés importent.

principes en introduisant d'autres facteurs de production que le travail : le capital et la terre.

Le travail est le facteur le plus mobile, car pouvant se déplacer d'une industrie à l'autre. Le capital et la terre sont spécifiques à une industrie et des ajustements vont se faire au niveau de ces facteurs. Ricardo et Viner ont démontré que la dotation en facteurs spécifiques va maintenant déterminer le sens de l'échange et remettent en cause l'approche HOS. Le sens de l'échange est maintenant déterminé à travers la qualification de travail, car plus le travail est qualifié, plus il devient un facteur spécifique.

Les propositions apportées par Ricardo et Viner montrent que le revenu du travail diminue en termes du bien, dont le prix augmente, car l'augmentation de la valeur d'échange d'un bien (prix relatif) conduit à une augmentation de la rémunération réelle du facteur spécifique, utilisé dans la fabrication de ce bien et diminue la rémunération réelle du facteur spécifique, utilisé dans la fabrication de l'autre bien, dans l'hypothèse où deux biens sont produits.

I.2. Les théories protectionnistes

Le protectionnisme vise à protéger de la concurrence internationale, le marché intérieur d'un pays par différentes mesures1. Dans la suite de cette étude, nous allons nous évoquer les théories du protectionnisme, le libre-échange, le mercantilisme, l'échange inégal avec le tiers-monde et les avantages comparatifs autoconsolidants.

Si la dynamique du commerce international tend à favoriser la constitution des monopoles, alors il semble que le protectionnisme soit justifié pour contrôler les abus de position dominante, des monopoles étrangers ou bien empêcher leur constitution. Paul Krugman estime que l'imperfection de la concurrence constituait l'argument théorique suffisant pour réfuter les thèses libre-échangistes. De ce point de vue, l'Afrique doit user de beaucoup de prudence dans la mise en œuvre de l'AFE qui apparemment ignore l'imperfection de la concurrence.

Il convient de préciser que la concurrence peut être inexistante au plan matériel, mais jouer toutefois son rôle. Une entreprise en situation de monopole est, par conséquent, contrainte de se soumettre aux exigences de la concurrence, si elle ne veut pas voir surgir de nouveaux concurrents. Il faut également considérer que l'intervention protectionniste suscite des représailles et provoque, en bout de course, une dégradation économique de tous les protagonistes.

Le droit de l'OMS apparait ainsi comme l'instrument- régulateur d'un commerce fluide servant du développement de l'Afrique. Face à

[1] Silem (A), *Op. Cit.*, p.636.

ces nouveaux arguments et aux études économétriques sur le sujet, on a finalement vu les nouveaux théoriciens du commerce international, adopter une position favorable au libre-échange. Ainsi, Paul Krugman[1] est devenu depuis, l'un des plus fervents partisans du libre-échange, constituant de ce fait un exemple de ce phénomène.

Les mercantilistes sont apparus via le bullionisme, le colbertisme et le nationalisme. Le bullionisme correspond au mercantilisme méditerranéen de l'Espagne, du Portugal et de l'Italie. Il est axé sur l'accumulation de l'or. L'Etat veut s'enrichir pour financer les Etats-nation, ce qui le conduit à l'inflation et à la dépréciation de l'or. On assiste alors à une économie d'oisifs avec obligation d'importer des produits. Donc, l'Espagne ne s'enrichira pas, mais les pays voisins vendront à l'Espagne et s'enrichiront.

Le colbertisme correspond au mercantilisme français et de l'Europe de l'Est. Les ministres cherchent à recentrer l'Etat dans les pays qui doit décider de tout ; ce qui constitue la centralisation. C'est donc dans cette optique que Colbert va mettre en place des structures dans le but de produire pour revendre par la suite et exporter. Le nationalisme par contre concerne les pays anglo-saxons et la Hollande. Les Anglais sont de bons navigateurs, ils achètent à un endroit pour revendre à un autre et ont développés le secteur de banques et assurances. La Hollande se financera grâce aux bourses de valeurs qu'elle a créées. Les banques vont vouloir convertir les monnaies, ce qui permet la création de la monnaie papier et la conclusion des accords entre les banques de différents pays, dont les termes de convertibilité reposent sur l'étalon d'or.

Les différentes théories du commerce international définissent, dans leur globalité, un état optimal pour l'économie mondiale. Elles sont cependant le résultat d'études, d'analyses exprimées sans tenir compte des variables liées aux situations des pays du tiers-monde. Au demeurant, il faut se mettre dans une bulle parfaite, où le libre-échange ne provoque que des résultats positifs, mais aussi laisser place aux situations d'oligopole. Il appert ainsi une sorte de pessimisme vis-à-vis des théories, mais cela n'empêche la recherche effrénée de l'amélioration des conditions de libre-échange, exemptes de notions économicides. Il importe de préciser que les Etats disposent d'instruments d'actions directes sur les flux commerciaux, notamment les administrations douanières, les impôts indirects et les taux de change. Il n'est pas superfétatoire de rappeler ici que les multinationales ont un rôle crucial dans la régulation des flux commerciaux, les fixations de prix et les échanges de marchandises.

[1] Krugman (P), *Op. cit.*, p.90.

Au regard de l'évolution rebelote de l'industrie, apparaissent des externalités positives, notamment les qualifications, le développement des industries sous-traitantes et les fournisseurs à proximité. Dès lors, on peut conclure que la taille du marché consolide l'avantage comparatif. Autrement dit, plus un marché est grand, plus les entreprises sont compétitives en comparaison de celles des autres marchés. Il existe également des facteurs susceptibles de créer l'avantage comparatif, notamment les subventions publiques, le volume de la consommation nationale. Il va de soi que l'ouverture au commerce international ne fait qu'accroitre les écarts de compétitivité en renforçant les entreprises dominantes et en concentrant les industries là où se présentent les avantages comparatifs initiaux. Ce dynamisme du commerce international provoque une tendance à l'émergence en forme de monopoles et les avantages comparatifs souvent étudiés en termes de rendements croissants.

I.3. Les nouvelles théories du commerce international

Selon Duprieux, l'économie est mouvement. C'est au regard du contexte actuel du commerce international que la théorie du commerce doit ainsi s'ajuster. Nous allons ainsi évoquer les nouvelles théories du commerce international : la théorie du cycle de vie des produits, la théorie stratégique du commerce, la concurrence monopolistique et les modèles de rendement d'échelles croissants et effets réseau.

Les théories traditionnelles du commerce international se préoccupent peu des questions de dynamique ou d'évolutions temporelles des spécialisations nationales. La théorie du cycle de vie des produits a été énoncée, pour la première fois, par Raymond Vernom en 1966. Au regard de la difficulté de tenir compte, concomitamment du commerce, de la croissance et des innovations produits, il s'agit moins d'une véritable modélisation économique que de la formalisation d'un certain nombre d'intuitions. La théorie affirme qu'un produit connait un cycle de vie caractérisé par trois « états » :

1) innovation et consommation locale ;
2) maturité et production étrangère ;
3) standardisation et déclin.

Lors de la période d'innovation, un produit à forte valeur technologique est produit dans le pays qui a fait la découverte à l'aide d'une main-d'œuvre fortement qualifiée (apparition d'un avantage comparatif extrême). Cette innovation est née du besoin de satisfaire une petite demande locale inélastique. Lors de la seconde phase, la demande pour ce bien s'accroit dans les autres riches pays développés.

Le pays précurseur dans la production du bien commence à exporter vers ces pays. Enfin, durant la troisième phase, les pays riches arrêtent de produire ce bien en raison de l'apparition d'une production peu coûteuse dans les pays en développement.

Quant à la théorie stratégique du commerce, il faut dire que la théorie traditionnelle de l'échange international s'intéresse aux effets du commerce international sur les nations, en partant de l'hypothèse de base que la concurrence est pure et parfaite. Il est aussi déduit que le libre-échange améliore la position des nations commerçantes, incitant donc au démantèlement des barrières protectionnistes qui sont à la fois tarifaire et non tarifaire. On note tout de même que les situations de concurrence pure et parfaite sont rares, car l'essentiel du commerce industriel est réalisé pour des produits des secteurs que nous considérons comme des oligopoles[1] lorsque nous les étudions sous leur aspect domestique. Dans la plupart des cas, les marchés sont en situation de concurrence imparfaite[2] où le nombre de firmes produisant un bien et agissant sur le marché est faible.

L'environnement oligopolistique ainsi obtenu, est appelé « environnement stratégique », caractérisé par l'émergence et la résistance du profit. En pareil cas, il peut être rationnel d'imposer une règlementation protectionniste. Le corpus idéal constitue la base théorique de la politique commerciale stratégique, et a donné naissance à une nouvelle approche économique de l'échange international, dénommée nouvelle économie internationale, avec comme pionniers, Brander, Spencer et Paul Krugman. Il sied de préciser que l'apparition de cette théorie remonte à la fin des années 70, mais elle s'est surtout développée dans les années 80.

Selon la théorie de la concurrence monopolistique des années 1930, la concurrence entre les entreprises ne se fait pas seulement sur les prix, mais aussi sur les produits. Il va de soi que chaque entreprise dispose d'un monopole sur un produit qui n'est pas strictement identique à ceux des entreprises concurrentes. De l'application de cette théorie, on découvre que:

> 1) vu que la création d'un nouveau produit n'est limitée que par la taille du marché, l'ouverture au commerce mondial permet d'accroître la variété des biens, ce qui permet une meilleure adaptation de l'offre aux demandes spécifiques des consommateurs ;

[1] Christian (A) et Philippe (N), *Economie internationale, faits, théories et politiques*, Paris, Seuil, 2000, p.61.

[2] Reineli (M), *Le commerce international*, 8ème éd, La découverte-rysins, 2002, p.32.

2) le commerce international se fait de manière intra-branche, car un pays peut à la fois importer et exporter une même catégorie de produits[1].

Pour sa part, l'économie d'échelle signifie un accroissement de l'efficience de l'entreprise, à la suite de l'augmentation de la demande de celle-ci (rendement d'échelle croissant). Ainsi, les économies d'échelle peuvent justifier la spécialisation internationale. Si l'on prend deux pays semblables en tous points (niveau technique, dotation en facteurs, taille et consommateurs aux goûts variés) et si l'on considère deux biens fabriqués dans les mêmes conditions, mais avec des rendements croissants dans les deux pays, on montre que, malgré la similitude des coûts comparatifs qui ne justifierait aucun échange entre eux, chacun peut trouver un avantage à la spécialisation et au commerce international pour obtenir plus de biens qu'en autarcie. Il appert ainsi que le commerce international permet à chaque pays de produire, plus efficacement, un registre limité de biens sans sacrifier la variété des biens consommés.

L'augmentation de la production d'un bien, génère des gains de productivité grâce aux économies d'échelle, donc un avantage comparatif. Mais l'avantage ne résulte pas de différences initiales entre les deux pays qui, par hypothèse, étaient parfaitement semblables. En revanche, il trouve son origine dans la spécialisation elle-même, recherchée pour bénéficier des rendements croissants. Cette explication est ainsi appelée, « théorie endogène » de l'échange international, car c'est la spécialisation et l'échange international qui créent l'avantage comparatif né du phénomène d'économies d'échelle.

I.4. Les modèles opérationnels

Au-delà des théories sus évoquées, il existe un certain nombre de modèles opérationnels de commerce international, le plus célèbre étant le modèle d'Armington. Ils sont principalement utilisés par les instituts de conjoncture et les banques centrales. Il s'agit moins de construire une théorie, comme c'est le cas pour les modèles précédents, que de construire un cadre permettant de prédire les niveaux d'exportations et d'importations.

---

[1] Silem (A), *Op. cit.*, p.290.

I.5. Les théories de la facilitation des échanges

La facilitation des échanges revêt une importance cruciale pour réduire les coûts du commerce, qui restent élevés nonobstant, la forte baisse du coût des transports, les progrès des technologies de l'information et de la communication et la réduction des obstacles au commerce dans de nombreux pays. Il appert ainsi que l'AFE vise la réduction des coûts de transaction additionnels ainsi que le temps improductif.[1] Dans le contexte d'une économie mondiale interconnectée d'aujourd'hui, les efforts faits pour simplifier, accélérer et coordonner les procédures commerciales, et aussi pour libéraliser davantage les politiques commerciales, contribueront à l'éclosion charpentée des échanges mondiaux et aideront les pays à s'intégrer dans un système de production toujours plus mondialisé, au lieu de rester en marge du commerce mondial en évoluant en paria. Toute la problématique ici est de savoir pourquoi l'AFE est important. Quel sera son impact économique ? Comment l'OMC arrive-t-elle à prendre des mesures importantes et novatrices pour aider les pays à maximiser les avantages de l'Accord ?

L'économie mondiale peine encore à se relever, presque dix ans après la crise financière mondiale ; la guerre commerciale entre la Chine et les Etats-Unis se poursuivant. Le commerce international n'est pas épargné par cette stagnation. D'où la nécessité de réfléchir et de s'interroger si le ralentissement des échanges n'était pas dû à un problème plus structurel que cyclique, ne laissant rien présager de bon. Dans ce livre, nous allons examiner les principaux facteurs déterminant l'avenir du commerce, en considérant les coûts du commerce comme l'un de ces facteurs, sans négliger les autres variables, notamment la démographie, l'accumulation de capital, les ressources naturelles et la technologie qui sont en fait les quatre roues de la croissance[2].

Il sied tout de même de rappeler que les modifications des flux commerciaux sont dues à de nombreux facteurs, dont certains, comme les progrès technologiques, l'accumulation de capital et l'évolution de la main-d'œuvre, peuvent avoir des effets beaucoup plus marqués sur les flux que les modifications des droits de douane ou des coûts du commerce. Sur le plan sémantique, la facilitation des échanges est polysémique. Les définitions utilisées par les organisations internationales et dans la littérature académique, varient considérablement, mais elles ont au moins deux constantes. Les

---

[1] OMC, *Rapport sur le commerce mondial 2016*, OMC, Genève, 2016, p.32.

[2] Au regard du rôle fondamental des coûts du commerce, leur réduction significative permettra d'atténuer les pressions qui s'exercent actuellement sur l'économie mondiale ; et pourrait infléchir positivement sa trajectoire.

définitions étroites incluent uniquement l'amélioration des procédures administratives à la frontière, tandis que les définitions plus larges englobent aussi les modifications apportées aux mesures prises à l'intérieur des frontières[1].

Les travaux de l'OMC sur la facilitation des échanges ont traversé différentes étapes, passant d'un mandat assez limité au lancement d'un processus de négociation ambitieux pour arriver enfin à un nouvel accord multilatéral. Dans le contexte de la mondialisation des réseaux de production, les pays ont de plus en plus reconnu la nécessité des règles mondiales concernant la facilitation des échanges. Des réformes pour ce faire ont été envisagées dans d'autres instances internationales, mais la logique multilatérale a finalement conduit à l'intensification des négociations à l'OMC qui ont abouti à l'AFE. La question intéresse aujourd'hui plusieurs organisations internationales. La BM, avec son expertise en matière de renforcement des capacités, soutient le processus de mise en œuvre en fournissant un financement aux PED, en recueillant des données et en élaborant des indicateurs et des outils d'analyse concernant la facilitation des échanges. L'OMD a établi de multiples outils de facilitation des échanges et des recommandations sur les procédures et elle renforce les capacités des PED et des PMA.

La CNUCED y apporte aussi une importante contribution, grâce au Sydonia qu'elle a mis au point et diffusé très largement pour accélérer le dédouanement avec un logiciel plus performant, notamment le Sydonia world. Enfin, beaucoup d'autres organisations, comme l'OCDE, ont contribué au renforcement des connaissances techniques sur les mesures douanières en élaborant des indicateurs de la facilitation des échanges et en partageant les résultats de la recherche.

Les modèles du commerce international peuvent être utilisés pour mieux comprendre les effets commerciaux et économiques de l'AFE. La facilitation des échanges vise à réduire les coûts du commerce, qui comprennent tous les coûts, hormis les coûts de production, liés à l'acheminement des produits du producteur jusqu'au consommateur final. Au-delà des différences d'approche relevées dans les théories du commerce international, leurs conclusions sur les avantages économiques résultant de la réduction des coûts du commerce sont

[1] Certaines définitions se limitent aux investissements dans l'infrastructure immatérielle, tandis que d'autres incluent aussi les investissements dans l'infrastructure matérielle. Les membres de l'OMC se sont toujours abstenus de définir formellement la facilitation des échanges, non seulement parce qu'ils ne parvenaient pas à s'entendre sur une définition, mais aussi parce qu'ils ne voulaient exclure aucun aspect potentiel des travaux futurs. Sur la base d'un mandat de négociation adopté en août 2004, l'Accord améliore et clarifie les articles V, VIII et X du GATT et introduit de nouvelles dispositions sur la coopération douanière visant à accélérer encore le mouvement, la mainlevée et le dédouanement des marchandises, y compris les marchandises en transit.

complémentaires à bien des égards. Il nous semble que le cadre le plus simple qui peut être utilisé pour comprendre l'effet de la facilitation des échanges, est le modèle de « l'iceberg » qui établit une analogie entre la façon dont les coûts du commerce réduisent la valeur des marchandises pour les exportateurs, comme pour les importateurs, et la façon dont un iceberg fond à mesure qu'il se déplace dans l'océan. L'inefficience des procédures commerciales pèse plus lourdement sur les économies que les droits de douane, car dans le cas d'un droit de douane, une partie de la différence entre ce que paie l'importateur et ce que reçoit l'exportateur revient aux Etats sous forme de recettes fiscales.

Pour un pays qui améliore ainsi ses procédures commerciales, les coûts du commerce sont ramenés à zéro. L'écart de prix disparaît. Les importateurs bénéficient en conséquence d'un prix plus bas et les exportateurs d'un prix plus élevé pour le produit échangé. La facilitation des échanges accroît le bien-être des pays exportateurs et des pays importateurs, en améliorant leurs termes de l'échange. Ce qui aboutit à un résultat « gagnant-gagnant », ayant comme corollaire, la réduction des prix sur le marché, au bénéfice des consommateurs.

L'Afrique dont les politiques publiques sont généralement incohérentes, et le pouvoir d'Etat transformé en pouvoir coutumier, pourrait faire profiter à sa population cette baisse des prix. Elle assurerait également aux peuples le « développement direct », que nous définissons comme le bien-être tiré par la population de la déflation, qui devrait leur permettre ainsi de contourner la gouvernance des dirigeants africains.

L'analyse du modèle de l'iceberg peut être appliquée à un cadre plus général, établissant des interactions complexes entre les produits, les marchés et les économies. Les théories du commerce de Ricardo et « HOC » supposent que les différences de productivité ou de dotation en facteurs de production, respectivement, sont la base sur laquelle s'appuient les pays, pour se spécialiser dans la production et l'exportation du produit pour lequel ils ont un avantage comparatif. Dans les deux modèles, la facilitation des échanges augmente les possibilités de spécialisation et d'échange entre les pays. Selon le modèle « HOC », la facilitation des échanges peut améliorer le revenu réel des travailleurs dans les PED ayant une main-d'œuvre abondante. Dans le contexte africain, cette amélioration serait fragile. L'Afrique aurait tout intérêt à redynamiser sa production, en vue de devenir compétitive.

La nouvelle théorie du commerce associée à Krugman, estime que les coûts du commerce élevés entraînent à la fois une diminution des échanges et une concentration de la production manufacturière dans les pays développés. Ce phénomène s'explique en partie par les rendements d'échelle croissants de la production manufacturière, car le coût de production moyen diminue à mesure que le volume de production augmente[1]. Les recherches récentes sur la théorie du commerce mettent en avant l'hétérogénéité des entreprises et les chaînes de valeur mondiales[2].

Les dispositions pertinentes de l'AFE concernent la publication et la disponibilité des renseignements (article premier), la possibilité de présenter des observations avant l'entrée en vigueur de lois et réglementations nouvelles (article 2), les décisions anticipées (article 3), les procédures de recours (article 4), la non-discrimination et la transparence (article 5), les redevances et impositions (article 6), la mainlevée et le dédouanement des marchandises (article 7), la coopération entre les organismes présents aux frontières (article 8), le mouvement des marchandises (article 9), les formalités se rapportant à l'importation, à l'exportation et au transit (article 10), la liberté de transit (article 11) et la coopération douanière (article 12).

En vue d'assurer sa mise en œuvre, l'AFE adopte une approche novatrice du TSD en faveur des PED et des PMA. Il introduit un système de catégories qui leur permet de déterminer le moment de la mise en œuvre des dispositions et le type de soutien à bénéficier, en termes de renforcement des capacités. La catégorie A contient les dispositions que les pays en développement et les PMA membres choisissent de mettre en œuvre au moment de l'entrée en vigueur de l'AFE ou dans un délai d'un an, dans le cas des PMA. La catégorie B contient les dispositions que les pays concernés mettront en œuvre après une période de transition, suivant l'entrée en vigueur de l'Accord. Enfin, la catégorie C contient les dispositions qu'ils mettront en œuvre après une période de transition et exigeant l'acquisition de la capacité de mise en œuvre, grâce à la fourniture d'une assistance et d'un soutien pour le renforcement des capacités.

Au-delà des flexibilités additionnelles, y compris le droit pour les pays visés de transférer des dispositions de la catégorie B à la catégorie C, l'AFE propose une nouvelle démarche de mise en œuvre, permettant aux membres d'adapter la mise en œuvre à leur situation particulière.

---

[1] Cette théorie économie suggère également que les petits PED qui souhaitent ne pas être trop tributaires du secteur agricole ou du secteur des ressources naturelles, devraient avoir intérêt à mettre en œuvre des réformes de facilitation des échanges, dans la mesure où la baisse des coûts du commerce augmente la demande de produits manufacturés des PED et réduit la concentration de la production sur les plus grands marchés.

[2] La nouvelle théorie du commerce cherche donc à expliquer pourquoi seules quelques grandes entreprises productives peuvent entrer sur le marché d'exportation, tandis que d'autres ne vendent que sur le marché intérieur. La facilitation des échanges réduit à la fois les coûts variables et les coûts fixes du commerce.

Les membres ont convenu d'une feuille de route pour l'entrée en vigueur de l'AFE. Il s'agit, en fait, d'une démarche processuelle après que les membres aient achevé l'examen juridique du texte de Bali et adopté le protocole d'amendement (ce qui fut fait le 27 novembre 2014) et la voie au processus de ratification interne. Certains membres ont déjà déposé, à cet effet, leurs instruments d'acceptation. L'AFE devrait être ratifié par les deux tiers des membres pour prendre effet. A la 10ème conférence ministérielle de l'OMC en décembre 2015, on avait réuni les deux tiers des membres représentant 108 membres sur les 164 que compte l'OMC. Une étape majeure pour le système commercial mondial a été franchie, le 22 février 2017, avec l'entrée en vigueur du premier accord multilatéral conclu depuis l'établissement de l'OMC.

En recevant quatre ratifications supplémentaires, l'OMC a obtenu à la date dito, les instruments d'acceptation des deux tiers de ses 164 membres, nécessaires à l'entrée en vigueur de l'AFE. Le Rwanda, l'Oman, le Tchad et la Jordanie ont présenté leurs instruments d'acceptation au Directeur général de l'OMC, Roberto Azevedo, portant le nombre total de ratifications au-dessus des 110 requises.

L'entrée en vigueur de cet accord, qui vise à accélérer le mouvement, la mainlevée et le dédouanement des marchandises aux frontières, marque le début d'une nouvelle phase des réformes destinées à faciliter les échanges dans le monde entier. Il crée une dynamique importante pour le commerce et le système commercial multilatéral dans son ensemble. Au-delà de l'AFE, il existe plusieurs enseignements importants qui se dégagent de la comparaison des dispositions des ACR relatives à la facilitation des échanges et de celles de l'AFE. Les ACR ne couvrent généralement qu'une partie des domaines visés par l'AFE. Il appert aussi que les ACR utilisent souvent une définition plus large de la facilitation des échanges et peuvent donc englober des domaines qui ne figurent pas dans l'AFE. A contrario, les ACR ne couvrent généralement pas un domaine très important de l'AFE ; à savoir : le traitement spécial et différencié, l'assistance technique. On note aussi de grandes disparités des dispositions et du niveau d'engagement. Certaines dispositions des ACR pourraient avoir des effets discriminatoires, même s'il existe peu de preuves tangibles d'une discrimination effective.

Les faits donnent à penser, in globo, que les disciplines de base concernant la facilitation des échanges s'appliqueront, une fois l'AFE mis en œuvre, à de nombreux pays et, à l'intérieur des pays, à de nombreux domaines qui ne sont pas encore couverts par les ACR. Toutefois, dans les pays où les domaines sont déjà couverts par les ACR, les dispositions pertinentes de l'AFE ne se substitueront pas à celles des ACR[1]. L'AFE a l'avantage de réduire les inefficiences, en établissant les normes communes pour les mesures de facilitation des échanges et en diminuant les redondances réglementaires, de fois ennuyantes, dans les pays qui sont parties à plusieurs ACR. L'accord réduira aussi la discrimination là où elle existe.

Il va de soi que la complémentarité restera forte entre le niveau régional et le niveau multilatéral. Il sied également de noter que les dispositions pertinentes des ACR, plus ambitieuses ou plus spécifiques que celles de l'AFE, continueront de compléter l'AFE, dans la mesure où l'objectif reste la fluidité du commerce international[2]. Les exportateurs pourront élargir leur part du marché d'exportation et les entreprises, ayant un niveau de productivité plus faible, et entrer sur le marché d'exportation. Dans le contexte de la facilitation des échanges, les entreprises occidentales et orientales consolideront leur position du fait de la facilitation des échanges. L'Afrique doit ainsi exploiter au maximum son avantage comparatif, et profiter des investissements étrangers par l'amélioration du climat des affaires, en exploitant les externalités positives.

Les modèles des chaînes d'approvisionnement tiennent compte du fait que les composants du produit final complexe, sont fabriqués dans divers pays. Le mode d'organisation de la production mondiale entraîne une accumulation des coûts du commerce, qui s'amplifient le long de la chaîne de valeur, de sorte que les procédures inefficientes aux frontières, ont un effet dissuasif marqué sur le commerce. A contrario, l'effet positif de la facilitation des échanges sur le commerce, associé aux chaînes de valeur, est amplifié et les pays se spécialiseront davantage dans les stades de production où ils disposent d'un avantage comparatif.

Au regard de la flopée d'avantages attachés à la facilitation des échanges, chaque pays devrait être incité à entreprendre lui-même des réformes. Mais la signature de l'AFE montre que le fait d'incorporer la facilitation des échanges dans un accord multilatéral, crée des avantages additionnels par rapport à ceux qui peuvent être obtenus de manière unilatérale.

L'AFE confère une plus grande sécurité juridique aux réformes des procédures commerciales, en permettant l'adoption d'approches communes des questions douanières et des questions connexes, qui devraient accroître encore les bénéfices découlant de la facilitation des échanges en harmonisant les procédures douanières au niveau mondial. En prévoyant que les Etats membres plus riches apporteront

---

[1] Néanmoins, l'absence de dispositions relatives au traitement spécial et différencié et à l'assistance technique dans la plupart des ACR, souvent conjuguée à la faiblesse des mécanismes d'exécution, donne à penser que l'AFE jouera un rôle crucial dans la facilitation des échanges, grâce à l'accent mis sur la mise en œuvre.

[2] OMC, *Op. cit.*, p.32.

une assistance et un soutien, pour le renforcement des capacités, aux PED et aux PMA, pour les aider à mettre en œuvre l'AFE. Cet accord aide à mieux apparier l'offre et la demande de renforcement des capacités. L'AFE pourrait aussi aider les gouvernements à remédier à un problème de crédibilité, en intégrant leurs engagements en matière de facilitation des échanges dans une institution dotée d'un mécanisme d'exécution efficace.

Au dernier décompte, on a répertorié plus d'une douzaine d'instruments de facilitation des échanges, ce qui témoigne de l'intérêt du sujet et de sa complexité. Il s'agit, notamment des indicateurs « Doing Business » de l'IPL de la BM, de l'ETI du FE Mondial et des IFE de l'OCDE. Les indicateurs « Doing Business » mesurent les incidences de la réglementation commerciale et de la protection des droits de propriété sur les entreprises, notamment sur les petites et moyennes entreprises, y compris les coûts liés aux activités normales d'importation et d'exportation (via l'indicateur du commerce transfrontalier).

L'IPL mesure la convivialité de la logistique des pays, en les classant selon les éléments suivants : douanes, infrastructure, facilité d'organiser des expéditions, qualité des services logistiques, suivi, traçabilité et rapidité. L'ETI évalue la mesure dans laquelle les économies ont des institutions, des politiques, des infrastructures et des services qui facilitent les flux de marchandises à travers les frontières jusqu'à leurs destinations.

Les IFE de l'OCDE sont élaborés sur la base de l'AFE de l'OMC, et permettent de relier presque les indicateurs aux dispositions pertinentes de l'AFE. Ils sont donc bien adaptés pour analyser les effets commerciaux et économiques de la mise en œuvre de l'Accord. Les coûts du commerce sont élevés, en particulier dans les économies à faible revenu. Les coûts du commerce dans les pays en développement équivalent à l'application d'un droit ad valorem de 219 % sur les échanges internationaux. Même dans les pays à revenu élevé, ils équivaudraient à un droit ad valorem de 134 %.[1]

Les estimations globales des coûts du commerce varient considérablement entre les secteurs et entre les régions. Ce qui nous pousse à croire que la mise en œuvre de l'AFE aura plus d'effet sur le commerce, dans certains secteurs de produits et certaines régions que dans d'autres. La fluidité du dédouanement des marchandises à la frontière, la facilitation des échanges pourrait doper sensiblement le commerce des produits agricoles périssables. Les mêmes effets pourraient s'observer sur les produits manufacturés intermédiaires qui entrent de manière prépondérante dans les chaînes de valeur

[1] OMC, *Op.cit.*, p.42.

mondiales où le délai de livraison et la prévisibilité de ce délai constituent ce maillon essentiel.

D'après certaines estimations, la mise en œuvre complète de l'AFE pourrait entraîner une diminution des coûts du commerce de 14,3% en moyenne[1]. La diminution des coûts du commerce se situerait entre 9,6% et 23,1%. En principe, ce sont les pays africains et les PMA qui devraient enregistrer la plus forte réduction moyenne des coûts du commerce soit plus de 16%, grâce à la mise en œuvre intégrale de l'AFE. Mise en œuvre devant réduire les coûts du commerce de 18%, pour les produits manufacturés et de 10,4%, pour les produits agricoles. La mise en œuvre complète de l'AFE peut aussi réduire de plus d'un jour et demi, les délais d'importation et de près de deux jours, les délais d'exportation (soit, respectivement, une réduction de 47% et 91%, par rapport à la moyenne actuelle).

La réduction concomitante des coûts variables et des coûts fixes liés à l'exportation, à la facilitation des échanges, accroît les exportations des entreprises qui participent déjà au commerce international, tout en permettant à de nouvelles entreprises d'exporter pour la première fois. Il va de soi que la mise en œuvre rapide et complète de l'AFE permet d'accroître les bénéfices en termes de commerce et de production. Pour ce faire, il existe deux méthodes économiques, les plus utilisées, pour estimer l'effet des réformes de facilitation des échanges sur le commerce : le modèle de gravité et le modèle d'EGC.

Les deux méthodes sont une garantie de cohérence des résultats et apporteront un point de vue complémentaire sur les avantages de la mise en œuvre de l'AFE, comme l'a fait l'OMC, tout en permettant la formulation de certaines observations. Au regard des simulations du modèle EGC, les bénéfices d'exportation découlant de l'AFE, seraient compris entre 750 milliards et plus de 1 000 milliards de dollars par an. Selon les estimations tirées du modèle de gravité, la pleine mise en œuvre de l'AFE pourrait se traduire par une augmentation des exportations mondiales de l'ordre de 1.800 milliards à 3.600 milliards de dollars[2].

Dans les deux cas, l'ampleur des gains est plus importante avec une mise en œuvre intégrale et rapide de l'AFE. Partant du fait que les coûts du commerce font partie des facteurs qui influent sur le commerce mondial, la mise en œuvre de l'AFE donnera une vigoureuse impulsion économie mondiale, nécessaire aujourd'hui, mais qui pourrait se prolonger dans le futur. A l'horizon 2015-2030, la mise en œuvre de l'AFE peut entraîner une augmentation de 2,7% par an, de la croissance

---

[1] *Idem*, p.47.

[2] Toute la problématique est de mesurer l'impact de cette croissance sur les économies fébriles des PED qui ont le plus à gagner de la mise en œuvre rapide et complète de l'AFE.

des exportations mondiales et une augmentation de plus de 0,5% par an, de la croissance du PIB mondial, notamment des exportations des pays en développement, de l'ordre de 170 milliards à 730 milliards de dollars par an, d'après les études de l'OMC[1]. Cette affirmation ne reflète cependant pas la réalité, au regard du retard infrastructurel, technologique. A long terme, l'AFE risque de placer l'Afrique dans une dépendance économique pérenne.

De plus, les simulations du modèle EGC indiquent qu'à l'horizon 2015-2030, la mise en œuvre intégrale et rapide de l'AFE pourrait augmenter de 0,9% par an, la croissance économique des pays en développement et stimuler leurs exportations de 3,5% supplémentaires chaque année. S'agissant des estimations du modèle de gravité, elles indiquent que le volume des exportations des produits d'exportation traditionnels des PMA vers les marchés, peut s'accroitre de l'ordre de 13 à 36%. Pour les PED, en particulier les PMA, les réformes en matière de facilitation des échanges peuvent aussi procurer des avantages importants en termes de diversification des exportations. Ce qui permet de protéger les PED et les PMA contre les chocs commerciaux dans certains secteurs ou sur certains marchés d'exportation. La mise en œuvre complète de l'AFE par les PMA pourrait augmenter de 36%.

Dans le même ordre d'idées, les PMA pourraient augmenter de près de 60% le nombre de destinations d'exportation par produit si l'AFE est pleinement mis en œuvre. La rapidité et la prévisibilité des délais de livraison sont essentielles pour la bonne gestion des chaînes de valeur mondiales, ainsi que pour le commerce des produits agricoles périssables et pour le commerce des textiles et des vêtements, soumis aux cycles rapides de la mode. La facilitation des échanges stimule le commerce de ces produits en réduisant le temps nécessaire pour exporter et accroitre la prévisibilité des délais de livraison.

Il est donc évident que la facilitation des échanges stimule la participation des PME au commerce. L'écueil des procédures commerciales, des formalités douanières et des réglementations commerciales, est souvent cité comme un obstacle fondamental à la participation des PME aux exportations. Les grandes entreprises, en particulier les sociétés multinationales, sont en effet mieux armées face à des environnements réglementaires complexes. Il est établi, notamment que plus les délais d'exportation sont longs, plus les exportations sont dominées par les grandes entreprises.

En réduisant les délais d'exportation, l'AFE peut soutenir le rôle des PME dans les exportations. Le rapport d'enquête de la BM, qui couvre près de 130 PED, constate que, statistiquement, les micro-entreprises et les PME ont beaucoup plus de chances que les grandes

[1] OMC, *Op. cit.*, p.57.

entreprises, d'exporter et d'accroître leur part des exportations lorsque les délais de dédouanement sont réduits[1]. Par conséquent, les pays à faible revenu ont plus à gagner avec la facilitation des échanges que les pays à revenu élevé. Mais, celle-ci peut aussi avoir des effets de redistribution au niveau national dont les pauvres peuvent bénéficier. La réduction des retards et l'incertitude de la livraison, font que les réformes visent à faciliter le travail de ceux qui exportent des denrées périssables. La facilitation profite aux producteurs ruraux pauvres et entraîne la simplification des réglementations. Ce qui est un avantage considérable pour les petits commerçants, les commerçants informels et les femmes commerçantes qui, bien souvent, n'ont pas la capacité ou les ressources nécessaires pour se conformer à des prescriptions complexes concernant les documents requis.

Pour des Etats aux petites économies, la facilitation des échanges entraîne non seulement une augmentation du commerce, mais également celle des flux d'IED. Ce phénomène est confirmé par l'analyse empirique, qui montre la corrélation positive et statistiquement significative entre la facilitation des échanges et les flux d'IED entrants, sur la base d'un ensemble de données portant sur 141 pays et sur une période de 10 ans (2004-2013). Les réformes liées à la facilitation des échanges permettent d'accroitre les recettes publiques, en augmentant les flux commerciaux. Ce qui élargit le bassin des contribuables, améliorant ainsi le recouvrement des taxes à tous les niveaux d'importation et renforce la détection de la fraude douanière et de la corruption. En Afrique, les aspects anthropologiques plombent le recouvrement optimal des recettes douanières.

L'adoption plus large des TIC et l'automatisation de la gestion douanière, sont parmi les mesures les plus efficaces pour faciliter les échanges et améliorer le recouvrement de recettes. Les difficultés énergétiques ne font pas bénéficier au continent les mêmes avantages qu'aux membres de l'Occident ou de l'Orient. Plus les procédures commerciales prennent du temps, plus il y a d'incitations à recourir à des pratiques frauduleuses à la frontière. La facilitation des échanges, censée réduire la durée des procédures, offre ainsi la possibilité de limiter l'incidence de la corruption liée au commerce.

[1] OMC, *Op. cit.*, p.70.

Chapitre II

Les aspects institutionnels de l'Organisation mondiale du commerce

Les organisations internationales, sujets du droit international, sont régies par des textes juridiques. Elles révèlent également des aspects organisationnels, notamment les structures et les acteurs. L'organisation est en fait une fonction de management ayant pour raison d'être, la structuration organisationnelle[1]. Le comportement met toujours en jeu une interaction entre la personne et la situation. D'où l'intérêt de connaitre l'OMC pour mieux comprendre la facilitation du commerce.

Le commerce mondial est de nos jours régulé par l'OMC, de telle manière que sa compréhension et l'intention stratégique des Etats passent inéluctablement par la maitrise des règles édictées par elle. Ainsi, dans la suite de ce chapitre dédié spécialement aux normes du jeu du négoce transnational, un accent particulier sera mis sur le fonctionnement de l'OMC, de manière à en évaluer l'impact sur le développement du continent africain. Une démarche qui se justifie par le fait que la facilitation des échanges s'appuie sur la machine OMC qui en constitue la rampe.

II.1. L'historicité des faits

L'OMC est née sur les cendres du GATT, conclu le 30 octobre 1947, entre 23 pays fondateurs. Il sied de noter que cet accord s'est substitué au projet d'organisation internationale du commerce prévu par la charte de la Havane[2]. Charte jamais ratifiée, et qui s'était heurtée à l'opposition américaine[3]. À la place des accords bilatéraux préférentiels, le GATT veut instituer une logique multilatérale fondée sur la non-discrimination[4].

---

[1] Robbun (S) et Decenzo (D), *Management, l'essentiel des concepts et des pratiques*, 6ème éd, Nouveaux horizons, Paris, 2008, p.156.
[2] Albriejel (D) et Slocum (J), *Management des organisations*, 2ème éd, Nouveaux horizons, Paris, 2006, p.51.
[3] Dumas (A), *L'économie mondiale, commerce, monnaie, finances*, De Boeck, Bruxelles, 2006, p.14.
[4] Benichi (R), *Histoire de la mondialisation*, Vuibert, Paris, 2ème éd, 2008, p. 133.

Le GATT donnera naissance à une structure comparable à l'OIC, soit quarante-huit ans plus tard, à l'issue de l'Uruguay round, avec la création de l'OMC. L'objectif primordial du système est de contribuer à favoriser, autant que possible, la liberté des échanges, tout en évitant les effets secondaires indésirables, au regard du rôle que jouent les échanges internationaux dans le développement économique et le bien-être. Il s'agit, notamment de supprimer les obstacles et d'informer les particuliers, les entreprises et les pouvoirs publics sur les règles commerciales en vigueur dans le monde et de leur donner l'assurance qu'il n'y aura pas de changement brusque dans les politiques appliquées qui se veulent transparentes et prévisibles.

Adopté le 15 avril 1994, l'Accord de Marrakech est entré en vigueur le 1er janvier 1995, donnant ainsi naissance à l'OMC. Mais le système commercial que l'organisation représente, est vieux de plus de 50 ans. En 1948, le GATT établissait les règles du système, dont le cinquantenaire a été commémoré lors de la deuxième conférence ministérielle de l'OMC, tenue à Genève, en mai 1998[1].

L'Accord donnait naissance au GATT, organisation internationale officieuse, existant de fait, ayant fonctionné à travers plusieurs cycles, dits « rounds » de négociation, dont le dernier et le plus important est le cycle d'Uruguay (1986 à 1994) qui a conduit à la création de l'OMC. A la différence du GATT qui régissait principalement le commerce des marchandises, l'OMC et ses Accords visent aujourd'hui le commerce des services ainsi que la propriété intellectuelle.

Le GATT a constitué, de 1948 à 1994, les règles régissant une grande partie du commerce mondial, au cours des périodes pendant lesquelles le commerce international a enregistré quelques-uns de ses taux de croissance les plus élevés. Il semblait solidement établi, mais tout au long des 47 années, le GATT était un accord et une organisation provisoires. L'idée de départ était, en tout cas, de créer, à côté de la BM et du FMI, deux institutions de Bretton Woods, une troisième organisation qui s'occuperait du volet commercial de la coopération économique internationale.

Plus de 50 pays ont en effet participé aux négociations visant la création de l'OIC, une institution spécialisée des Nations unies. Le projet de charte de l'OIC était ambitieux. En plus des disciplines en matière de commerce international, il comprenait des règles concernant l'emploi, les accords de produit, les pratiques commerciales restrictives, les investissements internationaux et les services. L'intention stratégique était de créer cette institution lors d'une conférence des Nations unies sur le commerce et l'emploi, en 1947 à La Havane (Cuba).

---

[1] OMC, *Comprendre l'OMC*, Genève, OMC, p.3.

Au même moment, 15 pays avaient engagé des pourparlers, en décembre 1945, en vue de réduire et de consolider les tarifs douaniers[1]. La Deuxième Guerre mondiale venait tout juste de s'achever et ces pays manifestaient l'intérêt de soutenir la libéralisation du commerce. Il fallait remédier à la foultitude de mesures protectionnistes restées en vigueur depuis le début des années 30. La première série de négociations a abouti à un arsenal juridique et à 45 000 concessions tarifaires portant sur environ un cinquième du commerce mondial, soit 10 milliards de dollars. Lors de la signature de l'accord du GATT, le 30 octobre 1947, le nombre de participants avait augmenté pour atteindre 23. Les concessions tarifaires sont entrées en vigueur le 30 juin 1948, par le biais du « Protocole d'application provisoire ». Ainsi, le nouvel Accord général sur les tarifs douaniers et le commerce était né, avec 23 membres fondateurs, appelés « parties contractantes », faisant également partie du groupe plus vaste des pays qui négociaient la charte de l'OIC.

L'une des dispositions du GATT prévoit que les membres devaient accepter rapidement et à titre provisoire, certaines des règles commerciales contenues dans le projet, afin de protéger la valeur des concessions tarifaires qu'ils venaient de négocier. Les participants ont précisé la manière dont ils envisageaient les rapports entre le GATT et la charte de l'OIC, mais ils avaient tout de même envisagé la possibilité que l'OIC ne soit pas créée.

La conférence de La Havane a débuté le 21 novembre 1947, soit moins d'un mois après la signature du GATT. La charte de l'OIC a finalement été acceptée à La Havane en mars 1948, mais sa ratification par les parlements nationaux s'avéra impossible dans certains pays. La principale opposition émanait du Congrès des États-Unis, alors que le gouvernement américain avait milité très activement en faveur de l'OIC. Le GATT est ainsi devenu, de 1948 à la création de l'OMC en 1995, le seul instrument multilatéral régissant le commerce mondial.

Pendant environ 50 ans, les principes juridiques fondamentaux du GATT sont restés, pour l'essentiel, tels qu'ils étaient en 1948. Des amendements y ont été apportés sous la forme d'une section sur le développement, ajoutée dans les années 60 et d'accords « plurilatéraux »[2] dans les années 70, et les efforts se sont poursuivis pour continuer à réduire les droits de douane. Dans la plupart des cas, les résultats obtenus dans ce domaine ont été rendus possibles par des séries de négociations commerciales dénommées « Cycles » ou « Rounds ».

---

[1] OMC, *Op. cit.*, p.3.

[2] Par accords plurilatéraux, il faut entendre ceux à participation volontaire.

Les premiers cycles de négociations commerciales étaient axés sur la réduction des droits de douane. Vers le milieu des années 60, le Kennedy Round a abouti à l'Accord antidumping du GATT et à une section sur le développement. Dans les années 70, le Tokyo Round a été la première tentative majeure visant à remédier aux obstacles au commerce, autres que les droits de douane et à améliorer le système. Toute la question ici est de savoir si l'Afrique a bénéficié des avantages susceptibles d'accélérer son développement. Le cycle d'Uruguay est la huitième des séries de négociations. Il a, notamment débouché l'adoption d'un nouvel ensemble d'accords.

La création de l'OMC a marqué la plus grande réforme du commerce mondial depuis la Deuxième Guerre mondiale. Elle a aussi concrétisé l'objectif visé, sans succès en 1948, par le projet de création de l'OIC. L'histoire de ces 47 années a, pour une grande partie, été écrite à Genève, siège de l'OMC. Elle retrace aussi un parcours mouvementé et intercontinental, depuis ses débuts timides en 1948 à La Havane (Cuba), en passant par Annecy (France), Torquay (Royaume-Uni), Tokyo (Japon), Punta del Este (Uruguay), Montréal (Canada), Bruxelles (Belgique), jusqu'à Marrakech (Maroc) en 1994, sous l'égide du GATT, rescapé de la tentative avortée de créer l'OIC.

En rappelant la contribution du GATT à l'établissement du système commercial multilatéral solide et prospère, devenu de plus en plus libéral, au travers des séries de négociations commerciales, mieux connu sous le vocable « round »[1], nous voulons également insister sur la nécessité de la révision approfondie du système, dans les années 80, qui a donné lieu au cycle d'Uruguay, avant de déboucher sur la création de l'OMC.

Mené entre 1973 et 1979 avec la participation de 102 pays, le Tokyo round a poursuivi les efforts entrepris du GATT pour réduire graduellement les droits de douane2. Dans d'autres domaines, le Tokyo round a eu un succès mitigé, car il n'a pas permis de résoudre les problèmes fondamentaux affectant le commerce des produits agricoles, ni de conclure un accord modifié sur les sauvegardes (mesures d'urgence concernant l'importation). Toutefois, les négociations ont abouti à une série d'accords sur les obstacles non tarifaires qui, dans certains cas, interprétaient les règles existantes du

---

[1] Luff (D), *Droit de l'Organisation Mondiale du Commerce*, Bruxelles, Bruylat, 2004, pp.19-22.

[2] Dans ce contexte, les droits de douane ont été abaissés d'un tiers environ sur les neufs principaux marchés industriels du monde. Ce qui a ramené à 4,7 % la moyenne des droits appliqués aux produits industriels. Les réductions tarifaires, échelonnées sur une période de huit ans, ont également entraîné une certaine harmonisation, car elles ont été proportionnellement plus fortes pour les droits plus élevés.

GATT et, dans d'autres, innovaient totalement[1]. Il ne s'agissait pas en fait des instruments multilatéraux, mais c'était un début.

Plusieurs accords ont été plus tard modifiés lors du cycle d'Uruguay et transformés en instruments multilatéraux acceptés par tous les membres de l'OMC. Seuls quatre d'entre eux sont restés plurilatéraux, notamment les arrangements relatifs aux marchés publics, à la viande bovine, aux produits laitiers et aux aéronefs civils. Il est important de préciser qu'en 1997, les membres de l'OMC ont décidé de mettre un terme aux accords sur la viande et le secteur laitier, et de conserver uniquement les deux autres[2].

Le GATT a indubitablement réussi, pendant 47 ans, à promouvoir et à assurer la libéralisation d'une grande partie du commerce mondial, nonobstant son caractère provisoire et son domaine d'action limité. Les réductions continues des droits de douane, à elles seules, ont lubrifié une expansion très dynamique des échanges mondiaux d'environ 8% en moyenne par an, pendant les années 50 et 60. En sus, l'élan acquis par le mouvement de libéralisation a contribué à un accroissement du commerce constamment supérieur à celui de la production pendant toute l'existence du GATT. Ceci montre la capacité croissante des pays de faire du commerce les uns avec les autres et d'en tirer profit. L'afflux de nouveaux membres pendant le cycle d'Uruguay a démontré que le système commercial multilatéral était reconnu comme un fleuron du développement et un instrument de réforme économique et commerciale.

La réduction très considérable des droits de douane obtenue par le GATT, conjuguée à une série de récessions économiques dans les années 70 et au début des années 80, a poussé les gouvernements à développer d'autres formes de protection pour les secteurs exposés à une concurrence agressive. Des taux de chômage élevés et les fermetures constantes d'usines ont, en Europe occidentale et en Amérique du Nord, amené les gouvernements à négocier des accords bilatéraux de partage des marchés avec les concurrents et à se lancer dans une course aux subventions pour conserver leurs parts du marché des produits agricoles, accords qui ont entamé la crédibilité du GATT[3]. Cet aspect des choses pourra, nous semble-t-il, renforcer la dépendance et retarder l'émergence de l'Afrique.

---

[1] Le plus souvent, seul un nombre relativement restreint de pays membres du GATT, pour la plupart industrialisés, ont souscrit à ces accords et arrangements, parce qu'ils n'étaient pas acceptés par la totalité des membres du GATT, étaient souvent officieusement dénommés « Codes ».
[2] OMC, *Op. cit.*, p.42.
[3] Luff (D), *Op. cit.*, pp. 22-25.

Le problème ne se limitait pas à la dégradation du climat en matière de politique commerciale. Au début des années 80, il est apparu clairement que l'Accord général n'était plus aussi adapté aux réalités du commerce mondial qu'il l'avait été dans les années 40. Primo, les échanges mondiaux étaient devenus beaucoup plus complexes et importants que 40 ans auparavant. La globalisation de l'économie mondiale progressait, le commerce des services qui n'était pas couvert par les règles du GATT commençait à présenter un intérêt majeur pour de plus en plus de pays et les investissements internationaux s'étaient accrus.[1]

L'éclosion du commerce des services avait une corrélation avec l'augmentation du commerce mondial des marchandises. A d'autres égards, les règles du GATT étaient jugées insuffisantes, notamment dans l'agriculture où les lacunes du système multilatéral étaient largement exploitées et les efforts de libéralisation avaient donné peu de résultats[2]. On note à cet effet que même la structure institutionnelle du GATT et son système de règlement des différends, étaient une source de préoccupations. Tous ces facteurs, conjugués à d'autres, ont convaincu les membres du GATT qu'il fallait déployer un nouvel effort pour renforcer et élargir le système multilatéral, en lançant le cycle d'Uruguay, la Déclaration de Marrakech et la création de l'OMC. Le cycle d'Uruguay a duré sept ans et demi, pratiquement deux fois plus que la durée initialement prévue.

Lors de la phase finale, 123 pays y ont participé et les négociations portaient sur presque tous les domaines d'échanges, des brosses à dents aux bateaux de plaisance, des activités bancaires aux télécommunications, des gènes du riz sauvage aux traitements du sida. Elle est en fait la plus vaste négociation commerciale de tous les temps et, éventuellement, la plus vaste négociation de l'histoire, tous genres confondus.

Par moments, l'échec avait semblé inévitable, mais en bout de course, le cycle d'Uruguay a permis de réaliser la plus grande réforme du système commercial mondial depuis la création du GATT à la fin de la seconde guerre mondiale. Nonobstant un parcours laborieux, il y a eu très vite quelques résultats. Au bout de deux ans seulement, les participants étaient arrivés à un accord sur un ensemble de réductions des droits d'entrée perçus sur les produits tropicaux, exportés principalement par les pays en développement.

---

[1] OMC, *Op. cit.*, p.32.

[2] Dans le secteur des textiles et des vêtements, une exception aux disciplines normales du GATT avait été négociée dans les années 60 et au début des années 70, pour aboutir à l'Arrangement multifibres.

Ils avaient aussi révisé les règles relatives au règlement des différends, certaines mesures étant immédiatement mises en œuvre. Ils avaient également décidé que les politiques commerciales des membres du GATT devaient faire l'objet de rapports périodiques, ce qui était apparu comme une initiative importante pour la transparence des régimes commerciaux dans le monde entier. L'idée du cycle d'Uruguay a germé en novembre 1982 lors d'une réunion ministérielle des membres du GATT à Genève. Les ministres envisagèrent de lancer un nouveau grand cycle de négociation, mais la réunion a achoppé sur l'agriculture. Ce qui fut considéré comme un échec. En fait, le programme de travail convenu par les ministres a constitué la base de ce qui allait devenir le programme des négociations du cycle d'Uruguay.

Toutefois, il a fallu quatre années d'efforts, pendant lesquelles on s'est attaché à explorer et à élucider les questions en jeu et à dégager progressivement un consensus, avant que les ministres décident de lancer le nouveau cycle de négociations en septembre 1986, à Punta del Este (Uruguay)[1]. En décembre 1988, les ministres se sont de nouveau réunis à Montréal (Canada) pour évaluer les progrès accomplis à mi-parcours des négociations. Il s'agissait de préciser le programme de travail pour les deux années restantes, mais les discussions ont conduit à une impasse qui a duré jusqu'au moment où les hauts fonctionnaires se sont retrouvés en avril en 1989 à Genève pour approfondir la question[2].

Au-delà des difficultés, les ministres ont approuvé à la réunion de Montréal, un ensemble de premiers résultats, notamment des concessions concernant l'accès aux marchés pour les produits tropicaux en vue d'aider les pays en développement ainsi qu'une rationalisation du système de règlement des différends et l'institution d'un mécanisme d'examen des politiques commerciales qui permettait, pour la première fois, de soumettre à un examen complet, systématique et périodique, les politiques et pratiques commerciales des membres du GATT[3].

Lors des négociations devant s'achever au cours d'une nouvelle réunion de décembre 1990 à Bruxelles, les ministres n'arrivèrent pas à se mettre d'accord sur la réforme du commerce des produits agricoles.

---

[1] Ils ont finalement accepté un programme de négociation portant sur pratiquement tous les problèmes de politique commerciale encore non résolus, lequel programme devait permettre l'élargissement du système commercial à plusieurs domaines nouveaux, notamment le commerce des services et la propriété intellectuelle, et de réformer le commerce des produits sensibles qu'étaient les produits agricoles et les textiles.

[2] Dumas (E), *Op.cit.*, p.46.

[3] Zerah (D), *L'exigence d'une gouvernance mondiale*, condé sur noiseau, L.G.D.J, 2013, p.152.

Ils décidèrent de prolonger les négociations. Malgré des perspectives peu favorables sur le plan politique, les travaux techniques se sont poursuivis intensivement pour déboucher sur la rédaction de l'avant-projet de l'instrumentum final. Le projet avait été établi par M. Arthur Dunkel, alors Directeur général du GATT, qui présidait les négociations au niveau des hauts fonctionnaires[1]. Les négociations se sont poursuivies dans l'incertitude, les dates limitées étaient fixées puis dépassées. D'autres questions se sont ajoutées à celles de l'agriculture, pour devenir les principales sources de conflit, notamment les services, l'accès aux marchés, les règles antidumping et la création envisagée d'une nouvelle institution. Les divergences entre les États-Unis et l'Union européenne devenaient l'élément crucial dont dépendait le succès tant espéré des négociations.

En novembre 1992, les États-Unis et l'Union européenne surmontèrent la plupart de leurs divergences attachées à leurs politiques, agricoles respectives, en concluant ce qui était officieusement dénommé, l'Accord de Blair House[2]. En juillet 1993, les pays de la Quadrilatérale (États-Unis, EU, Japon et Canada) annoncèrent des progrès notables dans les négociations sur les droits de douane et les questions connexes, notamment l'accès aux marchés. C'est finalement le 15 décembre 1993 que toutes les questions étaient réglées et que les négociations sur l'accès aux marchés des biens et des services ont été achevées. Le 15 avril 1994, les accords furent signés par les ministres de la plupart des 123 pays participants, lors de la réunion à Marrakech.

Le retard accumulé a par contre permis à certaines négociations d'aller plus loin qu'il n'aurait été possible de le faire en 1990, en ce qui concerne, entre autres, certains aspects des services et de la propriété intellectuelle, et la création de l'OMC elle- même. On note tout de même que la tâche avait été immense et que ceux qui gèrent le commerce international à l'échelle nationale, ont dû manifester leur lassitude à l'égard des négociations.

L'abondance de la matière à traiter a incité certains à penser qu'il ne serait plus jamais possible de mener une négociation d'une telle envergure. Or, les Accords du cycle d'Uruguay prévoyaient des calendriers pour de nouvelles négociations sur plusieurs sujets. En 1996, quelques pays ont dû demander l'ouverture d'un nouveau cycle de négociations au début du siècle prochain. Malgré les réactions, d'abord mitigées, l'Accord de Marrakech énonçait déjà des engagements en vue de la réouverture des négociations sur l'agriculture et les services à la fin du siècle, qui n'ont pu commencer

---

[1] Revel (Cl), *La gouvernance mondiale a commencé*, Paris, Ellipses, 2006, pp.9-14.

[2] Bakandeja, (Gr), *Le droit du commerce international, les peurs justifiées de l'Afrique face à la mondialisation des marchés*, De Boeck, Bruxelles, pp.13-15.

qu'au début de l'année 2000 et ont été incorporées dans le Programme de Doha pour le développement à la fin de 2001. Enfin, l'OMC a remplacé le GATT en tant qu'organisation internationale, mais l'Accord général subsiste en tant que traité-cadre de l'OMC pour le commerce des marchandises, tel que mis à jour à la suite des négociations du cycle d'Uruguay.

Il y a lieu de faire cependant un distinguo entre le GATT de 1994, les parties mises à jour du GATT et le GATT de 1947, l'accord originel étant toujours au cœur du GATT de 1994. Il appert ainsi que l'histoire du commerce mondial est marquée par trois grandes dates : le 30 octobre 1947 (Accord du GATT), le 15 avril 1994 (Adoption de l'accord de Marrakech) et le 1er janvier 1995 (entrée en vigueur de l'Accord de Marrakech).

Schématiquement, les rounds se sont déroulés comme suit :

Les cycles de négociations commerciales du GATT				
Année	**Lieu/ Appellation**	**Domaines couverts**	**Etats parti ci-pants**	**Résultats majeurs**
1947	Genève	Droits de douane	23	45.000 réductions tarifaires
1949	Annecy (France)	Droits de douane	13	5.000 réductions tarifaires
1951	Torquay (Angleterre)	Droits de douane	38	8.700 réductions tarifaires
1956	Genève	Droits de douane	26	Nouvelles baisse tarifaires (valeur : 2.5 milliards de dollars
1960-1961	Genève (Dillon Round) Dillon c'est le nom du chef de l'équipe des négociateurs américains	Droits de douane	26	4.400 réductions tarifaires
1964-1967	Genève (Kennedy Round) en référence au président américain, car ces négociations visaient l'accroissement des exportations américaines vers la communauté européenne	Droits de douane et mesures antidumping	62	Accords des barrières non tarifaires ; niveau moyen des droits de douane utilisés par les pays industriels, ramené à 6,3%

1973-1979	Genève (Tokyo Round)	Droits de douane, mesures non tarifaires et « accords-cadres »	102	Accord-cadre mesures non tarifaire
1986-1994	Genève (Uruguay Round)	Droits de douane, mesures non tarifaires, règles, services, propriété intellectuelle, règlement des différends, textiles, agriculture, établissement de l'OMC.	123	L'accord de Marrakech instituant l'OMC (15 avril 1994)

II.2. Les principes de l'OMC

Les Accords de l'OMC reposent sur des principes à la fois simples et fondamentaux qui orientent et réorienteront les règles du commerce à l'échelle mondiale. Les accords de l'OMC sont longs et complexes, car ce sont des textes juridiques portant sur un large éventail de domaines d'activité ; à savoir : agriculture, textiles et vêtements, activités bancaires, télécommunications, marchés publics, normes industrielles et sécurité des produits, réglementation relative à l'hygiène alimentaire, propriété intellectuelle, et bien plus encore[1].

Il appert ainsi que la libéralisation des échanges implique des principes visant à lutter contre toutes les forces de discrimination et de concurrence déloyale[2]. Il s'agit de la clause de la nation la plus favorisée, du traitement national, l'interdiction des restrictions quantitatives et l'interdiction du dumping et des subventions publiques.

Le principe de la « nation la plus favorisée » entend lutter contre toutes les formes de discrimination, et implique l'extension automatique et inconditionnelle à tous les partenaires, des avantages ou des préférences qu'une nation peut accorder à l'une d'entre eux.

Aux termes des Accords de l'OMC, les pays ne peuvent pas, en principe, établir de discrimination entre leurs partenaires commerciaux. Son importance est telle qu'il constitue le premier article du GATT qui régit le commerce des marchandises. Il est aussi une clause prioritaire de l'AGCS[3] et de l'ADPIC[4], même s'il est énoncé en des termes légèrement différents d'un accord à l'autre. Ce principe se heurte cependant à certaines exceptions, notamment les cas où des pays peuvent conclure un accord de libre-échange qui s'applique uniquement aux marchandises échangées à l'intérieur d'un regroupement économique. Cette situation établit une discrimination des marchandises (celles de l'intérieur et celle provenant de l'extérieur). Il en est de même de l'accès spécial à leurs marchés aux pays en développement. Il va de soi qu'un pays peut ériger des obstacles à l'encontre de produits d'origine étrangère, qui font l'objet, à son avis, d'un commerce inéquitable. Dans le domaine des services, les pays peuvent également, dans des circonstances limitées, recourir à la discrimination. Cependant, ces exceptions ne sont autorisées dans les accords que sous réserve de conditionnalités rigoureuses.

---

[1] OMC, *Op. cit.*, p.4.
[2] Dumas (A), *Op. cit.*, p.111.
[3] Article 2 de l'Accord général sur le commerce des services.
[4] Article 4 de l'Accord sur les aspects du droit de propriété intellectuelle.

De manière générale, la clause NPF signifie que toutes les fois qu'un pays réduit un obstacle tarifaire ou ouvre un marché, il doit le faire pour les mêmes biens ou services provenant de tous ses partenaires commerciaux, indépendamment de leur niveau de développement. Les exceptions à ce principe sont historiques (cas de bon voisinage ou situation liées à la colonisation), zones de libre-échange et union-douanière, traitement préférentiel (PED), trafic frontalier, allocation préférentielle des contingents, aux pays ayant un intérêt substantiel au commerce des produits concernés, protocole d'accession, exemption générale (protection des intérêts non commerciaux, dérogations spéciales et fausses exceptions)[1].

Le principe du traitement national concerne l'interdiction de toute discrimination entre produits nationaux et produits étrangers concurrents. Les produits importés et les produits de fabrication locale doivent être traités de la même manière, du moins une fois que le produit importé a été admis sur le marché. Il va de soit pour les services, les marques de commerce, les droits d'auteur et les brevets étrangers et nationaux. Le principe exige qu'on accorde aux marchandises locales le même traitement que celui appliqué aux produits étrangers. Principe affirmé avec force et figurant aussi dans tous les trois principaux Accords de l'OMC[2]. Le traitement national s'applique uniquement une fois qu'un produit, service ou élément de propriété intellectuelle, a été admis sur le marché. Toutefois, le prélèvement de droits de douane à l'importation n'est pas contraire à ce principe, même lorsqu'aucune taxe équivalente n'est perçue sur les produits locaux. Néanmoins, l'échange international augmente le bien-être économique d'une nation dans le sens où les gains des gagnants sont supérieurs aux pertes des perdants[3].

Les restrictions quantitatives autrement dit contingentements, ont pour objet de limiter la circulation de certains biens ou services[4]. De manière concrète, les restrictions dito se présentent sous forme d'un plafonnement autoritaire, soit en volume, soit en valeur de l'entrée de certaines marchandises, permettant ainsi aux pouvoirs publics nationaux de maintenir le prix intérieur du bien contingenté à un niveau supérieur au prix mondial. À ce sujet, les partisans du libre-échange craignent à contrario que certaines mesures de sauvegarde prises par les Etats afin de protéger leurs consommateurs, leur environnement ou leur culture, ne constituent en fait des prétextes pour mettre en place les barrières protectionnistes non tarifaires.

---

[1] LUFF (D), *Op. cit.*, pp. 52-62.
[2] Article 3 du GATT, article 17 de l'AGCS et article 3 de l'Accord sur les ADPIC.
[3] Mankiw (Gr) et Taylor (M), *Principes de l'économie*, 2ème éd., Bruxelles, De Boeck, 2011, P.226.
[4] Dumas (E), *Op. cit.*, p. 25.

Les accords d'autorisation temporaire (restriction volontaire) conclus parfois entre des partenaires internationaux, nécessitent des limites. Le licenciement dans l'industrie textile en déclin au Nord, la faiblesse des salaires et l'absence de législation sociale au Sud, expliquent la fraction des quotas à l'importation de produits textiles du Sud. On note que les négociations de l'Uruguay round ont ensuite abouti à une augmentation progressive des quotas jusqu'à la disparition de l'AMI.

La subvention directe offre une alternative aux droits de douane ou aux quotas pour protéger les industriels d'un pays[1]. A l'origine, le dumping était une pratique qui consistait à vendre, sur les marchés extérieurs, à des prix inférieurs à ceux qui sont pratiqués sur le marché national[2]. Il s'agit en fait d'une pratique consistant à offrir dans le but d'accentuer un marché, en faisant disparaître les concurrents des produits ou des services à un prix inférieur à leur prix de revient. C'est donc une pratique commerciale qui consiste pour une entreprise à vendre mieux sur les marchés extérieurs qu'intérieurs un produit identique[3].

De façon conclusive, le dumping constitue une pratique commerciale qui consiste à vendre un produit sur les marchés étrangers à un prix inférieur à sa valeur normale ou à un prix inférieur au prix pratiqué sur le marché national du pays exportateur.[4] Il s'agit généralement pour les exportateurs d'écouler les excédents de production que la demande domestique ne parvient à absorber.

Ce type de discrimination spatiale par les prix, traditionnellement considéré comme une forme de concurrence déloyale dans le commerce international, est réprimé par le code anti-dumping adopté en 1968 et complété ultérieurement en 1979 et en 1994, qui autorise les pays touchés par le dumping à instaurer des droits compensateurs sur les produits concernés, à condition qu'ils puissent démontrer la réalité et l'importance du préjudice subi. C'est donc dans ce contexte que les NPI d'Asie ont souvent été accusés par les Etats-Unis de pratiquer le dumping et ont fait l'objet des mesures de rétorsion (droits compensateurs anti-dumping).

Les subventions publiques, à l'exception des aides publiques à la recherche, au développement régional ou à la protection de l'environnement, sont elles aussi interdites, notamment les subventions à la production nationale ou les subventions aux exportations versées aux producteurs nationaux. Les deux sont considérées comme des pratiques déloyales en ce qu'elles influencent

---

[1] Perkins (D), *Economie du développement*, 3ème éd., De Boeck, Bruxelles, 2008, p. 827.
[2] Gunchard (S), *Lexique des termes juridiques*, Dalloz, Paris, 2010, p. 284.
[3] Silem (A), *Lexique d'économie*, 10ème éd., Dalloz, Paris, 2008, p. 278.
[4] Article 6 de l'Accord du GATT.

directement la compétitivité des bénéficiaires. Les premières conduisent à une réduction des importations concurrentes des produits nationaux subventionnés tandis que les secondes favorisent les produits nationaux sur les marchés internationaux au détriment des produits étrangers concurrents.

Elles sont réprimées par le code anti-subvention qui autorise les pays préjudiciés à imposer des droits compensateurs à l'entrée des produits incriminés. Les Etats-Unis ont largement utilisé cette procédure à l'encontre de l'Europe, non seulement à propos de ses exportations agricoles, de l'acier et de l'aéronautique. En 1992, un accord bilatéral entre l'Europe et les Etats-Unis a tempéré l'élan de l'Europe qui subventionnait aussi Airbus pour contrer les subventions des Etats-Unis accordées à Boeing.

II.3. Les missions de l'OMC

Les missions de l'OMC sont, notamment la libéralisation du commerce international, la prévisibilité, la promotion de la concurrence loyale et encouragement du développement et réformes économiques. L'un des moyens les plus évidents pour encourager les échanges, est de réduire les obstacles tarifaires et non tarifaires (droits de douane et les contingentements). D'autres problèmes, comme les lourdeurs administratives et les politiques de change, ont aussi été examinés.

Depuis la création du GATT, en 1947, il y a eu huit séries de négociations commerciales, notamment axées sur l'abaissement des taux de droits applicables aux marchandises importées. Elles ont ainsi permis de réduire progressivement les taux des droits perçus par les pays industrialisés sur les produits industriels, qui ont été ramenés vers le milieu des années 90 à moins de 4 pour cent. Dans les années 80 par contre, le champ des négociations a été élargi pour comprendre les obstacles non tarifaires au commerce des marchandises et des domaines nouveaux comme les services et la propriété intellectuelle.

Les Accords de l'OMC autorisent les pays à introduire pas à pas les changements, par une libéralisation progressive. Les PED disposent généralement d'un délai plus long pour s'acquitter de leurs obligations. A ce sujet, on note que l'Uruguay round a permis le renforcement des disciplines multilatérales. Il a été à l'origine du retour de certains acteurs au droit commun du GATT et de l'extension de la sphère d'intervention du système du commerce multilatéral à des nouveaux domaines[1].

---

[1] Zarrouk (N), *Commerce et développement, Du GATT à l'OMC*, Rejces, Rabat, 2008, p.257.

Lorsque les mesures, soit de renforcement d'un obstacle au commerce, soit de réduction sont connues d'avance, cela rend les Etats commerçants conséquents. La stabilité et la prévisibilité encouragent l'investissement, la création des emplois. Les consommateurs peuvent ainsi profiter pleinement des avantages liés à la concurrence, (de l'inventaire du choix et de la baisse des prix). Le système commercial multilatéral concrétise l'effort déployé par les gouvernements pour rendre l'environnement commercial stable et prévisible. Les pays s'engagent dans le commerce international pour deux raisons ; à savoir : leurs différences et la réalisation des économies d'échelle de production[1].

Lorsque des pays conviennent, à l'OMC, d'ouvrir ainsi leurs marchés de marchandises ou de services, ils consolident leurs engagements. Pour les marchandises, cette consolidation consiste à fixer des plafonds pour les taux de droits de douane. Il arrive que les importations soient taxées à des taux inférieurs aux taux consolidés. Dans les pays en développement, les taux effectivement appliqués et les taux consolidés[2] sont généralement les mêmes.

Un pays peut modifier ses consolidations, mais seulement après avoir négocié avec ses partenaires commerciaux, ce qui pourrait impliquer l'octroi d'une compensation pour la perte de possibilités commerciales. Les négociations commerciales multilatérales du cycle d'Uruguay ont permis, entre autres, d'accroître le volume du commerce visé par des engagements de consolidation. Dans le secteur agricole, tous les produits sont aujourd'hui soumis à des tarifs consolidés. Il s'ensuit que le marché est devenu beaucoup plus sûr pour les négociants et les investisseurs.

Des efforts supplémentaires sont fournis pour renforcer la prévisibilité et la stabilité par d'autres moyens. Il s'agit, notamment de décourager le recours aux contingents et à d'autres mesures de restriction quantitative des importations : l'administration de contingents peut entraîner une aggravation des lourdeurs bureaucratiques et donner lieu à des accusations de pratiques déloyales. On peut aussi faire en sorte que les règles commerciales des pays soient aussi claires et accessibles au public, plus transparentes que possible.

Un grand nombre d'accords de l'OMC font obligation aux gouvernements de publier dans le pays ou de notifier à l'OMC les mesures et pratiques adoptées. C'est dans ce contexte qu'il existe la

---

[1] Krugman (P) et Obstifald (M), *Economie internationale*, 4ème éd., Bruxelles, De Boeck, 2013, p.12.

[2] Les taux consolidés sont des taux plafonds qui sont inscrits dans les « listes » ou listes d'engagement des membres de l'OMC. Ils ne peuvent être relevés sans qu'une compensation soit prévue.

surveillance à laquelle sont soumises régulièrement les politiques commerciales nationales par le biais du mécanisme d'examen des politiques commerciales, un autre moyen d'encourager la transparence aussi bien au niveau national que sur le plan multilatéral.

En matière de la promotion de la concurrence loyale, il faut affirmer d'emblée que le libéralisme de l'OMC n'est pas un libéralisme absolu. Le système autorise bien l'application des droits de douane et, dans des circonstances limitées, d'autres formes de protection. Il serait plus juste de dire qu'il s'agit d'un système de règles visant à garantir une concurrence ouverte, loyale et exempte de distorsions économiques.

Les règles relatives à la non-discrimination, notamment la clause NPF et traitement national ont pour objet de garantir des conditions commerciales loyales, de même que celles qui concernent le dumping et les subventions. Il s'agit de questions complexes, et les règles visent à définir ce qui est loyal et ce qui ne l'est pas, ainsi que la manière dont les pouvoirs publics peuvent réagir, notamment en prélevant des droits d'entrée additionnels calculés de façon à compenser le dommage occasionné par des pratiques commerciales déloyales.

Dans le même ordre d'idées, bien d'autres accords de l'OMC visent à favoriser une concurrence loyale, entre autres, dans l'agriculture, en matière de propriété intellectuelle et dans le domaine des services. L'Accord sur les marchés publics, dit plurilatéral, car signé uniquement par un petit nombre de membres de l'OMC, étend les règles de concurrence aux marchés passés par des milliers d'entités gouvernementales dans de nombreux pays.

Le système de l'OMC contribue au développement, en ce que les PED ont besoin d'un délai flexible pour mettre en œuvre les accords qui reprennent des dispositions antérieures du GATT, prévoyant une assistance spéciale et des avantages commerciaux pour les PED, en plus de l'accès aux marchés des produits des pays développés. Le retard connu par les PED et PMA, en matière de développement, ne saurait être compensé par des flexibilités dont le délai nous semble inférieur au retard qu'ils ont accumulé. Des mesures plus efficaces en faveur de leurs économies fébriles s'imposent.

Plus des trois quarts des membres de l'OMC[1] sont des PED et des pays qui sont en transition vers une économie de marché. Au cours des sept années et demie qu'a duré le cycle d'Uruguay, plus de 60 de ces pays ont mis en œuvre, de façon autonome, des programmes de libéralisation du commerce. En même temps, les PED et les pays en transition ont joué pendant le cycle d'Uruguay un rôle beaucoup plus

[1] Depuis la 10ème conférence ministérielle de l'OMC tenue à Nairobi, du 15 au 18 décembre 2015, le nombre des membres de l'OMC est passé à 184, avec comme derniers adhérents, le Libéria et l'Afghanistan dont les instruments d'accession ont été déposés à l'occasion de la conférence.

actif et influent que lors des négociations précédentes, qui s'est encore plus renforcé dans le cadre du Programme de Doha pour le développement lancé en 2001, au Qatar, lors de la quatrième conférence ministérielle de l'OMC.

À la fin du cycle d'Uruguay, les PED étaient disposés à assumer la plupart des obligations incombant aux pays développés. Toutefois, un certain délai leur a été ménagé dans les Accords pour leur permettre, pendant une période transitoire, de s'adapter aux dispositions moins connues, et peut-être plus difficiles de l'Accord sur l'OMC, en particulier pour les plus pauvres (les moins avancés) d'entre eux. Une décision ministérielle adoptée à la fin des négociations dispose que les pays riches devraient accélérer la mise en œuvre des engagements concernant l'accès aux marchés, pour les marchandises exportées par les PMA, qui devraient bénéficier d'une assistance technique accrue[1].

Toute la problématique ici réside dans les faibles quantité et qualité des biens et services que ces pays fragiles peuvent mettre sur les marchés internationaux. Dans ce domaine, l'OMC et ses membres en sont encore au stade embryonnaire. Le Programme de Doha pour le développement prend en considération les préoccupations des PED quant aux difficultés auxquelles ils sont butés pour mettre en œuvre les accords du cycle d'Uruguay.

Sur le plan économique, le système commercial ouvert, fondé sur des règles convenues au niveau multilatéral, est fort simple et relève essentiellement du bon sens commercial. Il se justifie également par les faits tels que l'évolution du commerce international et de la croissance économique depuis la seconde guerre mondiale. Les droits de douane sur les produits industriels ont fortement fléchi et sont en moyenne inférieurs à 5 pour cent dans les pays industrialisés. Au cours des 25 premières années qui ont suivi la guerre, la croissance de l'économie mondiale était de 5 pour cent par an, en moyenne. Ce taux élevé étant en partie imputable à la réduction des obstacles au commerce. La croissance du commerce mondial a été encore plus rapide, avec un taux moyen d'environ 8 pour cent pendant la période[2].

Les statistiques renseignent qu'il existe une corrélation entre libéralisation du commerce et croissance économique. Lien qui s'explique par le fait que tous les pays, en ce compris les plus pauvres, disposent des ressources humaines, industrielles, naturelles, financières. Quatre roues de la croissance sur lesquelles ils peuvent s'appuyer pour produire des biens et des services destinés à être vendus

[1] On note à ce sujet que les pays développés ont commencé à admettre l'importation en franchise de droits et sans contingent de la quasi-totalité des produits en provenance des PMA, il y a peu.

[2] Zamouk(N), *Op.cit,* p. 37.

sur le marché intérieur ou à l'étranger. Il va de soi que la communauté internationale peut tirer parti du commerce de ces biens et services.

Le principe de « l'avantage comparatif », convient-il de rappeler, signifie que les pays prospèrent d'abord en tirant profit de leurs ressources pour concentrer leurs efforts sur ce qu'ils peuvent produire dans les meilleures conditions, et ensuite en échangeant ces produits contre ceux que d'autres pays produisent dans les meilleures conditions[1]. Il s'agit, en effet, d'un gain résultant d'une différence de productivité pour la production de deux biens différents. Il se manifeste dans la spécialisation de la production du bien relativement le moins coûteux où la productivité est la plus élevée et permet d'obtenir une plus grande quantité de l'autre bien via l'échange[2]. C'est aussi le point de vue de Smith qui opine : « l'échange international provient des différences absolues de productivité »[3].

Il est donc évident que des politiques commerciales libérales accroissent la concurrence, encouragent l'innovation et engendrent le succès. Elles amplifient le bénéfice que l'on peut retirer de la production la meilleure, la mieux conçue et effectuée au meilleur prix. Dans un environnement international dominé par l'Occident et l'Asie, l'Afrique restera longtemps dans la dépendance par le fait qu'elle aura du mal à s'imposer et s'affirmer sur un marché totalement envahi. Ainsi, nous pensons que la lutte contre les subventions et le dumping s'avère indispensable pour le décollage de l'Afrique, car au-delà des modifications robotiques des accords, les puissances commerciales continuent à arborer des casques protectionnistes.

Le succès dans le commerce, faut-il préciser, reste un phénomène dynamique, une société parfaitement compétitive pour un produit à un moment donné peut le devenir moins qu'une autre lorsque le marché évolue ou lorsque des techniques nouvelles permettent de fabriquer un produit moins cher et meilleur. L'investissement dans la recherche et le développement avec un accent particulier sur l'éducation adaptée aux besoins de la société dans l'optique du développement endogène, peut sortir l'Afrique subsaharienne du carcan de la dépendance.

Les producteurs sont encouragés à s'adapter progressivement et de façon relativement indolore. Ils peuvent, soit fabriquer des produits nouveaux, soit trouver un nouveau créneau dans leur branche d'activité existante ou se lancer dans des domaines nouveaux. Il nous semble que le retard technologique de l'Afrique, soit le désavantage dans cet environnement concurrentiel. Une technologie intermédiaire peut en rétablir l'équilibre.

---

[1] Zamouk(N), *Op.cit*, p. 77.
[2] Silem (A), *Op. cit.*, p.71.
[3] Combe (E), *Précis d'économie*, 12ème éd., PUF, Paris, 2012, p.371.

L'avoir étant cyclique comme le pouvoir, la compétitivité peut aussi passer d'un pays à l'autre. Un pays qui, autrefois favorisé par des coûts de main-d'œuvre moins élevés ou par d'abondantes ressources naturelles, peut perdre sa compétitivité pour certains biens ou services à mesure que son économie se développe. Toutefois, grâce à l'effet de stimulation exercé par l'ouverture de l'économie, il peut redevenir compétitif pour d'autres biens ou services.

La tentation de refuser le défi que représentent des importations compétitives est toujours présente. Et les gouvernements des pays riches ont la propension d'arborer le casque protectionniste, dans le but d'en retirer un avantage politique à court terme, en accordant des subventions, en imposant des formalités administratives complexes et en se cabrant derrière des objectifs généraux légitimes, notamment la préservation de l'environnement ou la protection des consommateurs, comme prétexte pour protéger les producteurs. Ces pratiques renforcent les inégalités et accroissent le sous-développement.

En bout de course, la protection conduit à des producteurs hypertrophiés et inefficaces offrant aux consommateurs des produits de faible qualité. Tout compte fait, la protection et les subventions conduisent les usines à fermer leurs portes et les emplois à disparaitre. Si d'autres gouvernements de par le monde appliquent eux aussi les mêmes politiques, les marchés se contractent et l'activité économique mondiale ralentit. L'un des objectifs que les gouvernements visent à travers les négociations de l'OMC, est d'empêcher une telle dérive destructive vers le protectionnisme, et qui va à l'encontre du but recherché.

II.4. L'organisation et le fonctionnement de l'OMC

A l'OMC, toutes les grandes décisions sont prises par l'ensemble des membres, de manière consensuelle, soit à l'échelon des ministres qui se réunissent au moins tous les deux ans, soit au niveau des ambassadeurs et des délégués qui se rencontrent régulièrement à Genève.

L'OMC est différente de certaines autres organisations internationales, comme la Banque mondiale et le Fonds monétaire international, car il n'y a pas un senseur de délégation des pouvoirs à un conseil d'administration ou au chef de l'organisation. Les disciplines imposées aux pays par les règles, sont le résultat de négociations entre les membres qui, eux-mêmes, font respecter les règles conformément aux procédures convenues qu'ils ont négociées, en ce compris le recours à des sanctions commerciales. Toutefois, ces sanctions sont imposées par les pays et sont autorisées par l'ensemble des membres. Ce qui diffère sensiblement de la pratique d'autres organisations qui peuvent, notamment influencer la politique d'un pays en menaçant de suspendre l'octroi de crédits.

La pratique démontre qu'il est parfois difficile d'adopter des décisions par consensus, entre environ 164 membres, mais le principal avantage du consensus consiste en ce que les décisions ont plus de chance d'être acceptées par tous les membres. Des accords très importants ont été conclus, nonobstant les difficultés. Précisons tout de même que l'idée de créer un organe exécutif plus restreint, du genre conseil d'administration, dont chaque membre représenterait un groupe de pays, est régulièrement évoquée en perspectives de nouvelles réformes. Toutefois, pour l'instant, l'OMC demeure une organisation conduite par ses membres et fidèle au principe du consensus.

L'OMC appartient donc à ses membres. Ainsi, les pays prennent les décisions au sein de différents conseils et comités, composés de représentants de tous les membres. L'organe suprême est la Conférence ministérielle qui doit se réunir au moins tous les deux ans. Elle est habilitée à prendre des décisions sur toutes les questions relevant de tout accord commercial multilatéral. Les activités courantes menées entre les Conférences ministérielles relèvent de trois organes :

a) le Conseil général ;
b) l'Organe de règlement des différends ;
c) l'Organe d'examen des politiques commerciales.

En réalité, ces trois organes n'en font qu'un, car l'Accord instituant l'OMC stipule que leurs fonctions sont exercées par le Conseil général, qui siège cependant en vertu d'un mandat différent, selon le cas. Ils sont eux aussi composés de représentants de tous les membres et font rapport à la Conférence ministérielle.

Le Conseil général agit au nom de la Conférence ministérielle pour toutes les affaires relevant de l'OMC. Il se réunit en tant qu'Organe de règlement des différends et en tant qu'Organe d'examen des politiques commerciales pour superviser la mise en œuvre des procédures de règlement des différends entre les membres ou pour procéder à l'analyse de leurs politiques commerciales. Au-delà des prérogatives mises en relief, trois autres conseils, chargés chacun d'un grand domaine du commerce, relèvent du Conseil général ; à savoir :

a) le Conseil du commerce des marchandises ;
b) le Conseil du commerce des services ;
c) le Conseil des ADPIC

Comme leur nom l'indique, ces conseils sont chargés de superviser le fonctionnement des accords de l'OMC relatifs à leurs domaines respectifs. Ils sont également composés de représentants de tous les membres de l'OMC et ont aussi des organes subsidiaires. Six autres organes relèvent du Conseil général et leur domaine de compétence est moins étendu. Ce sont des comités composés, néanmoins, de représentants de tous les membres de l'OMC. Ils s'occupent, notamment des questions suivantes : commerce et développement, environnement, arrangements commerciaux régionaux et questions administratives. Rappelons qu'à la Conférence de Singapour, en décembre 1996, les ministres ont décidé de créer de nouveaux groupes de travail pour examiner les questions suivantes : politique en matière d'investissement et politique de la concurrence, transparence des marchés publics et facilitation des échanges. Deux autres organes subsidiaires s'occupent des domaines visés par les accords plurilatéraux (qui n'ont pas été signés par tous les membres de l'OMC) et rendent régulièrement compte de leurs activités au Conseil général.

Chaque conseil de niveau supérieur a des organes subsidiaires. Le Conseil du commerce des marchandises chapeaute onze comités qui s'occupent chacun d'un sujet précis, notamment : l'agriculture, l'accès aux marchés, les subventions, les mesures antidumping. Les comités sont à leur tour composés de représentants de tous les membres. Le Conseil du commerce des marchandises coiffe également l'Organe de supervision des textiles, qui est composé d'un Président et de dix membres qui s'acquittent de leurs fonctions à titre personnel, ainsi que les groupes de travail chargés des notifications par lesquelles les gouvernements informent l'OMC des politiques ou mesures existantes ou nouvelles et des entreprises commerciales d'Etat.

Tous les membres de l'OMC peuvent participer à tous les conseils, comités, etc., à l'exception de l'Organe d'appel, des groupes spéciaux de règlement des différends, de l'Organe de supervision des textiles et des comités et conseils établis en vertu des accords plurilatéraux. Le Conseil général se réunit également en tant qu'Organe d'examen des politiques commerciales et Organe de règlement des différends. Les organes subsidiaires du Conseil du commerce des services s'occupent des services financiers, de la réglementation intérieure, des règles de l'AGCS et des engagements spécifiques.

Au niveau du Conseil général, l'Organe de règlement des différends compte aussi des organes subsidiaires, d'une part, les groupes spéciaux chargés du règlement des différends, composés d'experts et qui ont pour mission de statuer sur les différends non réglés et, d'autre part, l'Organe d'appel qui connaît des appels.

Ainsi, de manière schématique, la structure de l'OMC se présente comme suit :

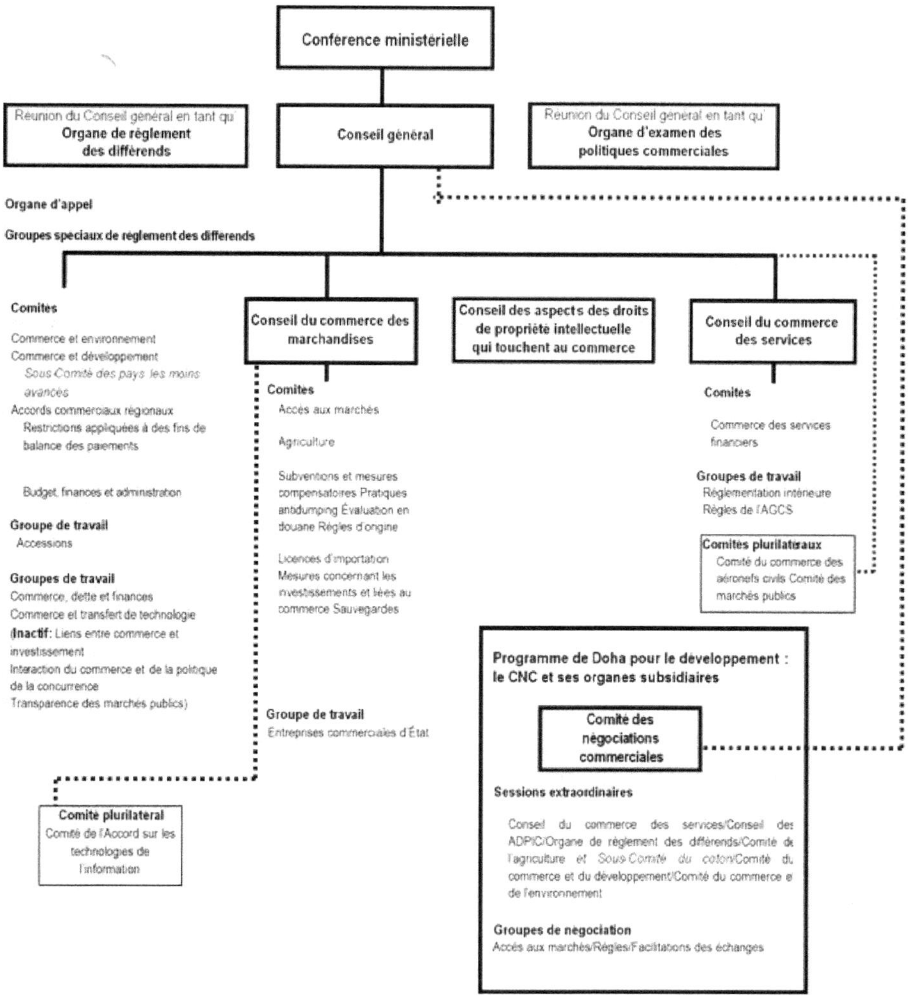

C'est rarement au cours des réunions formelles de ces organes, et encore moins dans les conseils de niveau supérieur, que se font les progrès décisifs. Les décisions étant prises par consensus, sans vote, les consultations informelles à l'OMC jouent un rôle crucial pour amener les membres à un accord.

Parallèlement aux réunions officielles, se tiennent des réunions informelles, comme celles des chefs de délégation, où, là encore, tous les membres de l'OMC sont représentés. Les questions les plus ardues sont toutes approfondies dans le cadre de groupes plus restreints[1]. Il est courant, depuis un certain temps, que le président d'un groupe de négociation tente de trouver un compromis en tenant des consultations avec les délégations prises individuellement, ou par deux ou trois, ou par groupe de 20 ou 30 délégations, parmi les plus intéressées par la question.

Les réunions restreintes doivent être menées avec doigté, professionnalisme[2]. Une expression très controversée est de mise dans le cadre des négociations, mais davantage parmi certains observateurs extérieurs que parmi les délégations, c'est l'expression « Salon vert ». Une appellation informelle de la salle de conférence du Directeur général. Expression qui fait référence aux réunions comprenant, généralement, des chefs de 20 à 40 délégations. Les réunions peuvent se tenir ailleurs, par exemple, lors des Conférences ministérielles, et être convoquées par le ministre présidant la Conférence ainsi que par le Directeur général.

Il existe des consultations analogues par groupes plus restreints pouvant être organisées par les présidents des comités négociant sur tel ou tel sujet, bien que l'expression « Salon vert » ne soit généralement pas utilisée en pareil cas. Dans un passé récent, certaines délégations ont estimé que les réunions du type « Salon vert », pouvaient aboutir à des compromis adoptés dans leurs dos. On redouble ainsi d'efforts pour faire en sorte que le processus soit mené correctement et que des rapports soient régulièrement présentés à l'ensemble des membres.

Le format actuel des négociations a quelque peu atténué le problème. Afin d'accroître leur pouvoir de négociation, les pays ont formé des coalitions. Sur certains sujets comme l'agriculture, pratiquement tous les pays sont membres d'au moins une coalition et bien souvent de plusieurs. Cela signifie que tous les pays peuvent être représentés dans le processus si les coordonnateurs et d'autres acteurs

[1] L'essentiel est de faire en sorte que chaque délégation soit tenue informée de ce qui se passe, de manière transparente, intime, si elle n'est pas directement consultée et qu'elle ait la possibilité de participer ou d'apporter sa contribution, ce qui rendrait ainsi le processus inclusif.

[2] OMC, *Op. cit.*, p. 37.

clés sont présents. Les coordonnateurs se font aussi les garants de la transparence et de l'absence d'exclusion des réunions en tenant leurs coalitions informées et en défendant les positions négociées au sein de leurs alliances.

En bout de course, les décisions doivent être prises par tous les membres et ce de manière consensuelle. L'ensemble des membres résisterait à toute tentative d'imposer la volonté d'un petit nombre. On n'a jamais trouvé un autre moyen de parvenir à un consensus sur les questions difficiles, car il est quasiment impossible que les membres changent spontanément de position en réunion plénière. Les négociations sur l'accès aux marchés se déroulent ainsi en petits groupes, mais pour une autre raison.

Le résultat final est un ensemble d'engagements multilatéraux contractés par les pays. Mais les engagements sont en fait le fruit de nombreuses tractations informelles qui ont lieu au niveau bilatéral et qui dépendent des intérêts des différents pays, notamment les négociations tarifaires traditionnelles et les discussions sur l'accès aux marchés dans le secteur des services. Les consultations informelles, sous différentes formes, jouent ainsi un rôle déterminant dans l'établissement d'un consensus, mais elles n'apparaissent pas dans les programmes de travail, précisément en raison de leur caractère informel.

Elles sont cependant indissociables des réunions formelles, car elles sont nécessaires à l'adoption de décisions formelles dans les conseils et comités. Les réunions formelles sont importantes elles aussi, car c'est là que des échanges de vues ont lieu, que les positions des pays sont consignées et que les décisions sont confirmées. Pour forger un consensus entre tous les membres de l'OMC, il faut trouver un juste équilibre, de manière que le résultat obtenu entre quelques pays seulement, puisse être accepté par le reste des membres.

Tous les membres ont adhéré au système à la suite de négociations. L'accession implique donc un équilibre entre les droits et les obligations. Les nouveaux membres bénéficient des privilèges que leur accordent les autres pays membres et de la sécurité que leur procurent les règles commerciales[1]. Tout Etat ou territoire douanier jouissant d'une entière autonomie dans la conduite de sa politique commerciale, peut adhérer, mieux accéder à l'OMC, mais les membres de l'Organisation doivent convenir des modalités d'accession. La procédure d'accession comporte quatre étapes :

---

[1] En contrepartie, ils ont dû s'engager à ouvrir leurs marchés et à se conformer aux règles qui sont, en fait, le résultat des négociations menées en vue de devenir membre. Les pays qui négocient leur accession ont le statut d'observateur auprès de l'OMC.

1) le gouvernement candidat à l'accession doit décrire tous les aspects de ses politiques commerciale et économique ayant une incidence sur les accords de l'OMC. Pour ce faire, il doit présenter à l'OMC un aide-mémoire qui est examiné par le groupe de travail chargé de traiter sa demande[1] ;

2) les négociations sont bilatérales, car chaque pays a des intérêts commerciaux qui lui sont propres. Elles portent sur les taux de droits, les engagements spécifiques en matière d'accès aux marchés et d'autres mesures concernant les marchandises et les services. Les engagements contractés par le nouveau membre s'appliqueront de la même manière à tous les membres de l'OMC, conformément aux règles habituelles de non-discrimination, même s'ils ont été négociés au niveau bilatéral. En d'autres termes, ces négociations déterminent les avantages qui peuvent prendre la forme de possibilités d'exportation et de garanties que les autres membres de l'OMC peuvent espérer retirer de l'accession du candidat. Les négociations peuvent être très complexes, elles prennent dans certains cas des proportions presque comparables à celles d'un cycle complet de négociations commerciales multilatérales ;

3) lorsque le groupe de travail a terminé l'examen du régime de commerce du candidat et que les négociations bilatérales parallèles sur l'accès aux marchés sont achevées, il finalise les modalités d'accession. Celles-ci sont énoncées dans un rapport, un projet de traité d'accession ou protocole d'accession et des listes indiquant les engagements du futur membre ;

4) l'ensemble du texte final, constitué du rapport, du protocole et des listes d'engagements, est présenté au Conseil général ou à la Conférence ministérielle. Si les deux tiers des membres de l'OMC votent pour, le gouvernement candidat peut signer le protocole et accéder à l'Organisation. Dans certains cas, il faut que le Parlement ou l'organe législatif national ratifie l'accord pour que la procédure d'accession soit terminée[2].

---

[1] Tous les membres de l'OMC peuvent faire partie de ces groupes de travail. Lorsque le groupe de travail a suffisamment avancé dans l'examen des principes et politiques du candidat, des négociations bilatérales parallèles peuvent s'engager entre celui-ci et les différents membres.

[2] Les travaux de l'OMC sont menés par les représentants des gouvernements membres, mais leur origine profonde réside dans l'activité industrielle et commerciale

La plupart des pays ont une mission diplomatique à Genève, parfois dirigée par un ambassadeur spécialement accrédité auprès de l'OMC. Les membres de ces missions assistent aux réunions des nombreux conseils, comités, groupes de travail et groupes de négociation, au siège de l'OMC[1].

Pour mieux défendre leurs intérêts, les Etats se regroupent selon leurs affinités. Ainsi, les pays s'unissent pour former des groupements et des alliances au sein de l'OMC. Il arrive même dans certains cas qu'ils parlent d'une seule voix par l'entremise d'un porte-parole ou d'une équipe de négociation unique[2]. Un groupe est considéré comme politiquement symbolique de ce changement, le G-20 qui inclut l'Afrique du Sud, l'Argentine, le Brésil, la Chine, l'Égypte, l'Inde, la Thaïlande et bien d'autres, mais il existe aussi d'autres groupements de type "G" qui se recoupent en partie avec le G-20, et un groupement « C », le Coton-4, alliance de pays subsahariens qui prônent une réforme commerciale dans ce secteur.

La formation de coalitions est dans une certaine mesure la conséquence logique du mouvement d'intégration économique. Le nombre d'unions douanières, de zones de libre-échange et de marchés communs existant dans le monde, ne cessant d'augmenter[3] Il est parfois plus facile de parvenir à un consensus lorsque les groupes de pays adoptent des positions communes. Il arrive que des alliances se forment expressément pour trouver un compromis et sortir d'une impasse plutôt que pour défendre opiniâtrement une position commune. Toutefois, nous précisons qu'il n'existe pas de règle absolue sur l'incidence des groupements à l'OMC.

Le groupement le plus important, et aussi le plus vaste, est l'UE avec ses 28 Etats membres. L'UE est une union douanière dotée d'une politique de commerce extérieur et d'un tarif douanier communs à tous ses membres, qui coordonnent leur position à Bruxelles et à Genève, mais seule la commission européenne parle au nom de l'Union à

---

quotidienne. Les politiques commerciales et les positions de négociation sont définies par les administrations centrales, habituellement après avoir consulté les entreprises privées, les organisations professionnelles, les agriculteurs, les consommateurs et d'autres groupes d'intérêt qui font l'objet de leurs préoccupations.

[1] A l'occasion, les gouvernements envoient directement des experts les représenter pour exposer leurs vues sur des questions spécifiques.

[2] Dans le cadre des négociations sur l'agriculture, une bonne vingtaine de coalitions ont présenté des propositions ou négocié à partir d'une position commune ; la plupart continuent à agir. Le nombre croissant de coalitions, auxquelles participent des PED, traduit une diffusion plus large du pouvoir de négociation au sein de l'OMC.

[3] C'est également un moyen pour les « petits pays » d'accroître leur pouvoir de négociation, face aux grands partenaires commerciaux et de s'assurer une représentation lors des consultations restreintes.

presque toutes les réunions de l'OMC. L'UE étant membre à part entière de l'OMC, comme chacun de ses Etats membres.

Les membres de l'OMC qui font partie de l'ANASE, notamment Cambodge, Indonésie, Malaisie, Philippines, Singapour, Thaïlande, Viet Nam, n'ont pas encore atteint le même degré d'intégration économique. Un autre membre de l'ANASE, le Laos, a engagé une procédure d'accession à l'OMC. Ils ont néanmoins en commun de nombreux intérêts commerciaux et peuvent fréquemment coordonner leur position et l'exprimer d'une seule voix[1].

Le MERCOSUR comprend les membres associés suivants : Argentine, Brésil, Paraguay, Uruguay et Venezuela, Bolivie, Chili, Colombie, Équateur et Pérou, avec une structure similaire à celle qui précède. Les efforts d'intégration économique régionale entrepris plus récemment, n'ont pas encore atteint le stade où les membres expriment souvent par l'intermédiaire d'un porte-parole unique, leurs positions sur les questions dont s'occupe l'OMC[2]. L'alliance bien connue qu'est le Groupe de Cairns est de toute autre nature. Elle s'est formée juste avant le début du cycle d'Uruguay, en 1986, pour défendre la libéralisation du commerce des produits agricoles. Le Groupe est devenu une troisième force avec laquelle il a fallu compter dans les négociations agricoles et il est toujours en activité.[3]

II.5. Le secrétariat et le budget de l'OMC

Le Secrétariat de l'OMC se trouve à Genève. Composé de 677 fonctionnaires environ, il a à sa tête un directeur général. Il est chargé des fonctions suivantes :

1) appui administratif et technique aux organes délibérants de l'OMC (conseils, comités, groupes de travail, groupes de négociation) pour les négociations et la mise en œuvre des accords ;

---

[1] Au sein de l'ANASE, la fonction de porte-parole est rotatoire et assumée conjointement, si le sujet l'exige.

[2] Il s'agit, entre autres, de l'ALENA qui comprend : le Canada, les Etats-Unis et le Mexique. Parmi les autres groupements qui présentent parfois des déclarations conjointes, on peut citer : le Groupe africain, les PMA, le l'ACP et le SELA. Il s'agit d'une organisation internationale créée en août 1986, à Criras (Australie), réunissant la plupart des PED, agro-exportateurs. Groupe hétéroclite, aussi bien sur le plan géographique qu'au niveau économique : Australie, Afrique du sud, Argentine, Brésil, Colombie, Costa-Rica, Bolivie, Canada, Chili, Indonésie, Malaisie, Guatemala, Nouvelle-Zélande, Pakistan, Paraguay, Pérou, Philippine, Thaïlande.

[3] Ses membres sont diversifiés, mais partagent un objectif commun, la libéralisation de l'agriculture, et l'idée que leurs ressources sont insuffisantes pour rivaliser avec de plus grands pays sur le terrain des subventions intérieures et des subventions à l'exportation.

2) appui technique aux pays en développement, en particulier aux moins avancés d'entre eux ;

3) analyses de l'activité et des politiques commerciales établies par les économistes et les statisticiens de l'OMC ;

4) assistance fournie par les juristes lors du règlement des différends commerciaux, notamment sous forme d'avis sur l'interprétation des règles de l'OMC et des précédents ;

5) travaux concernant les négociations relatives à l'accession de nouveaux membres et fourniture d'avis aux gouvernements qui envisagent de devenir membres de l'Organisation[1].

Le budget s'élève à plus de 180 millions de francs suisses et les contributions des différents pays sont calculées sur la base de la part qu'ils représentent dans le volume total des échanges des membres. Une partie du budget va également au centre du commerce international.

Les divisions relèvent directement du Directeur général ou d'un de ses adjoints. Le Secrétariat est dirigé par un directeur général. Les principales fonctions de l'OMC consistent à servir de cadre aux négociations commerciales et à faire respecter les règles commerciales multilatérales qui ont été négociées (y compris lors du règlement des différends). Dans l'exercice de ces fonctions, l'Organisation met en particulier l'accent sur quatre activités :

1) assistance aux pays en développement et aux pays en transition ;

2) aide spéciale à la promotion des exportations ;

3) coopération pour l'élaboration des politiques économiques au niveau mondial ;

4) notifications courantes des nouvelles mesures commerciales adoptées par les membres ou des modifications apportées à des mesures existantes.

Les PED représentent les trois quarts des membres de l'OMC. Avec les pays qui poursuivent leur "transition" vers une économie de marché, ils joueront probablement un rôle de plus en plus important à l'OMC à mesure que le nombre de ses membres s'accroîtra. De ce fait,

[1] Certaines divisions de l'OMC sont chargées d'assister des comités particuliers ; la Division de l'agriculture, par exemple, joue ce rôle auprès du Comité de l'agriculture et du Comité des mesures sanitaires et phytosanitaires. D'autres divisions participent de façon plus générale aux activités de l'OMC : coopération technique, analyse économique, information, par exemple.

une grande attention est accordée aux besoins et aux problèmes particuliers des PED et des pays en transition. L'Institut de formation et de coopération technique du Secrétariat de l'OMC organise un certain nombre de programmes pour expliquer le fonctionnement du système et former des fonctionnaires et des négociateurs nationaux.

Certaines de ces activités ont lieu à Genève, d'autres dans les pays respectifs. Plusieurs programmes, certains sous forme de cours de formation, sont mis sur pied conjointement avec d'autres organisations internationales. Dans d'autres cas, les pays peuvent bénéficier d'une assistance individuelle. L'assistance peut être très diverse. Elle peut aussi bien consister à aider les pays à mener des négociations en vue de leur accession à l'Organisation, à mettre en œuvre des engagements pris dans le cadre de l'OMC et à les conseiller pour leur permettre de participer de manière effective aux négociations multilatérales. Les PED, et certains PMA, reçoivent en outre des données commerciales et tarifaires en rapport avec leurs propres intérêts en matière d'exportation et leur participation aux travaux des organes de l'OMC.

Le Centre du commerce international a été fondé par le GATT, en 1964, à la demande des PED pour les aider à promouvoir leurs exportations. Géré conjointement par l'OMC et l'ONU qui agit par l'intermédiaire de la CNUCED, le Centre répond aux demandes d'assistance présentées par les PED qui désirent élaborer et mettre en œuvre des programmes de promotion des exportations ainsi que des opérations et techniques d'importation. Il fournit des renseignements et des conseils sur les marchés d'exportation et les techniques de commercialisation ; aide à créer des services de promotion des exportations et de commercialisation et à former le personnel nécessaire. Pour les PMA, son aide est gratuite. Un aspect important du mandat de l'OMC est la coopération que l'Organisation doit instaurer avec le FMI, la BM et les autres institutions multilatérales pour parvenir à une plus grande cohérence dans l'élaboration des politiques économiques au niveau mondial. Une Déclaration ministérielle distincte a été adoptée à la Réunion ministérielle de Marrakech, en avril 1994, pour souligner l'importance de cet objectif.

La déclaration prévoit une contribution accrue de l'OMC à une plus grande cohérence dans l'élaboration des politiques économiques au niveau mondial. Elle reconnaît que des liens existent entre les différents aspects de la politique économique et encourage l'OMC à développer sa coopération avec le FMI et la BM, des organisations compétentes dans les domaines monétaire et financier.

Par ailleurs, il est reconnu dans la déclaration que la libéralisation du commerce favorise la croissance et le développement des économies nationales. Cette libéralisation est un élément de plus en plus important pour le succès des programmes d'ajustement économique entrepris par beaucoup de pays, qui entraînent souvent, pendant la transition, des coûts sociaux importants.

Souvent, la seule façon de vérifier que les engagements sont pleinement mis en œuvre est de demander aux pays de notifier à l'OMC, dans les moindres délais, les mesures pertinentes qu'ils ont prises. Un grand nombre d'accords de l'OMC font obligation aux gouvernements membres de notifier au Secrétariat de l'organisation, les nouvelles mesures commerciales adoptées ou les modifications apportées aux mesures existantes.

C'est ainsi que, par exemple, des renseignements détaillés doivent titre communiqués à l'organe compétent, concernant les nouvelles législations en matière de droits antidumping ou de droits compensateurs, les nouvelles normes techniques affectant le commerce, les modifications des règlements régissant le commerce des services et les lois ou règlements concernant l'accord sur la propriété intellectuelle. Des groupes spéciaux sont également établis pour examiner les nouveaux arrangements de libre-échange et les politiques commerciales des pays qui accèdent à l'Organisation.

Le principal accès public à l'OMC est le site Web : www.wto.org. Des nouvelles concernant les tout derniers développements sont publiées tous les jours. Des informations et des explications de caractère général concernant une vaste gamme de questions, y compris « Comprendre l'OMC », sont également disponibles. Et ceux qui souhaitent suivre les travaux concrets de l'organisation, peuvent consulter ou télécharger un nombre sans cesse croissant de documents officiels, plus de 150 000 à l'heure actuelle, à partir de Documents en ligne.

Le 14 mai 2002, le Conseil général a décidé de rendre un plus grand nombre de documents accessibles au public dès leur distribution. Il a également décidé que la minorité de documents faisant l'objet d'une distribution restreinte seraient rendus publics plus rapidement, après deux mois environ, au lieu de six précédemment. Il s'agissait de la deuxième décision majeure concernant la transparence. Le 18 juillet 1996, le Conseil général était convenu que davantage de renseignements sur les activités de l'OMC seraient mis à la disposition du public et il a décidé que la documentation accessible au public, y compris les documents de l'OMC mis en distribution générale, pourrait être consultée sur un réseau informatique à accès direct.

L'objectif est de mettre davantage de renseignements à la disposition du public. Les médias sont un canal important et des séances d'information sur toutes les grandes réunions sont régulièrement organisées à l'intention des journalistes à Genève et de plus en plus de renseignements sont envoyés par courrier électronique et d'autres moyens aux journalistes du monde entier. Parallèlement, au fil des années, le Secrétariat a intensifié son dialogue avec la société civile-les organisations non gouvernementales intéressées par l'OMC, les parlementaires, les étudiants, les universitaires et autres groupes.

Dans la période qui a précédé la Conférence ministérielle de Doha, en 2001, plusieurs activités nouvelles concernant les ONG ont été proposées et approuvées par les membres de l'OMC. En 2002, le Secrétariat a augmenté le nombre de séances d'information à l'intention des ONG, sur toutes les réunions importantes de l'organisation et il a commencé à indiquer le calendrier des séances d'information sur son site Web. Les ONG sont aussi régulièrement invitées à l'OMC pour présenter directement aux gouvernements membres leurs travaux récents de recherche et d'analyse.

Une liste mensuelle des notes d'information émanant d'ONG reçues par le Secrétariat est établie et distribuée aux gouvernements membres pour information. Un bulletin d'information électronique mensuel est également mis à leur disposition, ce qui facilite l'accès aux informations rendues publiques par l'OMC.

II.6. Les accords de l'OMC

L'accord est une rencontre des volontés en vue de produire l'effet de droit recherché par les parties.[1] Les accords de l'OMC concernent essentiellement les marchandises, les services et la propriété intellectuelle. Ils énoncent les principes de la libéralisation et les exceptions autorisées, reproduisent en fait les engagements pris par chaque pays en vue de réduire les droits de douane et d'autres obstacles au commerce, et pour ouvrir et maintenir ouverts les marchés de services. Ils définissent également les procédures de règlement des différends et prévoient un traitement spécial en faveur des PED, en faisant obligation aux gouvernements d'assurer la transparence de leur politique commerciale, en notifiant à l'OMC les lois en vigueur et les mesures adoptées, parallèlement aux rapports périodiques établis par le secrétariat de l'OMC, au sujet des politiques commerciales des Etats membres. Ces accords sont fréquemment dénommés, « règles commerciales de l'OMC », l'OMC elle-même décrite comme un système fondé sur des règles qui sont en fait des accords négociés par les gouvernements.

Il est important d'appuyer le tocsin sur les accords du Cycle d'Uruguay, qui constituent le droit et le socle du système actuel de l'OMC. Des travaux additionnels, convient-il de rappeler, ont eu lieu à l'OMC, à la suite de décisions prises lors de Conférences ministérielles,

---

[1] Gunchard (S), *Lexique des termes juridiques*, 17ème éd., Dalloz, 2010, p. 8.

en particulier à la réunion de Doha, en novembre 2001, lorsque de nouvelles négociations et d'autres travaux ont été lancés.

Les accords sont, en fait, établis suivant une structure simple, comprenant : un accord-cadre (l'Accord instituant l'OMC); des accords régissant chacun des trois grands domaines d'échange (marchandises, services et propriété intellectuelle); le règlement des différends; et l'examen de la politique commerciale des gouvernements. De manière lapidaire, le droit de l'OMC comprend les principaux accords prénommés. Les accords régissant les deux principaux domaines (marchandises et services) sont établis suivant le même schéma ternaire, nonobstant des différences parfois notables :

> 1) ils commencent par énoncer des principes généraux (GATT) pour les marchandises et l'AGCS, les ADPIC ;
> 2) viennent ensuite les accords complémentaires et annexes contenant des prescriptions spéciales relatives à des secteurs ou questions spécifiques ;
> 3) enfin, il y a les listes, longues et détaillées, des engagements contractés par chaque pays pour permettre à des fournisseurs étrangers de marchandises ou de services d'accéder à son marché. Les listes annexées au GATT contiennent des engagements contraignants concernant les droits de douane pour les marchandises d'une manière générale et combinant droits de douane et contingents pour certains produits agricoles.[1]

Dans les listes annexées à l'AGCS, les engagements indiquent le niveau d'accès accordé aux fournisseurs étrangers de services dans des secteurs spécifiques ainsi que les types de services pour lesquels le pays concerné fait savoir qu'il n'appliquera pas la clause de la « nation la plus favorisée ».

Le règlement des différends est arc-bouté sur les accords et les engagements, et l'examen des politiques commerciales. Les négociations du cycle d'Uruguay ont été surtout axées sur les deux premières parties ; à savoir : les principes généraux et ceux applicables à des secteurs spécifiques. Au même moment, les participants pouvaient négocier sur l'accès aux marchés pour les produits industriels. Une fois les principes définis, les négociations se poursuivirent sur les engagements concernant des secteurs de l'agriculture et des services. Il faut aussi mentionner un autre groupe

---

[1] OMC, *Comprendre l'OMC*, Genève, OMC, 2015, p. 23.

d'accords importants qui n'est pas indiqué dans le diagramme : les deux accords « plurilatéraux », qui ne sont pas signés par la totalité des membres (aéronefs civils et marchés publics)[1].

Il faut noter que ces accords ne sont pas immuables, car ils sont renégociés régulièrement et de nouveaux accords peuvent être ajoutés à l'arsenal existant. De nombreux accords font actuellement l'objet de négociations dans le cadre du Programme de Doha pour le développement, lancé par les Ministres du commerce des pays membres de l'OMC, à Doha (Qatar), en novembre 2001, qui ont débouché sur l'AFE adopté à Bali, au cœur de cet ouvrage.

Le résultat principal du cycle d'Uruguay est par les 22 500 pages qui reprennent les engagements contractés par les différents pays pour des catégories spécifiques de marchandises et de services, notamment des engagements en vue de réduire et de consolider les taux des droits perçus à l'importation de marchandises. Il existe des cas où les taux de droits sont ramenés à zéro et d'autres pour lesquels on note une forte augmentation du nombre des droits consolidés[2].

La grande partie des réductions tarifaires consenties par les pays développés étaient échelonnées sur cinq ans, à dater du 1er janvier 1995. Il ressort de cela un abaissement de 40 % des droits perçus par ces pays sur les produits industriels, qui passeront de 6,3 % en moyenne à 3,8 %. La valeur des produits industriels importés admis en franchise dans les pays développés augmentera sensiblement en passant de 20 % à 44 %.

Il y aura aussi moins de produits assujettis à des taux de droit élevés. Le pourcentage des produits importés par les pays développés, en provenance de toutes les sources, sur lesquels les droits exigibles sont supérieurs à 15 %, diminuera pour passer de 7 à 5 %. Le pourcentage des produits exportés par les pays en développement qui sont passibles de droits supérieurs à 15 % dans les pays industrialisés, passera de 9 % à 5 %.

Toute la problématique à notre avis réside aujourd'hui dans la compétitivité économique de l'Afrique. Ainsi, nous estimons qu'au-delà des privilèges nés du droit de l'OMC. L'Afrique doit déclencher une révolution culturelle, passant de l'attentisme, du paternalisme à la fureur de vaincre pour offrir ses meilleurs produits, en vertu de la théorie des avantages comparatifs. Son apport au commerce international ne représentant que 2,7 %.

Les résultats du cycle d'Uruguay se sont améliorés par la suite. C'est ainsi que le 26 mars 1997, 40 pays représentant plus de 92 % du commerce mondial des produits des technologies de l'information ont

---

[1] Luff (D), *Op. cit.*, p. 77.

[2] On entend par droits consolidés des droits dont les taux font l'objet d'un engagement à l'OMC et qu'il est difficile de relever.

convenu de supprimer les droits d'entrée et autres impositions perçus sur ces produits[1].

Les pays développés ont augmenté la quantité de produits importés pour lesquels les taux des droits sont consolidés[2]. Les pays en transition, c'est-à-dire, ceux qui ont renoncé à l'économie planifiée, ont porté le nombre de leurs consolidations de 73 à 98%. Ainsi le marché est devenu beaucoup plus sûr pour les négociants et les investisseurs, par le fait que cette consolidation assure la prévisibilité.

Les droits de douane sont de nos jours consolidés pour la totalité des produits agricoles. La quasi-totalité des restrictions à l'importation sous d'autres formes que les droits de douane, notamment les contingents, ont été converties en droits de douane, processus dénommé « tarification », qui a nettement renforcé la prévisibilité des marchés de produits agricoles. Par le passé, on note que plus de 30 % de ces produits étaient assujettis à des contingents ou des restrictions à l'importation.

La première étape de la tarification a consisté à remplacer ces restrictions par des droits de douane, représentant dans la plupart des cas le même niveau de protection. En sus, pendant six ans, soit de 1995 à 2000. Les droits de douane ont été progressivement réduits et l'échéance pour les pays en développement, fixé à 2005. Les engagements concernant l'accès aux marchés dans l'agriculture entraînent aussi la suppression des interdictions à l'importation visant certains produits.

Le GATT originel s'appliquait bien au commerce des produits agricoles, mais il recélait des faiblesses, car il permettait aux pays d'appliquer certaines mesures non tarifaires, notamment des contingents d'importation et l'accord des subventions[3]. Le commerce des produits agricoles a été gravement biaisé par le recours à des subventions à l'exportation qui n'auraient pas été, en principe, autorisées pour les produits industriels.

Le cycle d'Uruguay a engendré le premier accord multilatéral consacré au secteur agricole qui marque un progrès appréciable vers l'instauration de l'ordre et d'une concurrence loyale dans un secteur moins soumis à des distorsions. On note à cet effet, qu'il a été mis en œuvre sur une période de six ans par les PED, pour dix ans à partir de 1995. L'accord du cycle d'Uruguay incluait un engagement de

---

[1] Comme dans le cas d'autres engagements tarifaires, chaque pays participant applique de la même manière ses engagements aux exportations en provenance de tous les membres de l'OMC, en syntonie avec la clause de la nation la plus favorisée.

[2] On entend par droits consolidés, ceux qui font l'objet d'un engagement et qui sont difficiles à relever, pour le porter de 78 à 99 pour cent des catégories de produits.

[3] Article 2 de l'Accord sur l'agriculture.

poursuivre la réforme au moyen de nouvelles négociations engagées en 2000, comme l'exigeait l'Accord sur l'agriculture.

L'Accord sur l'agriculture vise la réforme du commerce dans le secteur agricole et le renforcement du rôle du marché dans l'orientation des politiques appliquées, de manière à améliorer la prévisibilité et la sécurité pour les pays importateurs, comme pour les pays exportateurs. Les nouveaux engagements et règles dans le cadre de cet accord portent sur les questions suivantes :

1) accès aux marchés ;
2) soutien interne ;
3) subventions à l'exportation.

L'accord permet ainsi aux gouvernements d'aider leur secteur rural, mais particulièrement par des mesures qui faussent le moins les échanges. Il ménage aussi une certaine souplesse dans la mise en œuvre des engagements. En effet, les pays en développement ne sont pas tenus de réduire dans les mêmes proportions que les pays développés leurs subventions ou leurs droits de douane et bénéficient d'un délai supplémentaire pour s'acquitter de leurs obligations. Une fois de plus, ces flexibilités, nous semble-t-il, ne sont pas proportionnelles au retard accumulé par les PMA et la culture du travail bien fait reste la panacée de la mesure africaine.

Les PMA[1] ne sont pas du tout tenus de le faire et des dispositions spéciales portent sur les intérêts des pays qui doivent importer les produits alimentaires dont ils ont besoin et sur les préoccupations des PMA. L'accord contient une clause « de paix » visant à diminuer le risque de différends ou de contestations concernant des subventions agricoles pendant une période de neuf ans, soit jusqu'à la fin de 2003.[2]

La nouvelle règle en matière d'accès aux marchés des produits agricoles s'intitule, « droits de douane uniquement ». Avant le cycle d'Uruguay, les importations de certains produits agricoles étaient limitées par des contingences et autres mesures non tarifaires. Ceux-ci ont été remplacés par des droits de douane qui assuraient un degré de protection à peu près équivalent. Si la mesure antérieure avait pour effet de majorer les prix intérieurs de 75 % par rapport aux prix mondiaux, le nouveau droit de douane pourrait être d'environ 75 %[3]. Cette manière de convertir, en droits de douane, les contingents et autres types de mesures, est appelée tarification.

Il est également prévu que les quantités importées avant l'entrée en vigueur de l'accord peuvent continuer à l'être et il est garanti que, pour

[1] Accord sur l'agriculture, article 3.
[2] *Idem,* article 4.
[3] *Ibidem,* article 5.

les quantités additionnelles jusqu'à concurrence d'un certain niveau, les taux de droits appliqués ne seront pas prohibitifs, grâce à un système de « contingents tarifaires » : des droits de douane moins élevés sont fixés pour des quantités spécifiées et des taux de droits plus élevés pour les quantités du contingent[1].

Pour tous les produits agricoles, les droits de douane et contingents tarifaires faisant l'objet des nouveaux engagements, ont pris effet en 1995. Les participants au cycle d'Uruguay avaient convenu que les pays développés réduiraient les droits de douane dans le cas des contingents tarifaires[2], les taux les plus élevés applicables hors contingent de 36% en moyenne, par tranches égales sur six ans. Cette situation est illustrée sur le tableau suivant :

[1] Accord sur l'agriculture, article 6.

[2] OMC, *Op. cit.*, p. 37.

Mesures à prendre	Pays développés 6 ans : 1995-2000	Pays en développement 10 ans: 1995-2004
Droits de douane		
Réduction moyenne pour tous les produits agricoles	-36%	-24%
Réduction minimale par produit	-15%	-10%
Soutien interne		
Réduction de la MGS totale pour le secteur (période de base : 1986-1988)	-20%	-13%
Exportations		
Valeur des subventions	-36%	-24%
Quantités subventionnées (période de base : 1986-1990)	-21%	14%

Source : OMC (*Comprendre l'OMC*)

Les PMA ne sont pas tenus de prendre des engagements en vue de réduire les droits de douane ou les subventions. Il va de soi que le niveau de base pour les réductions tarifaires est le taux consolidé avant le 1er janvier 1995 ou, pour les droits non consolidés, le taux effectivement appliqué en septembre 1986, au moment du début du cycle d'Uruguay.

Les PED réduiraient leurs droits de 24% sur dix ans. Plusieurs d'entre eux ont opté pour la possibilité d'offrir des taux plafonds là où les droits n'avaient pas été consolidés avant le cycle d'Uruguay. Toutefois, les PMA ne sont pas tenus de réduire leurs droits de douane. S'agissant des produits pour lesquels les restrictions non tarifaires ont été converties en droits de douane, les gouvernements sont autorisés à prendre des mesures d'urgence spéciales dites « sauvegardes spéciales » afin de protéger leurs agriculteurs contre une baisse soudaine des prix ou un accroissement des importations.

L'accord précise les conditionnalités dans lesquelles les mesures d'urgence peuvent être adoptées. Il appert ainsi qu'elles ne peuvent pas s'appliquer à des importations effectuées dans le cadre d'un contingent tarifaire.

L'histoire du commerce mondial renseigne que quatre pays ont recouru aux dispositions concernant le traitement spécial, pour restreindre les importations de produits particulièrement sensibles, notamment le riz, durant la période de mise en œuvre, soit jusqu'à 2000, pour les pays développés, jusqu'à 2004 pour les PED, sous réserve de prescriptions en la matière. Il s'agit, pour le riz, de la République de Corée et les Philippines, pour la viande de mouton, le lait entier en poudre et autres fromages, du Japon et d'Israël. Les deux derniers ont désormais renoncé à ce droit, tandis que les deux premiers ont étendu leur traitement spécial pour le riz.

La surproduction élimine les produits importés du marché ou conduit à subventionner les exportations et à pratiquer le dumping sur les marchés mondiaux. Elle demeure ainsi l'écueil majeur aux mesures visant à soutenir les prix intérieurs ou à subventionner la production, d'une autre manière. L'Accord sur l'agriculture établit un distinguo entre les programmes de soutien qui ont pour effet de stimuler directement la production et ceux qui sont considérés comme n'ayant pas d'effets directs. Les mesures intérieures ayant une incidence directe sur la production et le commerce doivent être réduites. A ce sujet, les membres de l'OMC ont évalué le soutien de ce genre qu'ils accordaient chaque année à l'agriculture, en calculant la MGS totale, pour la période allant de 1986-1988. Les pays développés ont accepté de réduire ces chiffres de 20% en six ans, à compter de 1995.

Les PED ont convenu de procéder à une réduction de 13% sur dix ans. Les PMA ne sont tenus de faire aucune réduction. Il sied de préciser que ce type de soutien interne est parfois appelé « la catégorie orange », en référence au feu orange pour la circulation routière, qui veut dire, ralentir. Les mesures ayant une incidence minime sur le commerce, peuvent être adoptées de manière souveraine et sont classées dans la catégorie verte, par analogie au feu vert pour la circulation. Elles comprennent, en tout, les services assurés par les pouvoirs publics tels que la recherche, la santé publique, l'infrastructure et la sécurité alimentaire ainsi que les paiements versés directement aux agriculteurs qui n'ont pas pour effet de stimuler la production, comme certaines formes de soutien direct des revenus, l'aide à la restructuration des exploitations agricoles, et les paiements directs dans le cadre de programmes de protection de l'environnement et d'assistance régionale.

Les agriculteurs sont tenus de limiter la production. Des paiements directs aux agriculteurs sont autorisés. Sont appelées « mesures de la catégorie bleue », des programmes d'aide de l'État en faveur du développement agricole et rural dans les pays en développement, et autres mesures de soutien dont l'ampleur est modeste par rapport à la valeur totale du produit ou des produits bénéficiaires, soit 5 pour cent ou moins, dans le cas des pays développés et 10 pour cent ou moins, pour les pays en développement.

L'Accord sur l'agriculture proscrit les subventions à l'exportation de produits agricoles, sauf lorsqu'elles sont spécifiées dans les listes des engagements des membres, auquel cas, ceux-ci étaient tenus de réduire à la fois les montants des dépenses effectuées à ce titre et les quantités d'exportations subventionnées pour la période allant de 1986-1990. Les pays développés avaient accepté de réduire de 36% la valeur des subventions à l'exportation, pendant une période de six ans, à dater de 1995 ; 24% sur dix ans pour les PED.

Ils ont aussi convenu de réduire de 21% en six ans, les quantités d'exportations subventionnées, de 14% sur dix ans, pour les PED. Les PMA ne sont tenus de faire aucune réduction. De notre point de vue, il s'agit d'une opportunité en faveur des PMA dont la plupart se trouvent en Afrique. Ils doivent ainsi redynamiser leur action entrepreneuriale pour rattraper les pays développés en transformant, notamment les ressources naturelles abondantes, avec un accent particulier sur les aspects gouvernementiels.

Pendant les six années de la période de mise en œuvre, les PED sont autorisés, sous certaines conditions, à recourir aux subventions en vue de réduire les coûts de commercialisation et de transport des produits exportés. Le délai est plus court pour la compétitivité des économies africaines.

L'Accord sur l'agriculture dispose que les membres de l'OMC doivent réduire leurs exportations subventionnées. Cependant, certains pays importateurs sont tributaires des produits alimentaires bon marché et subventionnés en provenance des principaux pays industrialisés. Au nombre d'eux, figurent certains pays plus pauvres qui, nonobstant le profit que pourrait avoir sur leur secteur agricole une inflation causée par la réduction des subventions à l'exportation, pourraient avoir besoin d'une assistance sporadique de manière à procéder aux ajustements nécessaires pour pouvoir financer des importations devenues onéreuses et éventuellement exporter.

A ce sujet, une décision ministérielle spéciale énonce les objectifs et certaines mesures concernant les apports d'aide alimentaire et d'aide au développement agricole. La décision mentionne aussi l'assertoricité d'une assistance fournie par le FMI et la BM, en vue de financer des importations commerciales de produits alimentaires. Il appert, une fois de plus, que sur le plan principiel, l'OMC offre beaucoup d'avantages aux PMA dont sera mesurée factuellement, ici, l'incidence sur le développement de l'Afrique. Les conditionnalités extra-économiques, notamment la démocratisation des Etats, le rythme de décaissement des fonds généralement lents des institutions de Bretton Woods ne sont pas de nature à faciliter la tâche aux PMA et risquent de les fragiliser davantage.

Les gouvernements, conformément à l'article XX du GATT, sont autorisés à intervenir dans les échanges à des fins de protection de la santé et de la vie des personnes et des animaux ou de préservation des végétaux, à l'ultime condition qu'ils n'établissent pas de discrimination et qu'ils n'usent pas de cette intervention comme d'une forme de protectionnisme maquillé.

Il existe deux accords de l'OMC spécifiques, consacrés respectivement à l'innocuité des produits alimentaires, de la santé et de la sécurité des animaux et des végétaux, et aux normes de produits en général. Les deux accords tentent de répondre à la nécessité d'appliquer des normes, tout en évitant le protectionnisme masqué[1].

---

[1] Une annexe de l'Accord sur l'application des SPS précise qu'il s'agit des normes des organismes ci-après :

- la Commission FAO/OMS du Codex Alimentarius : pour les produits alimentaires ;
- l'Organisation mondiale de la santé animale (Office international des épizooties): pour la santé des animaux ;
- le Secrétariat de la Convention internationale pour la protection des végétaux: pour la préservation des végétaux.

Les gouvernements peuvent ajouter à cette liste tous les autres organisations ou accords internationaux auxquels tous les membres de l'OMC peuvent participer.
Les Membres qui appliquent ces normes n'ont en principe pas à craindre d'être contestés juridiquement devant l'OMC.

Cette matière remet sur la sellette la dichotomie, concilier la sécurité et la facilitation des échanges. Le siège de la matière se trouve dans les dispositions combinées de l'accord distinct sur l'innocuité des produits alimentaires et les normes sanitaires pour les animaux et les végétaux, l'Accord sur les SPS.

L'Accord permet aux pays d'établir leurs propres normes, mais dispose aussi que les réglementations doivent s'arc-bouter sur un argumentaire scientifique. Celles-ci ne doivent être appliquées que dans le contexte de la protection de la santé et la vie des personnes ainsi que celles des animaux ou pour préserver les végétaux. Elles ne doivent pas non plus entraîner des discriminations entre les pays où existent des conditions identiques ou similaires.

Les pays membres sont encouragés à utiliser les normes, directives et recommandations internationales, sans crainte d'être contredits juridiquement dans le cadre d'un différend porté devant l'OMC. Ils peuvent cependant adopter des mesures qui entraînent des normes plus élevées, dans la mesure où il y a un soubassement scientifique. Ils peuvent en outre établir des normes plus élevées sur la base d'une évaluation idoine des risques, pour autant que l'approche suivie soit cohérente et non arbitraire. Dans une certaine mesure, ils peuvent également appliquer le principe de précaution, une approche du type, la sécurité avant tout, afin de pallier l'incertitude scientifique, sur pied de l'article 5.7 de l'Accord sur les SPS qui autorise des mesures de précaution temporaires[1].

Aux termes de l'accord, les pays sont toujours autorisés à appliquer des normes différentes et des méthodes différentes d'inspection des produits. Si un pays peut démontrer que les mesures qu'il applique pour ses exportations assurent le même niveau de protection sanitaire que dans le pays importateur, il est censé accepter les normes et méthodes de l'exportateur. L'accord prévoit des dispositions concernant les procédures de contrôle, d'inspection et d'homologation, doivent être préfixés. Les gouvernements doivent notifier à l'avance les réglementations sanitaires et phytosanitaires nouvelles ou modifiées, établir un point d'information national et compléter celui qui régit les obstacles techniques au commerce.

Les règlements techniques et les normes jouent un rôle important, mais diffèrent d'un pays à l'autre. La flopée de normes différentes rend malaisée leur application par les producteurs et les exportateurs. Elles peuvent devenir des obstacles au commerce, tout en n'étant pas moins nécessaires pour diverses raisons, allant de la protection de l'environnement à l'information du consommateur, en passant par la protection contre les risques et la sécurité nationale.

---

[1] Article 2 de l'Accord sur les obstacles techniques du commerce.

L'Accord sur les OTC vise à faire en sorte que les règlements, normes et procédures d'essai et d'homologation ne créent pas d'obstacles non nécessaires. Néanmoins, il reconnaît aussi le droit des pays d'adopter les normes qu'ils jugent appropriées, pour protéger la santé et la vie des personnes et des animaux, préserver les végétaux, protéger l'environnement ou défendre d'autres intérêts des consommateurs. En sus, il n'est pas interdit aux membres d'adopter des mesures nécessaires pour veiller au respect de leurs normes qu'il faut impérativement mettre en balance avec la fluidité du négoce international.

L'accord énonce aussi un code de bonnes pratiques pour l'élaboration, l'adoption et l'application de normes facultatives par les gouvernements et les organismes non gouvernementaux ou sectoriels. Plus de 200 organismes de normalisation appliquent ce code. Il dispose également que les procédures d'évaluation de la conformité des produits avec les normes pertinentes doivent être justes et équitables. Il décourage le recours à des méthodes qui donneraient un avantage inéquitable aux produits fabriqués dans le pays, et encourage aussi les pays à reconnaître mutuellement les procédures d'essai utilisées pour évaluer la conformité d'un produit. A défaut, les essais devraient être menés deux fois, d'abord par le pays exportateur, puis par le pays importateur.

Les fabricants et les exportateurs ont besoin de savoir quelles sont les normes en vigueur sur les marchés où ils cherchent à s'implanter. Pour que ces renseignements soient aisément disponibles, tous les gouvernements membres de l'OMC sont tenus d'établir des points d'informations nationaux et de se tenir mutuellement informés par l'intermédiaire de l'organisation. Le Comité des obstacles techniques au commerce est pour les membres le principal centre d'échange de l'information et la principale enceinte où ils débattent de leurs préoccupations concernant les règlements et leur mise en œuvre.

Les comités nationaux de facilitation des échanges se devraient de mettre en place de sites informatiques relayant toute la réglementation du commerce international en vigueur dans un Etat. A l'instar de l'agriculture, les textiles étaient l'un des sujets de négociation les plus ardus, aussi bien à l'OMC que dans l'ancien système du GATT. De 1974 à la fin de l'Uruguay round, le commerce textile était régi par l'AMF. C'était le cadre dans lequel des contingents étaient établis par voie d'accords bilatéraux ou de mesures unilatérales, afin de limiter les importations dans les pays dont les branches de production nationales risquaient de pâtir gravement d'une expansion rapide des importations[1].

---

[1] Article 2 de l'Accord sur les textiles et vêtements.

Les contingents, éléments les plus visibles du système, contredisaient la règle générale du GATT qui privilégiait les droits de douane par rapport aux mesures de restrictions quantitatives. Ils constituaient aussi une exception au principe du GATT de l'égalité de traitement à appliquer à tous les partenaires commerciaux, car ils précisaient la quantité que le pays importateur était disposé à accepter de la part d'un Etat tiers exportateur.

Depuis 1995, l'ATV remplaçait l'Arrangement multifibres. Ainsi, le 1er janvier 2005, ce secteur a été pleinement intégré dans le cadre des règles normales du GATT. En particulier, les contingents ont été supprimés, et les pays importateurs ne peuvent plus établir de discrimination entre les exportateurs. L'Accord sur les textiles et les vêtements lui-même a cessé d'exister, car c'est le seul des accords de l'OMC qui prévoyait sa propre disparition[1].

Le retour des textiles et des vêtements dans le champ d'application des règles du GATT était prévu sur dix ans. Il s'est fait progressivement, en quatre étapes[2], pour ménager tant aux importateurs qu'aux exportateurs, le délai nécessaire pour s'adapter à la nouvelle situation. Certains de ces produits étaient auparavant soumis au contingentement. Tous les contingents en place au 31 décembre 1994 ont été reconduits dans le nouvel accord. Pour les produits contingentés, le résultat de l'intégration dans le cadre du GATT a été la suppression de ces contingents.

L'accord indiquait le pourcentage de produits qui devaient être intégrés dans le cadre des règles du GATT lors de chaque étape. Parallèlement, pour ceux des produits qui étaient assujettis au contingentement. Les contingents devaient être supprimés. Les pourcentages étaient calculés sur la base du volume du commerce des textiles et des vêtements du pays importateur en 1990. L'accord prévoyait que les quantités d'importations autorisées sous contingent, devaient augmenter chaque année, et que cette expansion devait s'accélérer lors de chaque étape. Le rythme de l'expansion était fixé d'après une formule fondée sur le coefficient de croissance découlant de l'ancien Arrangement Multifibres.[3]

Lors de chacune des trois premières étapes, les produits à intégrer dans le cadre des règles du GATT devaient provenir des quatre grandes catégories de textiles et de vêtements, notamment peignés et filés, tissus, articles confectionnés et vêtements. Toutes les autres restrictions ne relevant pas de l'Arrangement multifibres et contraires

---

[1] OMC, *Op. cit.*, p. 47.

[2] 1ère étape : 1er janvier 1995 au 31 décembre 1997 ; 2ème étape : 1er janvier 1998 au 31 décembre 2001 ; 3ème étape : 1er janvier 2002 au 31 décembre 2004 ; 4ème étape : 1er janvier 2005.

[3] Article 3 de l'Accord sur les textiles et vêtement.

aux accords de l'OMC devaient être rendues conformes avant 1996 ou supprimées avant 2005.

Dans l'hypothèse d'un nouveau dommage causé à une branche de production pendant la période transitoire, l'accord autorisait l'imposition provisoire de restrictions additionnelles, sous réserve de conditions rigoureuses. Ces mesures de sauvegarde transitoires n'étaient pas identiques aux mesures de sauvegarde normalement autorisées en vertu du GATT, car elles pouvaient s'appliquer aux importations de pays exportateurs spécifiques. Le pays importateur devait néanmoins démontrer que sa branche de production nationale subissait ou risquait de subir un préjudice grave. Il devait également montrer que le préjudice résultait de deux facteurs. Primo, un accroissement des importations du produit en question en provenance de toutes les sources. Secundo, un accroissement soudain et substantiel des importations en provenance du pays exportateur concerné.

La mesure restrictive de sauvegarde pouvait être mise en œuvre, soit par accord mutuel après des consultations, soit unilatéralement, mais était tout de même examinée par l'Organe de supervision des textiles. On note que dans tout système de contingentement visant des pays exportateurs spécifiques, les exportateurs sont parfois tentés de contourner ces mesures en expédiant leurs produits par l'intermédiaire de pays tiers ou en faisant de fausses déclarations sur le pays d'origine du produit, ce qui justifie certaines dispositions de l'accord pour y remédier.[1]

L'accord prévoyait un traitement spécial pour certaines catégories de pays, notamment les nouveaux venus sur le marché, les petits fournisseurs et les PMA. L'OSPT supervisait la mise en œuvre de l'accord, et était composé d'un président et de dix membres qui siégeaient à titre personnel. Il surveillait l'application des mesures prises dans le cadre de l'accord de manière à s'assurer de leur conformité et faisait rapport au Conseil du commerce des marchandises, qui examinait l'application de l'accord avant chaque nouvelle étape du processus d'intégration. Il était aussi saisi des différends relevant de l'Accord sur les textiles et les vêtements. En cas de désaccord persistant, les différends pouvaient être soumis à l'Organe de règlement des différends de l'OMC.

L'AGCS est le premier et l'unique ensemble de règles multilatérales qui régissent le commerce international des services. Négocié lors de l'Uruguay round, il a été élaboré face à l'irrésistible croissance de l'économie des services ces 30 dernières années et aux possibilités

[1] Article 6 de l'Accord sur les textiles et les vêtements.

accrues d'échanger des services offertes par la révolution technologique[1]. Il repose sur les principes suivants :

1) tous les services sont visés par l'AGCS ;
2) le traitement de la nation la plus favorisée s'applique à tous les services, sauf dans le cas d'exemptions temporaires et non extensibles ;
3) le traitement national s'applique dans les domaines dans lesquels des engagements sont pris ;
4) il doit y avoir transparence dans les réglementations, points d'information ;
5) les réglementations doivent être objectives et raisonnables ;
6) les paiements internationaux ne sont en principe pas soumis à restrictions ;
7) les engagements des différents pays sont négociés et consolidés ;
8) la libéralisation progressive se fait par le biais de nouvelles négociations.

Secteur tertiaire de l'économie, les services sont le secteur de l'économie mondiale qui connaît la plus forte croissance ; ils représentent au niveau mondial les deux tiers de la production, un tiers de l'emploi et près de 20% du commerce.[2] Lorsque l'idée d'intégrer au système commercial multilatéral des règles relatives aux services a été évoquée entre le début et le milieu des années 80, un certain nombre de pays se sont montrés sceptiques, voire opposés à cette idée. Ces derniers estimaient qu'un tel accord pourrait nuire dangereusement à la capacité des gouvernements de poursuivre des objectifs de politique nationale et limiter leur pouvoir de réglementation. Toutefois, l'accord qui a été mis au point s'avère flexible, tant dans le cadre des règles que pour ce qui est des engagements en matière d'accès aux marchés.

L'Accord général sur le commerce des services se subdivise en trois parties : le texte principal qui énonce les obligations et disciplines générales ; les annexes contenant les règles applicables aux différents secteurs ; les engagements spécifiques contractés par les différents pays en vue d'assurer l'accès à leur marché, y compris des indications relatives aux cas, dans lesquels les pays renoncent temporairement à l'application du principe de la non-discrimination que constitue la clause de la « nation la plus favorisée ».

---

[1] OMD, *Op. cit.*, p.37.
[2] OMD, *Op. cit.*, p.53.

L'AGCS s'applique à tous les services entrant dans le commerce international, notamment les services bancaires, les télécommunications, le tourisme, les services professionnels. Il définit également quatre façons d'échanger des services :

1) fourniture de services d'un pays à un autre (cas des appels téléphoniques internationaux), dénommée officiellement, « fourniture transfrontières » (ou « mode 1 » dans le jargon de l'OMC) ;

2) utilisation d'un service par des consommateurs ou entreprises dans un autre pays (cas de tourisme), dénommée officiellement, « consommation à l'étranger » (mode 2)

3) établissement de filiales ou de succursales par une entreprise étrangère en vue de la fourniture de services dans un autre pays (cas des opérations de banques étrangères dans un pays), dénommé officiellement, « présence commerciale » (mode 3) ;

4) déplacement de particuliers quittant leur pays pour fournir des services dans un autre (cas des mannequins ou les consultants), dénommé officiellement, « présence de personnes physiques » (mode 4).

Dans le cadre de l'AGCS, si un pays ouvre un secteur à la concurrence étrangère, il doit accorder des possibilités égales dans ce secteur aux fournisseurs de services de tous les autres membres de l'OMC. Ce principe s'applique même si le pays n'a pris aucun engagement spécifique concernant l'accès des sociétés étrangères à ses marchés dans le cadre de l'OMC.

La clause NPF s'applique à tous les services, sauf que les exemptions temporaires spéciales sont autorisées. Lorsque l'AGCS est entré en vigueur, un certain nombre de pays avaient déjà signé avec des partenaires commerciaux des accords préférentiels sur les services, soit au niveau bilatéral soit dans le cadre de regroupements régionaux ou économiques.[1]

Les membres de l'OMC ont estimé qu'il était nécessaire de maintenir ces préférences pendant une certaine période. Ils se sont donné le droit de continuer à accorder un traitement préférentiel à tel ou tel pays pour telle ou telle activité de service en énumérant des « exemptions de l'obligation NPF », au regard de leurs engagements initiaux. Pour protéger le principe général NPF, il a été décidé que les

[1] Article 2 de l'Accord général sur le commerce des services.

exemptions ne pouvaient être accordées qu'une seule fois et que rien ne pouvait être ajouté aux listes. Elles sont actuellement réexaminées comme prescrit et leur durée est en principe limitée à dix ans.

Les engagements contractés par les différents pays concernant l'ouverture et le degré d'ouverture des marchés dans des secteurs spécifiques résultant des négociations, et sont repris dans des listes qui énumèrent les secteurs admis à l'ouverture, le degré d'accès au marché accordé dans ces secteurs, et les limitations éventuelles du traitement national. A titre illustratif, si un gouvernement s'engage à autoriser des banques étrangères à opérer sur son marché intérieur, il prend un engagement en matière d'accès aux marchés. S'il limite le nombre de licences qu'il accordera, il s'agit d'une limitation de l'accès aux marchés. Si, enfin, il déclare que les banques étrangères ne peuvent avoir qu'une seule succursale tandis que les banques du pays peuvent en avoir plusieurs, il s'agit d'une exception au principe du traitement national.[1]

Ces engagements sont consolidés comme les droits de douane consolidés pour le commerce des marchandises, ils ne peuvent être modifiés qu'après des négociations avec les pays affectés. Étant donné qu'il est difficile de les déconsolider, les engagements constituent pour ainsi dire la garantie des conditions d'activité des exportateurs étrangers et importateurs de services ainsi que des investisseurs de la filière.

Les services publics sont explicitement exclus de l'accord et aucune disposition de l'AGCS n'oblige les pouvoirs publics à privatiser les industries de services. Cette exclusion constitue un engagement explicite de la part des gouvernements membres de l'OMC d'autoriser les services financés sur fonds publics, dans les domaines essentiels relevant de leur responsabilité. Dans le corps de l'accord, les services publics sont définis comme étant les services qui ne sont pas fournis sur une base commerciale ni en concurrence avec d'autres fournisseurs. Ils ne sont pas soumis aux disciplines de l'AGCS, ils ne sont pas visés par les négociations, et les engagements en matière d'accès aux marchés et de traitement national.[2]

Selon l'approche adoptée dans l'AGCS, les membres ne sont pas tenus de prendre des engagements pour l'ensemble des secteurs de services. Un gouvernement peut ne pas vouloir prendre d'engagement concernant le niveau de concurrence étrangère dans un secteur donné, parce qu'il considère qu'il s'agit d'un secteur stratégique, ou d'ailleurs n'importe quelle autre raison. En pareil cas, les seules obligations qui incombent au gouvernement sont minimales, notamment faire preuve

---

[1] Accord général sur le commerce des services, article 3.

[2] *Idem*, article 4.

de transparence dans la façon dont il réglemente le secteur et éviter de discrimination entre les fournisseurs étrangers.

D'après l'AGCS, les gouvernements doivent publier toutes les lois et réglementations pertinentes, créer des points d'information dans leurs administrations. Les sociétés et gouvernements étrangers peuvent alors s'adresser à ces points d'information pour se renseigner sur les réglementations régissant tel ou tel secteur des services. Les gouvernements doivent aussi notifier à l'OMC tout changement apporté aux réglementations applicables aux services visés par des engagements spécifiques.

Les réglementations intérieures étant le principal moyen d'exercer une influence ou un contrôle sur le commerce des services, l'accord dispose à cet effet que les gouvernements doivent réglementer les services d'une manière raisonnable, objective et impartiale. Ainsi, lorsqu'un gouvernement prend une décision administrative qui affecte un service, il doit aussi instituer un moyen impartial d'obtenir la révision de la décision, notamment un tribunal.

L'AGCS n'exige la déréglementation d'aucun service. Les engagements de libéralisation n'affectent pas le droit des gouvernements de fixer des niveaux de qualité, de sécurité ou de prix, ni d'adopter des réglementations en vue de poursuivre tout autre objectif général qu'ils estiment approprié. Un engagement en matière de traitement national, par exemple, signifierait seulement que les mêmes réglementations s'appliquent aux fournisseurs étrangers et aux fournisseurs nationaux. Les gouvernements conservent bien entendu le droit d'établir des prescriptions en matière de qualifications pour les médecins ou les avocats, et de fixer des normes pour garantir la santé et la sécurité des consommateurs.

Lorsque deux gouvernements (ou plus) ont conclu des accords sur la reconnaissance mutuelle de leurs systèmes de qualification (cas de la délivrance de licences ou de certificats aux fournisseurs de services), ils doivent, d'après l'AGCS, ménager aux autres membres la possibilité de négocier des arrangements similaires. La reconnaissance des systèmes de qualification d'autres pays ne doit pas être discriminatoire ni équivaloir à un protectionnisme déguisé. Il appert que les accords de reconnaissance doivent être notifiés à l'OMC.

Une fois qu'un gouvernement s'est engagé à ouvrir un secteur de services à la concurrence étrangère, il ne doit pas en principe restreindre les transferts effectués à l'étranger au titre de paiement des services rendus, transactions courantes dans ce secteur, à l'exception des restrictions peu appliquées lorsque le pays accuse des difficultés de balance des paiements. Même dans ce cas, elles doivent être limitées dans le temps et sont assujetties à d'autres conditionnalités.

Le cycle d'Uruguay n'était qu'un début. L'AGCS prévoyant d'autres négociations, qui ont commencé au début de 2000 et font désormais partie du Programme de Doha pour le développement, l'ultime objectif étant d'aller plus loin dans la libéralisation en accroissant le niveau des engagements contenus dans les listes.

Le commerce international des marchandises est une notion relativement simple, c'est-à-dire, un produit est transporté d'un pays à un autre. Le commerce des services est beaucoup plus varié. Les compagnies de téléphone, les banques, les compagnies aériennes et les cabinets comptables fournissent leurs services de manière très différente. Les annexes de l'AGCS explicitent cette diversité :

> 1) cette annexe concerne les négociations sur le droit des individus de séjourner temporairement dans un pays afin de fournir un service. Elle précise que l'accord ne s'applique pas aux personnes cherchant à obtenir un emploi permanent ni aux conditions posées pour l'obtention de la citoyenneté, de la résidence ou d'un emploi à titre permanent ;
>
> 2) l'instabilité du système bancaire porte atteinte à l'ensemble de l'économie. Aux termes de l'annexe sur les services financiers, les gouvernements ont toute latitude pour prendre des mesures prudentielles de manière à protéger les investisseurs, les déposants et les titulaires de polices d'assurance, et pour assurer l'intégrité et la stabilité du système financier. Il est précisé dans l'annexe que l'accord ne s'applique pas aux services fournis dans l'exercice du pouvoir gouvernemental sur le système financier, (cas des services fournis par les banques centrales) ;
>
> 3) le secteur des télécommunications joue un double rôle: il est à la fois un secteur d'activité économique distinct et un élément de l'infrastructure au service d'autres activités économiques (transferts financiers électroniques). D'après l'annexe, les gouvernements doivent assurer l'accès sans discrimination des fournisseurs étrangers de services aux réseaux publics de télécommunications.

Aux termes de cette annexe, les droits de trafic et les activités qui y sont directement liées sont exclus du champ d'application de l'AGCS. Ils sont régis par des accords bilatéraux. L'annexe précise par contre que l'AGCS s'appliquera aux services de réparation et de maintenance des aéronefs, à la commercialisation des services de transport aérien et aux services de systèmes informatisés de réservation.

L'AGCS a un agenda de travail chargé recouvrant une vaste gamme de matières. Certains travaux ont débuté en 1995, comme prescrit, peu après l'entrée en vigueur de l'AGCS, en janvier 1995. Les négociations en vue de la poursuite de la libéralisation du commerce international des services ont débuté en 2000, parallèlement à d'autres travaux comportant des études ou des réexamens conformément aux prescrits de son article 19.

La première phase des négociations s'est achevée avec succès en mars 2001, lorsque les membres ont convenu des lignes directrices et procédures pour les négociations, socle du mandat de négociation. En convenant de ces lignes directrices, les membres établissent ainsi les objectifs, la portée et la méthode des négociations.

Les membres ont clairement souscrit à certains des principes fondamentaux de l'AGCS, tels que : le droit des membres de réglementer la fourniture de services et d'introduire de nouvelles réglementations à cet égard afin de répondre à des objectifs de politique nationale; le droit de spécifier les secteurs de services ouvrables aux fournisseurs étrangers et à quelles conditions; le principe primordial de la flexibilité devant être ménagée aux pays en développement et aux PMA.

Les grandes lignes tiennent donc compte des préoccupations d'intérêt public concernant des secteurs importants tels que les soins de santé, l'éducation publique et la culture, tout en soulignant l'importance de la libéralisation en général, et en garantissant que les fournisseurs de services étrangers aient un accès effectif aux marchés nationaux.[1] La déclaration ministérielle de Doha de 2001 a incorporé ces négociations dans « L'engagement unique » du Programme de Doha pour le développement. Ainsi, depuis juillet 2002, un processus de négociations bilatérales concernant l'accès aux marchés est engagé.

Les négociations relatives à l'élaboration de disciplines possibles, non encore incluses dans l'AGCS, les règles concernant les mesures de sauvegarde d'urgence, les marchés publics et les subventions, ont débuté en 1995 et se sont concentrés sur les mesures de sauvegarde. Les mesures sont des limitations temporaires de l'accès aux marchés visant à remédier à la désorganisation du marché, et les négociations ont pour objet d'établir des procédures et des disciplines à l'intention des gouvernements qui y ont recours.

Les travaux visaient à établir des disciplines relatives à la réglementation intérieure, (les prescriptions auxquelles les fournisseurs de services étrangers doivent satisfaire afin de pouvoir

[1] Article 9 de l'Accord général sur le commerce des services

opérer sur un marché, ont débuté en 1995). L'accent est mis sur les prescriptions et procédures en matière de qualifications, les normes techniques et les prescriptions en matière de licences. En décembre 1998, les membres avaient convenu de disciplines relatives à la réglementation intérieure applicables au secteur des services comptables. Ils s'employaient à élaborer des disciplines générales pour tous les services professionnels et, lorsque cela est nécessaire, des disciplines sectorielles additionnelles. Toutes les disciplines convenues seront par la suite intégrées à l'AGCS et deviendront juridiquement contraignantes, à la fin des négociations sur les services.

Les travaux sur l'exemption de l'obligation NPF ont débuté en 2000. Lorsque l'AGCS est entré en vigueur, les membres se sont vu offrir une possibilité unique de demander une exemption du principe NPF de non-discrimination entre les partenaires commerciaux. La mesure pour laquelle l'exemption a été accordée est décrite dans la liste d'exemptions NPF du membre, qui indique à quel membre le traitement le plus favorable s'applique et en spécifie la durée. On note que ces exemptions ne devraient pas durer plus de dix ans. Comme le prescrit l'AGCS, toutes ces exemptions sont réexaminées afin de déterminer si les conditions qui ont prévalu à leur instauration tiennent encore.

Les pays qui ont entrepris d'eux-mêmes une libéralisation depuis les dernières négociations multilatérales, veulent que cela soit pris en compte lorsqu'ils négocient l'accès aux marchés dans le secteur des services.

L'AGCS donne mandat aux membres de déterminer la manière dont le traitement spécial doit être accordé aux PMA, au cours des négociations (ces modalités portent à la fois sur la portée du traitement spécial et les méthodes à utiliser). Les PMA ont entamé les discussions en mars 2002. À la suite de discussions ultérieures, les membres avaient convenu de moyens d'accorder un traitement spécial le 3 septembre 2003.

L'AGCS prescrit que les membres doivent évaluer le commerce des services, y compris l'objectif y énoncé ; à savoir : accroître la participation des PED au commerce des services. Les grandes lignes pour les négociations le réaffirment et il y est indiqué que les négociations doivent être ajustées en fonction de l'évaluation. D'une manière générale, les membres reconnaissent que le manque de renseignements statistiques et d'autres problèmes méthodologiques font qu'il est impossible de procéder à une évaluation exhaustive.

La majeure partie du secteur du transport aérien (droits de trafic et services directement liés aux droits de trafic) est exclue du champ d'application de l'AGCS. Néanmoins, il est prescrit dans l'AGCS que les membres doivent examiner cette situation. L'examen, qui a commencé au début de 2000, a pour objet de déterminer si des services de transport aérien additionnels devraient être visés par l'AGCS. L'examen pourrait se transformer en une véritable négociation et donner lieu à un amendement de l'AGCS lui-même, de nouveaux services étant ajoutés dans son champ d'application et des engagements spécifiques concernant ces nouveaux services étant ajoutés dans les listes nationales. L'Accord de l'OMC sur les ADPIC, négocié au cours du cycle d'Uruguay, a introduit pour la première fois des règles relatives à la propriété intellectuelle dans le système commercial multilatéral. Il n'est pas superfétatoire de rappeler ici que les domaines couverts par les ADPIC sont les suivants :

1) droit d'auteur et droits connexes ;
2) marques de fabrique ou de commerce ;
3) indications géographiques ;
4) dessins et modèles industriels ;
5) brevets ;
6) schémas de configuration (topographies) de circuits intégrés ;
7) protection des renseignements non divulgués.

Les idées et les connaissances représentent une part de plus en plus importante du commerce. La valeur des médicaments nouveaux et d'autres produits de haute technicité tient surtout aux efforts d'invention, d'innovation, de recherche, de conception et d'essai nécessaires à leur fabrication. Les films, les enregistrements musicaux, les livres, les logiciels informatiques et les services en ligne sont vendus et achetés pour l'information et la créativité qui y sont incorporées, et non, en général, pour les matières plastiques, les métaux ou le papier utilisés dans leur production[1]. La plupart de marchandises classées parmi les marchandises techniquement peu élaborées doivent aujourd'hui une plus grande part de leur valeur à l'invention et à la conception.

Les titulaires des droits peuvent obtenir le droit d'empêcher que d'autres utilisent leurs inventions, dessins et modèles ou autres créations, et utiliser ce droit pour négocier une rémunération en contrepartie de leur utilisation par des tiers. Ces droits, appelés droits de propriété intellectuelle, sont pluricéphales, notamment droit d'auteur, pour les livres, tableaux et films ; brevets pour les inventions; marques de fabrique ou de commerce pour les noms de marque et les

[1]OMC, *Les textes juridiques, résultats des négociations commerciales multilatérales du cycle de l'Uruguay*, Genève, OMC, p. 364.

logos de produits. Les pouvoirs publics ont conféré ces droits aux créateurs afin de les inciter à produire des idées qui profitent à l'ensemble de la société.

Le degré de protection et de respect de ces droits variait beaucoup d'un pays à l'autre. Étant donné que la propriété intellectuelle joue, au demeurant, un rôle plus important dans le commerce, ces différences sont devenues une source de conflits dans les relations économiques internationales. L'élaboration de nouvelles règles commerciales convenues au niveau international pour les droits de propriété intellectuelle, s'avère inéluctablement le moyen de renforcer l'ordre et la prévisibilité et de régler les différends de manière efficace.

L'Uruguay round a permis d'obtenir l'Accord de l'OMC sur les ADPIC, qui vise à atténuer les différences dans la manière dont ces droits sont protégés de par le monde et à les soumettre à des règles internationales communes. Il fixe des niveaux minimums de protection de la propriété intellectuelle que chaque gouvernement se doit d'assurer aux autres membres. Il appert ainsi qu'il établit un équilibre entre les avantages à long terme et les coûts éventuels à court terme pour la société. Comme la protection de la propriété intellectuelle encourage la création et l'invention, la société en retire des dividendes à long terme, particulièrement lorsque la période de protection arrive à expiration et que les créations et inventions tombent dans le domaine public.

Les gouvernements sont autorisés à réduire les coûts à court terme par le biais de diverses exceptions, pour entre autres s'attaquer aux problèmes de santé publique. Le système de règlement des différends permet actuellement de régler les différends commerciaux relatifs aux droits de propriété intellectuelle. L'accord porte sur cinq grandes questions :

1) les principes fondamentaux du système commercial et des autres accords internationaux sur la propriété intellectuelle ;

2) la protection adéquate des droits de propriété intellectuelle ;

3) le respect des droits de manière appropriée sur le territoire des Etats membres ;

4) le règlement des différends sur la propriété intellectuelle entre les membres de l'OMC ;

5) les arrangements transitoires spéciaux appliqués pendant la période de mise en place du nouveau système.

Les principes fondamentaux des ADPIC sont le traitement national, la NPF et la protection équilibrée. Comme l'on peut s'en rendre compte, l'Accord sur la propriété intellectuelle repose sur des principes sacro-saints de l'OMC. Et, comme dans les deux autres accords (GATT et AGCS), on appuie le tocsin sur la non-discrimination (traitement national, égalité de traitement pour les ressortissants et les étrangers), et traitement de la nation la plus favorisée (égalité de traitement pour les ressortissants de tous les partenaires commerciaux à l'OMC). On note à cet effet que le traitement national est aussi un principe clé d'autres accords comme celui sur la propriété intellectuelle conclus en dehors de l'OMC.

L'Accord sur les ADPIC énonce un autre principe important qui stipule que la protection de la propriété intellectuelle doit contribuer à l'innovation technique et au transfert de technologie. La protection devrait profiter aussi bien aux producteurs qu'aux utilisateurs et contribuer à une croissance inclusive porteuse du progrès social.

La deuxième partie de l'Accord porte sur les différents types de droits de propriété intellectuelle et sur la manière de les protéger. Il s'agit de faire en sorte que des normes de protection appropriées existent dans tous les pays membres. Normes découlant des obligations énoncées dans les principaux accords internationaux conclus dans le cadre de l'OMPI, bien avant la création de l'OMC ; à savoir :

> 1) la Convention de Paris pour la protection de la propriété industrielle (brevets, dessins industriels, etc.) ;
>
> 2) la Convention de Berne pour la protection des œuvres littéraires et artistiques (droit d'auteur). L'Accord sur les ADPIC a donc permis d'y ajouter un grand nombre de normes nouvelles ou de plus en plus drastiques.

L'Accord prévoit que les programmes d'ordinateur seront protégés comme les œuvres littéraires en vertu de la Convention de Berne et indique comment les bases de données devraient être protégées. Il étend aussi aux droits de location le champ d'application des règles internationales en matière de droit d'auteur. Les auteurs de programmes d'ordinateur et les producteurs d'enregistrements sonores doivent avoir le droit d'interdire la location commerciale de leurs œuvres au public. Un droit exclusif similaire s'applique aux œuvres cinématographiques, dont la location commerciale a conduit à la réalisation d'innombrables copies, privant ainsi les titulaires du droit d'auteur d'en tirer les avantages y attachés, les recettes potentielles.

Il dispose en outre que les interprètes ou exécutants doivent avoir le droit d'empêcher pendant au moins 50 ans l'enregistrement, la reproduction et la diffusion non autorisés de leurs prestations en direct. Les producteurs d'enregistrements sonores doivent également avoir le droit d'empêcher leur reproduction non autorisée pendant 50 ans[1].

L'Accord définit quels types de signes doivent bénéficier d'une protection en tant que marques de fabrique ou de commerce, et quels doivent être les droits minimums conférés à leurs propriétaires. Il stipule encore que les marques de service doivent être protégées de la même manière que les marques utilisées pour les marchandises. Il sied de rappeler ici que les marques notoirement connues dans tel ou tel pays jouissent d'une protection supplémentaire.

Il arrive qu'une appellation géographique soit parfois utilisée pour identifier un produit qui y a été fabriqué, mais aussi et surtout, les caractéristiques particulières du produit, résultant de son origine. A titre illustratif, nous citons les noms tels que : champagne, scotch, tequila et roquefort.

Les producteurs de vins et de spiritueux sont particulièrement concernés par l'utilisation de noms de lieux pour l'identification de ces produits, qui font l'objet de dispositions spéciales dans l'Accord, mais ceci s'observe aussi pour d'autres types de marchandises. L'utilisation d'un nom de lieu alors que le produit a été fabriqué ailleurs ou qu'il ne présente pas les caractéristiques habituelles, peut induire les consommateurs en erreur et aboutir à une concurrence déloyale. Ainsi, l'Accord dispose que les pays doivent empêcher l'emploi abusif de noms de lieux. Pour les vins et les spiritueux, l'Accord prévoit des niveaux de protection plus élevés, même lorsqu'il n'y a aucun risque que le consommateur soit induit en erreur.

On observe quelques exceptions à cette règle, notamment lorsque le nom est déjà protégé en tant que marque de fabrique ou de commerce ou s'il est devenu un terme générique. Par exemple, le mot cheddar désigne aujourd'hui un type particulier de fromage qui n'est pas nécessairement fabriqué à Cheddar[2], au Royaume-Uni. On note cependant que tout pays désireux d'invoquer une exception pour ces raisons, doit être disposé à négocier avec les autres pays qui souhaitent protéger l'indication géographique en question.

L'Accord prévoit de nouvelles négociations à l'OMC en vue de mettre en place un système multilatéral de notification et d'enregistrement des indications géographiques pour les vins. Les

---

[1] Article 7 de l'Accord sur les aspects des droits de propriété intellectuelle.
[2] OMC, *Op. cit.*, p. 78.

négociations font partie du Programme de Doha pour le développement et incluent les spiritueux.

En syntonie avec à l'Accord, les dessins et modèles industriels doivent être protégés pendant dix ans au moins. Les propriétaires de dessins protégés doivent pouvoir empêcher la fabrication, la vente ou l'importation d'articles portant ou comportant un dessin qui est une copie du dessin protégé.

L'Accord dispose que les inventions doivent pouvoir être protégées par un brevet, pendant au moins 20 ans. Protection accordée aussi bien pour les produits que pour les procédés, dans la quasi-totalité des domaines technologiques. Les pouvoirs publics peuvent refuser de délivrer un brevet si son exploitation commerciale est interdite pour des raisons d'ordre public ou de moralité. Ils peuvent exclure de la brevetabilité, les méthodes diagnostiques, thérapeutiques et chirurgicales, les végétaux et les animaux autres que les micro-organismes, et les procédés biologiques d'obtention de végétaux ou d'animaux autres que les procédés microbiologiques.

Les variétés végétales doivent cependant pouvoir être protégées par des brevets ou par un système spécial comme de protection des droits de l'obtenteur prévu dans les convention de l'UPOV[1]. L'Accord énonce les droits minimums conférés au titulaire d'un brevet, mais autorise certaines exceptions. Il peut arriver que le titulaire d'un brevet abuse de ses droits, par exemple, en ne fournissant pas le produit sur le marché. Dans un tel cas de figure, les pouvoirs publics peuvent, en vertu de l'Accord, délivrer des « licences obligatoires » autorisant un concurrent à fabriquer le produit ou à utiliser le procédé sous licence. Cette possibilité est cependant subordonnée à des conditionnalités visant à sauvegarder les intérêts légitimes du détenteur du brevet. Les droits conférés par un brevet protégeant un procédé de production doivent s'étendre au produit obtenu directement au moyen de celui-ci.

On s'interroge actuellement sur comment faire en sorte que la protection, par un brevet, des produits pharmaceutiques, n'empêche pas l'accès aux médicaments dans les pays pauvres, tout en préservant le rôle des brevets qui encouragent la recherche-développement dans le secteur pharmaceutique. Des assouplissements, tels que la concession de licences obligatoires, ont été inscrits dans l'Accord sur les ADPIC, mais certains gouvernements se sont demandé comment elles seraient interprétées, et dans quelle mesure leur droit de les utiliser serait respecté.

Cette question a été résolue en grande partie lorsque les ministres des pays membres de l'OMC ont adopté une déclaration spéciale à la Conférence ministérielle de Doha, en novembre 2001. Ils sont arrivés

---

[1] Accord sur les aspects des droits de propriété intellectuelle, article 38.

à la conclusion que l'Accord sur les ADPIC n'empêchait pas et ne devrait pas empêcher les membres de prendre des mesures pour protéger la santé publique. Ils ont insisté sur le fait que les pays pouvaient se servir des flexibilités inscrites dans l'Accord sur les ADPIC, et ont convenu de prolonger jusqu'en 2016, les exemptions prévues pour les PMA, concernant la protection des produits pharmaceutiques par des brevets. Sur une question restant en suspens, les ministres ont également chargé le Conseil des ADPIC de déterminer la manière d'obtenir une flexibilité supplémentaire afin que les pays ne pouvant, par eux-mêmes, fabriquer des produits pharmaceutiques, puissent importer des médicaments brevetés fabriqués sous licence obligatoire. Un mécanisme de dérogation permettant cette flexibilité a été approuvé le 30 août 2003[1].

La protection des schémas de configuration (topographies) de circuits intégrés prévue dans l'Accord, peut s'appuyer sur le Traité de Washington sur la propriété intellectuelle en matière de circuits intégrés, qui relève de l'OMPI. Traité adopté en 1989, mais non encore entré en vigueur. L'Accord y ajoute un certain nombre de dispositions, notamment la protection doit être assurée pendant dix ans au moins.

Les secrets commerciaux et les autres types de renseignements non divulgués ayant une valeur commerciale, doivent être protégés contre l'abus de confiance et les autres actes contraires aux usages commerciaux licites. Il faut cependant que des mesures raisonnables aient été prises pour garder ces renseignements secrets. Les résultats d'essais communiqués aux gouvernements en vue de l'approbation de la commercialisation de nouveaux produits pharmaceutiques ou de produits chimiques destinés à l'agriculture doivent aussi être protégés contre une exploitation déloyale dans le commerce.

Le titulaire d'un droit d'auteur, d'un brevet ou d'un autre droit de propriété intellectuelle peut concéder à une autre personne une licence lui permettant de produire ou de copier la marque de fabrique ou de commerce, l'œuvre, l'invention, le dessin ou le modèle protégés[2]. L'ADPIC reconnaît que les conditions associées à un contrat de licence pourraient restreindre la concurrence ou en prendre le transfert de technologie. Il stipule que les pouvoirs publics ont le droit, sous certaines conditions, de prendre des mesures pour empêcher les pratiques anticoncurrentielles en matière de concession de licences qui constituent un usage abusif de droits de propriété intellectuelle. Il dispose également que les gouvernements doivent être prêts pour des consultations interétatiques en vue de lutter contre de telles pratiques. La troisième partie de l'Accord aborde la question du respect des lois

[1] Accord sur les aspects des droits de propriété intellectuelle, article 42.
[2] Accord sur les droits de propriété intellectuelle qui touche au commerce, article 43.

relatives à la protection intellectuelle. Il dispose que les gouvernements doivent faire en sorte que leur législation permette de faire respecter les droits de propriété intellectuelle, et que les sanctions en cas d'infraction soient drastiques et dissuasives[1]. Les procédures appliquées doivent être loyales et équitables et ne pas être inutilement complexes ou onéreuses. Elles ne doivent pas comporter de délais déraisonnables ni entraîner des retards injustifiés. Les intéressés doivent pouvoir demander à un tribunal de réviser une décision administrative ou faire appel d'une décision rendue par une instance inférieure.

L'Accord décrit dans les moindres détails les moyens de faire respecter les droits, notamment les règles concernant l'obtention de preuves, les mesures provisoires, les injonctions, les dommages-intérêts et autres sanctions. Il prévoit également que les tribunaux doivent être habilités, sous certaines conditions, à ordonner que des marchandises piratées ou contrefaites soient écartées des circuits commerciaux ou détruites.

Les actes délibérés de contrefaçon de marque de fabrique ou de commerce ou de piratage portant atteinte à un droit d'auteur, commis à une échelle commerciale, doivent être considérés comme des infractions pénales. Les pouvoirs publics doivent s'investir pour que les titulaires de droits de propriété intellectuelle obtiennent l'assistance des autorités douanières pour empêcher l'importation de marchandises contrefaites ou de marchandises piratées.[2]

Les PED considèrent que le transfert de technologie fait partie du marché dans le cadre duquel ils ont convenu de protéger les droits de propriété intellectuelle. L'Accord comprend un certain nombre de dispositions à ce sujet, qui exigent que les gouvernements des pays développés offrent des incitations à leurs entreprises pour encourager le transfert de technologie vers les PMA. C'est ici toute la problématique entre le commerce multilatéral et le transfert de technologie qui se fait à pas de tortue. Il semble que les externalités liées aux investissements étrangers, constituent un atout supplémentaire au développement de l'Afrique, pourvu qu'on y mette du tact.

À la date d'entrée en vigueur des Accords de l'OMC, les pays développés disposaient d'un délai d'un an pour mettre leurs législations et pratiques en conformité avec l'Accord sur les ADPIC. Les PED, à certaines conditions, les pays en transition, avaient cinq ans

---

[1] *Idem, a*rticle 44.

[2] A ce sujet, l'OMD dispose de plusieurs instruments pour endiguer ce fléau. Dans le même ordre d'idées, il évoquer le 7ème congrès mondial sur la lutte contre la contrefaçon et le piratage à Istanbul, du 24 au 26 avril 2013, présidé par l'OMD, avec le concours de l'Interpol, l'OMPI, la CCI et l'INTA.

pour le faire, soit jusqu'en 2000. Pour les PMA, le délai est de onze ans et a expiré en 2006, sauf pour les brevets protégeant les produits pharmaceutiques, dont le délai a été prorogé jusqu'en 2016. Comme on peut le remarquer, le délai expiré a laissé entrer la question de protection intellectuelle en Afrique subsaharienne.

Au moment de l'entrée en vigueur de l'Accord sur les ADPIC, les PED ne prévoyaient pas de protection par des brevets de produits dans un domaine technologique déterminé. Ils devaient le faire dans un délai de dix ans. Néanmoins, dans le cas des produits pharmaceutiques et des produits chimiques destinés à l'agriculture, ils devaient accepter le dépôt de demandes de brevets à partir du début de la période de transition, même si le brevet n'avait pas été accordé avant la fin de cette période.

Au cas où un gouvernement autorisait la commercialisation d'un produit pharmaceutique ou d'un produit chimique destiné à l'agriculture pendant la période transitoire, il devait, sous réserve de certaines conditions, accorder un droit exclusif de commercialisation du produit pour une durée de cinq ans ou jusqu'à ce qu'un brevet soit délivré pour le produit, si cette date intervenait plus tôt. Sous réserve de certaines exceptions, la règle générale est que les obligations énoncées dans l'accord s'appliquent aux droits de propriété intellectuelle existants et à venir. La consolidation des droits de douane et leur application dans des conditions d'égalité à tous les partenaires commerciaux sont essentielles pour l'éclosion charpentée du commerce des marchandises. Les accords de l'OMC affirment et confirment ces principes, mais autorisent aussi des exceptions, dans certaines circonstances, dans les trois cas subséquents :

1) mesures prises contre le dumping (vente déloyale à bas prix) ;
2) subventions et droits « compensateurs » spéciaux visant à neutraliser les subventions ;
3) mesures d'urgence limitant temporairement les importations en vue de sauvegarder les branches de production nationales.

Le dumping est le fait pour une entreprise qui exporte un produit à un prix inférieur à celui qu'elle pratique normalement sur son propre marché intérieur[1]. Il existe plusieurs opinions à ce sujet, mais de nombreux gouvernements interviennent contre le dumping pour défendre leurs branches de production nationale. L'Accord de l'OMC vise essentiellement à dire comment les gouvernements peuvent ou non, réagir au dumping. Il organise les mesures antidumping dans le

[1] OMD, *Op. cit.*, p. 39.

cadre d'un accord connu sous le vocable, « Accord antidumping ». Notons tout de même que cette approche, qui consiste à se préoccuper uniquement de la réaction au dumping, contraste avec celle qui est suivie dans l'Accord sur les subventions et les mesures compensatoires.

Les définitions juridiques sont plus précises, mais on peut relever lapidairement que l'Accord de l'OMC permet aux gouvernements d'intervenir contre le dumping lorsqu'il existe un dommage avéré, causé à la branche de production nationale concurrente. Le gouvernement concerné doit pouvoir ainsi démontrer qu'un dumping a lieu, calculer l'ampleur de ce dernier, et démontrer que le dumping cause ou menace de causer un dommage.

Le droit du GATT permet aux pays de prendre des mesures contre le dumping[1]. Dans la plupart des cas, une mesure antidumping consiste à imposer un droit d'importation supplémentaire sur le produit considéré, en provenance du pays exportateur concerné, afin d'en rapprocher le prix de la valeur normale ou d'éliminer le dommage causé à la branche de production nationale du pays importateur.

On peut aussi appliquer plusieurs méthodes de calcul différentes pour mesurer l'ampleur du dumping. L'accord limite le choix à trois méthodes pour calculer la valeur normale d'un produit, la principale étant fondée sur le prix pratiqué sur le marché intérieur de l'exportateur. Si cette méthode n'est pas applicable, on peut recourir aux deux moments de l'alternative : soit considérer le prix pratiqué par l'exportateur dans un autre pays, soit calculer le prix d'après les coûts de production de l'exportateur, d'autres dépenses et la marge bénéficiaire normale. L'accord décrit aussi comment faire pour comparer équitablement le prix à l'exportation et ce qui serait un prix normal.

Il ne suffit pas de calculer l'ampleur du dumping pour un produit. Une mesure anti-dumping ne peut être appliquée que si le dumping cause un dommage à la branche de production du pays importateur. Dans cet ordre d'idées, une enquête approfondie doit être effectuée au préalable, conformément aux règles spécifiées. Elle doit comporter une évaluation de tous les facteurs économiques pertinents qui ont une incidence sur la situation de la branche de production en cause. S'il ressort de l'enquête qu'un dumping a lieu et que la branche de production nationale est menacée, l'entreprise exportatrice peut s'engager à majorer son prix pour le porter à un niveau convenu afin d'éviter l'imposition d'un droit antidumping à l'importation, de manière à faire jouer les forces du marché.

---

[1] Article 6 de l'Accord du GATT

Il existe des procédures détaillées en ce qui concerne l'ouverture des affaires anti-dumping, la manière dont les enquêtes doivent être effectuées, et les conditions à respecter pour ménager à toutes les parties intéressées la possibilité de présenter des éléments de preuve. Les mesures antidumping devraient prendre fin cinq ans après la date d'imposition, à moins qu'il ne ressorte d'une enquête que leur abrogation laisserait épurer les préjudices.

Les enquêtes antidumping doivent prendre fin immédiatement si les autorités déterminent que la marge de dumping est anodine (soit moins de 2 % du prix à l'exportation du produit). D'autres conditions sont aussi énoncées, entre autres, il doit aussi être mis fin aux enquêtes si le volume des importations faisant l'objet d'un dumping est négligeable (c'est-à-dire, si le volume des importations en provenance d'un pays est inférieur à 3 % des importations totales du produit en question, les enquêtes pourront cependant se poursuivre si plusieurs pays, chacun fournissant moins de 3% des importations, représentent ensemble 7 % ou plus des importations totales).

L'Accord dispose également que les pays membres doivent notifier rapidement et de manière précise au Comité des pratiques antidumping, toutes les mesures antidumping préliminaires ou finales. Ils se doivent aussi de présenter deux fois par an un rapport sur toutes les enquêtes. En cas de différend, les membres sont encouragés à tenir des consultations mutuelles, et peuvent aussi recourir à la procédure de règlement des différends de l'OMC.

L'accord a une double fonction : soumettre à des disciplines, le recours aux subventions et règlementer les mesures que les pays peuvent prendre pour en compenser les effets pervers. Il dispose qu'un pays peut recourir à la procédure de règlement des différends de l'OMC pour obtenir le retrait d'une subvention ou la suppression de ses effets prédateurs. Il peut aussi ouvrir lui-même une enquête qui aboutira à l'imposition d'un droit supplémentaire, appelé « droit compensateur sur les importations subventionnées » dont il est constaté qu'elles causent un préjudice aux producteurs nationaux.

L'Accord fait une mise au point conceptuelle en définissant une subvention, mais aussi la notion de subvention spécifique, c'est-à-dire, celle réservée à une entreprise, à une branche de production, à un groupe d'entreprises, ou à un groupe de branches de production dans le pays qui accorde la subvention. Les disciplines énoncées dans l'accord ne s'appliquent qu'aux subventions spécifiques, qui peuvent être des subventions intérieures ou à l'exportation.

Il existe deux catégories de subventions : les subventions prohibées et les subventions pouvant donner lieu à une action. Au départ, il y avait une troisième catégorie, c'est-à-dire, les subventions ne donnant pas lieu à une action qui a existé pendant cinq ans, jusqu'au 31 décembre 1999, et elle n'a pas été prorogée[1]. L'Accord s'applique aussi bien aux produits agricoles qu'aux produits industriels, à l'exception des cas où la subvention était exemptée en vertu de la clause de paix de l'Accord sur l'agriculture, qui a expiré à la fin de 2003.

Les subventions prohibées sont celles qui sont assorties de l'obligation pour les bénéficiaires d'atteindre certains objectifs à l'exportation ou d'utiliser des produits nationaux à la place de produits importés. Elles sont dites prohibées, expressément destinées à fausser le commerce international et risquent d'alimenter la concurrence déloyale. Elles peuvent être contestées dans le cadre d'une procédure accélérée de règlement des différends à l'OMC. En cas de confirmation, à l'issue de cette procédure, que la subvention est prohibée, celle-ci doit être retirée tout de suite, faute de quoi l'Etat plaignant peut prendre des contre-mesures. Dans la mesure où les producteurs nationaux sont lésés par les importations de produits subventionnés, des droits compensateurs peuvent être imposés.

Pour que la requête soit acceptable, le pays plaignant doit ici démontrer que la subvention a un effet préjudiciable sur ses intérêts, sinon la subvention est autorisée. A cet effet, l'accord définit trois types de dommages susceptibles d'être causés :

> 1) subventions accordées par un pays, pouvant affecter une branche de production nationale d'un pays importateur ;
>
> 2) subventions pouvant léser les exportateurs d'un autre pays lorsque les deux pays se font concurrence sur des marchés tiers ;
>
> 3) subventions intérieures accordées par un pays pouvant léser les exportateurs qui entrent en concurrence sur le marché intérieur de ce pays. En pareil cas, l'Organe de règlement des différends détermine que la subvention a effectivement des effets défavorables, et doit être retirée ou ses effets défavorables éliminés.

L'Afrique subsaharienne est confrontée au faible pouvoir d'achat du consommateur. Bien que nuisible pour certaines branches économiques, le dumping peut être plausible pour le consommateur qui aura les biens et services à bon marché. Cette situation peut améliorer l'épargne de l'Etat importateur. Ainsi, nous pensons que les Etats victimes du dumping doivent éviter de la mésoéconomie pour ne

---

[1] OMD, *Op. cit.*, p. 42.

pas analyser l'impact de manière sectaire mais en tenant compte du coût d'opportunité de manière globale et totale.

Si des producteurs nationaux sont lésés par les importations de produits subventionnés, des droits compensateurs peuvent être imposés. On note à ce sujet que certaines des disciplines sont analogues à celles de l'Accord antidumping. Un droit compensateur (pendant d'un droit antidumping) ne peut être perçu que si le pays importateur a effectué une enquête détaillée analogue à celle requise pour une mesure antidumping.

Il existe à cet effet des règles détaillées qui régissent la détermination de l'existence du subventionnement, les critères à appliquer à ce sujet pour savoir si les importations du produit subventionné portent atteinte ou causent un dommage à la branche de production nationale, les procédures à suivre pour ouvrir et conduire les enquêtes, ainsi que l'application et la durée normalement limitée à cinq ans des mesures compensatoires. Toutefois, l'exportateur bénéficiant de la subvention peut aussi convenir de majorer ses prix à l'exportation pour éviter qu'un droit compensateur ne soit perçu sur ses produits.

Les subventions peuvent jouer un rôle important dans les pays en développement et dans la transformation des pays à économie planifiée en pays à économie de marché. Les PMA et les PED dont le PNB par habitant est inférieur à 1000 dollars, sont exemptés de disciplines relatives aux subventions à l'exportation prohibées. Ceci constitue à notre avis une opportunité exploitable par les PMA.[1] Toutefois, la question fondamentale demeure, à notre avis, les non-dits des Accords de l'OMC demeurent, car nous ne voyons comment un PMA en mal de ressources peut avoir des moyens de subventionner ses exportations. Ceci appelle, de notre point de vue, une relecture stratégique du droit de l'OMC par les États d'Afrique. Les autres PED avaient jusqu'à 2003 pour supprimer leurs subventions à l'exportation. Les PMA devaient également supprimer jusqu'à 2003 les subventions accordées en vue du remplacement des importations (c'est-à-dire, les

[1]Les PMA sont une catégorie des pays créée en 1971 par l'ONU, regroupant les pays moins développés socio-économiquement de la planète, représentant des IDA, les plus faibles et devraient à ce titre obtenir une attention particulière de la communauté internationale. Sur les 47 PMA, 33 se trouvent en Afrique (Angola, Benin, Burkina-Faso, Burundi, Comores, Djibouti, Erythrée, Ethiopie, Gambie, Guinée, Guinée-Bissau, Guinée équatorial, Lesotho, Liberia, Madagascar, Malawi, Mali, Mozambique, Niger, Ouganda, RCA, RDC, Rwanda, Sao-Tomé et Principe, Sénégal, Sierra Léone, Somalie, Soudan, Soudan du Sud, Tanzanie, Tchad, Togo, Zambie), 9 en Asie (Afghanistan, Bangladesh, Bhoutan, Cambodge, Laos, Birmanie, Népal, Timor Oriental, Yémen), 1 en Amérique (Haïti), et 4 en Océanie (Kiribati, Salomon, Tuvalu et Vanuatu).

subventions destinées à aider la production nationale et à éviter les importations); les autres PED avaient jusqu'à l'an 2000 pour le faire.

Les PED bénéficient aussi d'un traitement préférentiel lorsque leurs exportations font l'objet d'enquêtes en matière de droits compensateurs. Dans le cas des pays en transition, les subventions prohibées ont été éliminées en 2002.

Un membre de l'OMC peut prendre des mesures de sauvegarde, en restreignant, temporairement, les importations d'un produit si une poussée des importations de ce produit cause ou menace de causer un dommage grave à la branche de production nationale. Les mesures de sauvegarde ont toujours été autorisées par le droit du GATT[1], mais de telles mesures ont rarement été appliquées, certains gouvernements préférant protéger leurs branches de production nationales par des mesures de la zone grise, c'est-à-dire, lors de négociations bilatérales en dehors du GATT, incitant ainsi les pays exportateurs à restreindre volontairement les exportations ou à accepter d'autres moyens de répartir les marchés.[2] Faisons observer que des accords de ce type ont été conclus pour une large gamme de produits, notamment les automobiles, acier et semi-conducteurs.

L'Accord de l'OMC a innové en interdisant les mesures de la zone grise et en limitant la durée dans le cadre de la clause d'extinction des mesures de sauvegarde. Il dispose que les membres ne chercheront pas à prendre, ne prendront ni ne maintiendront des mesures d'autolimitation des exportations, des arrangements de commercialisation ordonnée ou toute autre mesure similaire à l'exportation ou à l'importation. Les mesures bilatérales qui n'ont pas été modifiées pour être rendues conformes à l'Accord ont été éliminées à la fin de 1998. Dans le même ordre d'idées, les pays membres ont été autorisés à maintenir une de ces mesures, une année supplémentaire jusqu'à la fin de 1999, mais seule l'Union européenne s'est prévalue de cette disposition en maintenant les restrictions à l'importation d'automobiles en provenance du Japon.

Une flopée d'importations justifiant l'adoption d'une mesure de sauvegarde peut être une augmentation réelle des importations dénommée, « accroissement absolu » ou une augmentation de la part des importations sur un marché qui se contracte, même si le volume des importations n'a pas augmenté, appelé « accroissement relatif ».

Pour les branches de production où les entreprises peuvent demander au gouvernement de prendre une mesure de sauvegarde, l'Accord de l'OMC énonce des prescriptions concernant la conduite

---

[1] Article 19 de l'Accord du GATT

[2] Il s'agit en fait d'une autolimitation bilatérale des exportations, des arrangements de commercialisation ordonnée et mesures similaires afin de limiter l'importance de certains produits.

d'enquêtes en matière de sauvegardes par les autorités nationales. Il appuie le tocsin sur la transparence et le respect des règles et pratiques établies, ainsi que sur la nécessité d'éviter les méthodes mandarinaires. Les autorités chargées des enquêtes doivent annoncer publiquement le moment fixé pour des auditions publiques et ménager aux parties intéressées d'autres moyens idoines de présenter des éléments de défense, notamment des arguments sur la question de savoir si l'application d'une mesure de sauvegarde serait ou non dans l'intérêt public.

L'Accord définit un critérium applicable pour déterminer l'existence d'un dommage grave ou une menace de dommage grave, et indique les facteurs à prendre en considération pour évaluer l'incidence des importations sur la branche de production nationale. La mesure de sauvegarde ne doit être appliquée que dans les limites du tolérable, pour prévenir ou réparer un dommage grave et faciliter l'ajustement de la branche de production concernée. Dans l'hypothèse où les restrictions quantitatives (contingents) sont imposées, elles ne doivent pas, en principe, ramener les quantités importées au-dessous de la moyenne des trois dernières années représentatives pour lesquelles des statistiques sont disponibles, sauf s'il est clairement établi qu'un niveau différent est nécessaire pour empêcher ou réparer un dommage grave.

En principe, les mesures de sauvegarde ne peuvent pas viser les importations en provenance d'un pays particulier. Toutefois, l'Accord précise comment les contingents peuvent être répartis entre les pays fournisseurs, y compris dans le cas exceptionnel où les importations en provenance de certains pays ont augmenté de façon excessivement rapide. La mesure de sauvegarde ne doit pas être appliquée pendant plus de quatre ans, cette durée pouvant cependant être portée à huit ans, si les autorités nationales compétentes déterminent que la mesure est nécessaire et qu'il y a des éléments de preuve suffisant selon lesquels la branche de production procède à des ajustements.

Dans l'hypothèse où un pays restreint les importations pour sauvegarder ses producteurs nationaux, il doit en principe donner quelque chose en échange. L'Accord dispose que le ou les pays exportateurs peuvent demander une compensation par voie de consultations. Au cas où les parties n'arrivent pas à s'entendre, le pays exportateur peut prendre une mesure de rétorsion équivalente, notamment en majorant les droits de douane qui frappent les produits exportés par le pays qui applique la mesure de sauvegarde, dans certaines circonstances, c'est-à-dire, lorsque la mesure de sauvegarde est conforme aux dispositions de l'Accord et qu'elle a été prise à la suite d'un accroissement du volume des importations en provenance du pays exportateur, qui doit attendre trois ans après l'introduction de la mesure pour prendre une mesure de rétorsion.

Il convient de noter que les exportations des PED bénéficient d'une certaine protection contre les mesures de sauvegarde. Un pays importateur ne peut appliquer une mesure de sauvegarde à un produit provenant d'un pays en développement que si celui-ci en fournit plus de 3% des importations ou si les PED membres, dont la part des importations est inférieure à 3 %, contribuent collectivement pour plus de 9% aux importations totales du produit considéré.

Le Comité des sauvegardes de l'OMC surveille le fonctionnement de l'Accord et le respect des engagements pris par les membres qui doivent notifier au Comité chaque phase des enquêtes en matière de sauvegardes et les décisions prises en la matière, pour examen.

Dans le cadre de l'OMC, il existe plusieurs accords, notamment l'Accord sur obstacles non tarifaires, qui portent sur les problèmes d'ordre technique, administratif ou juridique qui pourraient constituer des obstacles au commerce international ; à savoir :

1) régime de licences d'importation ;
2) règles d'évaluation en douane des marchandises ;
3) inspection avant expédition ;
4) règles d'origine ;
5) mesures concernant les investissements.

Bien qu'ils soient aujourd'hui moins largement utilisés que par le passé, les régimes de licences d'importation sont soumis aux disciplines de l'OMC. L'Accord sur les procédures de licences d'importation dispose en effet que ces régimes doivent être simples, transparents et prévisibles. Il prévoit que les gouvernements doivent publier des informations suffisantes pour que les négociants sachent comment et pour quelles raisons les licences sont délivrées ; définit ainsi la manière dont les pays doivent notifier à l'OMC l'établissement de procédures de licences ou les modifications apportées aux procédures existantes. Il contient des indications précises sur la façon dont les gouvernements devraient traiter les demandes de licences. En RDC, le régime de licence fonctionne sur pied de la réglementation du change.

Certaines licences sont délivrées automatiquement dès lors que les conditions sont réunies. L'accord énonce un critérium applicable dans ce cas, pour éviter que les procédures suivies n'aient pour effet de restreindre le commerce. D'autres licences ne sont pas délivrées automatiquement. C'est ainsi que l'accord vise à réduire au minimum la charge que représentent pour l'importateur les formalités de demande de licences, pour que l'administration du régime ne contribue en elle-même à restreindre ou à fausser les importations. Le délai d'examen des demandes par les organismes responsables du régime de licences, ne doit pas dépasser 30 jours ou 60 jours, lorsque toutes les demandes sont examinées simultanément.

L'Accord sur la mise en œuvre de l'article VII de l'accord Général du GATT édicte les méthodes d'évaluation en douane. Pour l'importateur, la procédure d'évaluation en douane d'un produit présente des problèmes qui peuvent être aussi importants que les droits de douane effectivement à payer. L'Accord de l'OMC sur l'évaluation en douane vise à mettre en place un système équitable, uniforme et neutre d'évaluation des marchandises à des fins douanières, qui soit conforme aux réalités commerciales et qui interdise l'utilisation de valeurs arbitraires ou fictives. Il énonce une série de règles d'évaluation, élargit et précise les dispositions correspondantes du GATT originel.

Selon une décision ministérielle adoptée lors du cycle d'Uruguay, l'administration des douanes a le droit de demander un complément d'information lorsqu'elle a des raisons de douter de l'exactitude de la valeur déclarée des marchandises importées. Au cas où les justificatifs complémentaires, n'emporte pas sa conviction, il pourra être considéré que la valeur en douane des marchandises importées ne peut pas être déterminée sur la base de la valeur déclarée. Il va de soi qu'elle doit recourir aux six méthodes édictées à cet effet, notamment la valeur transactionnelle, la valeur transactionnelle des marchandises identiques, la valeur transactionnelle des marchandises similaires, la méthode calculée, la méthode comptable et la méthode de dernier recours.

L'inspection avant expédition est une pratique qui consiste à recourir à des sociétés privées spécialisées pour vérifier avant l'expédition, particulièrement le prix, la quantité et la qualité des marchandises en provenance de l'étranger. Ce système, utilisé par les gouvernements des PED, a pour but de protéger les intérêts financiers nationaux de manière à empêcher la fuite des capitaux, la fraude commerciale, et le non-paiement des droits de douane, et de compenser les carences des structures administratives.

L'Accord sur l'inspection avant expédition reconnaît que les principes et les obligations du GATT s'appliquent aux activités des entités d'inspection avant expédition mandatées par les gouvernements. Les gouvernements qui y font appel doivent faire en sorte que ces entités mènent leurs activités de manière non discriminatoire et transparente, protègent les renseignements commerciaux confidentiels, évitent les retards indus, suivent des directives spécifiques en matière de vérification des prix et évitent les conflits d'intérêt.

Les membres exportateurs ont, notamment à l'égard des membres utilisateurs, l'obligation de s'abstenir de toute discrimination dans l'application des lois et réglementations nationales, de publier sans tarder ces lois et réglementations et de fournir une assistance technique lorsque celle-ci est demandée. L'accord met en place une procédure d'examen indépendant. Cette procédure est administrée conjointement par l'IFIA, qui représente les sociétés d'inspection, et la CCI, qui représente les exportateurs et a pour objet de régler les différends entre un exportateur et une société d'inspection.

Précisons que l'AFE interdit à son article 10, le recours aux sociétés d'inspection avant l'embarquement. Il rendra ainsi caduque l'accord sur l'inspection des marchandises avant embarquement dès l'entrée en vigueur de l'AFE, c'est-à-dire, après son acceptation (ratification) par les 2/3 des membres de l'OMC.

Les règles d'origine sont les critères appliqués pour définir le lieu géographique où un produit a été fabriqué. Elles sont un élément essentiel des règles commerciales, en raison d'un certain nombre de mesures qui entraînent une discrimination entre les pays exportateurs (contingents, droits de douane préférentiels, mesures antidumping, droits compensateurs). Les règles d'origine servent aussi à l'établissement des statistiques commerciales, et pour la confection des étiquettes apposées sur les produits. La mondialisation et la chaine des valeurs rendent difficiles les choses et la façon dont un produit peut être transformé dans plusieurs pays, avant sa mise sur le marché.

L'Accord sur les règles d'origine fait obligation aux membres de l'OMC de faire en sorte que leurs règles d'origine soient transparentes et qu'elles n'aient pas d'effet de restriction, de distorsion ou de désorganisation sur le commerce international; elles doivent être administrées d'une manière cohérente, uniforme, impartiale et raisonnable; et qu'elles soient fondées sur un critère positif, c'est-à-dire qu'elles doivent énoncer ce qui confère effectivement l'origine et non ce qui ne la confère pas.

En bout de course, l'accord vise l'établissement de règles d'origine communes, harmonisées et applicables entre tous les membres de l'OMC, sauf pour certains courants d'échanges préférentiels, notamment les pays instituant une zone de libre-échange, autorisés à appliquer des règles d'origine différentes pour les produits entrant dans leur commerce mutuel. L'accord établit un programme de travail pour l'harmonisation arc-bouté sur un corpus principiel, entre autres, la nécessité de faire en sorte que les règles d'origine soient objectives, compréhensibles et prévisibles. Les travaux qui devaient s'achever en juillet 1998, ont connu du retard. Ils sont actuellement menés par le Comité des règles d'origine de l'OMC et un Comité technique, sous les auspices de l'OMD à Bruxelles.

De ces travaux découlera un corpus unique de règles d'origine devant être appliquées en toutes circonstances et dans des conditions commerciales non préférentielles par tous les membres de l'OMC. Une annexe à l'accord contient une déclaration commune concernant les règles d'origine appliquées pour déterminer si les marchandises sont admises à bénéficier d'un traitement préférentiel. Avec la montée des regroupements régionaux en Afrique, la question des règles d'origine redevient cruciale, car elle peut, dans une certaine mesure, favoriser la fraude par le bénéfice indu des privilèges régionaux (SADC, COMESA, EAC), voire africain, en perspective de la création d'une union douanière africaine à l'horizon 2017. D'où la nécessité pour l'Afrique de concevoir des règles d'origine précise pour contrecarrer la fausse déclaration sur l'origine des marchandises en provenance d'autres continents.

L'Accord sur les mesures concernant les MIC, s'applique uniquement aux mesures qui affectent le commerce des marchandises. L'accord reconnaît que certaines mesures peuvent avoir un effet de restriction et de distorsion sur le commerce et dispose qu'aucun membre ne doit appliquer des mesures qui entraînent une discrimination à l'encontre des personnes étrangères ou des produits étrangers en syntonie avec le principe du traitement national.

Il prescrit aussi les mesures concernant les investissements aboutissant à des restrictions quantitatives. L'accord comprend en annexe une liste exemplative des MIC jugées incompatibles avec les pertinentes dispositions de l'accord du GATT. Cette liste comprend les mesures qui prescrivent qu'une entreprise achète une proportion déterminée de produits d'origine nationale, autrement dit « prescriptions relatives à la teneur en produits nationaux ». Il est aussi déconseillé de recourir à des mesures qui limitent les importations d'une entreprise ou lui fixent des objectifs en matière d'exportation, mieux connues sous l'appellation de « prescriptions relatives à l'équilibrage des échanges ».

Au regard des prescriptions de l'accord, les pays doivent informer les autres membres, par l'intermédiaire de l'OMC, de toutes les mesures concernant les investissements en désaccord de l'accord. Ces mesures devaient être éliminées dans un délai fixé à deux ans pour les pays développés, soit jusqu'à la fin de 1996, à cinq ans pour les PED, jusqu'à la fin de 1999, et à sept ans pour les PMA. En juillet 2001, le Conseil du commerce des marchandises a accepté de proroger cette période de transition pour un certain nombre de pays en développement qui en avaient formulé la demande. L'accord institue un Comité des MIC qui est chargé de surveiller la mise en œuvre de ces engagements. Il était aussi prévu que les membres de l'OMC examineront, au plus tard le 1er janvier 2000, la question de savoir s'il convient de compléter l'accord par des dispositions concernant la politique en matière d'investissement et la politique de la concurrence. Toutes ces questions font désormais partie du Programme de Doha pour le développement.

En principe, tous les membres de l'OMC souscrivent à tous les accords de l'OMC. A la suite de la conclusion du Cycle d'Uruguay, il subsistait néanmoins quatre accords, initialement négociés lors du Tokyo Round, qui s'appliquaient à un groupe plus restreint de signataires et qui sont connus sous le nom, « accords plurilatéraux », tandis que les autres accords issus du Tokyo Round, sont devenus des instruments contraignants multilatéraux à tous les membres de l'OMC. Les quatre accords plurilatéraux portaient sur les questions ci-après :

- commerce des aéronefs civils ;
- marchés publics ;
- produits laitiers ;
- viande bovine.

Toutefois, les deux derniers ont été abrogés en 1997. L'Accord sur le commerce des aéronefs civils est entré en vigueur le 1erjanvier 1980. Il compte aujourd'hui 30 signataires et prévoit la suppression de droits d'importation perçus sur tous les aéronefs, autres que les aéronefs militaires, ainsi que sur les autres produits visés, notamment les moteurs d'aéronefs civils, leurs parties et pièces et leurs composants, tous les composants et sous-ensembles d'aéronefs civils, ainsi que les simulateurs de vol, leurs parties et pièces et leurs composants. Il énonce des disciplines concernant les marchés passés sur instructions des pouvoirs publics pour l'acquisition d'aéronefs civils et les incitations à l'achat, ainsi que le soutien financier accordé par les gouvernements au secteur des aéronefs civils.

Dans plusieurs pays, l'État et les organismes qui en relèvent, constituent ensemble les plus gros acheteurs de marchandises de tous types, allant des produits de base au matériel technologique de pointe. Au même moment, de très fortes pressions politiques peuvent être exercées pour que la préférence soit donnée aux fournisseurs nationaux plutôt qu'à leurs concurrents étrangers.

A ce sujet, l'Accord sur les marchés publics, initialement négocié lors du Tokyo round, est entré en vigueur le 1erjanvier 1981. Il a pour objet d'ouvrir à la concurrence internationale une partie aussi large que possible des marchés publics, en sorte que les lois, réglementations, procédures et pratiques en matière de marchés publics soient plus transparentes et qu'elles n'aient pas pour effet de protéger les produits ou fournisseurs nationaux ou d'entraîner une discrimination à l'encontre des produits ou fournisseurs étrangers.

Signé par vingt-huit membres, l'accord est composé, d'une part, de règles et d'obligations générales et, d'autre part, de listes des entités nationales de chaque membre dont les marchés relèvent de l'accord. Règles et obligations générales ayant trait aux procédures d'appel d'offres. L'accord et les engagements y relatifs ont été négociés lors du cycle d'Uruguay. A l'issue de ces négociations, le champ d'application de l'accord a été décuplé, avec l'ouverture à la concurrence internationale des marchés passés par les entités du gouvernement central et des administrations locales, dont les achats collectifs représentent chaque année plusieurs centaines de milliards de dollars.

Il s'étend aussi aux services, en ce compris les services de construction, aux marchés passés à l'échelon de gouvernements sous-centraux, c'est-à-dire, les subdivisions de l'État et aux marchés passés par les services d'utilité publique. Il convient de préciser que le nouvel accord est entré en vigueur le 1er janvier 1996.

Renforçant les règles garantissant l'absence de discrimination et une concurrence internationale loyale, il oblige les gouvernements de mettre en place des procédures nationales permettant aux soumissionnaires privés, se jugeant lésés, de contester les décisions d'attribution des marchés et d'obtenir réparation au cas où ces décisions s'avéreraient incompatibles avec les règles.

L'Accord s'applique aux marchés dont la valeur dépasse certains seuils. Dans le cas des marchés de biens et de services passés par le gouvernement central, le seuil est de 130 000 DTS (environ 185 000 dollars en juin 2003). Pour les marchés de biens et de services passés par les entités des gouvernements sous-centraux, le seuil varie, mais est généralement de l'ordre de 200 000 DTS. Pour les services d'utilité publique, il se situe en général autour de 400 000 DTS et, pour les marchés de construction, autour de 5 000 000 de DTS[1]. On note que le seuil en RDC, est fixé à 50 000 $ US. S'agissant de l'impact de cet accord sur le développement de l'Afrique sub-saharienne, l'Afrique devrait privilégier le mieux disant ainsi que la préférence nationale. Généralement, quand les marchés sont attribués aux sociétés étrangères, au détriment des sociétés locales compétentes, leurs effets propagateurs sont plus ressentis dans leur pays d'origine.

Et pourtant, un marché gagné objectivement par une société locale, s'accompagne des nouveaux emplois, de nouvelles redistributions de salaire, de l'augmentation du pouvoir d'achat du consommateur, de l'augmentation de la demande globale jusqu'à booster la croissance économique.

[1] OMD, *Op. cit.*, p. 79.

Il a été mis fin à l'Accord international sur le secteur laitier et à l'Accord international sur la viande bovine à la fin de 1997. Les pays signataires avaient estimé que ces secteurs étaient mieux gérés dans le cadre des accords sur l'agriculture et les mesures sanitaires et phytosanitaires. Certains aspects du travail engagé avaient souffert du nombre peu élevé de signataires, en l'occurrence quelques gros exportateurs de produits laitiers n'ayant pas signé l'Accord sur le secteur laitier. Il n'avait pas été possible de coopérer au sujet des prix minimaux dont l'application avait été suspendue en 1995.

L'accord mieux connu sous le vocable, mécanisme d'examen des politiques commerciales (EPC) assure la transparence dans le commerce international. A l'OMC, cette transparence est assurée de deux manières. Premièrement, par les gouvernements qui doivent informer l'OMC et leurs collègues membres de mesures politiques ou lois spécifiques, par le biais de notifications régulières. Deuxièmement, l'OMC étudie régulièrement la politique commerciale des différents pays dans le cadre de l'examen des politiques commerciales. Ces examens font partie de l'accord du cycle d'Uruguay, mais ils ont commencé quelques années avant la fin du cycle et constituent les premiers résultats de ces négociations. Les participants décidèrent de mettre en place le mécanisme d'examen à la réunion ministérielle de décembre 1988, destinée à faire l'évaluation à mi-parcours du cycle d'Uruguay.

On note à ce sujet que le premier examen eut lieu l'année suivante et les examens effectués dans le cadre du GATT. Comme le GATT, ils étaient axés sur le commerce des marchandises. Avec la création de l'OMC, leur champ a été étendu, comme celui de l'OMC, aux services et à la propriété intellectuelle.

L'importance que les pays attachent à ce processus, est attestée par le rang hiérarchique de l'Organe d'examen des politiques commerciales, le Conseil général de l'OMC lui-même, siégeant à un autre titre. Les objectifs à atteindre à cet effet sont les suivants :

> 1) améliorer la transparence et la compréhension des politiques et pratiques commerciales, grâce à un suivi régulier ;
> 2) améliorer la qualité du débat public et du débat intergouvernemental sur les questions qui se posent ;
> 3) permettre une évaluation multilatérale des effets des politiques sur le système commercial mondial.[1]

(1) OMD, *Op. cit.*, p. 83.

Les examens portent essentiellement sur les politiques et pratiques commerciales des membres et prennent également en compte les besoins plus généraux des pays dans le domaine économique et en matière de développement, leurs politiques et objectifs ainsi que l'environnement économique extérieur auquel ils sont confrontés. Les examens par les pairs, c'est-à-dire, les autres membres de l'OMC, stimulent les gouvernements à mieux respecter les règles et disciplines de l'OMC et à remplir leurs engagements.

De manière concrète, ils ont, en gros, deux avantages : permettre aux autres membres de comprendre la politique et la situation d'un pays et donner au pays qui fait l'objet de l'examen des informations en retour, sur son niveau de performance dans le système multilatéral du commerce. Tous les membres de l'OMC doivent faire l'objet d'un examen, dans un délai plus ou moins long. La fréquence des examens dépend de la taille du pays :

1) pour les quatre principales puissances commerciales (UE, Etats-Unis, Chine et Japon) l'examen se fait tous les deux ans environ ;
2) pour les 16 pays venant ensuite (en fonction de leur part dans le commerce mondial), il intervient tous les quatre ans ;
3) pour les autres pays, il est effectué tous les six ans, un intervalle plus long pouvant être fixé pour les PMA.

A chaque examen, deux documents sont établis : une déclaration de politique générale établie par le gouvernement intéressé et un rapport détaillé élaboré de manière indépendante par le Secrétariat de l'OMC. Ces deux rapports, ainsi que le compte rendu des débats de l'Organe d'examen des politiques commerciales, sont ensuite publiés.

Le règlement des différends qui n'est pas un jugement des Etats au sein de l'OMC, fonctionne sur pied du mémorandum d'accord sur les règles et procédures régissant le règlement des différends. Il constitue la cheville ouvrière du système commercial multilatéral et la contribution sans précédent de l'OMC à la stabilité de l'économie mondiale. On note à cet effet que, sans un moyen de régler les différends, le système fondé sur le multilaterisme ne serait d'aucune utilité, car les règles ne pourraient pas être appliquées.

La procédure de l'OMC consacre le règne du droit et permet de rendre le système commercial plus sûr et plus prévisible. Il est fondé sur des règles clairement définies, assorties d'un calendrier pour l'examen d'une affaire, et les décisions initiales rendues par un groupe spécial et approuvées (ou rejetées) par l'ensemble des membres de l'OMC avec la possibilité d'interjeter appel sur les points de droit.

Il ne s'agit pas de rendre un jugement, mais en priorité, de régler les différends, dans la mesure du possible, par voie de consultations. En janvier 2008, par exemple, environ 136 seulement des 369 affaires avaient atteint le stade de la procédure de groupe spécial complète[1]. Par contre, certains cas ont été notifiés comme réglés à l'amiable, les autres restent au stade de la phase de consultation prolongée depuis 1995.

Les principes du règlement de différends sont : équité, rapidité, efficacité et solution mutuellement acceptable. Les différends soumis à l'OMC concernent, pour l'essentiel, des promesses non tenues. Les membres ont ainsi convenu de recourir au système multilatéral de règlement des différends au lieu de prendre des mesures unilatérales s'ils estiment que d'autres membres enfreignent les règles commerciales, s'appliquant aussi : les procédures convenues et respectant les jugements rendus.

Il faut rappeler qu'un différend naît lorsqu'un pays adopte une mesure de politique commerciale ou d'une nature considérée par un ou plusieurs autres membres comme violant des accords de l'OMC ou un manquement aux obligations. Un troisième groupe de pays peuvent déclarer avoir un intérêt dans l'affaire et bénéficier de certains droits.

Contrairement à l'ancien GATT où il existait une procédure de règlement des différends, mais il n'y avait aucun calendrier établi, il était plus facile de bloquer les décisions et beaucoup d'affaires traînaient en longueur sans arriver à une solution. Le mémorandum d'accord issu du Cycle d'Uruguay a mis en place un processus plus structuré, dont les étapes sont plus clairement définies. Il établit une discipline plus rigoureuse quant au délai imparti pour le règlement d'une affaire ainsi que des échéances flexibles pour les différentes étapes de la procédure. Ledit mémorandum souligne qu'un règlement rapide est indispensable au bon fonctionnement de l'OMC, et énonce de manière très détaillée les règles de procédure à suivre et les calendriers à respecter à cette fin.

La procédure complète, jusqu'à la décision de la première instance, ne doit pas en principe durer plus d'un an, ou plus de 15 mois, en cas d'appel. Les délais convenus sont flexibles et, en cas d'urgence, notamment le cas de produits périssables, la procédure est accélérée autant que possible.

Le Mémorandum d'accord issu du cycle d'Uruguay empêche aussi un pays désavoué de bloquer l'adoption de la décision. D'après l'ancienne procédure du GATT, les décisions ne pouvaient être adoptées que par consensus, de sorte qu'une seule opposition suffisait

---

(1) OMC, *Op. cit*, p. 87.

pour les bloquer. Dans l'optique de l'OMC, les décisions sont adoptées automatiquement, sauf s'il y a consensus pour les rejeter. Ainsi, un pays désireux de bloquer une décision doit amener tous les autres membres, en ce compris la partie adverse dans le différend, à partager ses vues.

Cette procédure rappelle beaucoup le système judiciaire, mais on préfère inciter les pays intéressés à débattre de leurs problèmes, et à régler eux-mêmes le différend. La première étape étant celle de consultations entre les gouvernements concernés et, même lors des étapes ultérieures, il est toujours possible de faire appel aux consultations et à la médiation.

L'Organe de règlement des différends (le Conseil général siégeant à un autre titre), composé de tous les membres de l'OMC, est compétent en la matière. Il est seul compétent pour établir des groupes spéciaux composés d'experts chargés d'examiner l'affaire, et pour adopter ou rejeter les conclusions des groupes spéciaux ou les résultats de la procédure d'appel.

Il surveille la mise en œuvre des décisions et recommandations, et est habilité à autoriser l'adoption de mesures de rétorsion si un pays ne se conforme pas à une décision. Dans la pratique, ce sont les missions permanentes de chaque Etat membre à Genève qui prennent part à ces réunions, et la procédure se déroule de la manière suivante :

> 1) les consultations (jusqu'à 60 jours). Avant de prendre d'autres mesures, les parties au différend doivent discuter entre elles pour savoir si elles peuvent arriver à s'entendre. En cas d'un désaccord persistant, elles peuvent aussi demander au Directeur général de l'OMC d'intervenir comme médiateur ou de toute autre manière ;
>
> 2) le groupe spécial pour lequel le délai prévu pour son établissement est de 45 jours ; il dispose de six mois pour achever ses travaux. Si les consultations n'aboutissent pas, le pays plaignant peut demander l'établissement d'un groupe spécial. A ce sujet, le pays incriminé peut l'empêcher une première fois, mais lors d'une deuxième réunion de l'Organe de règlement des différends (ORD), il n'est plus possible d'y faire opposition, sauf s'il y a consensus contre l'établissement du groupe spécial.

Le groupe spécial a officiellement pour tâche d'aider l'ORD à énoncer des décisions ou recommandations, mais comme son rapport ne peut être rejeté que par consensus à l'ORD, il est difficile d'infirmer ses conclusions qui ne doivent être fondées que sur les accords invoqués.Le rapport final du groupe spécial doit en principe être communiqué aux parties au différend dans un délai de six mois. Toutefois, ce délai est ramené à trois mois pour les produits périssables. Le mémorandum d'accord énonce en détail les procédures de travail des groupes spéciaux en procédant de manière graduelle :

1) avant la première réunion, chaque partie au différend expose par écrit au groupe spécial ses arguments ;

2) à la première réunion, on reçoit les arguments du plaignant et ceux de la défense dans lesquels le ou les pays plaignants, le pays défendeur, et ceux qui ont déclaré avoir un intérêt dans le différend, présentent leurs arguments à la première réunion du groupe spécial ;

3) les pays concernés présentent des réfutations écrites et des arguments oraux à la deuxième réunion du groupe spécial ;

4) si une partie soulève des questions de caractère scientifique ou technique, le groupe spécial peut consulter des experts ou désigner un groupe d'experts chargé d'établir un rapport consultatif ;

5) le groupe spécial remet aux deux parties les sections descriptives (éléments factuels et arguments) de son projet de rapport et leur donne un délai de deux semaines pour présenter leurs observations. Ce rapport ne contient pas les constatations et conclusions ;

6) le groupe spécial soumet ensuite un rapport intérimaire comprenant ses constatations et conclusions aux deux parties, qui disposent d'un délai d'une semaine pour demander un réexamen ;

7) la phase de réexamen ne doit pas dépasser deux semaines. Pendant cette période, le groupe spécial peut tenir d'autres réunions avec les deux parties ;

8) un rapport final est transmis aux deux parties et, trois semaines plus tard, il est distribué à tous les membres de l'OMC. Si le groupe spécial conclut que la mesure commerciale incriminée est effectivement contraire à un Accord de l'OMC ou à une obligation dans le cadre de l'OMC, il recommande que la mesure soit rendue conforme aux règles de l'OMC, et peut suggérer comment procéder à cette fin ;

9) le rapport devient, dans les 60 jours suivants, une décision ou recommandation de l'Organe de règlement des différends, à moins qu'il n'y ait consensus pour le rejeter.

Chaque partie peut interjeter appel contre la décision d'un groupe spécial. Parfois, l'une et l'autre le font. L'appel doit être fondé sur des points de droit tels que les interprétations du droit; il ne peut pas viser à obtenir le réexamen d'éléments de preuve existants ou l'examen de questions nouvelles. Chaque appel est traité par trois de sept membres d'un Organe d'appel permanent constitué par l'ORD et largement représentatif de la composition de l'OMC. Les membres de l'Organe d'appel sont nommés pour quatre ans. Il doit s'agir de personnes dont l'autorité est reconnue en matière de droit et de commerce international et qui n'ont aucune attache avec une administration nationale.

L'appel peut aboutir à la confirmation, à la modification ou à l'infirmation des constatations et conclusions juridiques du groupe spécial. La durée de la procédure ne doit pas dépasser, en principe, 60 jours, et en aucun cas 90 jours. L'Organe de règlement des différends doit accepter ou rejeter le rapport de l'Organe d'appel dans un délai de 30 jours, le rejet n'étant possible que par consensus.

Si un pays a commis une faute, il doit la réparer sans tarder. Et s'il persiste à violer un accord, il doit offrir une compensation ou subir une punition assez sévère. Dans l'hypothèse où l'affaire a été tranchée, on peut encore agir avant que des sanctions commerciales (forme classique de la punition) ne soient imposées. A ce stade, l'objectif prioritaire est d'obtenir que le défendeur perdant mette sa mesure en conformité avec la décision ou les recommandations.

Le mémorandum d'accord précise que « pour que les différends soient résolus efficacement dans l'intérêt de tous les membres, il est indispensable de donner suite dans les moindres délais aux recommandations ou décisions de l'ORD »[1]. Si le pays visé par la plainte perd, il doit mettre en œuvre les recommandations contenues dans le rapport du groupe spécial ou le rapport de l'Organe d'appel. Il doit annoncer son intention de le faire à une réunion de l'ORD tenue dans les 30 jours suivant l'adoption du rapport.

S'il est irréalisable pour ce pays de se conformer immédiatement à la recommandation, un délai raisonnable pour le faire lui sera accordé. S'il ne s'exécute pas dans ce délai, il doit engager des négociations avec le ou les pays plaignants afin de trouver une compensation mutuellement satisfaisante, entre autres, des réductions de droits de

[1] OMC, *Op. cit.*, p. 93.

douane dans des domaines présentant un intérêt particulier pour la partie plaignante. Au cas où, à l'issue d'un délai de 20 jours, aucune compensation satisfaisante n'a été convenue, la partie plaignante peut demander à l'ORD, l'autorisation d'imposer des sanctions commerciales limitées notamment de suspendre l'application de concessions ou d'autres obligations, à l'encontre de l'autre partie. L'ORD est tenu d'accorder cette autorisation dans les 30 jours suivant l'expiration du délai raisonnable, à moins qu'il n'y ait consensus pour rejeter la demande.

En principe, les sanctions devraient être imposées dans le même secteur que celui qui fait l'objet du différend. Si cela n'est pas possible ou efficace, elles peuvent être imposées dans un autre secteur visé par le même accord. Si cela n'est pas non plus efficace ou possible, et si les circonstances sont suffisamment graves, la mesure peut être prise en vertu d'un autre accord. L'objectif est de limiter autant que possible la probabilité que la mesure prise n'ait des répercussions sur d'autres secteurs, tout en assurant son efficacité. Dans tous les cas, l'ORD surveille la mise en œuvre des décisions rendues, tandis que toute affaire en suspens demeure à son ordre du jour jusqu'à ce que la question soit réglée.

La procédure de groupe spécial indique les diverses étapes qu'un différend peut franchir à l'OMC. A chaque étape, les pays parties à un différend sont encouragés à tenir des consultations entre eux afin d'arriver à un règlement à l'amiable. Le Directeur général de l'OMC peut offrir ses bons offices ou sa médiation, ou aider à parvenir à une conciliation à chaque étude de manière à vider le litige. Le règlement des litiges se fait dans le respect des délais dont certains des délais spécifiés sont des délais maximaux, d'autres des délais minimaux, quelques-uns sont impératifs, d'autres non.

Nous illustrons les délais et les différents actes dans le tableau suivant :

N°	Délais	Actes et bases juridiques (Mémorandum ORD)	ACTIONS/ ACTEUR	OBSERVATIONS
1)	60 jours	Consultations (art.4)		
	à la 2e réunion	Établissement du groupe spécial par l'Organe de règlement des différends (art.6)	A toutes les étapes	
2)	0 – 20 jours	Mandat (art.7) composition (art.8)		
3)	20 jours (+10 jours si le Directeur général est invité à constituer le groupe spécial)	Examen par le groupe spécial (en principe, deux réunions avec les parties art.12)	Groupe consultatif d'experts	Un groupe spécial peut être constitué (c'est-à-dire, ses membres choisis) jusqu'à 30 jours environ après son établissement (c'est-à-dire après la décision de l'ORD d'établir un groupe spécial).
		Phase de réexamen intérimaire : remise de la partie descriptive du rapport aux parties pour observations) (art.15 :1) ; remise du rapport intérimaire.	Réunion de réexamen avec le groupe spécial (sur demande art.15 :2)	
4)	6 mois à compter de la constitution	Remise du rapport du groupe spécial aux parties		

	du groupe spécial, 3 mois en cas d'urgence	(art. 12 :8 ; appendice 3, par 12 j)		
5)	Jusqu'à 9 mois à compter de l'établissement du groupe spécial	Distribution du rapport du groupe spécial aux membres (art. 12 :9, appendice 3, par 12 k)		
6)	60 jours pour le rapport du groupe spécial sauf en cas d'appel...	Adoption du ou des rapports du groupe spécial/de l'Organe d'appel par l'ORD, y compris toutes modifications apportées au rapport du groupe spécial par le rapport de l'Organe d'appel (art. 16 :1, 16 :4 et 17 :14)	Examen en appel (art. 16 :4 et 17)	
7)	Le délai raisonnable est le délai proposé par le membre et approuvé par l'ORD, le délai convenu par les parties au différend ou le délai déterminé	Mise en œuvre (rapport de la partie perdante concernant la mise en œuvre		
		En cas de non-mise en œuvre (les parties négocient une compensation en attendant la mise en œuvre intégrale (art.22 :2)	30 jours pour le rapport de l'Organe d'appel Différend au sujet de la mise en œuvre	max. 90 jours Total pour l'adoption du rapport : d'ordinaire jusqu'à 9 mois (sans appel), ou 12 mois (en cas d'appel) entre

	par un arbitre (environ 15 mois dans ce cas).		Des procédures sont possibles, y compris le renvoi au groupe spécial initial de la mise en œuvre (art.21 :5)	l'établissement du groupe spécial et l'adoption du rapport (art.20).
	30 jours après l'expiration du délai raisonnable	Rétorsion s'il n'y a pas accord sur une compensation, l'ORD autorise la rétorsion en attendant la mise en œuvre intégrale (art.22), rétorsion croisée : même secteur, autres secteurs, autres accords (art.22 :3)	Possibilité d'arbitrage concernant le niveau de la suspension et les principes et procédures en matière de rétorsion (art.22 :6 et 22 :7)	90 jours

II.7. Les questions transversales et nouvelles

Les travaux de l'OMC ne se limitent pas à des accords spécifiques énonçant des obligations spécifiques. Les gouvernements membres débattent également de diverses autres questions, en général dans le cadre des comités ou des groupes de travail spéciaux. Certaines sont déjà anciennes et d'autres nouvelles pour le système du GATT/de l'OMC. On note que ces questions sont spécifiques et d'autres touchant à plusieurs thèmes traités par l'OMC, qui pourraient donner lieu à des négociations, notamment :

a) groupements économiques régionaux ;
b) commerce et environnement ;
c) commerce et investissement ;
d) politique de la concurrence ;
e) transparence des marchés publics ;
f) facilitation des échanges (simplifier les procédures commerciales, faciliter les flux commerciaux au moyen de mesures allant plus loin que la levée des obstacles tarifaires et non tarifaires) ;
g) commerce électronique ;
h) commerce et droits des travailleurs.

Toutefois, le point (h) n'est pas inscrit au programme de travail de l'OMC, mais, comme il a beaucoup retenu l'attention, il en sera question ici pour clarifier la situation. Le régionalisme a un sens national et international. Le sens international, retenu dans la présente étude, signifie : décliner la politique économique d'intégration territoriale[1]. Nous citons, à titre illustratif, les regroupements régionaux suivants : EU, ALENA, ANASE, ASACR, MERCOSUR, ACREANZ.

En juillet 2005, la Mongolie était le seul membre de l'OMC non partie à un accord commercial régional. Depuis le début des années 90, le nombre de ces accords n'a pas cessé de croître.[2] En juillet 2005, 330 accords au total avaient été notifiés à l'OMC (ou à son prédécesseur, le GATT), parmi lesquels, 206 ont été notifiés après la création de l'OMC. Par contre, 180 sont actuellement en vigueur et on estime que d'autres accords sont opérationnels, bien qu'ils n'aient pas encore été notifiés[3].

L'une des questions qui reviennent le plus fréquemment, est celle de savoir si ces regroupements régionaux renforcent ou entravent le système commercial multilatéral de l'OMC. C'est donc dans ce contexte qu'un comité au sein de l'OMC surveille l'évolution de la situation.

---

[1] Silem (A), *Op. cit.*, p. 662.
[2] OMC, *Op. cit.*, p. 139.
[3] *Idem*

Les accords commerciaux régionaux semblent être en contradiction avec le système commercial multilatéral de l'OMC, mais ils peuvent, par moment, le soutenir. Ils ont permis à des groupes de pays de négocier des règles et des engagements qui vont plus loin que ce qu'ils auraient pu alors convenir sur le plan multilatéral.

On note tout de même que certaines de ces règles ont, quant à elles, ouvert la voie à l'adoption de certains accords de l'OMC : les services, la propriété intellectuelle, les normes environnementales ainsi que les politiques en matière d'investissement et de concurrence, qui sont des questions soulevées au cours de négociations régionales et qui, par la suite, ont donné lieu à des accords ou sont devenues des thèmes de discussions à l'OMC.

Les regroupements importants pour l'OMC, sont ceux qui éliminent ou réduisent les obstacles au commerce entre les membres. Les accords de l'OMC reconnaissent que la conclusion d'arrangements régionaux et le renforcement de l'intégration économique peuvent apporter des avantages aux pays. Ils admettent également que, dans certaines circonstances, les arrangements commerciaux régionaux peuvent nuire aux intérêts commerciaux d'autres pays. L'établissement d'une union douanière ou d'une zone de libre-échange, constituerait normalement une violation du principe de l'OMC, selon lequel, tous les partenaires commerciaux doivent ainsi bénéficier de l'égalité de traitement (cas de la nation la plus favorisée). Nous précisons toutefois que la conclusion des accords commerciaux régionaux constitue une exception spéciale à cette règle et est autorisée à condition de satisfaire à certains critères rigoureux, selon le droit de l'OMC[1].

Les accords devraient en particulier favoriser la libéralisation des courants d'échange entre les pays participants, sans opposer d'obstacles au commerce avec le reste du monde. En d'autres termes, l'intégration régionale devrait compléter le système commercial multilatéral et non le mettre en danger. L'article 24 déjà cité, dispose que lors de l'établissement d'une zone de libre-échange ou d'une union douanière, les droits de douane et autres obstacles au commerce doivent être réduits ou éliminés pour l'essentiel des échanges réalisés dans tous les secteurs du commerce, entre les membres du regroupement. Les non-membres ne devraient pas constater que le traitement appliqué à leurs échanges avec les pays du groupement est plus rigoureux qu'il ne l'était avant l'établissement de ce dernier.

L'accord général sur le commerce des services autorise la conclusion d'accords d'intégration économique dans le secteur des services[2]. D'autres dispositions des accords de l'OMC permettent aux PED de

---

[1] Accord de GATT, article 24.

[2] Accord général sur le commerce des services, article 5

participer à des accords de portée régionale ou mondiale, qui prévoient la réduction ou l'élimination des droits de douane et des obstacles non tarifaires, dans leurs échanges mutuels.

Le Conseil général de l'OMC a établi, le 6 février 1996, le Comité des accords commerciaux régionaux chargé d'examiner les regroupements régionaux et de déterminer s'ils sont conformes aux règles de l'OMC[1]. Le Comité a également pour fonction d'examiner l'incidence que pourraient avoir les arrangements régionaux sur le système commercial multilatéral et les relations qui pourraient exister entre les accords régionaux et multilatéraux.

Dans le sens le plus large, l'environnement est un ensemble des éléments constitutifs du milieu où vit l'homme (eau douce, eau courte terre arables, couverture végétale)[2]. Il n'existe pas dans le cadre de l'OMC, d'accord portant spécifiquement sur l'environnement. Cependant, les accords de l'OMC confirment le droit des gouvernements de protéger l'environnement, sous réserve que certaines conditions soient remplies, et un certain nombre d'entre eux incluent des dispositions touchant à des préoccupations environnementales. Les objectifs de développement durable et de protection environnementale sont suffisamment importants pour être énoncés dans le préambule de l'Accord instituant l'OMC.

La priorité accrue donnée aux politiques environnementales est un phénomène relativement récent, dans les 60 ans d'histoire du système commercial multilatéral. À la fin du Cycle d'Uruguay en 1994, les ministres du commerce des pays participants ont décidé d'entreprendre à l'OMC un vaste programme de travail sur le commerce et l'environnement. Ils ont créé le CCE qui traite des questions liées à l'environnement et au développement ; au demeurant intégrées dans les activités principales de l'OMC. Précisons que la Conférence ministérielle de Doha (2001) a lancé les négociations sur certains aspects de la question environnementale.

Le Comité est ainsi doté d'un vaste mandat qui englobe tous les aspects du système commercial multilatéral (marchandises, services et droits de propriété intellectuelle). Il est chargé d'examiner les relations entre le commerce et l'environnement et de faire des recommandations au sujet des modifications qu'il conviendrait d'apporter aux accords commerciaux, le cas échéant. Les travaux du Comité sont fondés sur les deux principes fondamentaux suivants :

1) le domaine de compétence de l'OMC se limite au commerce, ceci équivaut à dire que l'OMC a uniquement pour tâche d'examiner les questions qui se posent lorsque des

---

[1] Idem, article 6.

[2] Silem (A), *Op. cit.*, p. 337.

politiques environnementales ont des effets notables sur le commerce. L'OMC n'est pas un organisme de protection de l'environnement ; ses membres ne souhaitent pas qu'elle intervienne dans l'élaboration des politiques environnementales nationales ou internationales, ni dans l'établissement de normes environnementales ; d'autres organisations spécialistes des questions environnementales sont plus compétentes quant à ce ;

2) si le Comité constate l'existence de problèmes, les solutions qu'il adopte doivent contribuer au maintien des principes du système commercial de l'OMC.

Plus généralement, les membres de l'OMC sont convaincus qu'un système commercial multilatéral ouvert, équitable et non discriminatoire, peut apporter une contribution importante aux efforts déployés aux niveaux national et international, pour améliorer la protection et la conservation des ressources environnementales et promouvoir le développement durable. C'est ce qui a été reconnu à travers les résultats de la CNUCED qui s'est tenue à Rio en 1992, appelée le « Sommet de la Terre », et ceux de la Conférence qui a suivi, le « Sommet mondial sur le développement durable », qui a eu lieu en 2002, à Johannesburg.

Le programme de travail du Comité est divisé en dix points. Il est organisé en fonction des propositions présentées par les différents membres sur des questions qui leur paraissent importantes. Dans les lignes qui suivent, nous faisons un aperçu de certaines de ces questions et des conclusions auxquelles le Comité est parvenu à ce jour.

Environ 200 accords internationaux (en dehors du cadre de l'OMC) traitant de diverses questions environnementales sont actuellement en vigueur. Ce sont les AEM. Il existe une vingtaine d'accords comportant des dispositions pouvant affecter les échanges, notamment en interdisant le commerce de certains produits ou en autorisant des pays à restreindre les échanges dans certaines circonstances. Il convient de citer le Protocole de Montréal relatif à des substances qui appauvrissent la couche d'ozone, la Convention de Bâle sur le contrôle des mouvements transfrontières de déchets dangereux et de leur élimination et la CITES[1].

Globalement, le Comité de l'OMC estime qu'il n'y a pas de contradiction entre les principes fondamentaux de l'OMC de non-discrimination et de transparence et les mesures commerciales prises à des fins de protection de l'environnement, y compris celles qui relèvent d'accords environnementaux. Il note également que certaines

[1] OMC, *Op. cit.*, p. 92.

dispositions des accords portant sur les marchandises, les services et les droits de propriété intellectuelle permettent aux gouvernements de donner la priorité aux politiques environnementales nationales[1].

Selon le Comité, les accords environnementaux constituent le moyen le plus efficace de s'attaquer aux problèmes environnementaux internationaux. Cette approche va dans le sens des travaux de l'OMC visant à résoudre les problèmes commerciaux par des solutions convenues au niveau international. Autrement dit, il est préférable de faire appel aux dispositions d'un accord environnemental international plutôt que d'essayer, de façon individuelle, de changer les politiques environnementales d'autres pays. Le Comité a noté en sus que les mesures qui visent à protéger l'environnement et qui ont une incidence sur le commerce peuvent jouer un rôle important dans certains accords environnementaux, notamment lorsque le commerce est directement à l'origine des problèmes environnementaux. Mais, il fait aussi remarquer que les restrictions au commerce ne sont pas les seules mesures qui peuvent être prises et qu'elles ne sont pas nécessairement les plus efficaces, car il existe une panoplie d'alternatives, notamment les solutions d'aider les pays à se doter d'une technologie respectueuse de l'environnement, leur fournir une assistance financière, offrir des activités de formation, etc.

Il convient toutefois de ne pas exagérer l'ampleur du problème, car jusqu'à ce jour, aucune mesure ayant un effet sur le commerce, prise en application d'un accord environnemental international, n'a été contestée dans le cadre du système du GATT/de l'OMC. Il est aussi largement admis que les mesures prises au titre d'un accord environnemental, ne devraient guère faire problème à l'OMC si les pays concernés ont signé l'accord, même si la question n'est pas définitivement tranchée. Le CCE reste tout yeux tout oreilles à ce qui pourrait arriver si un pays invoquait un accord environnemental pour prendre une mesure à l'encontre d'un autre pays non signataire de cet accord.

Nous considérons l'hypothèse où un différend commercial surgirait parce qu'un pays a pris une mesure affectant le commerce, par imposition d'une taxe ou restriction des importations, au titre d'un accord environnemental, en dehors du système de l'OMC, et qu'un autre pays s'y oppose. Le CCE estime qu'un tel différend au sujet d'une mesure commerciale prise au titre d'un accord environnemental et si les deux parties au différend ont signé cet accord, celles-ci devraient recourir aux dispositions de cet accord pour régler le différend.

---

[1] *Idem.*

Par contre, si l'une d'elles n'a pas signé l'accord environnemental, la seule instance pouvant connaître du différend est alors l'OMC. Toutefois, la dimension environnementale de la question ne sera toujours prise en considération, étant donné les Accords de l'OMC qui lui permettent de recourir aux experts sur des questions environnementales. Des cas peuvent ainsi être étudiés. L'Inde, la Malaisie, le Pakistan et la Thaïlande ont porté plainte contre les États-Unis. Les rapports du Groupe spécial et de l'Organe d'appel ont été adoptés le 6 novembre 1998, avec comme titre officiel États-Unis prohibition à l'importation de certaines crevettes et de certains produits à base de crevettes, sous les numéros 58 et 61.

Sept espèces de tortues marines ont été identifiées, et se trouvent dans le monde entier, dans les zones subtropicales et tropicales. Elles passent leur vie en mer où elles se déplacent entre leurs aires d'alimentation et leurs aires de ponte. Les activités humaines ont mis en danger les tortues marines, soit directement (ces animaux ont été chassés pour leur viande, leur carapace et leurs œufs), soit indirectement (captures accidentelles dans les pêches, destruction de leur habitat, pollution des océans).

Au début de 1997, l'Inde, la Malaisie, le Pakistan et la Thaïlande ont déposé conjointement une plainte au sujet de l'interdiction d'importer des crevettes et des produits à base de crevettes imposée par les États-Unis, motivée par la protection des tortues marines. Telle était la raison d'être de l'interdiction. La Loi de 1973 des États-Unis sur les espèces menacées d'extinction, classe en fait les cinq espèces de tortues marines que l'on trouve dans les eaux des Etats-Unis et interdit leur prise sur le territoire des États-Unis, dans ses eaux territoriales et en haute mer[1].

En application de cette loi, les États-Unis ont exigé des crevettiers nationaux qu'ils installent des DET sur leurs filets, quand ils pêchent dans des zones où la probabilité de rencontrer des tortues marines est élevée. Elle prévoyait, entre autres dispositions, que les crevettes péchées avec des moyens technologiques susceptibles de nuire à certaines tortues marines, ne peuvent être importées aux États-Unis, à moins qu'il ne soit certifié que le pays concerné a un programme de réglementations et un taux de prises accidentelles comparable à ceux des États-Unis, ou que son environnement halieutique particulier ne menace les tortues marines[2].

Dans la pratique, les pays qui avaient une des cinq espèces de tortues marines concernées, dans la zone relevant de leur juridiction, et qui pêchaient la crevette avec des moyens mécaniques, étaient tenus

---

[1] Prise s'entend du harcèlement, de la chasse, de la capture, de l'abattage ou des tentatives de harcèlement, chasse, capture ou abattage.

[2] L'article 609 de la Loi générale n°101-102, adoptée par les États-Unis en 1989.

d'imposer à leurs pêcheurs des prescriptions comparables à celles que devaient respecter les crevettiers des États-Unis s'ils voulaient être certifiés et exporter des produits à base de crevettes vers les États-Unis ; à savoir essentiellement, l'utilisation des DET en permanence.

Dans son rapport, l'Organe d'appel a clairement dit qu'au titre des règles de l'OMC, les pays ont le droit de prendre des mesures commerciales pour protéger l'environnement (en particulier la santé des personnes, des animaux ou la préservation des végétaux) ainsi que les espèces en voie d'extinction et les ressources épuisables. Il ne revient pas à l'OMC de leur accorder ce droit. L'Organe d'appel a dit que les mesures visant à protéger les tortues marines, seraient légitimes au regard du droit de l'OMC[1], sous réserve que certains critères, notamment la non-discrimination, soient respectés.

Les États-Unis n'ont pas eu gain de cause dans cette affaire, non pas parce qu'ils tentaient de protéger l'environnement, mais parce qu'ils établissaient une discrimination entre les Membres de l'OMC. Ils accordaient aux pays de l'hémisphère occidental, essentiellement dans les Caraïbes, une assistance technique et financière et des délais de transition plus longs pour que leurs pêcheurs utilisent des dispositifs d'exclusion des tortues. Ils n'accordaient cependant pas les mêmes privilèges aux quatre pays d'Asie (Inde, Malaisie, Pakistan et Thaïlande) qui ont porté plainte devant l'OMC. La décision a également fait valoir que les groupes spéciaux de l'OMC peuvent accepter des mémoires d'amici (communications en tant qu'amis de la cour) des ONG ou autres parties concernées.

On note cependant que l'organe d'appel décide que la protection et la préservation de l'environnement n'ont pas d'importance pour les membres de l'OMC. Il est évident qu'elles en ont qu'il n'a pas décidé que les nations souveraines, Membres de l'OMC, ne peuvent adopter de mesures efficaces pour protéger les espèces menacées, telles que les tortues marines. Il va de soi qu'elles le peuvent et qu'elles le doivent. L'organe d'appel n'a pas décidé que les États souverains ne devraient pas agir de concert aux plans bilatéral, plurilatéral ou multilatéral, soit dans le cadre de l'OMC, soit dans celui d'autres organismes internationaux, pour protéger les espèces menacées ou protéger d'une autre façon l'environnement.

Il est évident qu'ils le doivent et qu'ils le font. Par contre, il a décidé dans cet appel, bien que la mesure prise par les États-Unis, qui fait l'objet de l'appel, serve un objectif environnemental reconnu comme légitime en vertu du paragraphe g) de l'article 20 du GATT de 1994. Elle a été appliquée par les États-Unis de façon à constituer une

[1] Article 20 de l'Accord du GATT qui énonce certaines violations aux règles commerciales normales de l'OMC.

discrimination arbitraire et injustifiable entre les membres de l'OMC, pratique contraire aux prescriptions du texte introductif de l'article 20 dito.

Pour toutes les raisons spécifiques indiquées ci-dessus, cette mesure ne peut bénéficier de l'exemption que l'article 20 du GATT de 1994, prévu pour les mesures qui servent certains objectifs environnementaux reconnus et légitimes, mais qui, en même temps, ne sont pas appliquées de façon à constituer, soit un moyen de discrimination arbitraire ou injustifiable entre les pays où les mêmes conditions existent, soit une restriction déguisée au commerce international. Comme souligné dans l'affaire États-Unis-Essence[1], les membres de l'OMC sont libres d'adopter leurs propres politiques visant à protéger l'environnement pour autant que, ce faisant, ils s'acquittent de leurs obligations et respectent les droits que les autres membres tiennent de l'Accord sur l'OMC.

Cette affaire suscite encore beaucoup d'intérêt en raison de ses incidences sur les différends relatifs à l'environnement. Elle a été examinée dans le cadre de l'ancienne procédure de règlement des différends du GATT. Les principales questions soulevées dans cette cause sont les suivantes :

- Un pays peut-il dicter à un autre sa façon de réglementer le domaine de l'environnement ?
- Les règles commerciales permettent-elles de prendre des mesures visant la méthode de production des produits (et non la qualité des produits eux-mêmes) ?
- De quoi s'agit-il ?

Dans la zone tropicale orientale de l'océan Pacifique, des bancs de thons à nageoires jaunes se trouvent souvent sous des bancs de dauphins. Lorsque les thons sont pêchés à la senne coulissante, des dauphins se prennent dans les filets et meurent s'ils ne sont pas relâchés. La loi des États-Unis sur la protection des mammifères marins fixe des normes pour la protection des dauphins à l'intention des bateaux de pêche nationaux et étrangers qui pêchent cette espèce de thon dans la zone en question. Le gouvernement des États-Unis doit mettre l'embargo sur toutes les importations de thon en provenance de tout pays incapable de lui prouver qu'il se conforme aux normes de protection des dauphins fixées par ladite loi.

Dans ce différend, le pays exportateur concerné était le Mexique, dont les exportations de thon vers les États-Unis ont été interdites. Il porta ainsi plainte en 1991 dans le cadre de la procédure de règlement des différends du GATT. L'embargo visait également les pays

---

[1] Rapport adopté le 20 mai 1996, WT/DS2/AB/R/, p. 33.

intermédiaires par lesquels transite le thon provenant du Mexique et destiné aux États-Unis, pays où le poisson est souvent transformé et mis en conserve. Dans ce différend, le Costa Rica, l'Espagne, l'Italie et le Japon, et avant eux, les Antilles néerlandaises, la France et le Royaume-Uni, étaient les pays intermédiaires frappés par l'embargo.

D'autres pays, tels que le Canada, la Colombie, la République de Corée, ainsi que des membres de l'ANASE, ont également été cités en qualité d'intermédiaires. La requête du Mexique consistant à obtenir l'établissement d'un groupe spécial en février 1991. Un certain nombre de pays intermédiaires ont également indiqué qu'ils avaient un intérêt dans l'affaire. À ce sujet le Groupe spécial a présenté son rapport aux membres du GATT en septembre 1991, et est arrivé aux conclusions suivantes :

> 1) les États-Unis ne pouvaient pas frapper d'embargo les importations de produits à base de thon en provenance du Mexique, du seul fait que les réglementations mexicaines concernant la méthode de production du thon n'étaient pas conformes à celles des Etats-Unis. Toutefois, les Etats-Unis pouvaient appliquer leurs réglementations sur la qualité ou la composition des produits à base de thon importés. C'est ce que l'on a appelé, « approche opposant produit à procédé » ;
>
> 2) les règles du GATT n'autorisaient pas un pays à prendre des mesures commerciales en vue de faire appliquer sa propre législation dans un autre pays, même pour protéger la santé des animaux ou des ressources naturelles non renouvelables, car il s'agit là d'une extraterritorialité.

On note à ce sujet que si les arguments des États-Unis étaient acceptés, n'importe quel pays pourrait interdire l'importation d'un produit en provenance d'un autre pays, simplement parce que celui-ci applique une politique différente de la sienne en matière d'environnement et de santé ou dans le domaine social. Cela donnerait des possibilités pratiquement illimitées à tout pays désireux d'appliquer unilatéralement des restrictions au commerce, non seulement pour faire respecter sa propre législation sur son territoire, mais aussi pour imposer aux autres pays ses normes nationales, ouvrant ainsi la voie à toutes sortes d'abus à des fins protectionnistes de se multiplier. Cette situation irait à l'encontre de l'objectif fondamental du système commercial multilatéral, qui est d'instaurer la prévisibilité au moyen de règles commerciales.

La tâche du Groupe spécial se limitait à examiner comment les règles du GATT s'appliquaient en la matière. Il n'avait pas à déterminer si les mesures étaient correctes ou non d'un point de vue écologique. Il a indiqué que la politique des États-Unis pouvait être mise en conformité avec les règles du GATT si les membres acceptaient de modifier les règles ou décidaient d'accorder une dérogation spéciale pour ce cas. Les membres pourraient ainsi négocier sur les questions pertinentes et fixer des limites pour empêcher les abus à des fins protectionnistes.

Le Groupe spécial devait également se prononcer sur la prescription des États-Unis, concernant l'apposition sur les produits à base de thon d'étiquettes dolphinsafe (pêche sans risque pour les dauphins). Le consommateur étant libre de choisir d'acheter ou non le produit. Il a conclu que cette prescription n'était pas contraire aux règles du GATT, car elle avait pour objet d'éviter la publicité mensongère en ce qui concernait les produits à base de thon, qu'ils soient importés ou d'origine nationale.

L'étiquetage des produits respectueux de l'environnement est un instrument important de la politique environnementale. L'OMC estime qu'il est vital que les prescriptions et pratiques en matière d'étiquetage n'établissent pas de discrimination, que ce soit entre les partenaires commerciaux (le traitement de la nation la plus favorisée devrait s'appliquer) ou entre les produits ou services d'origine nationale et les importations (traitement national). Le CCE doit examiner de manière plus approfondie la question de savoir comment considérer, au regard des règles de l'Accord de l'OMC sur les obstacles techniques au commerce, l'étiquetage utilisé pour indiquer que la méthode de production d'un produit par opposition au produit proprement dit est, ou non, respectueuse de l'environnement.

À l'instar de la non-discrimination, la transparence est un principe important de l'OMC. Les membres de l'Organisation doivent fournir autant de renseignements que possible sur les politiques environnementales qu'ils ont adoptées ou les mesures qu'ils pensent prendre, lorsqu'elles ont un effet notable sur le commerce. Ces renseignements doivent être communiqués à l'OMC, mais cette tâche ne doit pas constituer une charge plus lourde que ce qui est normalement requis pour les autres mesures affectant le commerce.

Le CCE estime qu'il n'est pas apodictique de modifier les règles de l'OMC à cette fin. Ainsi, le Secrétariat de l'OMC doit regrouper, à partir du répertoire central des notifications, tous les renseignements concernant des mesures environnementales liées au commerce que les membres lui ont transmis. Les renseignements seront enregistrés dans une base de données unique, accessible à tous les membres.

Un certain nombre de pays en développement s'inquiètent du fait que certains produits dangereux ou toxiques sont exportés vers leurs marchés, alors qu'ils ne sont pas pleinement informés des risques que ces produits peuvent présenter pour l'environnement ou la santé publique. Les pays en développement souhaitent être pleinement informés sur ces produits de manière à décider de l'opportunité ou l'inopportunité les importer.

Il existe actuellement un certain nombre d'accords internationaux dans ce domaine, notamment la Convention de Bâle sur le contrôle des mouvements transfrontières des déchets dangereux et de leur élimination et les Directives de Londres pour l'échange de renseignements sur le commerce international des produits chimiques. Le CCE n'entend pas que ses travaux se juxtaposent avec ce qui se fait dans le cadre de ces instruments, mais il note que l'OMC pourrait jouer un rôle complémentaire.

Le Comité du commerce et de l'environnement examine les rapports existant entre la libéralisation du commerce dans le cadre des engagements pris lors du Cycle d'Uruguay et la protection de l'environnement. Les membres pensent que la suppression de mesures qui limitent ou qui faussent les échanges, peut avoir des effets bénéfiques à la fois sur le système commercial multilatéral et sur l'environnement.

Les discussions sur ces deux questions au CCE, ont permis d'aborder un domaine nouveau et de mieux faire comprendre en quoi les règles du système commercial pouvaient influencer les politiques environnementales dans ces domaines ou être influencées par elles.

S'agissant des services, le Comité estime qu'il est nécessaire de poursuivre les travaux pour examiner les rapports entre l'AGCS et les politiques de protection de l'environnement appliquées dans ce secteur.

Le comité constate que l'accord sur les ADPIC aide les pays à acquérir des technologies écologiquement rationnelles et des produits respectueux de l'environnement.

Les Ministres des pays membres de l'OMC ont décidé, à la Conférence ministérielle de Singapour de 1996, d'établir trois nouveaux groupes de travail pour examiner les questions relatives au commerce et investissement, politique en matière de concurrence et transparence des pratiques de passation des marchés publics. Ils ont en plus chargé le Conseil du commerce des marchandises de réfléchir aux moyens de simplifier les procédures commerciales, question qui est parfois désignée par l'expression, « facilitation des échanges ».

La Conférence a donné le coup d'envoi aux travaux concernant ces quatre sujets, aujourd'hui mieux connus sous le vocable « les questions de Singapour ». On comprend donc que la facilitation des échanges a commencé depuis Singapour. Ces quatre sujets figuraient initialement dans le Programme de Doha pour le développement. Le mandat, soigneusement négocié, prévoyait que les négociations débuteraient après la Conférence ministérielle de Cancun de 2003, sur la base d'une décision qui serait prise, par consensus explicite, à cette session sur les modalités des négociations. Il n'y a pas eu de consensus et, le 1er août 2004, les membres ont convenu de poursuivre les négociations sur un seul sujet, la facilitation des échanges. Les trois autres sujets ont été supprimés du Programme de Doha pour le développement. On s'aperçoit donc ici de la suprématie de l'intérêt en Relations Internationales sur la prospérité partagée. En effet, les puissances commerciales ne veulent jamais être solidaires avec les PED, comme l'envisage le programme de Doha.

Les travaux de l'OMC sur les questions se rapportant à la politique en matière d'investissement et à la politique de la concurrence ont, dans un premier temps, consisté à apporter des réponses spécifiques à des questions spécifiques de politique commerciale plutôt qu'à faire une analyse générale.

Les décisions prises à la Conférence ministérielle de Singapour en 1996 ont marqué un changement d'optique. Les Ministres décidèrent d'établir deux groupes de travail chargés d'examiner, de façon plus générale, en quoi le commerce est lié aux politiques en matière d'investissement et de concurrence. Les groupes de travail ayant comme tâche de procéder à des travaux analytiques et exploratoires. Ils ne devaient pas négocier de nouvelles règles ni de nouveaux engagements sans qu'une décision claire soit prise par consensus à ce sujet.

Les ministres ont également reconnu l'importance des travaux entrepris par la CNUCED et par d'autres organisations internationales. Les groupes de travail ont été encouragés à coopérer avec les organisations pour utiliser au mieux les ressources disponibles et pour s'assurer que les questions relatives au développement, étaient pleinement prises en considération. Pour établir l'importance de la corrélation entre le commerce et l'investissement, il suffit d'indiquer qu'en 1995, les échanges internes aux sociétés, notamment entre des filiales situées dans différents pays ou entre une filiale et la société-mère, ont représenté environ un tiers de la valeur totale du commerce mondial des marchandises et des services, qui a atteint 6100 milliards de dollars[1].

[1]Il est reconnu depuis longtemps que le commerce et les politiques en matière d'investissement et de concurrence sont étroitement liés. C'est donc dans ce contexte que, lorsque le GATT a été rédigé à la fin des années 40, il était notamment prévu que des règles sur les politiques en matière d'investissement et de concurrence seraient établies parallèlement aux disciplines régissant le commerce des marchandises.

Comme le projet de création d'une Organisation internationale du commerce avait échoué, les deux autres accords n'ont jamais été mis au point.

Au fil des ans, le GATT, puis l'OMC, se sont de plus en plus intéressés à certains aspects de cette relation, entre autres, un des types d'échanges visés par l'AGCS, est la fourniture de services par une société étrangère exerçant des activités dans un pays d'accueil, donc par le biais d'investissements à l'étranger. L'Accord sur les MIC précise, à ce sujet, que le droit des investisseurs d'utiliser des produits importés comme intrants ne devrait pas être subordonné à leurs résultats à l'exportation.

Il en va de même pour la politique de la concurrence. Le GATT et l'AGCS contiennent des règles applicables aux monopoles et aux fournisseurs exclusifs de services. Ces principes ont été considérablement développés dans les règles et engagements relatifs au secteur des télécommunications. Les accords sur les droits de propriété intellectuelle et sur les services reconnaissent le droit des gouvernements de prendre des mesures à l'encontre de pratiques anticoncurrentielles et de coopérer pour limiter ces pratiques.

Il existe déjà à l'OMC un Accord sur les marchés publics qui est en fait un instrument plurilatéral, c'est-à-dire que seul un petit nombre de membres de l'OMC ont signé jusqu'à présent. Il traite de questions liées à la transparence et la non-discrimination. La décision que les ministres de l'OMC ont prise à la Conférence de Singapour de 1996, a eu un double effet :

> 1) elle a établi un groupe de travail multilatéral, rassemblant tous les membres de l'OMC, et
>
> 2) a chargé ce groupe d'effectuer des travaux sur la transparence des pratiques de passation des marchés publics, lequel groupe ne devait pas examiner les traitements préférentiels accordés aux fournisseurs locaux, pour autant que ces préférences ne fussent occultes. Le groupe de travail s'est employé premièrement à étudier la transparence des pratiques de passation des marchés publics, en tenant compte des politiques nationales. Il s'est efforcé ensuite d'élaborer des éléments à inclure dans un accord.

Les obstacles formels au commerce ayant été réduits, l'attention s'est portée sur d'autres questions. De manière générale, les entreprises doivent pouvoir se renseigner sur les réglementations appliquées dans d'autres pays en matière d'importation et d'exportation et sur le déroulement des procédures douanières. De manière concrète, il faut réduire les formalités administratives à l'entrée des marchandises sur le territoire d'un pays et faciliter l'accès à ce type d'informations qui sont deux moyens de faciliter les échanges.

À la Conférence de Singapour, les ministres avaient chargé le Conseil du commerce des marchandises de l'OMC, d'entreprendre des travaux exploratoires et analytiques au sujet de la simplification des procédures commerciales, pour voir s'il y avait lieu d'établir des règles de l'OMC dans ce domaine. Des négociations furent engagées à la suite de la décision du 1er août 2004 du Conseil général. C'est donc de ces travaux que naquit l'AFE. Le commerce compte un nouveau domaine qui recouvre les échanges transfrontières de marchandises par voie électronique. De manière globale, on entend par commerce électronique, la production, la promotion, la vente et la distribution de produits par des réseaux de télécommunications. A titre illustratif, les produits distribués électroniquement sont les livres, les œuvres musicales et les vidéos transmis par le biais des lignes téléphoniques ou par Internet.

La Déclaration sur le commerce électronique mondial, adoptée lors de la deuxième Conférence ministérielle tenue à Genève, le 20 mai 1998, invitait instamment le Conseil général de l'OMC à établir un programme de travail global pour examiner toutes les questions liées au commerce, qui se rapportaient au commerce électronique mondial. Le Conseil général a adopté le plan du programme de travail, le 25 septembre 1998, lançant les discussions du Conseil du commerce des marchandises, du Conseil du commerce des services, du Conseil des ADPIC et du CCD relatives aux questions qui se rapportaient au commerce électronique. Par ailleurs, les membres de l'OMC avaient aussi décidé de maintenir leur pratique actuelle, qui est de ne pas imposer de droits de douane sur les transmissions électroniques.

Les normes du travail régissent la manière dont les travailleurs sont traités. L'expression recouvre des questions très diverses, qui vont du travail des enfants et du travail forcé au droit de créer des syndicats et de faire grève, en passant par le salaire minimum, les questions sanitaires et de sécurité au travail et les horaires de travail.

Le consensus est clair sur ce sujet : tous les gouvernements membres de l'OMC sont favorables à un ensemble restreint de normes essentielles, internationalement admises : liberté d'association, interdiction du travail forcé, interdiction du travail des enfants et absence de discrimination sur le lieu de travail, y compris la discrimination fondée sur le sexe. A la Conférence ministérielle de Singapour, les membres ont défini le rôle de l'OMC à cet égard, estimant que l'OIT était l'instance compétente pour négocier les normes sur le travail. Les conseils et les comités de l'OMC ne travaillent pas sur cette question. Les secrétariats des deux organisations coopèrent, néanmoins, sur des questions techniques sous le thème de la cohérence dans l'élaboration des politiques économiques mondiales.

Au-delà, les deux organisations ont toutefois du mal à s'accorder, et la question de l'application à l'échelle internationale est un terrain miné. On retient, à ce sujet, que quatre questions ont été soulevées :

> 1) La question analytique qui signifie qu'un pays applique des normes moins rigoureuses que d'autres, en ce qui concerne les droits des travailleurs. Les exportations bénéficient-elles d'un avantage déloyal ? Cela forcerait-il tous les pays à abaisser leurs normes (le nivellement par le bas)?
>
> 2) La question de ce qu'il convient de faire : s'il y a un « nivellement par le bas », les pays ne devraient-ils commercer qu'avec ceux qui ont des normes du travail comparables ?
>
> 3) La question des règles : les règles de l'OMC, devraient-elles autoriser explicitement les gouvernements à prendre des mesures commerciales pour faire pression sur d'autres pays qui ne respectent pas certaines règles ?
>
> 4) La question institutionnelle, qui consiste à savoir si l'OMC est le lieu approprié pour débattre des questions relatives au travail et fixer des règles à ce sujet, ou pour les faire appliquer, ainsi que celles de l'OIT. Il y a de plus une question sous-jacente à tous ces thèmes, celle de savoir si des mesures commerciales pourraient servir à imposer des normes du travail, ou si elles ne seraient qu'un prétexte au protectionnisme. Le même type de question est posé à propos des mesures sanitaires et phytosanitaires et des obstacles techniques au commerce.

Les accords de l'OMC ne traitent pas de normes du travail en tant que telles. D'une part, certains pays souhaiteraient changer cela. Pour eux, des règles et disciplines de l'OMC inciteraient fortement les pays membres à améliorer les conditions de travail et la "cohérence internationale. Nous sommes d'avis que pareille disposition améliorerait les performances des PMA pour lesquelles la cause principale du retard est le rendement professionnel. D'autre part, bon nombre de PED estiment que la question n'a pas sa place dans le cadre de l'OMC. Ils font valoir que la campagne visant à saisir l'OMC de cette question est en fait une tentative des pays industrialisés de remettre en cause l'avantage comparatif dont bénéficient les partenaires commerciaux à faibles coûts salariaux, et pourrait les empêcher d'améliorer les conditions de travail grâce au développement économique, en particulier si cela porte atteinte à leurs capacités commerciales.

Ils font aussi valoir que les normes proposées soient parfois trop élevées pour qu'ils puissent les atteindre au stade de développement qui est le leur. Les pays estiment que les efforts déployés pour que les normes du travail soient abordées dans le cadre des négociations commerciales multilatérales, ne sont guère plus qu'un écran de fumée dissimulant des intentions protectionnistes.

Sur le plan de droit, plus complexe, se pose la question de la relation entre les normes de l'OIT et les Accords de l'OMC, particulièrement, celle de savoir comment les normes de l'OIT peuvent être appliquées d'une façon qui soit compatible avec les règles de l'OMC. À l'OMC, le débat a donné lieu à une bataille âpre, en particulier en 1996 et 1999. C'est finalement à la Conférence de Singapour que les membres ont convenu qu'ils étaient favorables à des normes fondamentales du travail reconnues, mais que ces normes ne devaient pas être utilisées à des fins protectionnistes. Ils ont également affirmé que l'avantage économique des pays à faibles coûts salariaux ne devait pas être remis en question et que les Secrétariats de l'OMC et de l'OIT poursuivraient leur collaboration.

Dans ses remarques finales, le Président de la Conférence, M. Yeo Cheow Tong, ministre du Commerce et de l'Industrie de Singapour, a ajouté que la Déclaration n'incorporait pas la question des normes du travail dans le programme de l'OMC. Les pays concernés peuvent continuer à militer en faveur des travaux sur ce sujet à l'OMC, mais, aucun comité ou groupe de travail n'étudie encore la question. La question a également été soulevée à la Conférence ministérielle de Seattle en 1999, mais sans qu'un accord soit trouvé. La Conférence ministérielle de Doha a réaffirmé la Déclaration de Singapour sur le travail, sans consacrer de débat spécifique.

II.8. Le Programme de Doha

A la quatrième Conférence ministérielle, tenue à Doha (Qatar), en novembre 2001, les gouvernements membres de l'OMC avaient convenu de lancer de nouvelles négociations. Ils avaient également convenu d'entreprendre des travaux sur d'autres questions, en particulier la mise en œuvre des accords en vigueur. L'ensemble est appelé, PDD[1].

[1] Les négociations se déroulèrent dans le cadre du Comité des négociations commerciales et de ses organes subsidiaires, qui sont, en général, des conseils et comités ordinaires qui se réunissent en sessions extraordinaires, soit des groupes de

La cinquième Conférence ministérielle, tenue à Cancún (Mexique) en septembre 2003, devait être une réunion destinée à faire le bilan. Les membres se mettraient d'accord sur la manière de parachever les négociations en suspens. Mais la réunion a été gâchée par un désaccord sur des questions relatives à l'agriculture, notamment le coton, et a abouti à une impasse en ce qui concerne les Questions de Singapour[1]. Les membres levèrent par après l'option de terminer les négociations avant fin 2006, objectif à nouveau manqué. Les divergences entre les membres furent encore réduites durant la Conférence ministérielle de Hong Kong en décembre, mais certaines différences sont restées inconciliables et le Directeur général, Pascal Lamy, avait suspendu les négociations en 2006. On note tout de même qu'au début de l'année 2007, des efforts ont été faits pour sortir de l'impasse.

La Déclaration de Doha énumère 19 sujets, ou 21, selon que l'on considère que les règles constituent un sujet ou trois. La plupart donnent lieu à des négociations, les autres comprennent des mesures au titre de la mise en œuvre, des analyses et des activités de suivi. Il est de notoriété que les PED rencontraient toujours des difficultés dans la mise en œuvre du droit de l'OMC, et les accords.

On note qu'aucun domaine d'actualité de l'OMC n'a pu focaliser autant d'attention ni suscité autant de controverses, au cours des trois années d'âpres discussions ayant précédé la Conférence ministérielle de Doha. Pendant cette période, une centaine de questions ont été soulevées et on a abouti à un double résultat :

1) plus de 40 questions, regroupées en 12 rubriques, ont été réglées à la Conférence ou avant, en vue d'une mise en œuvre immédiate;

2) la majorité des questions restantes ont immédiatement fait l'objet de négociations[2].

Ce résultat a été exposé dans une décision ministérielle distincte sur la mise en œuvre couplée au paragraphe 12 de la Déclaration de Doha[3], laquelle décision portait sur les points ci-dessous :

1) Du point de vue du GATT :

a) exception au titre de la balance des paiements (clarification des conditions moins rigoureuses énoncées dans le GATT applicables aux pays en

---

négociation créés spécialement. Les autres travaux prévus dans le programme sont menés au sein d'autres conseils et comités de l'OMC.

[1] Pour ce qui est des questions de Singapour et de l'agriculture, de véritables progrès n'ont été visiblement accomplis que 1er août 2004, lors de l'adoption par le Conseil général d'une série de décisions, parfois appelée l'ensemble de résultats de juillet 2004 et le délai initial du 1er janvier 2005 a été dépassé.

[2] OMC, *Op. cit.*, p. 99.

[3] *Idem*, p. 109.

développement s'ils restreignent leurs importations pour protéger l'équilibre de leur balance des paiements) ;

b) engagements en matière d'accès aux marchés (clarification des conditions à remplir pour pouvoir négocier ou être consulté sur la répartition des contingents).

2) Sur le plan de l'agriculture :

a) développement rural et sécurité alimentaire pour les PED ;

b) PMA et pays importateurs nets de produits alimentaires ;

c) crédits à l'exportation, garantie du crédit à l'exportation ou programmes d'assurance ;

d) contingents tarifaires.

3) SPS :

a) délais plus longs accordés aux PED pour leur permettre de s'adapter aux nouvelles mesures SPS des autres pays ;

b) délai raisonnable entre la publication d'une nouvelle mesure SPS d'un pays et son entrée en vigueur ;

c) équivalence[1] ;

d) examen de l'Accord SPS ;

e) participation des PED à l'élaboration de normes SPS internationales ;

f) assistance financière et technique ;

g) utilisation effective des dispositions de l'Accord relatives à l'intégration anticipée des produits dans le cadre des règles normales du GATT, et à l'élimination des contingents ;

h) modération dans l'utilisation de mesures antidumping ;

i) possibilité d'examiner les nouvelles règles d'origine adoptées par les gouvernements ;

j) obligation pour les membres d'envisager un traitement contingentaire plus favorable pour les

[1] L'application du principe selon lequel les gouvernements ne devraient accepter que des mesures différentes appliquées par d'autres gouvernements, peuvent être équivalentes à leurs propres mesures et assurer le même niveau de protection sanitaire pour les produits alimentaires, les animaux et les végétaux).

petits fournisseurs et les PMA, et généralement, des contingents plus importants.

4) Obstacles techniques au commerce :
a) assistance technique aux PMA et examen de l'assistance technique en général ;
b) si possible, délai raisonnable de six mois pour permettre aux PED de s'adapter aux nouvelles mesures ;
c) le Directeur général de l'OMC est encouragé à poursuivre ses efforts pour aider les PED à participer à l'élaboration des normes internationales.

5) Mesures concernant les MIC :
Le Conseil du commerce des marchandises doit examiner de manière positive, les demandes présentées par les PMA pour obtenir une prorogation de la période de transition de sept ans, prévue pour l'élimination des mesures incompatibles avec l'Accord.

6) Mesures antidumping[1] :
a) nécessité de supprimer la deuxième enquête antidumping dans l'année qui suit la première, sauf si les circonstances changeaient ;
b) les modalités d'application d'une disposition spéciale concernant les PED (article 15 de l'Accord antidumping), qui reconnaît que les pays développés doivent prendre spécialement en considération la situation fébrile des PED lorsqu'ils envisagent d'appliquer des mesures antidumping ;
c) clarification du délai imparti pour déterminer si le volume des importations faisant l'objet d'un dumping est négligeable, et le cas échéant, la prise des mesures antidumping ;
d) amélioration de l'examen annuel de la mise en œuvre de l'Accord.

7) Evaluation en douane[2] :
a) prorogation du délai imparti aux pays en développement pour mettre en œuvre l'Accord ;

[1] Article 6 du GATT.
[2] Article 7, *Idem*.

b) lutte contre la fraude par les modalités de la coopération pour l'échange de renseignements, y compris la valeur des exportations.

8) Règles d'origine :

a) parachèvement de l'harmonisation des règles d'origine des Etats membres ;

b) examen des arrangements intérimaires mis en place pendant la période transitoire, avant l'entrée en vigueur de nouvelles règles d'origine harmonisées.

9) Subventions et mesures compensatoires :

a) élaboration d'une méthode pour déterminer quels PED satisfont au critère selon lequel leur PNB par habitant doit être inférieur à 1 000 dollars américains pour qu'ils puissent accorder des subventions subordonnées à l'exportation ;

b) proposition de nouvelles règles autorisant les PED à accorder des subventions dans le cadre de programmes qui visent des objectifs légitimes en matière de développement, sans que cela donne lieu à une action en matière de droits compensateurs ou autre.

c) examen des dispositions concernant les enquêtes en matière de droits compensateurs ;

d) réaffirmation du fait que les PMA sont exemptés de la prohibition des subventions à l'exportation ;

e) instruction donnée au Comité des subventions de proroger la période de transition pour certains PED.

10) ADPIC :

a) plaintes en situation de non-violation relative à la question non résolue, concernant le traitement des différends éventuels relatifs à l'annulation d'un avantage escompté en l'absence de violation de l'Accord sur les ADPIC ;

b) transfert de technologie aux PMA.

11) Questions transversales :

a) Quid des dispositions impératives, relatives au traitement spécial et différencié? Quelles sont les conséquences de la conversion des dispositions non contraignantes en dispositions impératives ?

b) Comment rendre plus effectives les dispositions relatives au traitement spécial et différencié ?

c) Comment le traitement spécial et différencié peut-il être incorporé dans les nouvelles négociations ?

d) Les préférences accordées par les pays développés devraient-elles être généralisées et non discriminatoires ?

12) Questions de mise en œuvre en suspens :

a) doivent être traitées conformément au paragraphe 12 de la Déclaration de Doha ;

b) le Directeur général de l'OMC doit faire en sorte que l'assistance technique de l'OMC vise en priorité l'aide aux PED pour mettre en œuvre les obligations existantes dans le cadre de l'OMC, et accroître leur capacité de participer, d'une manière plus effective, aux futures négociations ;

c) le Secrétariat de l'OMC doit coopérer plus étroitement avec les autres organisations internationales de façon que l'assistance technique soit plus efficace et effective. La Décision sur la mise en œuvre est liée à la Déclaration de Doha, dans laquelle les ministres avaient convenu d'un programme de travail futur pour régler les questions de mise en œuvre en suspens. Ils ont déclaré que les négociations sur les questions concernées feraient partie intégrante du Programme de travail dans les années à venir.

Dans leur déclaration, les ministres définirent une double approche. Les questions pour lesquelles un mandat de négociation a été défini dans la déclaration seraient traitées conformément à ce mandat. Les autres questions de mise en œuvre seraient traitées « de manière prioritaire » par les conseils et comités pertinents de l'OMC. Il va de soi que ces organes devaient faire rapport au Comité des négociations commerciales, avant fin 2002, en vue d'une action idoine. Les négociations sur l'agriculture ont commencé au début de l'an 2000, sur pied de l'article 20 de l'Accord de l'OMC sur l'agriculture. En novembre 2001, au moment de la Conférence ministérielle de Doha, 121 gouvernements avaient présenté un grand nombre de propositions de négociation. Les négociations se poursuivent, mais dans le cadre du mandat énoncé dans la Déclaration de Doha, fixant une série de dates butoirs. La déclaration fait fond sur les travaux déjà entrepris, confirme et précise les objectifs et établit un calendrier. L'agriculture devait ainsi faire partie de l'engagement unique, auquel la quasi-totalité des négociations se rapportaient, devant aboutir au plus tard le 1er janvier 2005, en se fixant comme ultime objectif, la fin de 2006.

La déclaration reconfirmait l'objectif à long terme déjà énoncé dans l'Accord de l'OMC, c'est-à-dire, établir un système de commerce équitable et axé sur le marché au moyen d'un programme de réforme fondamentale, comprenant des règles renforcées et des engagements spécifiques concernant le soutien et la protection de l'agriculture par les pouvoirs publics. Le but était en fait de remédier aux restrictions et distorsions touchant les marchés agricoles mondiaux et de les prévenir. Sans préjuger du résultat, les membres s'engageaient à mener des négociations globales dont les objectifs sont les suivants :

> 1) accès aux marchés: les réductions substantielles des obstacles ;
> 2) subventions à l'exportation via réduction de toutes les formes de subventions de ce type, en vue de leur élimination progressive[1] ;
> 3) soutien interne par le truchement d'une réduction substantielle des mesures de soutien ayant des effets de distorsion sur les échanges[2] ;

La déclaration prévoyait que le traitement spécial et différencié en faveur des PED, fera partie intégrante de l'ensemble de négociations et sera incorporé dans les nouveaux engagements ainsi que dans les règles et disciplines nouvelles ou révisées pertinentes, de manière à être effectif dans la pratique et à permettre aux PED de répondre à leurs besoins, notamment en matière de sécurité alimentaire et de développement rural.

Les ministres prirent note des considérations autres que celles d'ordre commercial, notamment la protection de l'environnement, la sécurité alimentaire, le développement rural, évoquées dans les propositions de négociation présentées par les membres. Ils confirmèrent par la suite qu'elles seront prises en compte dans les négociations, comme prévu dans l'Accord sur l'agriculture. On note à ce sujet qu'une première étape en vue d'un accord final a été franchie le 1er août 2004, lorsque les membres sont convenus du cadre dans lequel se déroulèrent les négociations ; à savoir : sessions extraordinaires du Comité de l'agriculture.

---

[1] Dans le cadre du 1er août 2004, les membres sont convenus d'éliminer les subventions à l'exportation pour une date à négocier.

[2] Dans le même cadre, les pays développés se sont engagés à réduire de 20 pour cent les subventions internes ayant des effets de distorsion des échanges à compter du premier jour de la mise en œuvre d'un accord au titre du Programme de Doha.

II.9. Les services

Les négociations sur les services duraient déjà depuis près de deux ans lorsqu'elles ont été incorporées dans le nouveau programme de Doha. L'AGCS demande aux gouvernements membres d'engager des séries de négociations successives sur des questions spécifiques en vue de libéraliser progressivement le commerce des services. Le premier cycle devait commencer, au plus tard, au bout de cinq ans à compter de 1995. Finalement, les négociations sur les services ont officiellement commencé au début de 2000, dans le cadre du Conseil du commerce des services. En mars 2001, le Conseil a réalisé un élément fondamental du mandat de négociation en établissant les lignes directrices et les procédures pour les négociations.

La déclaration de Doha entérine les travaux déjà accomplis, confirme les lignes directrices et les procédures pour les négociations et établit certains éléments essentiels du calendrier, particulièrement la date limite pour la conclusion des négociations dans le cadre d'un engagement unique. Les négociations se déroulèrent dans le cadre de sessions extraordinaires du Conseil du commerce des services et des réunions ordinaires de ses comités ou groupes de travail subsidiaires.

II.10. L'accès aux marchés pour les produits non agricoles

Les ministres acceptèrent d'engager des négociations en vue de réduire les droits de douane sur tous les produits non agricoles. L'objectif était de réduire ou, selon qu'il sera approprié, d'éliminer les droits de douane, ainsi que les crêtes tarifaires[1], les droits élevés et la progressivité des droits, ainsi que les obstacles non tarifaires, en particulier, pour les produits dont l'exportation présente un intérêt pour les pays en développement.

Les négociations tiendront pleinement compte des besoins et intérêts spéciaux des PED et des PMA, en reconnaissent qu'une réciprocité totale n'est pas nécessaire entre ces pays et les autres participants pour ce qui est des engagements de réduction.

Les participants doivent d'abord parvenir à un accord sur la manière, c'est-à-dire, les modalités de procéder à la réduction des droits dans le cadre du Tokyo round, en employant une formule mathématique convenue pour opérer une réduction générale des droits

[1] Droits relativement élevés, applicables d'ordinaire aux produits « sensibles », alors que le niveau général du droit est faible. Pour les pays industrialisés, des droits de 15 pour cent ou plus, sont généralement considérés comme des « crêtes tarifaires ».

de douane[1]. De retour à Genève, les négociateurs devaient adopter les modalités convenues le 31 mai 2003. Étant donné que cette date n'a pas été respectée, les membres s'étaient fixé le 1er août 2004 un nouvel objectif à la Conférence ministérielle de Hong Kong, en décembre 2005.

Après huit cycles de négociations dans le cadre du GATT, les droits de douane moyens sont actuellement à leurs niveaux les plus bas, mais certains tarifs continuent de restreindre le commerce, notamment les exportations des PED via les crêtes tarifaires, qui sont des droits relativement élevés, habituellement appliqués à des produits sensibles, dans un contexte de droits de douane généralement peu élevés. S'agissant des pays industrialisés, des droits de 15 pour cent et plus sont généralement considérés comme des crêtes tarifaires.

La progressivité des droits qui consiste en ce que les droits d'importation sur les produits semi-transformés sont plus élevés que sur les matières premières, et sont encore plus élevés sur les produits finis ; protège les industries de transformation nationales et décourage le développement d'une activité de transformation dans les pays d'où proviennent les matières premières. Nous relevons ici que les négociations se déroulent dans le cadre du Groupe de négociation sur l'accès aux marchés.

II.11. L'accès des droits de propriété intellectuelle touchant au commerce

Dans la déclaration, les ministres insistent sur le fait qu'il importe de mettre en œuvre et d'interpréter l'Accord sur les ADPIC, d'une manière favorable à la santé publique, assurant la promotion à la fois de l'accès aux médicaments existants et l'élaboration de nouveaux médicaments. Cette déclaration distincte sur les ADPIC et la santé publique est destinée à répondre aux préoccupations concernant les conséquences possibles de l'Accord sur les ADPIC pour l'accès aux médicaments. Elle souligne que l'Accord n'empêche pas et ne devrait pas empêcher les gouvernements membres d'avoir des politiques publiques protectrices de la santé publique. Elle réaffirme le droit des gouvernements de tirer parti des flexibilités ménagées par l'Accord pour lever les éventuelles réticences qu'il pourrait y avoir. Elle renchérit en précisant que certaines des formes de flexibilité ménagées, en particulier l'octroi de licences obligatoires et les importations parallèles sont des opportunités pour assurer une bonne santé à la population.

---

[1] Dans le cadre du cycle d'Uruguay, ils ont négocié des réductions, produit par produit. Les procédures convenues comprendraient des études et des mesures de renforcement des capacités destinées à aider les PMA à participer effectivement aux négociations.

La déclaration définit deux tâches spécifiques. Le Conseil des ADPIC doit trouver une solution aux problèmes auxquels les pays peuvent être confrontés en recourant aux licences obligatoires, s'ils ont des capacités de fabrication pharmaceutique trop faibles ou s'ils n'en ont pas, et devrait faire rapport sur cette question au Conseil général, fin 2002, au plus tard (cela a été fait en août 2003). La déclaration prorogeant également, jusqu'au 1er janvier 2016, date limite pour l'application par les PMA des dispositions relatives aux brevets pharmaceutiques. Les indications géographiques sont des noms de lieux utilisés pour identifier des produits présentant certaines caractéristiques, car ils proviennent des lieux particuliers. Le Conseil des ADPIC a déjà entrepris des travaux sur un système d'enregistrement multilatéral des indications géographiques pour les vins et les spiritueux. Les négociations se déroulèrent dans le cadre de sessions extraordinaires du Conseil.

L'Accord sur les ADPIC prévoit un niveau de protection plus élevé des indications géographiques, pour les vins et les spiritueux, même s'il n'existe aucun risque d'induire les consommateurs en erreur ou de donner lieu à une concurrence déloyale. Un certain nombre de pays veulent négocier l'extension du niveau de protection plus élevé à d'autres produits, tandis que d'autres s'y opposent ; le débat au Conseil a porté, entre autres, sur la question de savoir si les dispositions pertinentes de l'Accord donnent un mandat pour étendre la protection à des produits autres que les vins et les spiritueux.

La déclaration de Doha charge le Conseil d'examiner cette question au titre du paragraphe 12 qui traite des questions de mise en œuvre. Le paragraphe prévoit deux possibilités :

> a) dans l'hypothèse où nous donnons un mandat de négociation spécifique dans la présente déclaration, les questions de mise en œuvre seront traitées dans le cadre de ce mandat ;
>
> b) les autres questions de mise en œuvre en suspens seront traitées de manière prioritaire par les organes pertinents de l'OMC, qui feront rapport au Comité des négociations commerciales (CNC), établi conformément au paragraphe 46 ci-dessous, en vue d'une action appropriée, jusque fin 2002.

Dans des documents distribués à la Conférence ministérielle, les gouvernements membres ont donné différentes interprétations de ce mandat. L'Argentine estimait qu'il n'y a pas d'accord en vue de négocier les autres questions de mise en œuvre en suspens visées au point b). Un consensus sera nécessaire pour lancer d'éventuelles négociations sur lesdites questions. Divers pays : Bulgarie, Hongrie, Inde, le Kenya,

Liechtenstein, Maurice, Nigéria, Pakistan, République slovaque, République tchèque, Slovénie, Sri Lanka, Suisse, Thaïlande, Turquie, y compris ceux de l'UE, ont fait valoir qu'il existait un mandat explicite pour négocier immédiatement.

Le réexamen des dispositions de l'Accord a été effectif dans le cadre du Conseil, comme prévu. A ce sujet, un réexamen de l'article 27:3 b) qui traite de la brevetabilité ou de la non-brevetabilité des inventions concernant les végétaux et les animaux, et de la protection des variétés végétales, et un examen de l'ensemble de l'Accord.[1] Aux termes de la déclaration de Doha, les travaux du Conseil portant sur ces examens ou sur toute autre question de mise en œuvre, devraient aussi considérer les points suivants:

1) la relation entre l'Accord et la Convention de l'ONU sur la diversité biologique ;

2) la protection des savoirs traditionnels et du folklore ;

3) les autres faits nouveaux pertinents relevés par les gouvernements membres dans le cadre de l'examen de l'Accord. La Déclaration ajoute que dans ces travaux, le Conseil sera guidé par les objectifs et les principes de l'Accord, et tiendra pleinement compte de la question du développement.

II.12. Les liens entre commerce et investissement

Il s'agit d'une question de Singapour, c'est-à-dire, une question étudiée par un groupe de travail établi par la Conférence ministérielle de Singapour. Ainsi, jusqu'à la Conférence ministérielle de 2003, les travaux du groupe de travail étaient centrés, conformément à la déclaration, sur la clarification des points suivants :

1) portée et définition des questions;
2) transparence;
3) non-discrimination;
4) façons de préparer des engagements négociés;
5) dispositions relatives au développement;
6) exceptions et sauvegardes concernant la balance des paiements;
7) consultations et règlement des différends.

Les engagements négociés suivraient le modèle des engagements souscrits dans le domaine des services, c'est-à-dire que les domaines dans lesquels ils sont pris seraient spécifiés, communément appelé,

[1] Article 71:1 de l'ADPIC.

« listes positives », au lieu de prendre des engagements généraux et d'énumérer les exceptions.

La déclaration énonce un certain nombre de principes, comme la nécessité de tenir compte de manière équilibrée des intérêts des pays d'origine des investissements étrangers, et de ceux des pays d'accueil, le droit des pays de réglementer l'investissement, le développement, l'intérêt général et les circonstances spécifiques de chaque pays. Elle met également l'accent sur le soutien et l'assistance technique aux PED et aux PMA sur la coordination avec d'autres organisations internationales, comme la CNUCED.

II.13. L'interaction du commerce et de la politique de la concurrence

Il s'agit également d'une question de Singapour, pour laquelle un groupe de travail a été établi en 1996. Jusqu'à la Conférence ministérielle de 2003, les travaux devaient être centrés, conformément à la déclaration, sur la clarification des points ci-dessous :

1) principes fondamentaux, (transparence, non-discrimination et équité au plan de la procédure) et dispositions relatives aux ententes injustifiables, entre autres ententes, créées officiellement ;
2) modalités d'une coopération volontaire en matière de politique de la concurrence entre les gouvernements membres de l'OMC ;
3) soutien en faveur du renforcement progressif des institutions chargées de la concurrence dans les PED, au moyen du renforcement des capacités.

La déclaration renseigne que ces travaux devront tenir entièrement compte des besoins en matière de développement. Elle prévoit une coopération technique et le renforcement des capacités dans des domaines comme l'analyse et l'élaboration des politiques, de manière que les PED puissent mieux évaluer les implications d'une coopération multilatérale plus étroite pour divers objectifs de développement. La coopération avec d'autres organisations, comme la CNUCED, est également envisagée[1].

---

[1] Depuis la décision du 1er août 2004, cette question ne figure plus dans le Programme de Doha.

II.14. La transparence des marchés publics

La question des marchés publics est un troisième volet de la question de Singapour, traitée par un groupe de travail établi à cet effet par la Conférence ministérielle de Singapour en 1996. La déclaration de Doha indique que les négociations seront limitées aux aspects relatifs à la transparence et ne restreindront donc pas la possibilité pour les pays d'accorder des préférences aux fournitures et fournisseurs nationaux. Il s'agit en fait d'une disposition distincte de l'accord plurilatéral sur les marchés publics. La déclaration met également l'accent sur les préoccupations en matière de développement, l'assistance technique et le renforcement des capacités.

II.15. La facilitation des échanges

Elle relève également de la question de Singapour, dans son quatrième volet, soulevée à la Conférence ministérielle de 1996. La déclaration reconnaît les arguments en faveur de l'accélération accrue du mouvement, de la mainlevée et du dédouanement des marchandises, en ce compris les marchandises en transit, et la nécessité d'une assistance technique et d'un renforcement des capacités accrus dans ce domaine. Jusqu'à la cinquième Conférence ministérielle, en 2003, le Conseil du commerce des marchandises travaillait sur cette question depuis 1997 et examinait de manière appropriée, clarifiant et améliorant les aspects pertinents des dispositions combinées des articles 5 (liberté de transit), 8 (redevances et formalités se rapportant à l'importation et à l'exportation) et 10 (publication et application des règlements relatifs au commerce) du GATT, et a identifié les besoins et les priorités des membres, et particulièrement les PED et les PMA, en matière de facilitation des échanges.

Il importe de considérer que ces questions ont été mentionnées dans la décision du 1er août 2004, qui a permis de sortir de l'impasse résultant de la Conférence de Cancún. Les membres ont convenu d'engager des négociations sur la facilitation des échanges, mais pas sur les trois autres questions de Singapour. Cette question a fait l'objet de l'AFE.

II.16. Les règles de l'OMC antidumping et subventions

Les ministres avaient convenu de négociations sur l'Accord antidumping sur pied de l'article 6 du GATT, et de l'Accord sur les subventions. Le but était de clarifier et d'améliorer les disciplines tout en préservant les concepts et principes fondamentaux de ces accords, et en tenant compte des besoins des PED et les PMA.

Dans les phases de négociation qui se chevauchaient, les participants ont, premièrement, indiqué les dispositions de ces deux accords, dont ils pensaient qu'elles devaient être amendées durant la phase suivante des négociations. Les ministres ont mentionné spécifiquement les subventions aux pêcheries comme étant un secteur important pour les PED et pour lequel les participants devraient viser à clarifier et à améliorer les disciplines de l'OMC. Les négociations se déroulèrent dans le cadre du Groupe de négociation sur les règles.

II.17. Les règles de l'OMC sur accords commerciaux régionaux

En vertu des règles de l'OMC, les accords commerciaux régionaux doivent obéir à certaines conditionnalités. On note tout de même que l'interprétation du libellé de ces règles a fait l'objet d'une controverse, et a été au centre des travaux du Comité des accords commerciaux régionaux. De ce fait, depuis 1995, le Comité n'a pas réussi à mener à bien l'évaluation de la conformité des divers accords commerciaux avec les dispositions de l'OMC.

Il s'agit maintenant d'une tâche délicate et importante, d'autant plus que presque tous les gouvernements membres sont parties à des accords régionaux, en négocient ou envisagent de le faire. Dans la déclaration de Doha, les membres relèvent de négocier une solution, en tenant dûment compte du rôle que ces accords peuvent jouer dans le développement.

La déclaration prescrit des négociations visant à rendre intelligibles les disciplines et procédures prévues par les dispositions de l'OMC, qui s'appliquent aux accords commerciaux régionaux. Les négociations tiennent compte des aspects des accords commerciaux régionaux relatifs au développement. Elles s'inscrivaient dans le calendrier général établi pour presque toutes les négociations au titre de la déclaration de Doha. La date limite initiale du 1erjanvier 2005 n'a pas été respectée et l'objectif officieux était d'achever les négociations avant la fin de 2006. La cinquième Conférence ministérielle a dressé le bilan des progrès accomplis et indiqué, au besoin, des orientations politiques et décisions nécessaires à prendre. Pour ce genre des questions, les négociations se déroulent dans le cadre du Groupe de négociation sur les règles.

II.18. Le Mémorandum d'accord sur le règlement des différends

La Conférence ministérielle de Marrakech a prescrit aux Etats membres de l'OMC de procéder à un réexamen du mémorandum d'accord sur le règlement des différends (accord de l'OMC relatif au règlement des différends) dans les quatre années suivant l'entrée en vigueur de l'Accord sur l'OMC, soit au plus tard le 1erjanvier 1999. L'ORD a commencé ce réexamen à la fin de 1997, et a tenu une série de discussions informelles sur la base de propositions et de questions formulées par les membres. La plupart des membres pensaient véritablement qu'il fallait apporter des améliorations au mémorandum précité. On note cependant que l'ORD n'a pas pu arriver à un consensus sur les résultats du réexamen.

La déclaration de Doha prescrit des négociations et dispose, en son paragraphe 47, que celles-ci ne feront pas partie de l'engagement unique, c'est-à-dire qu'elles ne seront pas liées au succès ou à l'échec des autres négociations prescrites par la déclaration. Les négociations, qui devaient initialement se conclure en mai 2003, se poursuivirent sans qu'une date limite ait été fixée, dans le cadre des sessions extraordinaires de l'ORD.

II.19. Le commerce et l'environnement

Dans l'optique des AEM, les ministres ont convenu d'engager des négociations sur la relation entre les règles de l'OMC et les obligations commerciales spécifiques énoncées dans les accords environnementaux multilatéraux. Les négociations doivent porter sur l'application des règles de l'OMC par les membres parties aux accords environnementaux, en particulier pour la relation entre ces règles et les mesures commerciales prises au titre d'accords environnementaux. On note tout de même que jusqu'à ce jour, aucune mesure affectant le commerce prise en vertu d'un accord environnemental n'a été contestée dans le cadre du système du GATT/de l'OMC.

Les ministres ont convenu en suite de négocier des procédures pour l'échange régulier de renseignements entre les secrétariats des accords environnementaux multilatéraux et l'OMC. Le Comité du commerce et de l'environnement organise une ou deux fois par an, une réunion d'information avec les secrétariats de différents AEM, pour examiner les dispositions de ces accords qui touchent au commerce ainsi que leurs mécanismes de règlement des différends.

Les nouvelles procédures d'échange de renseignements pourraient élargir la portée de la coopération. Actuellement, la situation concernant l'octroi du statut d'observateur auprès de l'OMC à d'autres organisations gouvernementales internationales, est bloquée pour des raisons politiques. Les négociations visent à élaborer des critères concernant le statut ainsi évoqué. Les ministres ont également convenu de négociations sur la réduction ou l'élimination des obstacles tarifaires et non tarifaires au commerce des biens et services environnementaux, comme les convertisseurs catalytiques, les filtres à air ou les services de consultants relatifs à la gestion des eaux usées.

Les ministres levèrent option de clarifier et d'améliorer les règles de l'OMC applicables aux subventions aux pêcheries. Cette question est examinée depuis plusieurs années par le Comité. Des études montrent à ce sujet que ces subventions peuvent nuire à l'environnement si elles entraînent l'exploitation de ressources limitées par un trop grand nombre de pêcheurs. Les négociations sur ces questions, y compris sur la définition des biens et services environnementaux pertinents, se déroulent dans le cadre des sessions extraordinaires du Comité. Les négociations sur l'accès aux marchés pour les biens et services environnementaux se déroulent dans le cadre du Groupe de négociation sur l'accès aux marchés et des sessions extraordinaires du Conseil du commerce des services.

Les ministres ont donné pour instruction au Comité, d'accorder une attention particulière aux domaines ci-dessous, dans le cadre de ses travaux en cours :

1) impact des mesures environnementales sur l'accès aux marchés, spécialement en ce qui concerne les pays en développement ;

2) bilan sur les trois tableaux (quand l'élimination ou la réduction des restrictions et distorsions des échanges profite à la fois au commerce, à l'environnement et au développement) ;

3) propriété intellectuelle (sur pied du paragraphe 19, la déclaration ministérielle charge le Conseil des ADPIC de continuer à clarifier la relation entre l'Accord sur les ADPIC et la Convention sur la diversité biologique. Les ministres demandent aussi au Comité de continuer à examiner les dispositions pertinentes de l'Accord sur les ADPIC) ;

4) prescriptions en matière d'éco-étiquetage.

Le Comité est chargé d'examiner l'incidence de l'éco-étiquetage sur le commerce et la question de savoir si les règles actuelles de l'OMC font obstacle aux politiques d'éco-étiquetage. Des discussions parallèles sont envisageables dans le cadre du Comité des OTC. Pour toutes ces questions (accès aux marchés, situations où des gains sont réalisés sur les trois tableaux, propriété intellectuelle et éco-étiquetage), le Comité du commerce et de l'environnement devrait déterminer quelles règles de l'OMC devraient être clarifiées. Les ministres reconnaissent l'importance des programmes d'assistance technique et de renforcement des capacités pour les PED dans le domaine du commerce et de l'environnement. Ils encouragent les Membres à partager leurs connaissances spécialisées et leurs expériences en matière d'examen environnemental au niveau national.

II.20. Le commerce électronique

La déclaration de Doha entérine les travaux déjà effectués sur le commerce électronique et donne pour instruction au Conseil général d'étudier les arrangements institutionnels, les plus appropriés pour l'exécution du programme de travail et de faire rapport à la cinquième Conférence ministérielle sur les progrès supplémentaires accomplis.

La déclaration sur le commerce électronique adoptée par la deuxième Conférence ministérielle à Genève, précise que les membres de l'OMC maintiendraient leur pratique consistant à ne pas imposer de droits de douane sur les transmissions électroniques. Dans la déclaration de Doha, il est dit que les membres maintiendront cette pratique jusqu'à la cinquième conférence ministérielle.

II.21. Les petites économies

La participation des petites économies au commerce mondial se heurte à des obstacles particuliers, notamment l'absence d'économies d'échelle ou le manque de ressources naturelles. La déclaration de Doha chargea le Conseil général d'examiner ces problèmes et de faire des recommandations à la prochaine Conférence ministérielle sur les mesures liées au commerce, qui pourraient améliorer l'intégration des petites économies.

II.22. Le commerce, la dette et les finances

Les PED sont confrontés à un grave problème d'endettement extérieur et ont connu des crises financières. Les ministres ont décidé à Doha d'établir un Groupe de travail de la relation entre commerce, dette et finances pour examiner comment des mesures liées au commerce pourraient contribuer à une solution durable de ce problème. De notre point de vue, cette initiative a été rencontrée dans le cadre de l'initiative PPTE.

Plusieurs dispositions des Accords de l'OMC mentionnent la nécessité d'un transfert de technologie entre les pays développés et les

PED. L'Afrique devrait développer la fureur de vaincre et éviter de tout attendre de la communauté internationale.

Il faudrait cependant savoir exactement comment ce transfert s'opère dans la pratique et si des mesures spécifiques pourraient être prises dans le cadre de l'OMC pour encourager ces flux de technologie. Nous estimons pour notre part que le transfert peut aussi passer par les externalités.

II.23. La coopération technique et le renforcement des capacités

Dans divers paragraphes de la Déclaration de Doha,[1] les gouvernements membres de l'OMC ont pris de nouveaux engagements en matière de coopération technique et de renforcement des capacités. C'est le cas, notamment dans la section sur les liens entre commerce et investissement où ils ont demandé un soutien accru pour une assistance technique et un renforcement des capacités dans ce domaine.[2]

Sous la rubrique « coopération technique et renforcement des capacités », le paragraphe énumère tous les paragraphes de la déclaration, dans lesquels sont énoncés des engagements en matière de coopération technique. Il s'agit, notamment des paragraphes 16 (accès aux marchés pour les produits non agricoles), 21 (commerce et investissement), 24 (commerce et politique de la concurrence), 26 (transparence des marchés publics), 27 (facilitation des échanges), 33 (environnement), 38 à 40 (coopération technique et renforcement des capacités), 42 et 43 (PMA). (Le paragraphe 2 du préambule est également cité). Sous cette rubrique, sur pied de paragraphes 38 à 41, les gouvernements membres de l'OMC réaffirment tous les engagements en matière de coopération technique et de renforcement des capacités énoncées dans la déclaration, et y ajoutent des engagements d'ordre général :

> a) le Secrétariat, en coordination avec les autres organismes pertinents, doit encourager les PED membres de l'OMC, à considérer le commerce comme un élément essentiel pour réduire la pauvreté, à inclure des mesures commerciales dans leurs stratégies de développement. Cette assertion est à relativiser, car l'Afrique a toujours un problème de compétitivité sur le marché international, au regard

---

[1] Lire paragraphes 38 à 41 de la Déclaration de Doha.

[2] Lire également paragraphe 21.

de sa faible productivité. Il nous semble ainsi que l'efficacité du droit de l'OMC pour l'Afrique dépend également de son dynamisme commercial ;

b) le programme défini dans la déclaration de Doha donne la priorité aux petites économies vulnérables et aux économies en transition, ainsi qu'aux membres et observateurs qui n'ont pas de représentation permanente à Genève ;

c) l'assistance technique doit être fournie par l'OMC et les autres organisations internationales compétentes, dans un cadre de politique générale cohérente.

Le Directeur général a fait rapport au Conseil général, en décembre 2002, puis à la cinquième Conférence ministérielle, sur la mise en œuvre et l'adéquation de ces nouveaux engagements. Suite à l'instruction donnée dans la déclaration d'élaborer un plan assurant le financement à long terme de l'assistance technique de l'OMC, le Conseil général a adopté, le 20 décembre 2001, soit un mois après la Conférence de Doha, un nouveau budget qui a accru de 80 pour cent le financement de l'assistance technique et a établi un fonds global d'affectation spéciale, pour le programme de Doha pour le développement. Le fonds était ainsi doté d'un budget annuel de 24 millions de francs suisses. Comme on peut s'en apercevoir, le montant que l'OMC alloue à l'assistance, ne peut faire face aux multiples défis que l'Afrique doit relever, en matière de compétitivité commerciale.

De nombreux pays développés ont considérablement abaissé ou effectivement supprimé les droits de douane applicables aux importations en provenance des PMA[1]. Dans la déclaration de Doha, les gouvernements membres de l'OMC s'engageant en faveur de l'objectif d'un accès aux marchés en franchise de droits et sans contingents pour les produits originaires des PMA. Ils s'engagent aussi à envisager des mesures additionnelles pour améliorer l'accès aux marchés pour les exportations de ces pays.

Les membres avaient convenu également de faire en sorte que les PMA puissent négocier plus rapidement et plus facilement leur accession à l'OMC. À ce sujet, une partie de l'assistance technique est destinée spécialement aux PMA. C'est donc dans cette optique que la déclaration de Doha invite instamment les donateurs membres de

---

[1] Les paragraphes 42 et 43 de la Déclaration de Doha sont consacrés à l'accès aux marchés en franchise de droit et sans contingents pour les produits originaires des PMA.

l'OMC à accroître sensiblement leurs contributions, de manière à garantir l'efficacité de l'assistance.

En outre, le Sous-comité des PMA (organe subsidiaire du Comité du commerce et du développement de l'OMC) a élaboré un programme de travail en février 2002, comme le lui prescrivait la Déclaration de Doha, en tenant compte des éléments relatifs au commerce figurant dans la déclaration adoptée à la Conférence des Nations Unies sur les PMA.

Les Accords de l'OMC contiennent des dispositions spéciales qui confèrent des droits particuliers aux PED. Il s'agit, par exemple, des dispositions prévoyant des délais plus longs pour mettre en œuvre les accords et les engagements ou des mesures destinées à accroître les possibilités commerciales pour les PED. Dans la déclaration de Doha, les gouvernements membres avaient convenu que toutes les dispositions relatives au traitement spécial et différencié[1], devraient être réexaminées en vue de les renforcer et de les rendre plus précises.

De manière concrète, la déclaration de Doha (conjointement avec la décision sur les questions et préoccupations liées à la mise en œuvre) charge le Comité du commerce et du développement d'identifier les dispositions pertinentes relatives au traitement spécial et différencié qui sont impératives, et d'examiner les conséquences de la conversion de celles qui ne sont pas contraignantes en dispositions impératives en syntonie avec la décision sur les questions et préoccupations liées à la mise en œuvre, le Comité devait faire des recommandations au Conseil général avant juillet 2002. Mais, comme les Membres avaient besoin de plus de temps, la date a été repoussée et fixée à fin juillet 2005.

Le Programme de Doha avait fixé un certain nombre de tâches à achever avant ou durant la cinquième Conférence ministérielle de Cancún (Mexique) tenue du 10 au 14 septembre 2003. A la veille de la conférence, le 30 août, un accord a été conclu sur la question des ADPIC et de la santé publique. Cependant, un certain nombre d'échéances n'ont pas été respectées, y compris dans le cas des modalités pour les négociations sur l'agriculture et l'accès aux marchés des produits non agricoles, de la réforme du mémorandum d'accord sur le règlement des différends et des recommandations sur le traitement spécial et différencié. Par ailleurs, les membres étaient également loin d'être d'accord sur la question du registre multilatéral d'indications géographiques pour les vins et les spiritueux, qui devaient être réglée à Cancún.

Bien que, à Cancún, les délégations se soient rapprochées du consensus sur un certain nombre de questions fondamentales, les

---

[1] Le traitement spécial et différencié est évoqué au paragraphe 44 de la Déclaration de Doha.

membres sont restés profondément divisés sur plusieurs points, y compris les questions de Singapour[1], notamment le lancement de négociations sur l'investissement, la politique de la concurrence, la transparence des marchés publics et la facilitation des échanges et l'agriculture. Le retard signifiait que la date limite du 1er janvier 2005, pour achever les négociations, ne pourrait pas être respectée. Officieusement, les membres s'étaient fixés pour objectif d'achever la phase suivante des négociations à la Conférence ministérielle de Hong Kong, y compris en ce qui concerne les modalités complètes pour l'agriculture et l'accès aux marchés pour les produits non agricoles, et de conclure les négociations à la fin de l'année suivante.

Sur les 164 membres environ de l'OMC, à peu près deux tiers sont des PED. Ils jouent un rôle de plus en plus important et actif au sein de l'Organisation, en raison de leur nombre, mais aussi parce qu'ils occupent une plus grande place dans l'économie mondiale et qu'ils considèrent de plus en plus le commerce comme un outil capital dans leurs efforts de développement.

Les PED constituent un groupe très diversifié de pays ayant souvent des vues et des préoccupations très différentes. L'OMC s'efforce de répondre aux besoins spéciaux des pays en développement de trois manières :

1) les accords de l'OMC contiennent des dispositions spéciales en faveur des PED ;

2) le Comité du commerce et du développement est le principal organe qui se concentre sur les travaux de l'OMC dans ce domaine, conjointement avec quelques autres qui s'occupent de questions spécifiques, telles que le commerce et la dette, ou le transfert de technologie ;

3) le Secrétariat de l'OMC fournit une assistance technique, principalement sous forme d'activités de formation diverses aux PED.

Les accords de l'OMC contiennent de nombreuses dispositions qui prévoient pour les PED et les PMA des droits spéciaux ou une indulgence supplémentaire qu'on appelle le traitement spécial et différencié. Parmi ces dispositions, certaines autorisent les pays développés à accorder aux PED un traitement plus favorable que celui qu'ils accordent aux autres membres de l'OMC.

---

[1] On note, à cet effet, que la conférence s'est achevée sans qu'un consensus ait été trouvé. Dix mois plus tard, on est sorti de l'impasse à Genève, lorsque le Conseil général a adopté, le 1er août 2004, l'ensemble de résultats de juillet qui a lancé les négociations sur la facilitation des échanges mais pas sur les trois autres questions de Singapour.

Le GATT comporte une section spéciale en quatrième partie consacrée sur le commerce et le développement, qui prévoit, notamment l'application du principe de la non-réciprocité dans les négociations commerciales entre pays développés et pays en développement ; lorsque les pays développés accordent des concessions commerciales aux PED, ils ne devraient pas attendre de ces derniers qu'ils présentent des offres comparables en contrepartie. Le GATT et l'AGCS prévoient un certain traitement préférentiel pour les PED. Les accords de l'OMC prévoient d'autres mesures en faveur des PED :

1) délais supplémentaires ménagés aux PED pour leur permettre de s'acquitter de leurs engagements[1] ;
2) dispositions visant à accroître les possibilités commerciales des PED par une amélioration de l'accès aux marchés, notamment les accords sur les textiles, sur les services, sur les obstacles techniques au commerce ;
3) dispositions faisant obligation aux membres de l'OMC de sauvegarder les intérêts des PED lorsqu'ils adoptent des mesures nationales ou internationales, à titre illustratif, l'accord antidumping, l'accord sur les sauvegardes et l'accord sur les obstacles techniques au commerce ;
4) dispositions prévoyant différents moyens d'aider les PED en vue de leur permettre de s'acquitter des engagements concernant les normes relatives à la santé des animaux et à la préservation des végétaux, ou les normes techniques, et pour renforcer leur secteur national des télécommunications.

Le Secrétariat de l'OMC compte parmi son personnel, des conseillers juridiques spéciaux qui aident les PED parties à un différend porté devant l'OMC, en leur donnant des avis juridiques. Le service est offert par l'Institut de formation et de coopération technique de l'OMC. Les PED y ont recours régulièrement.

Dans cet ordre d'idées, 32 gouvernements des pays membres de l'OMC ont créé en 2001, un Centre consultatif sur la législation de l'OMC, composé de pays qui contribuent à son financement et de ceux qui bénéficient des avis juridiques. Tous les PMA y sont automatiquement admis. A ce sujet, on note que pour bénéficier des avis, les autres PED et économies en transition doivent s'acquitter d'une cotisation.

---

[1] On note à cet effet que ces dispositions figurent dans un grand nombre d'accords de l'OMC.

Les PMA bénéficient d'une attention supplémentaire à l'OMC. Dans cette optique, tous les accords de l'OMC reconnaissent qu'ils doivent bénéficier de la plus grande flexibilité possible et que les membres les mieux lotis doivent déployer des efforts supplémentaires pour réduire les obstacles à l'importation auxquels se heurtent les exportations des PMA. Depuis la signature des accords du cycle d'Uruguay, plusieurs décisions en faveur des PMA ont été prises, de manière à consolider leurs flexibilités. A la première conférence ministérielle à Singapour, les ministres de l'OMC étaient convenus d'un Plan d'action en faveur des PMA, qui prévoyait, notamment une assistance technique afin de leur permettre de mieux participer au système multilatéral et un engagement de la part des pays développés, d'améliorer l'accès à leur marché pour les produits en provenance des PMA.

Un an plus tard, en octobre 1997, six organisations internationales telles que : la BM, le CCI, la CNUCED, le FMI, l'OMC et le PNUD ont lancé le Cadre intégré, qui est en fait un programme conjoint d'assistance technique destiné exclusivement aux PMA.

L'OMC a adopté, en 2002, un programme de travail pour les PMA, qui comporte plusieurs grands points ; à savoir : amélioration de l'accès aux marchés ; assistance technique accrue ; soutien aux organismes qui s'emploient à diversifier l'économie des PMA; aide pour suivre les travaux de l'OMC; et accélération du processus d'accession pour les PMA qui ont engagé des négociations en vue de devenir membres de l'OMC. Parallèlement à cette démarche, plusieurs gouvernements membres ont unilatéralement supprimé les droits et contingents d'importation applicables à toutes les exportations des PMA.

Les activités officielles de l'OMC se déroulent principalement à Genève et c'est là aussi que s'établissent les contacts informels qui peuvent être tout aussi importants. Le maintien d'un bureau permanent de représentants à Genève peut cependant être onéreux. Seul un tiers de la trentaine de PMA membres de l'OMC, ont des bureaux permanents à Genève et les représentants doivent participer non seulement aux activités de l'OMC, mais également à celles de toutes les institutions des Nations Unies à Genève. À la suite des négociations menées en vue de l'établissement à Genève du siège de l'OMC, le gouvernement suisse a accepté de fournir des locaux subventionnés à usage de bureaux aux délégations des PMA.

Dans le même ordre d'idées, certains membres de l'OMC ont également fourni un soutien financier aux ministres des PMA et aux hauts fonctionnaires qui les accompagnaient, afin de les aider à participer aux conférences ministérielles de l'OMC.

Les activités concernant spécifiquement les PED qui ont lieu à l'OMC, comportent deux grands volets : les travaux des comités de l'OMC et les activités de formation menées à l'intention des fonctionnaires des administrations nationales (et d'autres personnes) par le Secrétariat de l'OMC à la demande du comité. Le Comité du commerce et du développement est doté d'un large mandat. Parmi les nombreuses questions qui relèvent de sa compétence, il a défini quatre domaines prioritaires : examen de la mise en œuvre des dispositions en faveur des PED, lignes directrices pour la coopération technique, participation accrue des PED au système commercial et situation des PMA.

Les pays membres doivent aussi notifier à l'OMC les programmes spéciaux prévoyant l'octroi de concessions commerciales aux produits des PED et les arrangements régionaux conclus entre PED. Le Comité a déjà examiné les notifications portant sur :

1) les programmes relevant du SGP, dans le cadre duquel des pays développés abaissent en priorité les obstacles au commerce des produits en provenance de PED ;

2) les arrangements préférentiels conclus entre PED, comme le MERCOSUR, le COMESA et l'AFTA.

Le Sous-comité des PMA relève du Comité, mais il a lui-même une certaine importance. Ses travaux portent sur deux questions essentielles et interdépendantes :

1) moyens d'intégrer les PMA au système commercial multilatéral,

2) coopération technique. Le Sous-comité examine aussi périodiquement la mise en œuvre des dispositions spéciales en faveur des PMA, contenues dans les accords de l'OMC.

La Conférence ministérielle de Doha (2001) a ajouté de nouvelles tâches et établi de nouveaux groupes de travail. Le Comité se réunissait en sessions extraordinaires pour mener les travaux prévus par le Programme de Doha pour le développement. Les ministres ont établi un Groupe de travail du commerce, de la dette et des finances et un Groupe de travail du commerce et du transfert de technologie.

La coopération technique est un domaine d'activité de l'OMC qui a pour seul objectif d'aider les PED et les pays dont le régime d'économie planifiée est en voie de transformation, à participer de façon fructueuse au système commercial multilatéral. Il s'agit de les aider à se doter des institutions nécessaires et à former des fonctionnaires. Les questions abordées concernaient aussi bien les politiques commerciales que l'efficacité des techniques de négociation. On note également que l'OMC organise régulièrement des sessions de formation sur la politique commerciale à Genève. En outre, elle organise chaque année environ 500 activités de coopération technique, y compris des séminaires et des ateliers qui ont lieu dans différents pays et des cours qui se déroulent à Genève.

Ces activités sont destinées aux PED et aux pays en transition[1], une attention particulière sur les pays africains. Des séminaires ont également été organisés en Asie, en Amérique latine, dans les Caraïbes, au Moyen-Orient et dans la zone du Pacifique. Les activités de coopération technique et de formation sont financées par trois sources : le budget ordinaire de l'OMC, les contributions volontaires des membres de l'OMC et la participation aux frais de la part des pays qui contribuent à une activité, ou d'organisations internationales.

Actuellement, les crédits inscrits au budget ordinaire de l'OMC sont de 7 millions de francs suisses pour la coopération technique et la formation. Les contributions supplémentaires des pays membres sont versées sur des fonds d'affectation spéciale gérés par le Secrétariat de l'OMC ou par le donateur. En 2004, les contributions aux fonds d'affectation spéciale se sont élevées au total à 24 millions de francs suisses. Un programme de Centres de référence de l'OMC a été mis sur pied depuis 1997, dans le but de créer un réseau de centres d'information informatisés dans les PMA et les PED.

Les Centres fournissent un accès aux informations et aux documents de l'OMC au moyen d'une bibliothèque de documents imprimés, d'une collection de CD-ROM et d'une liaison Internet avec les sites Web et les bases de données de l'OMC. Ces Centres sont généralement situés dans les ministères du commerce et au siège d'organisations chargées de la coordination au niveau régional. On compte aujourd'hui 140 Centres de référence, notamment en République Démocratique du Congo où il est rattaché au ministère du Commerce.

Le cycle d'Uruguay (1986-1994) a marqué un tournant décisif dans les relations Nord-Sud du GATT à l'OMC. Auparavant, les pays développés et les pays en développement avaient tendance à former deux camps opposés, même s'il existait déjà des exceptions. Dans la période qui a précédé le Cycle d'Uruguay, la frontière entre les uns et les autres est devenue moins rigide et pendant les négociations, différentes alliances se sont nouées suivant les questions. Depuis, la tendance s'est poursuivie ; pour renforcer et formaliser davantage les flexibilités des PED et les PMA. Dans certains domaines, comme les

[1] Dans le jargon de l'OMC, on entend par pays en transition, les anciens pays à régime socialiste ou communiste.

textiles et les vêtements et certaines des nouvelles questions abordées à l'OMC, la frontière est toujours précise, et les pays en développement ont formé entre eux des alliances, telles que le Groupe africain et le Groupe des PMA, de manière à assurer au mieux la protection de leurs intérêts dans le concert des nations.

Par contre, dans beaucoup d'autres domaines, les PED n'ont pas d'intérêts communs et peuvent avoir des positions divergentes dans des négociations. Une batterie de coalitions ont vu donc le jour entre différents groupes de PED. Les divergences sont observables dans des domaines très importants pour eux, comme l'agriculture.

Les accords de l'OMC, nés des négociations commerciales du cycle d'Uruguay, donnent aux PED une flopée de possibilités pour améliorer leur situation. La poursuite de la libéralisation au cours des négociations menées dans le cadre du Programme de Doha, vise à accroître ces possibilités. Les améliorations concernent, notamment les possibilités d'exportation. Elles résultent des mesures subséquentes :

a) réformes fondamentales du commerce des produits agricoles ;

b) élimination progressive des contingents appliqués aux exportations de textiles et de vêtements des pays en développement ;

c) réduction des droits de douane frappant les produits industriels ;

d) augmentation du nombre des produits pour lesquels les taux des droits de douane sont consolidés dans le cadre de l'OMC et peuvent donc difficilement être relevés ;

e) élimination progressive des accords bilatéraux visant à limiter le volume du commerce de certains produits (les mesures de la zone grise appelée « autolimitation des exportations », ne sont pas, en fait, reconnues au GATT et à l'OMC).

La libéralisation dans le cadre de l'OMC, contribue à l'accroissement du PIB mondial et stimule la demande mondiale de produits exportés par les PED. Toutefois, il subsiste un certain nombre de problèmes inscrits par les PED dans le Programme de Doha, problèmes relatifs aux difficultés qu'ils rencontrent pour mettre en œuvre le droit de l'OMC.

De plus, les PED se plaignent d'être encore confrontés à des droits de douane très élevés, appliqués à certains produits appelés, crêtes tarifaires[1], sur certains grands marchés. Ce qui continue de freiner leurs exportations. Des crêtes tarifaires existent, notamment pour les textiles, les vêtements et les poissons et produits à base de poisson. Au cours du Cycle d'Uruguay, les réductions de droits consenties par les pays industriels pour les produits exportés, principalement par les PED qui représentent 37%, sont en moyenne légèrement inférieures aux réductions accordées pour les produits de toutes provenances, soit 40 %.

On note également que le commerce entre PED est entravé par le fait que les droits les plus élevés sont parfois appliqués par ces pays eux-mêmes. L'augmentation de la part des échanges visés par des consolidations[2] a cependant assuré une plus grande sécurité aux exportations des PED. Dans le même ordre d'idées, il faut mentionner la progressivité des droits, pratique par laquelle un pays importateur protège ses industries de transformation ou son secteur manufacturier, en imposant des droits plus faibles sur les importations de matières premières et de composants et des droits plus élevés sur les produits finis. La situation s'améliore ; la progressivité des droits n'a pas disparu après le Cycle d'Uruguay, mais elle est moins marquée, plusieurs pays développés l'ayant supprimée pour certains produits. Dans le cadre du Programme de Doha, une attention particulière est portée aux crêtes tarifaires et à la progressivité des droits dans le but de les réduire substantiellement.

L'érosion des préférences est une question qui préoccupe les PED, car les concessions tarifaires spéciales accordées par les pays développés pour les importations en provenance de certains d'entre eux, sont moins importantes si les taux de droits normaux sont réduits, puisque la différence, entre les taux normaux et les taux préférentiels, s'amenuise. Toutefois, l'intérêt réel de ces préférences donne matière à controverse. À la différence des engagements tarifaires contractés dans le cadre de l'OMC, elles ne sont pas consolidées au titre des accords de l'OMC et peuvent donc être aisément modifiées. Elles sont souvent accordées de façon unilatérale, à l'initiative du pays importateur. De ce fait, le commerce bénéficiant de taux préférentiels est moins prévisible que s'il était assujetti aux taux normaux consolidés, lesquels ne peuvent

[1] On entend par crêtes tarifaires, les droits relativement élevés, applicables d'ordinaire aux produits sensibles, alors que le niveau général est faible. Pour les pays industrialisés, des droits de 15% ou plus, sont généralement considérés comme des crêtes tarifaires.

[2] On entend par consolidation, les plafonds faisant l'objet d'engagements qu'il est difficile d'éliminer.

pas être relevés facilement. En définitive, les pays ont plus à gagner de l'application des taux de droits normaux consolidés.

Certains pays et certaines entreprises ont cependant profité des préférences. Les avantages retirés varient selon les produits et dépendent aussi de la capacité des producteurs de saisir l'occasion pour procéder à des ajustements de façon à rester compétitif après le retrait des préférences.

Il appert ainsi que les PED peuvent tirer parti de ces changements, mais à la seule condition que leurs économies soient capables de s'adapter. Il va de soi que le succès est subordonné à l'adoption d'un ensemble de mesures, allant de l'amélioration des politiques et de la gestion macro-économique au renforcement de la formation et de l'investissement. Il est particulièrement difficile pour les PMA de procéder à ces ajustements, car ils souffrent d'une pénurie de ressources humaines et matérielles, d'une infrastructure insuffisante, du mauvais fonctionnement des institutions et, dans certains cas, de l'instabilité politique. Les privilèges attachés au droit de l'OMC ont ainsi du mal à booster le développement des pays concernés.

Chapitre III

Le fondement juridique de la facilitation des échanges

Le fondement juridique de la facilitation des échanges, demeure incontestablement l'AFE subdivisé en 3 sections et constitué de 24 articles comprenant 33 mesures. La première section, qui comprend 12 articles, traite des mesures douanières ; la deuxième section, avec ses dix articles, traite des flexibilités accordées aux PED et PMA par rapport au délai supplémentaire de la mise en œuvre de toutes les dispositions de l'AFE ; la troisième, des aspects institutionnels ; à savoir : le CFE (au siège de l'OMC à Genève), supervise la mise en œuvre sur le plan international et les comités nationaux à l'échelon national.

A la suite des conclusions de Bali (Indonésie), lors de la neuvième conférence ministérielle du 03 au 07 décembre 2013, soit un jour de retard, contrairement aux prévisions de fin des travaux, le 06 décembre de la même année, un accord a été conclu, mais n'a pu être inséré dans l'Accord de Marrakech que le 27 novembre 2014. En droit de l'OMC, il n'existe pas un accord de Bali proprement dit, le vocable consacré étant l'AFE.

Le Paquet de Bali est un ensemble de mesures adoptées dans le cadre de l'OMC, postérieurement à l'échec du cycle de Doha. Il s'agit du premier accord multilatéral signé depuis la création de l'organisation. Les trois piliers de ce paquet sont :la facilitation des échanges commerciaux, car les mesures prises visent à réduire la bureaucratie aux frontières ;

b) l'aide au développement des PMA, car il est prévu une exemption accrue des droits de douane aux produits provenant des PMA ;

c) l'agriculture, du fait d'un engagement renouvelé à réduire les subventions à l'exportation.

La signature du Paquet de Bali est présentée par le Brésilien Roberto Azevedo, Directeur de l'OMC, comme une réussite historique. L'organisation avance même les chiffres de 1 000 milliards de dollars de richesse et de plusieurs millions d'emplois à créer, du fait de la mise en œuvre de l'AFE. Pour la plupart d'économistes, l'accord est loin de l'ambition initiale du cycle de Doha. De nombreux domaines, en effet, ne sont pas couverts par l'accord, comme les subventions agricoles à l'exportation ou encore le commerce électronique.

Le Paquet de Bali a été ainsi qualifié, par certains experts, de *Doha Light,* car il ne couvre qu'une faible proportion d'objectifs du cycle de Doha. La communauté internationale tient à la mise en œuvre de l'AFE pendant que les deux volets évoqués aux points b et c en faveur de l'Afrique, sont superbement ignorés ; pour dire que le jeu de cache-cache, pour dissimuler le bonheur de l'Afrique, continue.

III.1. La publication et la disponibilité des renseignements

L'AFE fait obligation à chaque membre de publier, dans les meilleurs délais et d'une manière non discriminatoire, les renseignements facilement accessibles afin de permettre aux gouvernements, aux négociants et aux autres parties intéressées d'en prendre connaissance.[1] Il s'agit, notamment des :

1) procédures d'importation, d'exportation et de transit (y compris dans les ports, les aéroports et aux autres points d'entrée), formulaires et documents requis ;

2) taux de droits appliqués et taxes de toute nature imposés à l'importation ou à l'exportation, ou à l'occasion de l'importation ou de l'exportation;

3) redevances et impositions imposées par ou pour des organismes gouvernementaux à l'importation, à l'exportation ou en transit, ou à l'occasion de l'importation, de l'exportation ou du transit ;

4) règles pour la classification ou l'évaluation des marchandises à des fins douanières ;

5) lois, réglementations et décisions administratives d'application générale, relatives aux règles d'origine ;

6) restrictions ou prohibitions à l'importation, à l'exportation ou en transit ;

7) pénalités prévues en cas de non-respect des formalités d'importation, d'exportation ou de transit ;

8) procédures de recours ou de réexamen ;

9) accords ou parties d'accords conclus avec un ou plusieurs pays concernant l'importation, l'exportation ou le transit ; et

10) procédures relatives à l'administration des contingents tarifaires[2].

---

[1] Article 1er de l'AFE.

[2] *Idem*, point 3.

Rien dans ces dispositions ne sera interprété comme imposant la publication ou la communication des renseignements dans une langue autre que celle de l'État membre, sous réserve des dispositions du paragraphe 2.2 de l'AFE[1].

Conformément à l'article 1er de l'AFE, chaque membre doit mettre à disposition sur Internet, et les actualiser, dans la mesure du possible et selon qu'il sera approprié, les renseignements suivants :

1) une description de ses procédures d'importation, d'exportation et de transit, y compris les procédures de recours ou de réexamen, qui informe les gouvernements, les négociants et les autres parties intéressées des démarches pratiques nécessaires aux fins de l'importation, de l'exportation et du transit;

2) les formulaires et documents requis pour l'importation ou l'exportation à partir de son territoire, ou pour le transit par son territoire;

3) les coordonnées de son (ses) point(s) d'information. A cet effet, les membres sont encouragés à mettre à disposition sur Internet, d'autres renseignements relatifs au commerce, y compris la législation pertinente relative au commerce et les autres éléments mentionnés au point I.1 supra.

L'alinéa 2 de l'article 1er de l'AFE, stipule que le membre établira ou maintiendra, dans la limite des ressources dont il dispose, un ou plusieurs points d'information pour répondre aux demandes raisonnables présentées par des gouvernements, des négociants et autres parties intéressées au sujet des renseignements précédents et pour fournir les formulaires et documents requis. Les membres qui font partie d'une union douanière ou qui participent à un processus d'intégration régionale pourront établir ou maintenir des points d'information communs au niveau régional, pour satisfaire à la prescription énoncée au paragraphe précédent, en ce qui concerne les procédures communes.

Les membres sont encouragés à ne pas exiger le paiement d'une redevance pour les réponses aux demandes de renseignements ni pour la fourniture des formulaires et documents requis. Les membres limiteront le montant de leurs redevances et impositions au coût approximatif des services rendus, le cas échéant. Les points d'information répondront aux demandes de renseignements et

---

[1] Chaque fois que cela sera réalisable, la description mentionnée au paragraphe 2.1 a) sera aussi mise à disposition dans une des langues officielles de l'OMC.

fourniront les formulaires et documents dans un délai raisonnable fixé par chaque membre, qui pourra varier selon la nature ou la complexité de la demande.

Le droit de la facilitation des échanges de l'OMC, oblige les membres de notifier au CEF, institué en vertu du paragraphe 1.1 de l'article 23 de l'AFE (dénommé le Comité dans ledit accord):

1) le(s) support(s) officiel(s) où sont publiés les renseignements ;
2) l'adresse officielle du (des) site(s) Web visé(s) au point I.2 ; et
3) les coordonnées des points d'information mentionnés au point I.3.

III.2. La possibilité de présenter des observations, renseignements avant l'entrée en vigueur et consultations

Il est établi à ce jour que les décisions concertées sont plus efficaces, c'est d'ailleurs le trait d'union entre le droit public et le management public. Les membres de l'OMC ménageront aux négociants et aux autres parties intéressées, dans la mesure où cela sera réalisable et d'une manière compatible avec le droit interne et le système juridique, des possibilités et un délai approprié pour formuler des observations sur l'introduction ou la modification projetées des lois et réglementations d'application générale relatives au mouvement, à la mainlevée et au dédouanement des marchandises, y compris les marchandises en transit[1]. Il est également fait obligation à chaque membre de faire en sorte que, dans la mesure où cela sera réalisable et d'une manière compatible avec son droit interne et son système juridique, les lois et réglementations d'application générale nouvelles ou modifiées relatives au mouvement, à la mainlevée et au dédouanement des marchandises, y compris les marchandises en transit, soient publiées ou que des renseignements à leur sujet soient mis à la disposition du public d'une autre manière, le plus tôt possible, avant leur entrée en vigueur, afin de permettre aux négociants et aux autres parties intéressées d'en prendre connaissance.[2]

Les modifications des taux de droits ou des taux de tarifs, les mesures d'atténuation, les mesures dont l'efficacité serait amoindrie du fait du respect des dispositions pertinentes précédentes, les mesures appliquées en cas d'urgence ou les petites modifications du droit interne et du système juridique, sont toutes exclues des paragraphes 1.1 et 1.2 de l'AFE.

---

[1] AFE, article 2, paragraphe 1.2.
[2] AFE, article 3, paragraphe 2.

Le droit de l'OMC commande que chaque membre ait l'obligation de prévoir, selon qu'il sera approprié, des consultations régulières entre ses organismes présents aux frontières et les négociants ou les autres parties prenantes implantés sur son territoire. Disposition également soutenue par les trois piliers du cadre des normes SAFE : Partenariats douane-douane, douane-secteur privé et douane-secteur public.[1]

III.3. Les décisions anticipées (Ruling douanier)

Le ruling fiscal est l'acte juridique par lequel le service des décisions anticipées en matière fiscale, détermine, conformément aux dispositions en vigueur, comment la loi s'applique à une situation ou à une opération particulière qui n'a pas encore produit d'effet fiscal. Le fisc garantit donc au demandeur une sécurité juridique accrue sur une opération future, mais déjà précisément projetée. L'expression « décision anticipée » s'entend d'une décision écrite, communiquée par un membre au requérant, avant l'importation d'une marchandise visée par la demande qui indique le traitement que le membre accordera à la marchandise au moment de l'importation, en ce qui concerne :

a) le classement tarifaire de la marchandise; et
b) l'origine de la marchandise.

Outre les décisions anticipées précédentes, les membres sont encouragés à rendre des décisions anticipées concernant :

a) la méthode ou les critères appropriés à utiliser pour déterminer la valeur en douane à partir d'un ensemble particulier de faits, et leur application ;
b) l'applicabilité des prescriptions du membre en matière d'exonération ou d'exemption de droits de douane ;
c) l'application des prescriptions du membre en matière de contingents, y compris les contingents tarifaires ; et
d) toutes questions additionnelles pour lesquelles un membre considérera qu'il est approprié de rendre une décision anticipée. De notre point de vue, nous pensons que les éléments à produire lors d'une décision anticipée doivent être consignés dans un formulaire ad hoc, avec

[1] OMD, Cadre des normes SAFE, OMD, Bruxelles, pp.15-20.

l'engagement de la part de l'opérateur économique, selon lequel toute modification unilatérale des données entraine l'annulation de la décision anticipée.

Par requérant, il faut entendre un exportateur, un importateur ou toute personne ayant des motifs valables, ou de son représentant. Il va de soi que tout membre pourra exiger que le requérant ait une représentation juridique ou soit enregistré sur son territoire. Dans la mesure du possible, ces prescriptions ne restreindront pas les catégories de personnes pouvant demander à bénéficier de décisions anticipées, compte tenu en particulier des besoins spécifiques des petites et moyennes entreprises.

Ces prescriptions seront claires et transparentes et ne constitueront pas un moyen de discrimination arbitraire ou injustifiable. Tout membre rendra une décision anticipée d'une manière raisonnable, dans un délai donné, à l'intention du requérant qui aura présenté une demande écrite contenant tous les renseignements nécessaires. Au cas où un membre refuse de rendre une décision anticipée, il le notifiera au requérant par écrit, dans les moindres délais, en indiquant les faits pertinents et le fondement de sa décision. Toutefois, un membre pourra refuser de rendre une décision anticipée à l'intention du requérant dans les cas où la question soulevée dans la demande :

a) fait déjà l'objet d'une procédure engagée par le requérant auprès d'un organisme gouvernemental ou devant une cour d'appel ou un tribunal; ou

b) a déjà fait l'objet d'une décision d'une cour d'appel ou d'un tribunal.[1]

La décision anticipée sera valable pendant une période raisonnable après qu'elle aura été rendue, à moins que le droit, les faits ou les circonstances l'ayant motivée n'aient changé. Dans les cas où le membre abrogera, modifiera ou invalidera la décision anticipée, il le notifiera au requérant par écrit en indiquant les faits pertinents et le fondement de sa décision. Dans l'hypothèse où le membre abrogera, modifiera ou invalidera une décision anticipée avec effet rétroactif, il ne pourra le faire que si la décision était fondée sur des renseignements incomplets, inexacts, faux ou de nature à induire en erreur.

[1] Article 3 de l'AFE, paragraphe 2.

Toute décision anticipée rendue par un membre sera contraignante pour lui, en ce qui concerne le requérant l'ayant demandée. Le membre pourra prévoir que la décision anticipée sera contraignante pour le requérant. Chaque membre publiera ainsi, au minimum :

a) les prescriptions relatives à l'application d'une décision anticipée, y compris les renseignements devant être communiqués et leur mode de présentation ;

b) le délai dans lequel il rendra une décision anticipée ; et

c) la durée de validité de la décision anticipée.

En syntonie avec l'AFE, chaque membre prévoira, à la demande écrite d'un requérant, un réexamen de la décision anticipée ou de la décision de l'abroger, de la modifier ou de l'invalider[1]. Il est entendu qu'une décision anticipée sur l'origine d'une marchandise pourra être une évaluation de l'origine aux fins de l'Accord sur les règles d'origine dans les cas où la décision satisfera aux prescriptions de l'AFE et de l'Accord sur les règles d'origine. De même, une évaluation de l'origine, au titre de l'Accord sur les règles d'origine, pourra être une décision anticipée sur l'origine d'une marchandise aux fins de l'AFE, dans les cas où la décision satisfera aux prescriptions des deux accords. Les membres ne sont pas tenus d'établir des arrangements distincts au titre de la présente disposition, en plus de ceux établis conformément à l'Accord sur les règles d'origine quant à l'évaluation de l'origine, à condition qu'il ait été satisfait aux prescriptions du présent article.

Tout membre s'efforcera ainsi de mettre à la disposition du public, tous renseignements sur les décisions anticipées dont il considérera qu'ils présentent un intérêt notable pour les autres parties intéressées, en tenant compte de la nécessité de protéger les renseignements commerciaux confidentiels.

III.4. Les procédures de recours ou de réexamen

D'une manière générale, le recours est le fait d'en appeler à une tierce personne ou à une institution pour obtenir la reconnaissance d'un droit méconnu. Les recours peuvent être amiables, être civils ou administratifs ou contentieux, et selon l'objet du différent. L'AFE

[1] Au titre de ce paragraphe: a) un réexamen pourra, avant ou après qu'il ait été donné suite à la décision, être prévu par le fonctionnaire, le service ou l'autorité ayant rendu la décision, une autorité administrative supérieure ou indépendante, ou une autorité judiciaire; et b) un Membre n'est pas tenu de ménager au requérant la possibilité d'invoquer le paragraphe 1 de l'article 4.

oblige ainsi les membres de prévoir que toute personne faisant l'objet d'une décision administrative rendue par les douanes, a droit, sur son territoire :

> a) à un recours ou à un réexamen administratif devant une autorité administrative supérieure au fonctionnaire ou au service ayant rendu la décision, ou indépendante de lui; et/ou
> b) à un recours ou à un réexamen judiciaire concernant la décision.[1]

La législation d'un membre pourra exiger que le recours ou le réexamen administratif soit engagé avant le recours ou le réexamen judiciaire. Chaque membre fera en sorte que les procédures de recours ou de réexamen soient appliquées d'une manière non discriminatoire. Il fera également en sorte que, dans le cas où la décision sur le recours ou le réexamen n'aura pas été rendue, soit :

> a) dans les délais fixes spécifiés dans ses lois ou réglementations; ou
> b) sans retard indu, le requérant ait le droit, soit de demander un autre recours ou un autre réexamen devant l'autorité administrative ou l'autorité judiciaire, soit de saisir autrement l'autorité judiciaire.[5]

Les Etats membre de l'OMC feront en sorte que la personne concernée se voie communiquer les raisons de la décision administrative qui lui permettront d'engager des procédures de recours ou de réexamen dans les cas où cela se justifie. Tout membre est ainsi encouragé à rendre les dispositions relatives aux procédures de recours ou de réexamen applicables à une décision administrative rendue par un organisme pertinent présent aux frontières autre que les douanes.

III.5. Les autres mesures visant à renforcer l'impartialité, la non-discrimination et la transparence

Les mesures concernent essentiellement les produits alimentaires, les boissons ou les éléments pour animaux, qui requièrent un traitement particulier pour concilier la célérité et la sécurité. C'est dans l'hypothèse où un membre adoptera ou maintiendra un système d'émission de notifications ou d'orientations aux autorités concernées,

[1] Article 4 paragraphe I de l'AFE.

au sujet du relèvement du niveau des contrôles ou des inspections à la frontière, visant les produits alimentaires, les boissons ou les aliments pour animaux, faisant l'objet d'une notification ou d'une orientation aux fins de la protection de la vie et de la santé des personnes et des animaux ou de la préservation des végétaux sur son territoire[1]. Afin de traiter ce défaut, les Membres pourront maintenir un autre mécanisme administratif ou un recours judiciaire pour ordonner aux autorités douanières de rendre, dans les meilleurs délais, une décision administrative, au lieu du droit à un recours ou à un réexamen[2].

Les disciplines ci-après s'appliqueront aux modalités d'émission, d'abrogation ou de suspension des notifications ou orientations :

> a) le membre pourra, selon qu'il sera approprié, émettre la notification ou l'orientation sur la base du risque;
>
> b) le membre pourra émettre la notification ou l'orientation de sorte qu'elle s'applique de manière uniforme uniquement aux points d'entrée où les conditions sanitaires et phytosanitaires sur lesquelles la notification ou l'orientation sont fondées s'appliquent;
>
> c) le membre mettra fin à la notification ou à l'orientation ou la suspendra dans les moindres délais lorsque les circonstances qui l'ont motivée n'existent plus, ou s'il est possible de répondre aux circonstances nouvelles d'une manière moins restrictive pour le commerce; et
>
> d) lorsqu'un membre décidera d'abroger ou de suspendre la notification ou l'orientation, il publiera dans les moindres délais, selon qu'il sera approprié, l'annonce de l'abrogation ou de la suspension de la notification ou de l'orientation d'une manière non discriminatoire et facilement accessible, ou informera le membre exportateur ou importateur.[3]

---

[1] L'expression « décision administrative » couvre une mesure administrative au sens de l'article X du GATT, de 1994 ou l'absence de mesure ou de décision administrative, conformément au droit interne et au système juridique d'un membre.

[2] Toutefois, ceci n'empêche pas aux membres de reconnaître un silence administratif concernant un recours ou un réexamen comme une décision favorable au requérant, conformément à ses lois et réglementations.

[3] Article 5, paragraphe 1 de l'AFE.

Les Etats membres de l'OMC ont l'obligation d'informer, dans les brefs délais, le transporteur ou l'importateur dans le cas où des marchandises déclarées pour l'importation sont retenues aux fins d'inspection par les douanes ou toute autre autorité compétente.

Sur demande, un membre pourra ménager la possibilité d'un second essai en cas de conclusion défavorable du premier essai effectué sur un échantillon prélevé à l'arrivée de marchandises déclarées pour l'importation. Ainsi, tout membre, soit publiera, d'une manière non discriminatoire et facilement accessible, le nom et l'adresse du laboratoire où l'essai peut être effectué, soit fournira ces renseignements à l'importateur quand la possibilité lui en sera ménagée, au titre du paragraphe précédent.

Tour membre examinera le résultat du second essai effectué, le cas échéant, au titre du paragraphe 3.1, pour la mainlevée et le dédouanement des marchandises, et, si cela est approprié, pourra accepter les résultats de cet essai.

III.6. Les disciplines de la pratique du commerce international

La pratique du commerce international révèle qu'il existe des disciplines générales, spécifiques et celles liées aux pénalités, lesquelles dispositions orientent les redevances nées des opérations du commerce international. Avec l'excroissance des dépenses publiques, il se développe une fiscalité connexe qui se sus pose sur les droits de douane. Les dispositions s'appliqueront ainsi à toutes les redevances et impositions autres que les droits d'importation et d'exportation, et autres que les taxes relevant de l'article III du GATT de 1994, imposées par les membres à l'importation ou à l'exportation ou à l'occasion de l'importation ou de l'exportation de marchandises.[1] Ils incluront les redevances et impositions qui seront appliquées, le motif de ces redevances et impositions, l'autorité responsable, le moment et les modalités du paiement[2].

Un délai adéquat sera ménagé entre la publication des redevances et impositions nouvelles ou modifiées et leur entrée en vigueur, sauf en cas d'urgence. Il va de soi que les redevances et impositions ne seront pas appliquées tant que des renseignements à leur sujet n'auront pas été publiés. Il est en plus fait obligation à chaque membre d'examiner périodiquement ses redevances et impositions en vue d'en réduire le nombre et la diversité, dans les cas où cela sera réalisable.

---

[1] Les renseignements sur les redevances et impositions seront publiés conformément à l'article premier de l'AFE qui traite de la publication et disponibilités des renseignements.

[2] Article 6 de l'AFE, paragraphe 1.2.

L'AFE retient, pour ce faire, le principe de proportionnalité. Ainsi, les redevances et impositions aux fins du traitement douanier :

> a) seront limitées au montant correspondant au coût approximatif des services rendus pour l'opération d'importation ou d'exportation spécifique en question ou à l'occasion de cette opération; et
>
> b) ne seront pas obligatoirement liées à une opération d'importation ou d'exportation spécifique, à condition qu'elles soient perçues pour des services étroitement liés au traitement douanier des marchandises. Il y a lieu de relever, à cet effet, que la palette des taxes connexes qui grèvent des importations en RDC, est à revoir pour s'inscrire dans la logique de facilitation des échanges.

Les pénalités sont une sanction punitive, qualifiée comme telle par le législateur, infligée par une juridiction répressive au nom de la société à l'auteur d'une infraction en rétribution de la faute commise, l'intimidation et la réadaptation du délinquant étant les objectifs poursuivis[1].

Dans le cadre de l'AFE, le terme « pénalités » s'entend des pénalités imposées par l'administration des douanes d'un membre en cas d'infraction aux lois, réglementations ou prescriptions procédurales du membre en matière douanière. Tout membre fera en sorte que les pénalités prévues en cas d'infraction à une loi, à une réglementation ou à une prescription procédurale en matière douanière soient imposées uniquement à la (aux) personne(s) responsable(s) de l'infraction, en vertu de sa législation.

On relève, à cet effet, que pour les douanes des PED, et de la RDC, le droit pénal douanier applique le principe de solidarité des peines, qu'il faut faire revisiter afin de l'inscrire dans l'esprit de l'OMC. La pénalité imposée dépendra des faits et des circonstances de l'affaire et elle sera proportionnelle au degré et à la gravité de l'infraction. Il appert ainsi que chaque membre fera en sorte de maintenir des mesures visant à éviter les conflits d'intérêts lors de la fixation et du recouvrement des pénalités et des droits et la création d'une incitation à fixer ou à recouvrer une pénalité incompatible avec le paragraphe précédent.

Les Etats membres doivent s'assurer, lorsqu'une pénalité sera imposée pour infraction à une loi, à une réglementation ou à une prescription procédurale en matière douanière, que soit fournie à la

[1] Guinchard (S) s.d, *Op. cit.*, p.527.

(aux) personne(s) à laquelle (auxquelles) la pénalité est imposée, une explication écrite précisant la nature de l'infraction et la loi, la réglementation ou la procédure applicables en vertu desquelles le montant ou la fourchette de la pénalité relative à l'infraction a été prescrit. Lorsqu'une personne divulguera volontairement à l'administration des douanes, les circonstances d'une infraction à une loi, à une réglementation ou à une prescription procédurale en matière douanière, avant que l'administration des douanes ne se rende compte de l'infraction, le membre sera encouragé, dans les cas où cela sera approprié, à considérer ce fait comme un facteur atténuant potentiellement l'établissement d'une pénalité à l'encontre de cette personne. D'où, l'intérêt de retenir la notion des circonstances atténuantes lors de la transaction.

Les dispositions évoquées s'appliqueront mutatis mutandis aux pénalités concernant le trafic en transit mentionnées ci-haut.

III.7. La mainlevée et le dédouanement des marchandises

La mainlevée est un acte par lequel un particulier ou un juge arrête les effets d'une hypothèque, d'une saisie, d'une opposition ou d'une mesure de protection des majeurs.[1]

La question de la main levée et du dédouanement tourne autour du traitement avant arrivée, paiement par voie électronique, séparation de la main levée, de la détermination des droits de douane, taxes, redevances et impositions, gestion des risques, contrôle après dédouanement, établissement et publication des temps moyens nécessaires à la mainlevée des mesures de facilitation des échanges pour les OEA, des envois accélérés et des marchandises périssables. Les distances géographiques ont toujours contribué au ralentissement du commerce international. Le traitement avant l'arrivée de la cargaison est un ingrédient à la fluidité des échanges supranationaux. De ce point de vue, l'AFE fait obligation à chaque membre d'adopter ou maintenir des procédures permettant de présenter les documents relatifs à l'importation et les autres renseignements requis, y compris les manifestes, pour commencer le traitement avant l'arrivée des marchandises en vue d'accélérer leur mainlevée à l'arrivée.[2]

Dans la praxis commerciale, le paiement des droits crée le temps improductif du fait des files qui se créent, soit devant les guichets des banques, soit devant les guichets des receveurs des douanes. Chaque membre adoptera ou maintiendra ainsi, dans la mesure où cela sera réalisable, des procédures permettant de payer par voie électronique

---

[1] Guirchard (S), s.d, *Op. cit.*, p. 448.

[2] Chaque membre devra prévoir, selon qu'il sera approprié, le dépôt préalable des documents sous forme électronique pour le traitement avant arrivée de ces documents.

les droits, taxes, redevances et impositions recouvrés par les douanes à l'importation ou à l'exportation.[1]

Le droit de la facilitation des échanges au sein de l'OMC exige de séparer la mainlevée du calcul fiscal des droits de douane. L'AFE oblige, à cet effet, les Etats d'adopter ou de maintenir des procédures permettant la mainlevée des marchandises avant la détermination finale des droits de douane, taxes, redevances et impositions, lorsque ceux-ci n'auront pas été déterminés avant l'arrivée, ou à l'arrivée, ou, le plus rapidement possible, après l'arrivée et à condition qu'il ait été satisfait à toutes les autres prescriptions réglementaires.

Les conditionnalités à cette mesure sont les suivantes :

> a) le paiement des droits de douane, taxes, redevances et impositions déterminés avant ou au moment de l'arrivée des marchandises et une garantie pour tout montant n'ayant pas encore été déterminé, sous la forme d'une caution, d'un dépôt ou d'un autre instrument approprié prévu dans ses lois et réglementations; ou
> b) une garantie sous la forme d'une caution, d'un dépôt ou d'un autre instrument approprié prévu dans ses lois et réglementations. Il convient de préciser qu'il existe quatre types de cautions : numéraire, bancaire, personnelle (morale) et les fonds publics admis à cette fin.

La garantie ne sera pas supérieure au montant exigé par le membre, pour assurer le paiement des droits de douane, taxes, redevances et impositions dus, en définitive, pour les marchandises couvertes par elle. Elle sera libérée quand elle ne sera plus requise[2]. Aussi, tout membre de l'OMC concevra et appliquera la gestion des risques de manière à éviter toute discrimination arbitraire ou injustifiable ou toute restriction déguisée au commerce international.[3]

---

[1] Article 7 de l'AFE, paragraphe 2.

[2] Toutefois, aucune des dispositions pertinentes de l'article 7 de l'AFE n'affectera le droit d'un membre d'examiner, de retenir, de saisir ou de confisquer ou de traiter des marchandises d'une manière qui ne soit pas par ailleurs incompatible avec les droits et obligations du membre dans le cadre de l'OMC, relatifs aux activités d'une organisation. C'est donc dans ce contexte que l'AFE oblige les membres d'adopter ou maintenir, dans la mesure du possible, un système de gestion des risques pour le contrôle douanier.

[3] Les membres doivent se concentrer sur le contrôle douanier et, dans la mesure du possible, les autres contrôles pertinents à la frontière sur les envois présentant un risque élevé et accélérera la mainlevée des envois présentant un risque faible. Il pourra

Les membres fonderont la gestion des risques sur une évaluation des risques reposant sur un critérium de sélection approprié, incluront, notamment, le code du système harmonisé, la nature et la description des marchandises, le pays d'origine, le pays de départ de l'expédition, la valeur des marchandises, les antécédents des négociants pour ce qui est du respect des exigences, et le type de moyens de transport.

Le contrôle post-dédouanement est une vérification effectuée par les douanes après que les marchandises aient déjà fait l'objet de la mainlevée. En vue d'accélérer la mainlevée des marchandises, chaque membre adoptera ou maintiendra un contrôle post dédouanement pour assurer le respect des lois et réglementations douanières et des autres lois et réglementations connexes. Le recours aux instruments comptables s'avère indispensable pour l'efficacité des contrôles a posteriori. Tout membre sélectionnera ainsi une personne ou un envoi aux fins du contrôle, après dédouanement d'une manière fondée sur les risques, ce qui pourra inclure des critères de sélection idoines. Les Etats membres pourront ainsi procéder aux contrôles après dédouanement d'une manière transparente[1].

L'AFE encourage les membres à mesurer et à publier le temps moyen qui leur est nécessaire pour la mainlevée des marchandises, périodiquement et d'une manière uniforme, au moyen des instruments de l'OMD, entre autres, l'Étude sur le temps nécessaire pour la mainlevée de l'OMD. Les membres sont encouragés à faire part au Comité de Facilitation des Echanges de leurs expériences en matière de mesure des temps moyens nécessaires à la mainlevée, y compris les méthodes utilisées, les difficultés rencontrées, et toutes répercussions sur le plan de l'efficacité.

En ce qui concerne les mesures de facilitation des échanges pour les OEA, il convient de préciser que l'OEA est en fait un agrément donné par l'administration douanière après audit, pour les entreprises qui en font la demande[2]. Le commerce international fluide accélère la croissance mondiale et concrétise la notion de la théorie de la prospérité partagée. Ainsi, l'AFE fait obligation aux membres de l'OMC de prévoir des mesures de facilitation des échanges additionnelles

---

aussi sélectionner, sur une base aléatoire, des envois devant faire l'objet de ces contrôles dans le cadre de son système de gestion des risques.

[1] Dans l'hypothèse où la personne participera au processus de contrôle et où des résultats concluants auront été obtenus, le membre notifiera sans retard à la personne dont le dossier aura été contrôlé, les résultats, ses droits et obligations et les raisons ayant motivé les résultats. Les renseignements obtenus lors du contrôle après dédouanement pourront être utilisés dans des procédures administratives ou judiciaires ultérieures. Aussi, les membres utiliseront, dans les limites du réalisable, le résultat du contrôle après dédouanement pour appliquer la gestion des risques.

[2] www.glossaire-international.com (consulté le 31 mai 2016).

concernant les formalités et procédures d'importation, d'exportation ou de transit, pour les opérateurs qui remplissent des critères spécifiés.

Les membres peuvent également offrir les mesures de facilitation des échanges par le biais de procédures douanières, généralement disponibles à tous les opérateurs, sans être tenus d'établir un système distinct. Les critères spécifiés à remplir pour pouvoir être considéré comme un opérateur agréé, seront liés au respect ou au risque de non-respect, des prescriptions spécifiées dans les lois, réglementations ou procédures d'un Etat membre. Ces critères, qui seront publiés, pourront inclure:

a) des antécédents appropriés en matière de respect des lois et réglementations douanières et autres lois et réglementations connexes;

b) un système de gestion des dossiers permettant les contrôles internes nécessaires;

c) la solvabilité financière, y compris, dans les cas où cela sera approprié, la fourniture d'une caution ou d'une garantie suffisante; et

d) la sécurité de la chaîne d'approvisionnement.

Les critères ne seront ni conçus ni appliqués de manière à permettre ou à créer une discrimination arbitraire ou injustifiable entre les opérateurs pour lesquels les mêmes conditions existent ; et dans la mesure du possible, ne restreindront pas la participation des petites et moyennes entreprises. Les mesures de facilitation des échanges prévues pour les OEA, incluront au moins trois des mesures suivantes :

a) des prescriptions peu astreignantes en matière de documents et de données requis, selon qu'il sera approprié;

b) un faible taux d'inspections matérielles et d'examens, selon qu'il sera approprié;

c) une main levée rapide, selon qu'il sera approprié;

d) le paiement différé des droits, taxes, redevances et impositions;

e) l'utilisation de garanties globales ou de garanties réduites;

f) une déclaration en douane unique pour toutes les importations ou exportations pendant une période donnée; et

g) le dédouanement des marchandises dans les locaux de l'opérateur agréé ou dans un autre lieu agréé par les douanes.[1]

Les prescriptions de l'AFE encouragent les membres à élaborer des systèmes d'opérateurs agréés, sur la base des normes internationales, dans les cas où de telles normes existent, sauf lorsqu'elles seraient inappropriées ou inefficaces pour réaliser les objectifs légitimes recherchés. Afin d'améliorer les mesures de facilitation des échanges pour les opérateurs, les membres ménageront aux autres membres la possibilité de négocier la reconnaissance mutuelle des systèmes d'opérateurs agréés, autrement dite, l'agrément mixte des OEA[2].

Les envois accélérés sont ceux effectués de manière expresse. Au sens de l'AFE, les membres adopteront ou maintiendront des procédures permettant la mainlevée accélérée au moins des marchandises entrées par des installations de fret aérien aux personnes qui demanderont un tel traitement, tout en maintenant le contrôle douanier. Ainsi, un membre utilise un critérium de limitation en ce qui concerne les personnes pouvant demander un tel traitement. Il pourra, dans des critères publiés, exiger que le requérant, comme conditions d'admissibilité à l'application du traitement à ses envois accélérés :

1) fournisse l'infrastructure adéquate et assure le paiement des dépenses douanières liées au traitement des envois accélérés, dans les cas où le requérant satisfera aux prescriptions du membre pour que ce traitement soit effectué dans une installation dédiée;

2) présente avant l'arrivée d'un envoi accéléré les renseignements nécessaires pour la mainlevée;

3) se voie appliquer des redevances dont le montant sera limité au coût approximatif des services rendus pour le traitement ;

4) maintienne un degré élevé de contrôle sur les envois accélérés, en assurant la sécurité, la logistique et la technologie de suivi internes, depuis la prise en charge jusqu'à la livraison;

5) assure l'envoi accéléré depuis la prise en charge jusqu'à la livraison;

6) assume la responsabilité du paiement de tous les droits de douane, taxes, redevances et impositions à l'autorité douanière pour les marchandises;

[1] Article 7 de l'AFE, paragraphe 3.

[2] Ils échangeront des renseignements pertinents dans le cadre du CFE, au sujet des systèmes d'opérateurs agréés en vigueur.

7) ait de bons antécédents en matière de respect de la législation douanière ainsi que les législations connexes ;

8) remplisse les autres conditions directement liées à l'application effective des lois, des réglementations et des prescriptions procédurales du Membre, qui se rapportent spécifiquement à l'octroi du traitement.

A ce sujet, il sied de préciser que les membres sont tenus de :

1) réduire au minimum les documents requis pour la mainlevée des envois accélérés, dans la mesure du possible, prévoir la mainlevée sur la base d'une présentation unique de renseignements concernant certains envois[1] ;

2) prévoir la mainlevée des envois accélérés dans des circonstances normales le plus rapidement possible après l'arrivée, à condition que les renseignements requis pour la mainlevée aient été présentés;

3) s'efforcer d'appliquer le traitement aux envois, quels que soient leur poids ou leur valeur, en reconnaissant qu'un membre est autorisé à prescrire des procédures d'entrée additionnelles, y compris la présentation de déclarations et de documents justificatifs et le paiement de droits et de taxes, et de limiter ce traitement en fonction du type de marchandises, à condition que le traitement ne soit pas limité à des marchandises de faible valeur telles que des documents; et

4) prévoir, dans la mesure du possible, une valeur d'envoi ou un montant imposable de minimis, pour lesquels ni droits de douane ni taxes ne seront recouvrés, sauf pour certaines marchandises prescrites. Il va de soi que les taxes intérieures, telles que les taxes sur la valeur ajoutée et les droits d'accise, appliquées aux importations d'une manière compatible avec l'article III du GATT de 1994[2], ne sont pas visées par cette disposition.

Aucune des dispositions ainsi évoquées n'affectera le droit d'un membre d'examiner, de retenir, de saisir, de confisquer des marchandises ou d'en refuser l'entrée, ou d'effectuer des contrôles

[1] AFE, article 10, paragraphe 1.
[2] *Idem,* article 7, paragraphe 4.

après dédouanement, y compris en rapport avec l'utilisation de systèmes de gestion des risques[1].

Les marchandises périssables sont celles qui se détériorent le plus vite à l'épreuve du temps. Il s'agit, notamment des vivres frais et des fleurs. Afin d'empêcher leur perte ou détérioration évitable, et à condition que toutes les prescriptions réglementaires aient été remplies, il est fait obligation aux Etats membres d'accorder leur mainlevée dans des circonstances normales, le plus rapidement possible et dans des circonstances exceptionnelles et dans les cas où cela serait approprié, en dehors des heures d'ouverture des bureaux des douanes et des autres autorités pertinentes.[2]

Tout membre de l'OMC accordera le degré de priorité approprié aux marchandises périssables lorsqu'il planifiera les examens pouvant être requis. Aussi, chaque membre prendra des dispositions, ou autorisera un importateur à prendre des dispositions pour l'entreposage approprié des marchandises périssables, dans l'attente de leur mainlevée. Le membre pourra exiger que les installations d'entreposage mises en place par l'importateur aient été agréées ou désignées par les autorités compétentes.

Le mouvement des marchandises vers les installations d'entreposage, y compris l'autorisation donnée à l'opérateur, pourra être soumis, le cas échéant, à l'approbation des autorités pertinentes. Dans les cas où cela sera réalisable et compatible avec la législation intérieure, et à la demande de l'importateur, le membre doit prévoir les procédures nécessaires pour que la mainlevée ait lieu dans ces installations d'entreposage. Tout retard important dans la mainlevée de marchandises périssables, oblige le membre importateur d'en communiquer les raisons, dans la mesure où cela sera réalisable.

III.8. La coopération entre les organismes présents aux frontières

La coopération au développement s'est considérablement diversifiée surtout depuis une vingtaine d'années, sous l'effet de deux évolutions.[3] L'AFE oblige les membres de faire en sorte que les autorités et les organismes chargés des contrôles et des procédures à la frontière, en ce qui concerne l'importation, l'exportation et le transit de

---

[1] En sus, rien dans les dispositions sus vantées n'empêchera un membre d'exiger, comme condition de la mainlevée, la présentation des renseignements supplémentaires et le respect des prescriptions en matière de licences non automatiques.

[2] Article 7 paragraphe 9 de l'AFE.

[3] Ghorra-Ghorra (C), *Dictionnaire critique de la mondialisation*, Armand Colin, Paris, 2012, p. 166.

marchandises, coopèrent et coordonnent leurs activités afin de faciliter les échanges. Ainsi, tout membre de l'OMC coopérera, dans la mesure du possible et de ce qui sera réalisable, selon les modalités mutuellement convenues avec les membres avec lesquels il a une frontière commune, en vue de coordonner les procédures aux points de passage des frontières, pour faciliter le commerce transfrontière, dans le cadre de la gestion coordonnée des frontières. Coopération et coordination qui pourront inclure :

1) l'harmonisation des jours et des heures de travail;
2) l'harmonisation des procédures et des formalités;
3) la mise en place et le partage d'installations communes;
4) les contrôles conjoints;
5) l'établissement d'un guichet unique pour le contrôle à la frontière.

III.9. Le mouvement des marchandises destinées à l'importation sous contrôle douanier

Les membres de l'OMC autoriseront, dans la mesure où cela sera réalisable, et ce, dans les limites de toutes les prescriptions réglementaires, le mouvement sur le territoire des marchandises destinées à l'importation, sous contrôle douanier d'un bureau d'entrée à un autre bureau de douane, sur le territoire d'où la mainlevée ou le dédouanement des marchandises seraient effectués.

III.10. Les formalités relatives à l'importation, à l'exportation et au transit

Il sera question d'examiner les formalités et prescriptions en matière des documents requis, l'acceptation de copies, l'utilisation des normes internationales, le guichet unique, l'inspection avant expédition, recours aux courtiers en douane, les procédures communes à la frontière et prescriptions communes en matière de conformité des documents requis des marchandises refusées, l'admission temporaire des marchandises et perfectionnement actif et passif.

La déclaration douanière est toujours accompagnée de certains documents dont la production est obligatoire. En vue de réduire au minimum les effets et la complexité des formalités d'importation, d'exportation et de transit et de réduire et de simplifier les prescriptions en matière de documents requis à l'importation, à l'exportation et pour le transit, et en tenant compte des objectifs de politique légitimes et d'autres facteurs tels que l'évolution des circonstances, les nouveaux renseignements pertinents, les pratiques commerciales, les techniques et la technologie disponibles, les meilleures pratiques internationales et les contributions des parties intéressées, chaque membre examinera les formalités et prescriptions en matière de documents requis, et, sur la base des résultats de l'examen, fera en sorte que, selon qu'il sera approprié, les formalités et prescriptions en matière de documents requis:

> 1) soient adoptées et/ou appliquées en vue d'assurer une mainlevée et un dédouanement rapides des marchandises, en particulier des marchandises périssables;
> 2) soient adoptées et/ou appliquées d'une manière qui vise à réduire le temps et le coût nécessaires pour le respect des exigences par les négociants et les opérateurs;
> 3) constituent la mesure choisie la moins restrictive pour le commerce, lorsque deux options ou plus sont raisonnablement disponibles pour atteindre l'objectif ou les objectifs de politique en question; et
> 4) ne soient pas maintenues, même en partie, si elles ne sont plus requises.[1]

Le CFE élaborera des procédures pour l'échange, par les membres, des renseignements pertinents et des meilleures pratiques, selon qu'il sera approprié. Sur pied de l'article 10 alinéa 2 de l'AFE, tout membre s'efforcera, dans les cas où cela sera approprié, d'accepter les copies sur papier ou sous forme électronique des documents justificatifs requis pour les formalités d'importation, d'exportation ou de transit. Dans l'hypothèse où un organisme gouvernemental d'un membre détiendra déjà l'original d'un tel document, tout autre organisme de ce membre acceptera, dans les cas où cela sera applicable, au lieu de l'original, une copie sur papier ou sous forme électronique délivrée par l'organisme détenant l'original[2].

Dans le contexte de la mondialisation, la tendance actuelle est à l'harmonisation des procédures de manière à rendre fluide les échanges transnationaux. Dans le même ordre d'idées, les membres sont encouragés à utiliser les normes internationales pertinentes ou

---

[1] Article 10 paragraphe 1, relatif aux formalités se rapportant à l'importation, à l'exportation et au transit.

[2] Les membres de l'OMC n'exigeront pas l'original ou la copie des déclarations d'exportation présentées aux autorités douanières du membre exportateur, comme condition de l'importation

des parties de ces normes, comme base pour leurs formalités et procédures d'importation, d'exportation ou de transit, sauf disposition contraire. L'AFE encourage les membres à prendre part, dans les limites de leurs ressources, à l'élaboration et à l'examen périodique, par les organisations internationales appropriées, des normes internationales pertinentes.

Le CFE élaborera des procédures pour l'échange, par les membres, des renseignements pertinents et des meilleures pratiques concernant la mise en œuvre des normes internationales, selon qu'il sera approprié. Le Comité pourra aussi inviter les organisations internationales pertinentes pour discuter de leurs travaux sur les normes internationales[1].

Le guichet unique est un lieu administratif ou commercial, regroupant la plupart des services offert aux usagers. Dans cette optique, les membres doivent s'efforcer d'établir ou de maintenir un guichet unique, permettant aux négociants de présenter les documents et/ou les données requis pour l'importation, l'exportation ou le transit de marchandises à un point d'entrée unique aux autorités ou organismes participants. Après que les autorités ou organismes participants auront examiné les documents et/ou les données, les résultats seront notifiés aux requérants par le guichet unique en temps utile. Dans l'hypothèse où les documents et/ou les données requis auront déjà été reçus par le guichet unique, ils ne seront pas demandés par les autorités ou organismes participants, sauf en cas d'urgence et sous réserve d'autres exceptions limitées rendues publiques.[2]

L'inspection avant embarquement est une pratique qui consiste à recourir à des sociétés privées pour vérifier les détails de l'expédition, notamment le prix, la quantité, la qualité des marchandises commandées à l'étranger. Conformément à l'AFE (article 10 paragraphe 5), les membres n'exigeront pas le recours à des inspections avant expédition en rapport avec le classement tarifaire et l'évaluation en douane. Sans préjudice du droit des membres d'utiliser d'autres types d'inspections avant expédition non visées ci-haut, les membres sont encouragés à ne pas introduire ni appliquer de nouvelles prescriptions concernant leur utilisation.

Les procédures du commerce international sont généralement méconnues des acteurs du commerce. C'est dans ce contexte qu'il est recommandé de recourir aux courtiers. Cependant, au regard des coûts

---

[1] Il s'agit essentiellement de celles ayant un intérêt au commerce mondial, notamment le FMI et la BM. Selon qu'il sera approprié, le Comité pourra identifier des normes spécifiques présentant un intérêt particulier pour les membres de l'OMC.

[2] Les membres notifieront au Comité les détails du fonctionnement du guichet unique, et utiliseront, dans la mesure du possible et de ce qui sera réalisable, les technologies de l'information à l'appui du guichet unique.

additionnels qui découlent de ce recours, l'AFE stipule que sans préjudice des importantes préoccupations de politique générale de certains membres qui maintiennent actuellement un rôle spécial pour les courtiers en douane, à compter de l'entrée en vigueur de l'AFE, les membres n'introduiront pas de recours obligatoire à des courtiers en douane.

Les membres de l'OMC notifieront au CFE et publieront les mesures concernant le recours à des courtiers en douane. Toutes modifications ultérieures des mesures seront notifiées et publiées dans les moindres délais. S'agissant de l'octroi de licences à des courtiers en douane, les membres appliqueront des règles qui seront transparentes et objectives, de manière à leur faire participer à la facilitation des échanges. Les agences œuvrant dans les frontières opèrent de manière grégaire. Ainsi, l'Accord de Bali commande que chaque membre appliquera, sous réserve des prescrits du second paragraphe de l'article 10 alinéa 7 de l'AFE[1], des procédures douanières communes et des prescriptions uniformes en matière de documents requis pour la mainlevée et le dédouanement des marchandises sur l'ensemble de son territoire. Toutefois, dans cette disposition, rien n'empêchera un membre :

1) de différencier ses procédures et ses prescriptions en matière de documents requis en fonction de la nature et du type de marchandises ou de leur moyen de transport;
2) de différencier ses procédures et ses prescriptions en matière de documents requis pour les marchandises sur la base de la gestion des risques;
3) de différencier ses procédures et ses prescriptions en matière de documents requis pour prévoir une exonération totale ou partielle des droits ou taxes d'importation;
4) de pratiquer le dépôt ou le traitement électroniques; ou
5) de différencier ses procédures et ses prescriptions en matière de documents requis d'une manière compatible avec l'Accord sur l'application des mesures sanitaires et phytosanitaires.

[1] Le paragraphe 2 concerne la possibilité reconnue aux Etats membres de différencies leurs procédures et prescription en matière des documents requis en fonction de la nature de marchandise, de leur moyen de transport, de la gestion des risques, de leur exonérant du traitement électronique, mais de manière compatible avec l'Accord sur l'application des mesures sanitaires ou phytosanitaire.

Pour une raison compatible avec le droit interne d'un membre, les marchandises peuvent être refusées à l'importation. A cet effet, l'AFE affirme que lorsque les marchandises présentées pour l'importation seront refusées par l'autorité compétente d'un membre, pour cause de non-respect des réglementations sanitaires ou phytosanitaires ou des règlements techniques prescrits, chaque membre, sous réserve de sa législation et conformément à celle-ci, autorisera l'importateur à réexpédier ou à renvoyer à l'exportateur ou à une autre personne désignée par l'exportateur, les marchandises refusées.[1]

Le régime de l'admission temporaire permet d'importer temporairement des marchandises tierces à un Etat, en exonération totale ou partielle des droits de douane et des taxes, destinées à être réexportées en l'état et sans qu'elles soient soumises aux mesures de politiques commerciales[2].

Tout membre de l'OMC autorisera, ainsi qu'il est prévu dans les lois et réglementations, l'admission de marchandises sur son territoire douanier, en suspension totale ou partielle sous condition des droits et taxes d'importation. Au cas où les marchandises sont admises sur son territoire douanier, dans un but spécifique et avec l'intention de les réexporter dans un délai spécifique et qu'elles n'ont subi aucune modification, exception faite de leur dépréciation et usure normales par suite de l'usage qui en est fait.

Le perfectionnement actif s'entend de la procédure douanière dans le cadre de laquelle certaines marchandises peuvent être admises sur le territoire douanier d'un membre, en suspension totale ou partielle, sous condition des droits et taxes d'importation, ou avec admissibilité au bénéfice d'une ristourne de droits, pour autant qu'elles soient destinées à subir une ouvraison, une transformation ou une réparation, et à être ultérieurement exportées[3].

S'agissant du perfectionnement actif et passif, chaque membre autorisera, ainsi qu'il est prévu dans sa législation, le perfectionnement actif et passif des marchandises. Les marchandises autorisées pour perfectionnement passif pourront être réimportées en exonération totale ou partielle des droits et taxes d'importation, conformément aux lois et réglementations du membre.

---

[1] Ainsi, lorsque la possibilité est donnée à l'importateur et que celui-ci ne l'utilise pas dans un délai raisonnable, l'autorité compétente pourra adopter une solution différente pour les marchandises non conformes.

[2] Article 10 paragraphe 6 de l'AFE.

[3] A contrario, le perfectionnement passif s'entend de la procédure douanière dans le cadre de laquelle des marchandises qui se trouvent en libre circulation sur le territoire douanier d'un membre, peuvent être exportées temporairement pour subir à l'étranger une ouvraison, une transformation ou une réparation et pour être ensuite réimportées.

III.11. La liberté de transit

Fondamentalement, le transit douanier consiste à autoriser l'acheminement des marchandises d'un bureau de douane à un autre, dans le même territoire ou dans un autre territoire douanier, en suspension des droits et taxes qui seraient applicables aux marchandises importées ou exportées et sans application de prohibition ou de restrictions économiques ou d'autres mesures de politique commerciale.[1]

La législation ou les formalités relatives au trafic en transit imposées par un membre ne seront pas maintenues si les circonstances ou les objectifs qui ont motivé leur adoption ont cessé d'exister, ou ont changé, de telle sorte qu'il est possible d'y répondre d'une manière moins restrictive pour le commerce et raisonnablement disponible. Elles ne seront pas non plus appliquées de façon à constituer une restriction déguisée au trafic en transit.[2] Les membres ne chercheront pas à prendre, ne prendront ni ne maintiendront de mesure d'autolimitation ou toute autre mesure semblable concernant le trafic en transit. Cela est sans préjudice des réglementations nationales et arrangements bilatéraux ou multilatéraux existants et futurs relatifs à la réglementation du transport et compatibles avec les règles de l'OMC.[3]

Les États membres ont également l'obligation d'accorder aux produits qui transiteront par le territoire de tout autre membre, un traitement non moins favorable, que celui qui serait accordé à ces produits s'ils étaient transportés de leur lieu d'origine à leur lieu de destination, sans passer par le territoire de cet autre membre. Ils sont également encouragés à mettre à disposition, dans les cas où cela sera réalisable, une infrastructure physiquement distincte des voies, des postes d'amarrage[4] et autres pour le trafic en transit. Les formalités, prescriptions en matière de documents requis et contrôles douaniers relatifs au trafic en transit, ne seront pas plus contraignantes qu'il n'est nécessaire pour identifier les marchandises et assurer le respect des prescriptions en matière de transit. Ainsi, après que les marchandises

---

[1] OMD, un système de transit sûr et efficace. Conseils aux membres sur la mise en place d'un système de transit sûr et efficace, Bruxelles, OMD, 2004, p. 8.

[2] Le trafic en transit ne doit pas être subordonné au recouvrement de redevances ou d'impositions imposées en ce qui concerne le transit, à l'exception des frais de transport ou des redevances ou impositions qui correspondent aux dépenses administratives occasionnées par le transit ou au coût des services rendus.

[3] Article 11 de l'AFE, paragraphe 2 et 3.

[4] L'amarrage d'un navire est la dernière phase d'une manœuvre d'accostage, qui consiste à maintenir contre un quai ou une portion à l'aide d'aussières, longs cordages de diamètres variables selon la taille du navire capelées d'une part au quai sur des boites ou des anneaux, et d'autre part, sur le navire, à l'avant et à l'arrière.

auront fait l'objet d'une procédure de transit et auront été autorisées à être acheminées à partir du point d'origine situé sur le territoire d'un membre, elles ne seront pas soumises à des impositions douanières ni à des retards ou restrictions non nécessaires jusqu'à ce que le transit au point de destination sur le territoire du membre soit achevé.

Les membres de l'OMC ne soumettront pas aux marchandises en transit de règlements techniques ni de procédures d'évaluation de la conformité au sens de l'Accord sur les obstacles techniques au commerce. Ils permettront et prévoiront le dépôt et le traitement préalables des documents et données relatifs au transit avant l'arrivée des marchandises[1]. Dans les cas où un membre exigera une garantie sous la forme d'une caution, d'un dépôt ou d'un autre instrument monétaire ou non monétaire approprié pour le trafic en transit, cette garantie permettra seulement de s'assurer que les prescriptions découlant dudit trafic en transit sont respectées. Il va de soi que lorsque le membre aura déterminé qu'il a été satisfait à ses prescriptions en matière de transit, la garantie sera libérée sans délai.

En syntonie avec leur droit interne, les membres permettront, pour les mêmes opérateurs, des garanties globales incluant des transactions multiples ou le renouvellement des garanties sans libération pour les expéditions ultérieures. Tout membre devra ensuite mettre à la disposition du public, les renseignements pertinents qu'il utilise pour fixer la garantie, y compris celles couvrant les transactions uniques et, dans les cas où cela sera applicable, les garanties couvrant les transactions multiples.

L'AFE demande aux pays membres d'exiger le recours au convoyage douanier ou à l'escorte douanière pour le trafic en transit, spécialement dans des circonstances présentant des risques élevés ou lorsque l'utilisation des garanties ne permet pas d'assurer le respect des législations douanières. Les règles générales applicables au convoyage douanier ou à l'escorte douanière, seront publiées conformément à l'AFE. Il est aussi demandé aux membres de s'efforcer de coopérer et de coordonner leurs activités en vue de renforcer la liberté de transit. Coopération et coordination qui pourront inclure, mais non exclusivement, une entente sur les impositions ; les formalités et les prescriptions juridiques et le fonctionnement pratique des régimes de transit.[2] Aussi, chaque membre s'efforcera de désigner un coordonnateur national du transit auquel pourront être adressées toutes les demandes d'information et propositions émanant d'autres membres au sujet du bon fonctionnement des opérations de transit.

---

[1] Une fois que le trafic en transit sera arrivé au bureau de douane par lequel, il doit quitter le territoire d'un membre, ce bureau mettra fin à l'opération de transit dans les moindres délais si les prescriptions en la matière ont été remplies.

[2] Article 11 de l'AFE, paragraphe 16.

III.12. La coopération douanière

Le commerce international met quotidiennement en contact les Etats et apparaît comme le droit international par excellence. Il n'est pas superfétatoire de faire remarquer que la coopération douane-douane constitue un pilier important de la facilitation des échanges[1].

Les membres ont convenu de l'importance de faire en sorte que les négociants connaissent leurs obligations en matière de respect des exigences, d'encourager le respect volontaire pour permettre aux importateurs, dans des circonstances appropriées, d'effectuer eux-mêmes des rectifications sans pénalité et d'appliquer des mesures visant à assurer le respect des exigences pour prendre des mesures plus strictes à l'encontre des négociants récalcitrants.

Ils sont encouragés à échanger des renseignements sur les meilleures pratiques en matière de gestion, du respect des exigences en matière douanière, y compris par l'intermédiaire du CFE. Les membres sont également encouragés à coopérer, en ce qui concerne les orientations techniques ou l'assistance et le soutien pour le renforcement des capacités aux fins de l'administration des mesures visant à assurer le respect des exigences et pour le renforcement de leur efficacité de ces mesures. Sur demande et sous réserve des dispositions sus vantées, les membres échangeront les renseignements aux fins de la vérification d'une déclaration d'importation ou d'exportation dans des cas déterminés, où il y a des motifs raisonnables de douter de la véracité ou de l'exactitude de la déclaration. Tout membre notifiera au CEF, les coordonnées de son point de contact pour l'échange des renseignements.

L'OMC via l'AFE, oblige les membres de présenter une demande de renseignements uniquement, après avoir mené à bien les procédures appropriées de vérification d'une déclaration d'importation ou d'exportation et après avoir inspecté les documents pertinents disponibles.

Le membre demandeur présentera au membre destinataire de la demande, une requête écrite, sur papier ou sous forme électronique, dans une langue officielle de l'OMC ou une autre langue mutuellement convenue, indiquant :

1) la question dont il s'agit, y compris, dans les cas où cela sera approprié et lorsqu'il existera, le numéro

[1] La coopération douanière s'arc-boute sur les mesures favorisant le respect des exigences et la coopération, l'échange de renseignement, la vérification, la demande, la protection et interdiction fournitures des renseignements, report de la réponse ou refus de répondre à une demande, réciprocité, charge administrative, limitations, utilisation ou divulgation non autorisée, et accords bilatéraux et régionaux.

identifiant la déclaration d'exportation correspondant à la déclaration d'importation en question;

2) les fins auxquelles le membre demandeur souhaite obtenir les renseignements ou les documents, ainsi que les noms et coordonnées des personnes auxquelles se rapporte la demande, si ces renseignements sont connus;

3) si le membre auquel la demande est adressée l'exige et dans les cas où cela sera approprié, la confirmation de la vérification;

4) les renseignements ou documents spécifiques demandés;

5) l'identité du bureau qui est à l'origine de la demande;

6) une référence aux dispositions du droit interne et du système juridique du membre demandeur qui régissent la collecte, la protection, l'utilisation, la divulgation, la conservation et la destruction des renseignements confidentiels et des données personnelles (article 12 de l'AFE, paragraphe 4.1). Si le membre demandeur n'est pas en mesure de respecter les dispositions de l'un quelconque des alinéas de ce paragraphe, il le précisera dans sa demande.

Sous réserve du paragraphe 52 du même article, qui traite des renseignements, le membre demandeur :

1) gardera strictement confidentiels tous les renseignements ou documents fournis par le membre auquel la requête est adressée et leur accordera au moins le même niveau de protection, et de confidentialité que celui qui est accordé en vertu du droit interne et du système juridique du membre auquel la demande est adressée, tel qu'il est décrit par celui-ci conformément aux dispositions du paragraphe 6.1 b) ou 6.1 c); qui traite des fournitures des renseignements ;

2) fournira les renseignements ou documents uniquement aux autorités douanières, chargées de la question dont il s'agit et utilisera ces renseignements ou documents uniquement aux fins indiquées dans la demande, à moins que le membre auquel la demande est adressée n'en convienne autrement par écrit.

3) ne divulguera pas les renseignements ou documents sans l'autorisation écrite spécifique du membre auquel la demande est adressée;

4) n'utilisera pas de renseignements ou documents non vérifiés fournis par le membre auquel la demande est adressée comme élément déterminant permettant de lever le doute dans des circonstances données;

5) respectera les conditions définies pour un cas spécifique par le membre auquel la demande est adressée en ce qui concerne la conservation et la destruction des renseignements ou documents confidentiels et des données personnelles; et

6) sur demande, informera le membre auquel la demande est adressée des décisions et actions menées au sujet de la question dont il s'agit sur la base des renseignements ou documents fournis.

Au regard de son droit interne et de son système juridique, le membre demandeur pourra ne pas être en mesure de respecter l'une quelconque de ces dispositions. Si c'est le cas, le membre demandeur le précisera dans sa demande. Le membre destinataire de la requête accordera à toute demande et à tout renseignement se rapportant à la vérification reçus au titre du paragraphe 4, au moins le même niveau de protection et de confidentialité que celui qu'il accorde à ses propres renseignements semblables.

Sous réserve des dispositions de l'article 12 et dans les moindres délais, le membre auquel la requête est adressée :

1) répondra par écrit, sur papier ou sous forme électronique;

2) fournira les renseignements spécifiques mentionnés dans la déclaration d'importation ou d'exportation, ou la déclaration, dans la mesure où ils seront disponibles, ainsi qu'une description du niveau de protection et de confidentialité requis de l'Etat demandeur;

3) sur demande, fournira les renseignements spécifiques mentionnés dans les documents ci-après, ou les documents présentés à l'appui de la déclaration d'importation ou d'exportation, dans la mesure où ils seront disponibles, notamment facture commerciale, liste de colisage, certificat d'origine et connaissement, tels qu'ils ont été présentés, sur papier ou sous forme électronique, ainsi qu'une description du niveau de protection et de confidentialité requis du membre demandeur;

4) confirmera que les documents fournis sont des copies conformes;

5) fournira les renseignements ou répondra par d'autres moyens à la demande, dans la mesure du possible, dans un délai de 90 jours à compter de la date de la demande.

Le membre auquel la requête est adressée pourra exiger, en vertu de son droit national et de son système juridique, avant la fourniture des renseignements, l'assurance que les renseignements spécifiques ne seront pas utilisés comme éléments de preuve dans des enquêtes pénales, des procédures judiciaires ou des procédures autres que douanières, sans son autorisation écrite spécifique. [1].

Le droit de l'OMC oblige le membre destinataire de la demande à reporter sa réponse ou refuser de répondre à une partie ou à la totalité d'une demande de renseignements ; il en indiquera, au membre demandeur, les raisons suivantes :

1) la demande serait contraire à l'intérêt public tel qu'il est inscrit dans son droit interne et système juridique ;

2) son droit interne et son système juridique empêchent la diffusion de renseignements. Dans ce cas, il lui fournira une copie de la référence spécifique pertinente;

3) la fourniture des renseignements ferait obstacle à l'application des lois ou interférerait d'une autre manière avec une enquête, des poursuites ou une procédure administratives ou judiciaires en cours;

4) le consentement de l'importateur ou de l'exportateur est requis par son droit interne et son système juridique qui régissent la collecte, la protection, l'utilisation, la divulgation, la conservation et la destruction des renseignements confidentiels ou des données personnelles et ce consentement n'est pas donné;

5) la demande de renseignements est reçue après l'expiration de la prescription juridique relative à la conservation des documents.

---

[1] Au cas où le membre demandeur n'est pas en mesure de respecter cette prescription, il devrait le préciser au membre auquel la demande est adressée.

Le point 7.1 ouvrirait une brèche à une coopération inefficace, chacun des Etats pouvant ainsi créer des dispositions contraires dans son droit national. Dans les circonstances prévues aux paragraphes 4.2, 5.2 ou 6.2, l'exécution d'une telle demande sera laissée à la discrétion du membre auquel la demande est adressée. En droit international, la réciprocité implique le droit à l'égalité et au respect mutuel entre les Etats. C'est donc ce principe qui a servi de base pour atténuer l'application du principe de territorialité.

Le membre demandeur qui estime qu'il ne serait pas en mesure de répondre à une demande semblable présentée par le membre sollicité, ou s'il n'a pas encore mis en œuvre l'article 12 qui traite de la coopération douanière, il indiquera dans sa demande que l'exécution d'une telle demande sera laissée à la discrétion de l'autre partie. Le membre demandeur tiendra compte des ressources requises et des coûts qui en résultent, pour l'autre partie, en vue d'une réponse aux demandes de renseignements. Il va de soi que le membre demandeur examinera la proportionnalité entre son intérêt financier, à présenter sa demande et les efforts à consentir par l'autre membre, pour fournir les renseignements. Il appert ainsi que le coût d'opportunité reste déterminant dans la demande des renseignements.

Si le membre destinataire reçoit un nombre ingérable de demandes de renseignements ou une demande de renseignements d'une portée ingérable qu'il ne peut y répondre dans un délai raisonnable, il pourra solliciter un ordre de priorité en vue de convenir d'une limite réalisable, compte tenu des ressources dont il dispose. En l'absence d'une approche mutuellement convenue, l'exécution de telles demandes sera laissée à sa discrétion, sur la base de l'ordre de priorité qu'il aura lui-même établi. La demande de renseignements est sujette à certaines limitations. Le membre sollicité ne sera pas tenu :

1) de modifier le modèle de ses déclarations ou ses procédures d'importation ou d'exportation;
2) de demander des documents autres que ceux présentés avec la déclaration d'importation ou d'exportation et énumérés au paragraphe 6.1 c) de l'article 12 de l'AFE;
3) de faire des recherches pour obtenir les renseignements;
4) de modifier la durée pendant laquelle les renseignements sont conservés;
5) d'utiliser des documents sur papier dans les cas où la forme électronique a déjà été adoptée;
6) de traduire les renseignements dans une langue quelconque ;
7) de vérifier l'exactitude des renseignements; ou

8) de fournir des renseignements qui porteraient préjudice aux intérêts commerciaux légitimes de certaines entreprises publiques ou privées.

L'AFE dispose qu'en cas de violation des conditions d'utilisation ou de divulgation des renseignements échangés, sur pied de l'article 12 de l'AFE, le membre demandeur, qui aura reçu les renseignements, communiquera dans les moindres délais au membre destinataire de la demande, qui aura fourni les renseignements et les détails concernant cette utilisation ou cette divulgation non autorisée. Ainsi, il :

1) prendra les mesures nécessaires pour remédier à cette violation;
2) prendra les mesures nécessaires, pour empêcher toute violation à l'avenir; et
3) notifiera au membre auquel la demande est adressée les mesures connues indiquées aux sous-points précédents.

Le destinataire pourra suspendre ses obligations à l'égard du demandeur, jusqu'à la prise des mesures prévues. Quant à la coopération douanière, elle se fait aussi bien à l'échelon régional qu'international. L'AFE n'empêche pas un membre de conclure ou de maintenir un accord bilatéral, plurilatéral ou régional aux fins du partage ou de l'échange de données et renseignements douaniers, également par des moyens sûrs et rapides, notamment de façon automatique ou avant l'arrivée de l'envoi.

L'article 12 de l'AFE ne pourra en aucun moment être interprété comme modifiant ou affectant les droits ou obligations des membres au titre de tels accords bilatéraux, plurilatéraux ou régionaux, ni comme régissant l'échange de données et renseignements douaniers au titre d'autres accords de ce genre.

III.13. Le traitement spécial et différencié

De même que le droit de l'OMC institue les flexibilités en faveur des PED et des PMA, l'AFE établit pour eux un traitement spécial et différencié. On entend par PED[1], le pays dont le niveau de vie mesuré par le revenu national réel par tête est inférieur au revenu mondial par tête. Il existe plusieurs intérêts à cet effet ; à savoir : le revenu national brut par habitant, l'indice du capital humain et l'indice de vulnérabilité économique, mais dans le cadre de cette étude, nous allons nous

[1] Silem (A), *Op. cit.*, p. 576.

attarder sur le revenu national par habitant, dont le seuil est 675$ US[1] au moins.

Les dispositions des articles 1er à 12 de l'AFE contiennent essentiellement des mesures douanières devant être mises en œuvre par les PED membres et les PAM membres, conformément à la section II de l'Accord, fondée sur les modalités convenues à l'Annexe D de l'Accord-cadre de juillet 2004 (WT/L/579) et au paragraphe 33 et à l'Annexe E de la Déclaration ministérielle de Hong Kong (WT/MIN(05)/DEC). Dispositions se rapportant aux flexibilités reconnues aux PED et PMA. Dans le cadre de la mise œuvre des dispositions douanières, une assistance et un soutien pour le renforcement des capacités devraient être fournis pour aider les PED membres et les PMA membres pour mettre en œuvre les dispositions de l'AFE, conformément à leur nature et à leur portée. L'étendue et le moment de la mise en œuvre des dispositions ainsi évoquées seront liés aux capacités de mise en œuvre des pays membres concernés.

Dans l'hypothèse où un membre (PED ou PMA) continuera de ne pas avoir la capacité nécessaire, la mise en œuvre de la (des) disposition(s) concernée(s) ne sera pas exigée jusqu'à ce que cette capacité de mise en œuvre ait été acquise. Les PMA membres ne seront tenus de contracter des engagements que dans la mesure compatible avec les besoins du développement, des finances et du commerce de chacun d'entre eux ou avec leurs capacités administratives et institutionnelles. Les flexibilités illimitées constitueraient des distorsions au droit de l'OMC et devraient être remplacées par des critères mesurables. Les flexibilités accordées se matérialisent dans des délais assez brefs, dans la mise en œuvre de l'AFE. Les PED disposant particulièrement d'une année pour notifier leurs dispositions de catégories B et C.

Dans le même délai, les PED et les donateurs communiqueront les engagements pris dans la cadre de l'assistance technique, et au bout de 18 mois, les progrès réalisés devront également être communiqués au CFE. S'agissant des PMA, la notification, étant toutefois provisoire, se fait une année après l'entrée en vigueur. Les PMA disposent encore de deux ans pour confirmer leurs engagements, avec possibilité d'une prolongation. Toutefois, 18 mois après la notification définitive, les PMA et les donateurs déjà en programme d'assistance, doivent communiquer au CFE les progrès réalisés.

Les dispositions de l'AFE ont été regroupées en trois catégories ; à savoir :

---

[1] Il va de soi que pour les PMA, il s'agit de tous les Etats dont le revenu est inférieur à 675 $US.

a) la catégorie A contient les dispositions qu'un PED membre ou un PMA membre désignera pour leur mise en œuvre au moment de l'entrée en vigueur de l'AFE, ou dans le cas d'un PMA membre, dans un délai d'un an après l'entrée en vigueur de l'AFE, tel que prévu à l'article 15 de l'AFE ;
b) la catégorie B contient les dispositions qu'un PED membre ou un PMA membre désignera pour leur mise en œuvre à une date postérieure à une période de transition, suivant l'entrée en vigueur, ainsi qu'il est prévu à l'article 16 ;
c) la catégorie C contient les dispositions qu'un PED membre ou un PMA membre désignera pour leur mise en œuvre à une date postérieure à une période de transition, suivant l'entrée en vigueur de l'AFE et exigeant l'acquisition de la capacité de mise en œuvre, grâce à la fourniture d'une assistance et d'un soutien pour le renforcement des capacités. Il peut s'agir d'une assistance technique et financière. Chaque PED membre et PMA membre désignera lui-même, individuellement, les dispositions qu'il inclura dans chacune des catégories A, B et C[1].

La notification des catégorisations devra en principe se faire avant l'entrée en vigueur de l'Accord de Bali. Dès l'entrée en vigueur de l'AFE, chaque PED membre mettra ainsi en œuvre les engagements désignés comme relevant de la catégorie A, qui feront ainsi partie intégrante de l'AFE.

Un PMA membre pourra notifier au Comité les dispositions qu'il aura désignées comme relevant de la catégorie A, jusqu'à un an après l'entrée en vigueur de l'AFE. Les engagements désignés comme relevant de la catégorie A de chaque PMA membre, feront ainsi partie intégrante de l'AFE. En ce qui concerne les dispositions qu'un PMA membre n'aura pas désignées comme relevant de la catégorie A, les PMA membres pourront différer la mise en œuvre, conformément au processus indiqué à l'article 16. Dès l'entrée en vigueur de l'AFE, chaque PED membre notifiera au CFE les dispositions qu'il aura désignées comme relevant de la catégorie B et ses dates indicatives correspondantes pour la mise en œuvre[2].

---

[1] Article 14 de l'AFE, paragraphe 2.

[2] Les notifications présentées pourront aussi inclure les autres renseignements que le membre notifiant jugera appropriés. Les membres sont encouragés à fournir des renseignements sur l'entité ou l'organisme interne chargé de la mise en œuvre, de

L'Accord de Bali stipule qu'au plus tard un an après l'entrée en vigueur de l'AFE, chaque PED membre notifiera au CFE, ses dates définitives pour la mise en œuvre des dispositions qu'il aura désignées comme relevant de la catégorie B. Au cas où un PED membre, avant l'expiration de ce délai, estime qu'il a besoin d'un délai additionnel pour notifier ses dates définitives, il pourra demander que le CFE prolonge la période suffisamment pour pouvoir notifier ses dates. Il est ainsi fait obligation à chaque PED membre de l'OMC, de notifier au CFE les dispositions qu'il aura désignées comme relevant de la catégorie C et ses dates indicatives correspondantes pour la mise en œuvre. Aux fins de transparence, les notifications présentées incluront des renseignements sur l'assistance et le soutien pour le renforcement des capacités dont le membre aura besoin pour la mise en œuvre.

Les membres pourront aussi inclure des renseignements sur les plans ou projets nationaux de mise en œuvre en matière de facilitation des échanges, sur l'entité ou l'organisme interne chargé de la mise en œuvre et sur les donateurs avec lesquels ils auront éventuellement mis en place un arrangement pour la fourniture d'une assistance.

Dans un délai d'un an suivant l'entrée en vigueur de l'AFE, les PED membres et les membres donateurs pertinents, compte tenu des arrangements en place, des notifications présentées au titre du paragraphe 1 de l'article 22 de l'AFE et des renseignements présentés au titre de l'alinéa c), de l'article 16 et de l'AFE, fourniront au CFE des renseignements sur les arrangements[1] maintenus ou conclus, nécessaires pour la fourniture d'une assistance et d'un soutien pour le renforcement des capacités visant à permettre la mise en œuvre des dispositions de la catégorie C. Le PED membre informera le CFE, dans les moindres délais, des arrangements en question, et le Comité invitera aussi les donateurs non membres à fournir des renseignements y relatifs.

A la première réunion des donateurs (Yaoundé, juillet 2015), il a semblé que les moyens financiers étaient inférieurs aux besoins exprimés par les membres de la région douanière de l'AOC. La mise en œuvre de l'AFE en Afrique serait difficile, au regard de nombreux besoins d'assistance technique.

Dans un délai de 18 mois, à compter de la date de communication des renseignements mentionnée à l'alinéa d) de l'article 16, les membres donateurs et les PED membres respectifs, informeront le Comité des progrès concernant la fourniture de l'assistance et du

manière à assurer la transparence et la précision le cas échéant pour une assistance technique idoine.

[1] Lesdits arrangements seront conclus suivant des modalités mutuellement convenues, au niveau bilatéral ou par l'intermédiaire des organisations internationales appropriées, conformément au paragraphe 3 de l'article 21 de l'AFE

soutien pour le renforcement des capacités. Chaque PED membre notifiera, en même temps, sa liste des dates définitives pour la mise en œuvre. Pour ce qui est des dispositions qu'un PMA membre n'aura pas désignées comme relevant de la catégorie A, les PMA membres pourront différer la mise en œuvre, conformément au processus indiqué dans l'AFE (article 17 point 1).

Au plus tard un an après l'entrée en vigueur de l'AFE, un PMA membre notifiera au CFE les dispositions de la catégorie B et pourra notifier les dates indicatives correspondantes pour la mise en œuvre des dispositions, en tenant compte des flexibilités maximales ménagées aux PMA.

Au plus tard deux ans après la date de la notification, chaque PMA membre présentera une notification au CFE pour confirmer les dispositions qu'il aura désignées et les dates pour la mise en œuvre. Au cas où un PMA, avant l'expiration du délai, estime qu'il a besoin d'un délai additionnel pour notifier les dates définitives, il pourra demander que le Comité prolonge suffisamment la période de notification. Aux fins de transparence et pour faciliter les arrangements avec les donateurs, un an après l'entrée en vigueur de l'AFE, chaque PMA membre notifiera au CFE, les dispositions qu'il aura désignées comme relevant de la catégorie C, en tenant compte des flexibilités maximales ménagées aux PMA membres. Un an après la date mentionnée à l'alinéa c) de l'article 16 de l'AFE, les PMA membres notifieront des renseignements sur l'assistance et le soutien pour le renforcement des capacités, dont le membre aura besoin pour la mise en œuvre. Les membres pourront aussi inclure des renseignements sur les plans ou projets nationaux de mise en œuvre en matière de facilitation des échanges, sur l'entité ou l'organisme interne compétent et sur les donateurs avec lesquels ils auront éventuellement mis en place un arrangement pour la fourniture d'une assistance.

Au plus tard deux ans après la notification, les PMA membres et les membres donateurs pertinents, fourniront au CFE des renseignements sur les arrangements maintenus ou conclus, utiles pour la fourniture d'une assistance et d'un soutien pour le renforcement des capacités visant à permettre la mise en œuvre des engagements de la catégorie C. Le PMA membre participant a l'obligation d'informer le CFE, dans les moindres délais, de tels arrangements.[1]

Au plus tard 18 mois, à compter de la date de fourniture des renseignements, les membres donateurs pertinents et les PMA membres, informeront le CFE des progrès concernant de tels

---

[1] Le PMA membre notifiera en même temps ses dates indicatives, pour la mise en œuvre des engagements de la catégorie C correspondants couverts par les arrangements en matière d'assistance et de soutien. Le CFE invitera aussi les donateurs non membres à fournir des renseignements sur les arrangements existants et conclus.

fourniture et soutien. Chaque PMA membre notifiera au CFE, en même temps, la liste des dates définitives pour la mise en œuvre. Les PED membres et les PMA membres ayant des difficultés à communiquer de telles dates, dans les délais indiqués aux paragraphes 1 et 2 de l'article 16 de l'AFE, faute de soutien d'un donateur ou en raison de l'absence de progrès, devraient les notifier au Comité, le plus tôt possible, avant l'expiration des délais. Les membres conviennent également de coopérer pour aider à faire face aux difficultés, en tenant compte des circonstances particulières et des problèmes spéciaux du membre concerné[1].

L'AFE précise, en son article 16, paragraphe 4, que trois mois avant l'expiration du délai mentionné aux alinéas 1 b) ou e) ou, dans le cas d'un PMA membre, aux alinéas 2 b) ou f), le Secrétariat de l'OMC adressera un rappel à un membre, si celui-ci n'a pas notifié de date définitive pour la mise en œuvre des dispositions qu'il aura désignées comme relevant de la catégorie B ou C. Au cas où un membre n'invoque pas le paragraphe 3 ou, dans le cas d'un PED membre, l'alinéa 1 b) ou, dans le cas d'un PMA membre, l'alinéa 2 b), en vue d'une prolongation du délai et ne notifie toujours pas de date définitive pour la mise en œuvre, il mettra en œuvre les dispositions, dans un délai d'un an après l'expiration du délai mentionné aux alinéas 1 b) ou e) ou, dans le cas d'un PMA membre, aux alinéas 2 b) ou f), ou le délai prolongé en vertu du paragraphe 3.

Au plus tard 60 jours après les dates pour la notification des dates prévues, définitives, en vue de la mise en œuvre des dispositions de la catégorie B et de la catégorie C, sur pied des paragraphes 1, 2 ou 3 de l'article 16, le CFE prendra note des annexes contenant les dates définitives de chaque membre pour la mise en œuvre des dispositions de la catégorie B et de la catégorie C, y compris toutes dates fixées, conformément au paragraphe 4 de l'article 16 de l'AFE, les annexes faisant ainsi partie intégrante de l'AFE.

Le mécanisme d'avertissement rapide comprend le report des dates de mise en œuvre pour les dispositions des catégories B A C. Un PED membre ou un PMA membre qui considérera qu'il a des difficultés à mettre en œuvre une disposition qu'il aura désignée comme relevant de la catégorie B ou de la catégorie C pour la date définitive, fixée conformément aux alinéas 1 b) ou e) de l'article 16 de l'AFE ou, dans le cas d'un PMA membre, aux alinéas 2 b) ou f) du même article, devrait présenter une notification au CFE.

[1] Le Comité mènera, selon qu'il sera approprié, une action pour faire face à ces difficultés, y compris, dans les cas où cela sera nécessaire, en prolongeant les délais pour la notification des dates définitives par le membre en cause.

Les PED membres, présenteront une notification au CFE, au plus tard 120 jours avant la date d'expiration de la période de mise en œuvre, tandis que les PMA membres présenteront une notification au CFE, au plus tard 90 jours avant cette date. La notification au CFE indiquera la nouvelle date pour laquelle le PED membre ou le PMA membre compte pouvoir mettre en œuvre la disposition en cause. La notification indiquera également les raisons du retard dans la mise en œuvre. Ces raisons pourront inclure un besoin d'assistance et de soutien pour le renforcement des capacités qui n'aurait pas été prévu ou une assistance et un soutien additionnels pour aider à renforcer les capacités.[1]

Dans l'hypothèse où une demande de délai additionnel présentée par un pays en développement membre, pour la mise en œuvre ne dépassera pas 18 mois ou qu'une demande de délai supplémentaire présentée par un PMA membre ne dépassera pas trois ans, le membre demandeur sera admis au bénéfice de ce délai additionnel sans autre action du CFE.

Toutefois, s'il arrivait qu'un PED ou un PMA membre, considère qu'il a besoin d'une quelconque prolongation, même plus longue que celle prévue au paragraphe 2, il présentera au CFE une demande y relative, contenant les renseignements mentionnés à l'alinéa 1 b) de l'article 17 de l'AFE, au plus tard 120 jours, dans le cas d'un PED et 90 jours dans le cas d'un PMA, avant la date définitive initiale d'expiration de la période de mise en œuvre ou d'expiration de la période de mise en œuvre, ultérieurement prolongée.

Le CFE examinera avec compréhension, la possibilité d'accéder aux demandes de prolongation en tenant compte des circonstances spécifiques du membre requérant. Ces circonstances pourront inclure des difficultés, et des retards dans l'obtention d'une assistance et d'un soutien en vue de renforcer des capacités.

Au regard du paragraphe 2 de l'article 13 de l'AFE, si un PED membre ou un PMA membre, après avoir mené à bien les procédures énoncées aux paragraphes 1 ou 2 de l'article 16 et à l'article 17 de l'AFE qui traite de prolongation des droits de mise en œuvre, et dans les cas où une prolongation demandée n'aura pas été accordée ; ou dans les cas où le PED membre ou le PMA membre se trouve autrement confronté à des circonstances imprévues qui empêchent qu'une prolongation soit accordée en vertu de l'article 17, détermine lui-même que sa capacité à mettre en œuvre une disposition relevant de la catégorie C demeure insuffisante, il va de soi qu'un membre signifiera au Comité son incapacité à mettre en œuvre la disposition pertinente.

[1] Article 17 de l'AFE, paragraphe 1b.

Le Comité doit instituer un groupe d'experts immédiatement, et, en tout état de cause, dans un délai de 60 jours au plus tard après réception de la notification du PED ou PMA membre pertinent. Le Groupe d'experts examinera la question et adressera une recommandation au Comité, dans les 120 jours suivant sa composition.

Le Groupe d'experts sera composé de cinq personnes indépendantes, hautement qualifiées dans les domaines de la facilitation des échanges et de l'assistance et du soutien pour le renforcement des capacités. La composition du Groupe doit ainsi garantir l'équilibre entre ressortissants des PED et PMA membres. Dans l'hypothèse où le PMA membre sera concerné, le Groupe d'experts comprendra au moins un ressortissant d'un PMA membre. Au cas où le Comité ne peut s'entendre sur la composition du Groupe d'experts dans les 20 jours suivant son établissement, le Directeur Général de l'OMC, en consultation avec le Président du Comité, déterminera sa composition suivant les termes du paragraphe 3 de l'article 18 de l'AFE.

Le Groupe d'experts examinera la détermination faite par le membre lui-même, concernant l'insuffisance de capacité et adressera une recommandation au Comité. Lorsqu'il examinera la recommandation du Groupe d'experts concernant un PMA membre, le Comité mènera, selon qu'il sera approprié, une action qui facilitera l'acquisition d'une capacité de mise en œuvre durable.[1]

Aucun membre ne fera l'objet de procédures au titre du mémorandum d'accord sur le règlement des différends, depuis le moment où le PED membre notifiera au Comité son incapacité à mettre en œuvre la disposition pertinente, jusqu'à la première réunion du Comité, après réception de la recommandation du Groupe d'experts. Recommandation qui sera examinée par le Comité. Pour un PMA, les procédures au titre du mémorandum d'accord sur le règlement des différends, ne s'appliqueront pas pour la disposition concernée, à compter de la date à laquelle il aura notifié au Comité son incapacité à mettre en œuvre la disposition et jusqu'à ce que le Comité prenne une décision à ce sujet, ou, si cette période est plus courte, pendant les 24 mois suivant la date de la première réunion du Comité.

Dans les cas où un PMA membre ne sera plus capable de mettre en œuvre un engagement de la catégorie C, il pourra en informer le Comité et suivre les procédures en la matière.

Les PED et les PMA membres qui auront notifié les dispositions relevant des catégories B et C, pourront transférer des dispositions d'une catégorie à l'autre, en présentant une notification au CFE. Un membre pourra alors proposer de transférer une disposition de la

[1] Article 18 de l'AFE, paragraphe 4.

catégorie B à la catégorie C. Il fournira des renseignements sur l'assistance et le soutien nécessaires pour le renforcement des capacités. Dans l'hypothèse où un délai supplémentaire sera requis, pour mettre en œuvre une disposition transférée de la catégorie B à la catégorie C, le membre pourra utiliser les dispositions pertinentes de l'article 17 de l'AFE[1], y compris la possibilité d'obtenir une prolongation automatique; ou pourra demander au Comité d'examiner la demande du membre, visant à obtenir un délai additionnels pour mettre en œuvre la disposition et, si nécessaire, une assistance et un soutien pour le renforcement des capacités, y compris la possibilité d'un examen et d'une recommandation par le Groupe d'experts, conformément à l'article 18; ou devra demander, dans le cas d'un PMA membre, l'approbation du CFE pour toute nouvelle date de mise en œuvre fixée à plus de quatre ans, après la date initialement notifiée pour la catégorie B. En outre, un PMA membre continuera d'avoir recours à l'article 17. Il est entendu qu'une assistance et un soutien pour le renforcement des capacités seront requis pour un PMA membre opérant un tel transfert.

Pendant une période de deux ans, à dater de l'entrée en vigueur de l'AFE, les dispositions des articles XXII et XXIII du GATT de 1994, telles qu'elles sont précisées et mises en application par le MARP régissant le règlement des différends, ne seront pas d'application au règlement des différends concernant un PED membre, en ce qui concerne toute disposition que ce dernier aura désignée comme relevant de la catégorie A.

Pendant une période de six ans, suivant l'entrée en vigueur de l'AFE, les dispositions des articles XXII et XXIII du GATT de 1994,[2] telles que précisées et mises en application par le MARP régissant le règlement des différends, ne s'appliqueront pas au règlement des différends concernant un PMA membre pour ce qui est de toute disposition que ce membre aura désignée comme relevant de la catégorie A. Nonobstant la période de grâce pour l'application du mémorandum d'accord, sur les règles et procédures régissant le règlement des différends, avant de demander l'ouverture de consultations en syntonie avec les articles XXII ou XXIII du GATT de 1994 et à tous les stades d'une procédure de règlement des différends concernant une mesure

---

[1] L'article 17 traite du mécanisme d'avertissement rapide en cas de report des dates de mise en œuvre pour les dispositions des catégories B et C.

[2] D'une période de huit ans suivant la mise en œuvre d'une disposition relevant de la catégorie B ou C par un PMA membre, les dispositions des articles XXII et XXIII du GATT de 1994, telles qu'elles sont précisées et mises en application par le mémorandum d'accord sur les règles et procédures régissant le règlement des différends, ne s'appliqueront pas au règlement des différends à l'endroit du PMA membre pour ce qui est de cette disposition.

d'un PMA membre, un membre accordera une attention particulière à la situation spéciale des PMA membres. A cet égard, les membres feront preuve de modération lorsqu'ils soulèveront des questions concernant des PMA membres au titre du MARP[1].

Il incombe à tout membre de l'OMC à qui la demande a été faite, pendant la période de grâce accordée, sur pied de l'article 20 de l'AFE, de ménager aux autres membres des possibilités adéquates de discussion au sujet de toute question relative à la mise en œuvre de l'AFE.

Les PED et les PMA accusent un grand retard en infrastructures. Suivant des modalités mutuellement convenues, soit sur le plan bilatéral, soit sur le plan multilatéral, par l'intermédiaire des membres donateurs ou des organisations internationales, des partenaires de développement, ils bénéficient des facilités de fourniture d'une assistance (technique) et d'un soutien ciblé. L'objectif étant de les aider à mettre en œuvre les dispositions de la section I de l'AFE, consacrées aux aspects douaniers du commerce international. Les mécanismes de coopération pour le développement pertinents et les principes d'assistance technique, notamment, étant mis à contribution, d'une manière qui ne compromette pas les priorités existantes en matière de développement. Cet antagonisme ralentirait l'efficacité, en droit de l'OMC. Les membres s'efforceront, à cet effet, d'appliquer les principes ci-dessous :

1) tenir compte du cadre de développement global des pays et régions bénéficiaires et, dans les cas où cela sera pertinent et approprié, des programmes de réforme et d'assistance technique en cours ;
2) inclure, dans les cas où cela sera pertinent et approprié, des activités visant à résoudre les difficultés rencontrées aux niveaux régional et sous-régional et à promouvoir l'intégration à ces niveaux ;
3) faire en sorte que les activités de réforme en cours dans le secteur privé en matière de facilitation des échanges soient prises en considération dans les activités d'assistance ;
4) promouvoir la coordination parmi les membres, les autres institutions spécialisées et entre les uns et les autres, y compris les communautés économiques régionales, afin que l'assistance soit la plus effective et la plus efficace. A cette fin : la

[1] Article 19 de l'AFE, paragraphe 4.

coordination, particulièrement dans le pays ou la région où l'assistance doit être fournie, entre membres partenaires et donateurs, et entre donateurs bilatéraux et multilatéraux, devrait avoir pour but d'éviter les empiétements, et répétitions dans les programmes d'assistance et les incohérences dans les activités de réforme, au moyen d'une coordination étroite, des interventions en matière d'assistance technique et de renforcement des capacités; pour les PMA membres, le CIR[1] pour l'assistance liée au commerce en faveur des PMA, devrait faire partie de ce processus de coordination ; et les membres devraient aussi promouvoir une coordination interne entre leurs fonctionnaires chargés du commerce et du développement, dans les capitales et à Genève, pour la mise en œuvre de l'AFE et l'assistance technique ;

5) encourager l'utilisation des structures de coordination existantes dans les pays et les régions, comme les tables rondes et les groupes consultatifs, afin de coordonner les activités de mise en œuvre et d'en assurer le suivi ; et
6) encourager les PED membres à fournir un renforcement des capacités à d'autres PED et PMA membres et envisager de soutenir de telles activités, dans la mesure du possible.

Le CFE tiendra au moins une session spécifique par an pour: discuter de tous les problèmes liés à la mise en œuvre de dispositions ou parties de dispositions de l'AFE ; examiner les progrès concernant la fourniture d'une assistance, et d'un soutien pour le renforcement des capacités de manière à soutenir la mise en œuvre de l'AFE, y compris en ce qui concerne tout PED ou PMA membre qui n'en bénéficierait pas d'une manière adéquate; échanger des données d'expérience, et des renseignements sur les programmes d'assistance et de soutien pour le renforcement des capacités et sur les programmes de mise en œuvre en cours, y compris les difficultés rencontrées et les succès obtenus ; examiner les notifications présentées par les donateurs en vertu de l'article 22 de l'AFE ; et examiner le fonctionnement du paragraphe de l'article 22.

[1] Le CIR est un programme multi donateur de l'OMC qui milite pour la pénétration des PMA dans le commerce international.

Pour garantir la transparence aux PED et aux PMA membres, chaque membre donateur leur fournira une assistance pour la mise en œuvre de l'AFE. Il les présentera au CFE, au moment de l'entrée en vigueur de l'AFE. Il présentera également chaque année, les renseignements au titre desquels il a effectué des décaissements au cours des 12 mois précédents, et s'engagé à effectuer des décaissements au cours des 12 mois suivants, dans les cas où ces renseignements seront disponibles : une description de l'assistance et du soutien pour le renforcement des capacités ; l'état d'avancement et les montants engagés/décaissés; les procédures de décaissement au titre de l'assistance et du soutien ; le membre ou, s'il échait, la région bénéficiaire ; et l'organisme chargé de la mise en œuvre du membre fournissant l'assistance et le soutien.

Les renseignements fournis refléteront le fait que la fourniture de tels assistance et soutien, est déterminée par la demande. Ils seront fournis suivant le modèle figurant à l'Annexe 1 de l'Accord instituant l'OMC. Les PED membres qui se déclarent également capables pour ce faire, sont encouragés à fournir les mêmes renseignements. Dans le cas de l'OCDE, les membres pourront se fonder sur les renseignements pertinents du Système de notification de ses pays créanciers. Les membres donateurs, qui fourniront une assistance, communiqueront au CFE : les points de contact de leurs organismes compétents, et dans la mesure du possible, des renseignements sur ces points de contact dans le pays ou la région bénéficiaires ; et des renseignements sur le processus, et les mécanismes de demande.

Les PED membres qui s'en déclarent également capables, sont encouragés à fournir lesdits renseignements. Les PED et les PMA membres demandeurs fourniront au CFE des renseignements sur le(s) point(s) de contact du (des) service(s) chargé(s) de coordonner cette assistance et ce soutien et d'en établir les priorités. Ils pourront fournir, par l'intermédiaire de sites Internet, les renseignements mentionnés aux paragraphes 2 et 3 de l'article 22 de l'AFE, qu'ils mettront régulièrement à jour. Le Secrétariat de l'OMC mettra tous ces renseignements à la disposition du public. Le Comité invitera les organisations internationales et régionales compétentes, notamment la BM, la CNUCED, les Commissions régionales de l'ONU, le FM, l'OCDE, l'OMD, ou leurs organes auxiliaires, les banques régionales de développement et les autres agences de coopération, à fournir les renseignements visés aux paragraphes 1, 2 et 4 du même article.

III.14. Aspects institutionnels de l’accord sur la facilitation des échanges

L’AFE a institué deux institutions pour son application efficace, en l’occurrence le CFE et le CNFE. Le CFE est ouvert à la participation de tous les membres, et élit lui-même son Président. Il se réunit en cas de nécessité et conformément aux dispositions pertinentes de l’AFE, mais au moins une fois l'an, pour donner aux membres la possibilité de procéder à des consultations sur toutes les questions relatives au fonctionnement du CFE ou la réalisation de ses objectifs. Le CNFE exerce les attributions qui lui sont confiées en vertu de l’AFE ou par les membres, et établit son propre règlement intérieur.

Le CFE pourra établir les organes subsidiaires nécessaires, qui lui feront rapport sur des questions traitées par eux. Il élabore des procédures pour l'échange, par les membres, des renseignements pertinents et des meilleures pratiques, selon qu'il sera approprié. Le Comité entretiendra des relations étroites avec d'autres organisations internationales dans le domaine de la facilitation des échanges, telles que l'OMD, dans le but d'obtenir les meilleurs avis disponibles pour la mise en œuvre et l'administration de l’AFE et afin d'éviter les chevauchements inutiles des activités. A cette fin, le Comité pourra inviter des représentants de ces organisations ou leurs organes subsidiaires : à assister aux réunions du Comité et à discuter de questions spécifiques relatives à la mise en œuvre de l’AFE[1].

Le Comité examinera le fonctionnement et la mise en œuvre de l’AFE dans un délai de quatre ans, à compter de son entrée en vigueur, puis périodiquement. Les membres de l’OMC sont encouragés à soumettre au Comité les questions se rapportant à des points. Il encouragera et facilitera des discussions spéciales entre membres sur des questions spécifiques relevant de l’AFE, en vue d'arriver, dans les moindres délais, à une solution mutuellement satisfaisante.

L’AFE oblige les Etats membres d’établir et/ou maintenir un comité national de la facilitation des échanges ou de désigner un mécanisme existant, pour faciliter à la fois la coordination et la mise en œuvre des dispositions pertinentes de l’AFE au plan interne. Toutes les dispositions de l’AFE sont contraignantes pour tous les membres qui mettront en œuvre l’AFE, à compter de la date de son entrée en vigueur. Les PED et PMA membres choisiront de recourir aux dispositions de la section II de l’AFE, relatives au traitement spécial et différencié, et mettront en œuvre l’AFE, conformément à cette section.

---

[1] AFE, article 23, paragraphe 1.5.

Un membre qui accepte l'AFE après son entrée en vigueur, mettra en œuvre les engagements de la catégorie B et de la catégorie C, les délais pertinents courant à compter de la date d'entrée en vigueur de l'AFE. Ceux qui font partie d'une union douanière ou d'un regroupement économique régional, pourront adopter des approches régionales pour aider à la mise en œuvre de leurs obligations, au titre de l'AFE, y compris par l'établissement d'organismes régionaux et le recours auxdits organismes.

Nonobstant la note interprétative générale relative à l'Annexe 1A de l'Accord de Marrakech, rien dans l'AFE ne sera interprété comme diminuant les obligations des membres au titre du GATT de 1994. En outre, rien dans l'AFE ne sera interprété comme diminuant les droits et obligations des membres au titre de l'Accord sur les obstacles techniques au commerce et de l'Accord sur l'application des SPS[1].

Toutes les exceptions et exemptions relatives aux articles V.7 et X.1 du GATT de 1994 et la note additionnelle relative à l'article VIII du GATT de 1994 s'appliqueront aux dispositions de l'AFE. Les dérogations applicables au GATT de 1994 ou à une quelconque de ses parties, accordées conformément à l'article IX.3 et à l'article IX.4 de l'Accord de Marrakech, et toutes les modifications s'y rapportant à la date d'entrée en vigueur de l'AFE, s'appliqueront aux dispositions dudit accord.

Les dispositions des articles XXII et XXIII du GATT de 1994, telles que précisées et mises en application par le MARD, s'appliqueront aux consultations et au règlement des différends dans le cadre de l'AFE, sauf disposition contraire expresse de l'accord. Il ne pourra être formulé de réserves en ce qui concerne l'une quelconque des dispositions de l'AFE, sans le consentement des autres membres.[2]

---

[1] *Idem,* article 24, paragraphe 6.

[2] Les engagements de la catégorie A des PED et des PMA membres annexés de l'AFE, aussi que les engagements des catégories B et C des PED et des PMA membres consignés par le CFE et annexés à l'AFE, conformément au paragraphe 5 de l'article 16 feront partie intégrante de l'AFE.

Chapitre IV

La mise en œuvre de l'accord sur la facilitation des échanges

La mise en œuvre, fait de mettre en place, désigne la création du produit fini à partir de la conception. Elle doit répondre à des contraintes qui lui sont propres et qui ne sont généralement pas du tout explicitées dans la mouture : le rendement, le coût, le temps de mise en œuvre et les performances. L'OMD, organisation intergouvernementale mentionnée explicitement dans les déclarations ministérielles de Bali, met en avant son rôle dans la mise en œuvre et la gestion de l'AFE. Centre d'excellence mondial sur les questions douanières, l'OMD s'est engagée pour une mise en œuvre efficace de l'AFE.

La résolution de Dublin oblige l'OMD de mettre en œuvre l'AFE[1], au travers des instruments et outils de l'OMD, notamment : la CKR ; le Cadre de normes SAFE ; le Recueil sur le guichet unique ; l'Etude sur le temps nécessaire pour la mainlevée (TRS) ; le Modèle des données de l'OMD ; les Directives sur les partenariats douanes-entreprises ; le Modèle de la liste de contrôle du point de vue des entreprises à l'attention des PME ; le Recueil sur la GCF ; et le Manuel sur le transit.

IV.1. L'AFE et la CKR : lecture croisée

L'AFE de l'OMC, sur pied de son article premier, impose aux membres de publier dans les brefs délais, les renseignements relatifs aux procédures douanières, telles que les procédures d'importation, d'exportation et de transit ; les taux de droits appliqués et les taxes ainsi que les redevances et impositions, et ce, de manière non discriminatoire et facilement accessible. A ce sujet, on note que le chapitre 9 de l'annexe générale de la CKR porte spécifiquement sur la transparence et la prévisibilité.[2] Les outils élaborés par l'OMD, sont également utiles aux fins de la mise en œuvre de l'AFE. Il s'agit de :

---

[1] L'OMD donne des orientations au rang mondial, tandis que sur le plan continental, l'Union africaine travaille pour la mise en œuvre dudit accord. Il en est de même de la RDC et des autres Etats qui travaillent également à cette fin.

[2] Il présente les dispositions en trois paragraphes, selon la nature des renseignements, notamment les renseignements de portée générale, les renseignements spécifiques et

1) la Recommandation (1999) relative à l'utilisation des sites sur le World Wide Web par les administrations des douanes ;

2) la Recommandation (2001) relative à l'application des décisions du Comité du SH ;

3) la Déclaration d'Arusha révisée. Ce dispositif juridique correspond, en fait, à l'article 1er de l'AFE, qui stipule : « chaque membre publiera dans les moindres délais les renseignements ci-après d'une manière non discriminatoire et facilement accessible, afin de permettre aux gouvernements, aux négociants et aux autres parties intéressées d'en prendre connaissance ». Il s'agit des :

a) procédures d'importation, d'exportation et de transit (y compris dans les ports, les aéroports et aux autres points d'entrée) et formulaires et documents requis;

b) taux de droits appliqués et taxes de toute nature imposés à l'importation ou à l'exportation, ou à l'occasion de l'importation ou de l'exportation;

c) redevances et impositions imposées par ou pour des organismes gouvernementaux, à l'exportation ou en transit, ou à l'occasion de l'importation, de l'exportation ou du transit.

d) règles pour la classification ou l'évaluation des produits à des fins douanières;

e) lois, réglementations et décisions administratives d'application générale relatives aux règles d'origine;

f) Restrictions ou prohibitions à l'importation, à l'exportation ou en transit;

g) pénalités prévues en cas de non-respect des formalités d'importation, d'exportation ou de transit;

h) procédures de recours ou de réexamen;

i) accords ou parties d'accords conclus avec un ou plusieurs pays concernant l'importation, l'exportation ou le transit; et

---

les décisions. Il appert ainsi que la CKR prévoyait déjà, de ce point de vue, une disposition de mise en œuvre de l'AFE, en matière de publication et disponibilité des renseignements, et était donc en avance par rapport à l'AFE.

j) procédures relatives à l'administration des contingents tarifaires.[1]

L'Annexe générale de la CKR, à son chapitre 9 relatif aux renseignements et décisions communiqués par la douane, prévoyait déjà la possibilité pour les personnes intéressées, d'obtenir des renseignements sur des questions de nature douanière, l'un des éléments fondamentaux en matière de facilitation commerciale. Les renseignements que fournissent aussi la douane, peuvent être de portée générale ou spécifique. Les opérateurs économiques ont fréquemment besoin d'obtenir des renseignements précis concernant une opération particulière qu'ils ont l'intention de réaliser.[2] Le chapitre s'applique uniquement aux renseignements fournis par la douane. Il concerne les renseignements de portée générale, les renseignements de nature spécifique et la marche à suivre pour obtenir des renseignements sur un classement tarifaire ayant un caractère contraignant vis-à-vis de la douane. Ces directives contiennent également des exemples des procédures appliquées par certaines administrations qu'on retrouve dans l'appendice II du guide de l'OMD pour la mise en œuvre de l'AFE :

1) la norme 9.1 de la CKR oblige la douane de faire en sorte que toute personne intéressée puisse se procurer sans difficulté tous renseignements utiles de portée générale concernant la législation douanière ;

2) la norme 9.2 exige que, lorsque des renseignements déjà diffusés doivent être modifiés, en raison d'amendements apportés à la législation douanière ou aux dispositions ou prescriptions administratives, la douane porte les nouveaux renseignements à la connaissance du public, dans un délai suffisant avant leur entrée en vigueur afin que les personnes intéressées puissent en tenir compte, sauf lorsque leur publication anticipée n'est pas

[1] Toutefois, rien dans ces dispositions pertinentes ne sera interprété comme imposant la publication ou la communication de renseignements dans une langue autre que celle du membre, sous réserve des dispositions du paragraphe 2.2 de l'article 1er de l'AFE qui encourage les Etats à mettre sur Internet les éléments évoqués en sus. Il appert ainsi que l'OMD avait déjà les instruments susceptibles de mettre en œuvre le premier article de l'AFE.

[2] La décision de réaliser ou non cette opération peut, parfois, dépendre des renseignements fournis par la douane. Aussi, lorsque des renseignements de ce genre sont demandés à la douane, celle-ci est tenue de les fournir de façon complète, précise et rapide, en vue d'assurer la fluidité du commerce international.

autorisée. Il nous semble que cette norme doit être revisitée en fixant des délais contraignants de publication de manière à contrecarrer les délais élastiques en Afrique subsaharienne.

3) la norme transitoire 9.3 recommande à la douane d'utiliser la technologie de l'information afin d'améliorer la communication des renseignements.

IV.2. L'AFE face aux autres outils de l'OMD

La recommandation (1999) relative à l'utilisation des sites sur le World Wide Web par les administrations des douanes, présente les informations de base devant figurer sur les sites Web des administrations douanières, y compris les informations destinées aux voyageurs et aux opérateurs économiques. Elle précise que les coordonnées des douanes, notamment leurs adresses électroniques, doivent être mises à la disposition du public.

La recommandation (2001) relative à l'application des décisions du Comité du SH, encourage les membres à publier sur Internet leurs décisions en matière de classement tarifaire afin de les rendre facilement accessibles. Il en est de même du paragraphe 3 de la Déclaration d'Arusha révisée, qui souligne l'importance de pouvoir attendre de la douane un degré élevé de certitude et de prévisibilité. Il précise ainsi que les droits, règlements, procédures et directives administratives de la douane, doivent être rendus publics.

IV.3. Les pratiques des membres

La tendance générale dans le commerce international est de vulgariser des bonnes pratiques. Des pratiques nigérianes, australiennes et congolaises seront évoquées de manière à provoquer l'effet miroir et créer un modèle pour les Etats retardataires. La plateforme commerciale du Nigéria, « Nigeria Trade Hub » ou NTH, offre un aperçu détaillé du commerce international du pays. Il s'agit principalement d'un portail destiné aux opérateurs économiques désireux d'obtenir des informations fiables sur lesquelles fonder leur décision d'entamer des activités commerciales.

Le NTH fournit des informations sur toutes les agences de réglementation du Nigéria, notamment leurs coordonnées, procédures, documents, redevances et temps de traitement ; qu'un importateur ou un exportateur devra contacter pour obtenir les certificats et permis d'importation nécessaires pour garantir la conformité. Le NTH fournit également les coordonnées des organisations entretenant des relations commerciales avec le Nigéria.

Il est également doté d'une bibliothèque, à partir de laquelle il est possible d'entreprendre des recherches documentaires et de télécharger tous les documents commerciaux nécessaires, pertinents au Nigéria, notamment les publications officielles, informations juridiques, documents réglementaires et procédures douanières.

Les outils du NTH comprennent l'outil de classement des codes SH (HS Code Classification Tool), un outil intuitif qui aide l'importateur à opérer un classement correct de ses produits, tant aux fins d'importation que d'exportation. Une fois le bon code SH obtenu, pour un produit d'importation donné, l'outil fournit par rapport au produit, toutes les informations nécessaires en matière de réglementation, notamment les agences de réglementation, les mesures de contrôle, le statut en matière d'interdiction, le statut au titre du SLEC, en fonction du pays d'origine, les documents requis, les frais et droits connexes et les temps de traitement. S'agissant des produits d'exportation, l'exportateur, lorsqu'il sélectionne le pays d'exportation, se fait présenter les informations relatives à l'accès au marché du pays d'exportation, dont le code SH pertinent et les droits de douane applicables à l'entrée. Pour l'Australie, le réseau d'information concernant les décisions et le tarif (TAPIN) est un système en ligne géré par un ordinateur central. Le TAPIN est, en fait, une version électronique des publications utilisées par les fonctionnaires de la douane, les agents en douane et les importateurs en général, pour connaître le taux exact de droits de douane applicable aux marchandises importées[1]. Le TAPIN poursuit les objectifs d'aider les utilisateurs à adopter une approche uniforme vis-à-vis des questions d'évaluation, et des questions liées à l'interprétation du tarif et du classement des marchandises, aux fins de la liquidation des droits et des concessions et de faciliter l'accès aux renseignements concernant les droits antidumping.

Le TAPIN offre aussi : la mise à jour la plus récente concernant la publication en matière de tarif, d'évaluation et de dumping; le moyen d'obtenir un numéro unique correspondant à chaque demande d'avis tarifaire et d'avis en matière d'évaluation qui peut être mentionné sur les documents à l'importation; l'accès aux précédents en matière de tarif et d'évaluation; l'accès à des bases de données individuelles concernant les avis en matière d'évaluation et de tarif ; et un index des marchandises faisant l'objet de droits antidumping.[2]

---

[1] Il fait partie intégrante du système d'initiatives électroniques de l'Administration des douanes australiennes. Il permet aux utilisateurs de tout le pays d'accéder aisément, et électroniquement à tous les renseignements dont ils ont besoin pour évaluer le montant des droits de douane à payer.

[2] OMD, *Guide sur la mise en œuvre et de gestion de l'Accord sur la Facilitation des Echanges.*

Le TAPIN comprend: la loi, les listes et les dispositions complémentaires du tarif en vigueur; le guide du tarif douanier de l'Australie; l'inventaire des produits chimiques des douanes européennes; la base de données contenant les précédents en matière de tarif, d'évaluation et de préférences tarifaires; le système de demande d'avis en matière de tarif et d'évaluation; la base de données de chaque agent en douane contenant les avis en matière d'évaluation et de tarif; le Recueil du GATT sur l'évaluation; le volume n°8 du manuel de l'Administration des douanes australiennes; les index au registre des marchandises en matière de dumping et aux instructions confidentielles.

La RDC vient de créer un guichet unique intégral, le Guichet unique du commerce extérieur (GUICE), qui est en fait une plateforme permettant aux opérateurs économiques, l'administration des douanes et autres organismes intéressés au commerce international, d'effectuer les opérations pré-dédouanement, de dédouanement et de post dédouanement.

IV.4. Les renseignements disponibles sur Internet

En vue d'éviter de longues files d'attente, les renseignements sont disponibilisés sur Internet, de manière à en assurer l'accessibilité. L'AFE de l'OMC impose aux membres de mettre à disposition, sur Internet, tout renseignement pertinent et de l'actualiser. Les renseignements sont relatifs aux procédures d'importation, d'exportation et de transit, aux formulaires et documents requis ainsi qu'aux coordonnées des points d'information.

Le siège de la matière se trouve au chapitre 9 de l'Annexe générale à la CKR, qui porte sur la transparence et la prévisibilité. Il présente les dispositions en trois paragraphes, selon la nature des renseignements, c'est-à-dire, les renseignements de portée générale, les renseignements spécifiques et les décisions.

La CKR prévoit la possibilité pour les personnes intéressées d'obtenir des renseignements sur des questions de nature douanière, qui constituent l'un des éléments fondamentaux en matière de facilitation des échanges. Les personnes ont fréquemment besoin des renseignements précis, concernant une opération particulière qu'ils ont l'intention de réaliser.[1]

Le chapitre 9 s'applique uniquement aux renseignements fournis par la douane. Il concerne les renseignements de portée générale, les renseignements de nature spécifique et la marche à suivre pour obtenir

---

[1] La décision de réaliser ou non cette opération peut résulter des renseignements fournis par la douane qui est tenue de les fournir de manière complète, précise et rapide.

des renseignements sur un classement tarifaire ayant un caractère contraignant vis-à-vis de la douane[1].

La norme 9.1 oblige la douane de faire en sorte que toute personne intéressée puisse se procurer, sans difficulté, tous renseignements utiles de portée générale concernant la législation douanière. Il en est de même de la norme 9.2 qui veut que lorsque des renseignements déjà diffusés doivent être modifiés, en raison d'amendements apportés à la législation douanière ou aux dispositions ou prescriptions administratives, la douane porte les nouveaux renseignements à la connaissance du public, dans un délai suffisant, avant leur entrée en vigueur afin que les personnes intéressées puissent en tenir compte, sauf lorsque leur publication anticipée n'est pas autorisée.

Par contre, la norme 9.3 stipule que la douane utilise la technologie de l'information afin d'améliorer la communication des renseignements. Au-delà de la CKR, il existe d'autres outils de l'OMD, également utiles aux fins de la mise en œuvre de l'AFE. Il s'agit de la Recommandation (1999) relative à l'utilisation des sites sur le World Wide Web par les administrations des douanes ; la Recommandation (2001) relative à l'application des décisions du Comité du SH. Comme on peut s'en apercevoir, l'AFE prévoit, en son article 1er point 2, que chaque membre mettra à disposition des usagers sur Internet, les renseignements suivants :

> a) une description de ses procédures d'importation, d'exportation et de transit, y compris les procédures de recours ou de réexamen, qui informent les gouvernements, les négociants et les autres parties intéressées des démarches pratiques nécessaires aux fins de l'importation, de l'exportation et du transit;
>
> b) les formulaires et documents requis pour l'importation sur son territoire, ou l'exportation à partir de son territoire ou pour le transit par son territoire;
>
> c) les coordonnées de son (ses) point(s) d'information. Dans la mesure du possible, la description sera aussi mise à disposition dans une des langues officielles de l'OMC.[2]

---

[1] Les directives contiennent également des exemples des procédures appliquées par certaines administrations, qu'on peut trouver dans l'appendice II du guide de mise en œuvre et de gestion de l'Accord de l'OMC. Les trois dispositions reprises ci-dessous fournissent un complément d'information sur ce Chapitre.

[2] Les langues officielles de l'OMC, sont l'anglais, le français et l'espagnol.

Des renseignements liés au commerce, y compris la législation (pertinente) relative au commerce, seront également de la partie. Les points d'information répondront aux demandes de renseignements et fourniront les formulaires et documents d'importation, d'exportation et de transit, dans un délai raisonnable. Les Directives relatives aux technologies de l'information et de la communication (TIC), les directives relatives à l'Annexe générale de la CKR spécialement à son chapitre 7, offrent des informations détaillées sur l'installation d'un service d'assistance[1].

L'AFE use de la même imposition pour répondre aux demandes raisonnables présentées par des gouvernements, des négociants et d'autres parties intéressées au sujet des renseignements visés au paragraphe 1 de l'article 1er de l'AFE et pour fournir les formulaires et documents requis, mentionnés au même paragraphe[2]. Les membres sont, à cet effet, encouragés à ne pas exiger le paiement d'une redevance pour les réponses aux demandes de renseignements ni pour la fourniture des formulaires et documents requis. Ils limiteront, le cas échéant, le montant de leurs redevances et impositions au coût approximatif des services rendus.

L'expertise et l'expérience des autres constituent un tout indéniable pour l'ensemble de la communauté mondiale. Ainsi, de manière générale l'OMD institue des liens vers les sites Web des Administrations douanières nationales, notamment http://www.wcoomd.org/fr/about-us/wco-members/customs-websites.aspx. Ce site a l'avantage de faire connaitre des bonnes pratiques du monde. La décision de réaliser ou non une opération, peut parfois dépendre des renseignements fournis par la douane. Ainsi, lorsque des renseignements de ce type sont demandés à la douane, celle-ci est tenue de les fournir de façon complète, précise et rapide.

Les parties intéressées ont régulièrement besoin d'obtenir des renseignements ou d'être informées de certaines décisions concernant des activités spécifiques à mettre en œuvre. Leur décision peut parfois dépendre des renseignements fournis par la douane. A ce sujet, les normes 9.4 et 9.8 de la CKR imposent à la douane de fournir de tels renseignements précis ou d'informer de leurs décisions de manière aussi rapide et exacte que possible.

---

[1] Le chapitre 9 de l'Annexe générale de la CKR contient également des normes définissant l'obligation pour la douane de fournir des renseignements spécifiques ou rendre des décisions de manière aussi rapide et complète que possible.

[2] Il est reconnu que les membres qui font partie d'une union douanière ou qui participent à un processus d'intégration régionale pourront établir ou maintenir des points d'information communs au niveau régional, pour satisfaire à la prescription évoquée, en ce qui concerne les procédures communes.

La norme 9.4 stipule qu'à la demande de la personne intéressée, la douane fournit, de manière aussi rapide et aussi exacte que possible, des renseignements relatifs aux points particuliers soulevés par cette personne et concernant la législation douanière.[1] La norme 9.6 affirme quant à elle que lorsque la douane fournit des renseignements, elle veille à ne divulguer aucun élément d'information de caractère privé ou confidentiel affectant la douane ou des tiers, à moins que cette divulgation ne soit exigée ou autorisée par les prescrits, la législation nationale[2]. A la demande écrite de la personne concernée, la douane communique sa décision par écrit, dans les délais fixés par la législation nationale. Lorsque cette décision est défavorable au requérant, celui-ci est informé des motivations de ladite décision et de la possibilité d'introduire un recours.

Chaque membre notifiera au CFE institué en vertu du paragraphe 1.1 de l'article 23 de l'AFE qui traite des aspects institutions : le (s) support(s) officiel(s) où sont publiés les renseignements visés au paragraphe 1.1 a) à j) de l'article 1er de l'AFE ; l'adresse universelle du (des) site(s) Web visé(s) au paragraphe 2.1 de l'article 1er ; et les coordonnées des points d'information mentionnés au paragraphe 3.1.

La CKR, en son chapitre 9, accorde la possibilité pour les personnes intéressées d'obtenir des renseignements sur des questions de nature douanière, constitue l'un des éléments clés en matière de facilitation commerciale. Les renseignements, qui doivent être fournis par la douane, peuvent être de nature générale ou spécifique.[3] Il concerne uniquement les renseignements fournis par la douane, notamment les renseignements de portée générale, les renseignements de nature spécifique et la procédure à suivre pour obtenir des renseignements sur un classement tarifaire ayant un caractère contraignant vis-à-vis de la douane. Les Directives contiennent également des exemples des procédures appliquées par certaines administrations. Les normes 9.1, 9.2, 9.3, qui traitent respectivement d'obtention sans difficulté des renseignements, des modifications et de la technologie d'information, s'appliquent de plein droit en la matière. Il en est de même de la recommandation 1999 relative à l'utilisation de la CKR.

---

[1] La douane fournit, non seulement les renseignements expressément demandés, mais également tout autre renseignement pertinent qu'elle juge utile de porter à la connaissance de la personne intéressée.

[2] La norme 9.7 suggère que lorsque la douane n'est pas en mesure de fournir des renseignements gratuitement, la rémunération exigée est limitée au coût approximatif des services.

[3] Les personnes ont souvent besoin d'obtenir des renseignements précis concernant une opération particulière qu'ils ont l'intention de réaliser. La décision de réaliser ou non cette opération dans une certaine mesure parfois dépendre des renseignements fournis par la douane.

IV.5. Les possibilités de présenter des observations, renseignements avant l'entrée en vigueur et consultations

L'Accord de Bali demande aux Etats de ménager un espace au sein duquel les opérateurs économiques pourront présenter leurs observations avant l'entrée en vigueur des législations commerciales, ainsi que des consultations sur toutes les reformes commerciales.

L'AFE de l'OMC impose aux membres de réserver aux négociants et aux autres parties intéressées le droit et un délai approprié pour formuler des observations sur l'introduction ou la modification projetées de législation. Les membres ont l'obligation de mettre à la disposition du public, les lois et réglementations nouvelles ou modifiées avant leur entrée en vigueur. On note à ce sujet que la norme 1.3 de l'Annexe générale à la CKR définit l'obligation pour la douane d'entretenir officiellement des relations d'ordre consultatif avec le secteur privé.[1].

L'AFE oblige les Etats membres de ménager aux négociants et aux autres parties intéressées, dans la mesure où cela sera réalisable et d'une manière compatible avec son droit interne et son système juridique, des possibilités et un délai approprié pour formuler des observations par rapport à la modification projetée des lois et réglementations relatives au mouvement, à la mainlevée et au dédouanement des marchandises, y compris les marchandises en transit. Il en va de même de la publication des législations en la matière, avant leur entré en vigueur, afin de permettre aux négociants et autres d'en prendre connaissance[2].

En vue de faire face au volume croissant des échanges internationaux, une coopération active et une communication intense entre la douane et le secteur privé sont cruciales afin que se complètent leurs responsabilités et objectifs respectifs. Au regard du rôle important joué par la douane dans les procédures commerciales internationales, il est apodictique que les administrations douanières recourent à des méthodes de travail modernes pour mener à bien leurs opérations et qu'elles s'emploient le plus possible à faciliter les échanges.

---

[1] A contrario, la norme 9.2 de l'Annexe générale de la CKR prévoit que la douane porte à la connaissance du public tout nouveau renseignement dans un délai suffisant avant l'entrée en vigueur des amendements.

[2] Les modifications des taux de droits ou des taux de tarifs, les mesures d'atténuation, les mesures dont l'efficacité serait amoindrie du fait du respect des paragraphes 1.1 ou 1.2 ; de l'article 2 de l'AFE consacré aux consultations préalables ; les mesures appliquées en cas d'urgence ou les petites modifications du droit interne et du système juridique sont toutes exclues de ces paragraphes.

A ce sujet, la norme 1.3 de l'Annexe générale à la CKR prévoit que soient entretenues officiellement des relations d'ordre consultatif avec le secteur privé. La douane doit instituer et entretenir officiellement des relations d'ordre consultatif avec le ministère du commerce afin de renforcer la coopération et de faciliter la participation, en établissant en fonction des dispositions nationales et des accords internationaux.

La norme 9.2 de l'Annexe générale prévoit que la douane porte à la connaissance du public tout nouveau renseignement dans un délai suffisant avant l'entrée en vigueur des amendements. Les renseignements ainsi fournis par la douane doivent être mis à jour chaque fois que des modifications sont apportées à l'échelon national sur le plan législatif, politique ou autre. Nous relevons tout de même que des modifications sont fréquemment apportées aux taux des droits et taxes, aux contingents, aux dispositions et prescriptions administratives. Lorsque les modifications ont une incidence sur les renseignements fournis aux personnes intéressées, il est indispensable qu'elles leur soient communiquées dans les plus brefs délais. La norme 9.2 répond à cette nécessité, car appuyant le tocsin sur la diffusion rapide des renseignements permettant aux parties intéressées de prendre connaissance des changements et de s'adapter aux nouvelles exigences ou de prendre d'autres dispositions[1].

De même, lorsque des renseignements déjà diffusés doivent être modifiés en raison d'amendements apportés à la législation douanière ou aux dispositions ou prescriptions administratives, la douane porte les nouveaux renseignements à la connaissance du public dans un délai suffisant avant leur entrée en vigueur afin que les personnes intéressées puissent en tenir compte, sauf lorsque leur publication anticipée n'est pas autorisée.

La norme 1.3 de l'Annexe générale à la CKR définit l'obligation pour la douane d'entretenir officiellement des relations à titre consultatif avec le secteur. Tout membre doit prévoir, selon qu'il sera approprié, des consultations régulières entre ses organismes présents aux frontières et les négociants ou les autres parties prenantes implantés sur son territoire.

Pour faire face au volume croissant des échanges internationaux, une coopération active et une communication intense entre la douane et le secteur privé sont cruciales afin que se complètent leurs responsabilités et objectifs respectifs. Etant donné le rôle important joué par la douane dans les procédures commerciales internationales, il est essentiel que les administrations douanières recourent à des

[1] Il est indispensable que les administrations des douanes mettent en place des mécanismes permettant de communiquer ces modifications aux utilisateurs, tant au sein de l'administration qu'à l'extérieur, et ce le plus rapidement possible.

méthodes de travail modernes pour mener à bien leurs opérations et qu'elles s'emploient le plus possible à faciliter les échanges.

La norme 1.3 recommande aux administrations de douane d'instituer et d'entretenir officiellement des relations d'ordre consultatif avec le commerce afin de renforcer la coopération et de faciliter la participation, en établissant, en fonction des dispositions nationales et des accords internationaux, les méthodes de travail les plus efficaces. L'AFE établit la possibilité d'obtenir des renseignements sur des questions douanières constituent l'un des éléments clés en matière de facilitation commerciale. Ces renseignements, qui doivent être fournis par la douane, peuvent être de nature générale ou spécifique. Les personnes ont généralement besoin d'obtenir des renseignements précis concernant une opération particulière qu'ils ont l'intention de réaliser.[1]

Les normes 9.4 et 9.8 invitent la douane à fournir des renseignements ou certaines décisions concernant des activités spécifiques que les personnes intéressées envisagent ou projettent de mettre en œuvre. Conformément à la norme 9.4, les renseignements concernant la législation douanière seront fournis de manière aussi rapide et aussi exacte que possible. La douane fournit également tous les autres renseignements pertinents qu'elle juge utile. En syntonie avec le droit national, elle ne divulguera aucun élément d'information de caractère privé ou confidentiel l'affectant. Lorsque la douane n'est pas en mesure de fournir des renseignements gratuitement, la rémunération exigée est limitée au coût approximatif des services[2]. A la demande écrite de la personne concernée, la douane communique sa décision par écrit, dans les délais fixés par la législation nationale. Lorsque cette décision est défavorable à l'intéressé, celui-ci est informé des motifs de cette décision et de la possibilité d'introduire un recours.[3]

Conçu en 2005, en vue de la facilitation et la sécurisation de la chaîne logistique, le cadre des normes SAFE repose sur les trois piliers : partenariat douane-secteur privé, douane-douane, douane-secteur public. Le cadre de normes SAFE vise à renforcer la coopération douane-entreprises. Le paragraphe 4 du pilier 2 du Cadre de normes SAFE prévoit spécifiquement que chaque administration douanière établira un partenariat avec le secteur privé afin de le faire participer aux mesures visant à assurer la sécurité de la chaîne logistique internationale.

---

[1] La décision de réaliser ou non cette opération peut par moment dépendre des renseignements fournis par la douane. Lorsque des renseignements de ce type sont demandés à la douane, celle-ci est tenue de les fournir de façon complète, précise et rapide.

[2] Norme 9.7 de la CKR

[3] Norme 9.8 de la CKR.

La norme 5 du pilier 2 (Douane-entreprises) stipule que l'administration douanière mettra régulièrement à jour les programmes des partenariats douane-entreprises afin de promouvoir les normes de sécurité minimales et les pratiques conseillées en matière de sécurité de la chaîne logistique.

IV.6. Les décisions anticipées

La décision anticipée s'entend d'une décision écrite communiquée par un membre au requérant avant l'importation d'une marchandise visée par la demande qui indique le traitement que le membre accordera à la marchandise au moment de l'importation, en ce qui concerne, notamment le classement tarifaire de la marchandise ; et l'origine de la marchandise. L'article 3 de l'AFE de l'OMD impose aux membres de rendre des décisions anticipées relatives au classement tarifaire et à l'origine non préférentielle de la marchandise.[1] Les dispositions pertinentes de l'AFE fixent des règles en matière de décisions anticipées, notamment la possibilité pour un membre de refuser de rendre une décision anticipée, ainsi que le fait que la décision anticipée sera valable pendant une période raisonnable.

La norme 9.9 de l'Annexe générale de la CKR prévoit que des renseignements contraignants seront communiqués à la demande des personnes intéressées. Les directives de la CKR relatives à cette norme couvrent plusieurs aspects propres aux décisions anticipées, notamment leur portée, notification, délai de validité et utilisation. Les outils ci-dessous, élaborés par l'OMD, sont également utiles aux fins de la mise en œuvre de l'AFE: recommandation (1996) concernant l'introduction de programmes de renseignements contraignants sur le classement des marchandises avant déclaration ; recommandation (1998) relative à l'amélioration des travaux de classement tarifaire et des infrastructures connexes ; directives techniques concernant les renseignements contraignants en matière d'origine ; directives pratiques aux fins du contrôle de l'évaluation ; comparaison des dispositions de l'article 3 de l'AFE de l'OMC avec les outils de l'OMD pertinents.

Tout membre doit rendre une décision anticipée d'une manière raisonnable, dans un délai donné, à l'intention du requérant qui aura présenté une demande écrite contenant tous les renseignements nécessaires. Dans l'hypothèse ou un membre refuse de rendre une décision anticipée, il le notifiera au requérant par écrit dans les

---

[1] Les membres sont également encouragés à rendre des décisions anticipées dans d'autres domaines, notamment l'évaluation en douane et les prescriptions en matière d'exonération ou d'exemption des droits de douane.

moindres délais, en indiquant les faits pertinents et le fondement de son refus.

Un membre pourra refuser de rendre une décision anticipée à l'intention du requérant dans les cas où la question soulevée dans la demande: fait déjà l'objet d'une procédure engagée par le requérant auprès d'un organisme gouvernemental ou devant une cour d'appel ou un tribunal; ou a déjà fait l'objet d'une décision d'une cour d'appel ou d'un tribunal. La décision anticipée, sera valable pendant une période raisonnable après qu'elle aura été rendue, à moins que le droit, les faits ou les circonstances l'ayant motivée n'aient changé.

Dans l'hypothèse où le membre abrogera, modifiera ou invalidera la décision anticipée, il le notifiera au requérant en indiquant les faits pertinents et le fondement de sa décision. Dans les cas où le membre abrogera, modifiera ou invalidera une décision anticipée avec effet rétroactif, il ne pourra le faire que si la décision était fondée sur des renseignements incomplets, inexacts, faux ou de nature à induire en erreur. Le membre pourra prévoir que la décision sera contraignante en ce qui concerne le requérant qui l'a demandée. Il est fait obligation à chaque membre de publier, au minimum: les prescriptions relatives à l'application d'une décision anticipée, ainsi que les renseignements devant être communiqués et leur mode de présentation; le délai dans lequel il rendra une décision anticipée; et la durée de validité de la décision anticipée.

L'AFE oblige également les membres de prévoir, à la demande écrite d'un requérant, un réexamen de la décision anticipée ou de la décision de l'abroger, de la modifier ou de l'invalider. Au titre de ce paragraphe: un réexamen pourra, avant ou après qu'il ait été donné suite à la décision, être prévu par le fonctionnaire, le service ou l'autorité ayant rendu la décision, une autorité administrative supérieure ou indépendante, ou une autorité judiciaire; et un membre n'est pas tenu de ménager au requérant la possibilité d'invoquer le paragraphe 1 de l'article 4. Chaque membre s'efforcera de mettre à la disposition du public tous renseignements sur les décisions anticipées dont il considérera qu'ils présentent un intérêt notable pour les autres parties intéressées, en tenant compte de la nécessité de protéger les renseignements commerciaux confidentiels.

En sus des décisions anticipées définies au paragraphe 3.9.a) les membres sont encouragés à rendre des décisions anticipées concernant: la méthode ou les critères appropriés à utiliser pour déterminer la valeur en douane à partir d'un ensemble particulier de faits, et leur application; l'applicabilité des prescriptions du membre en matière d'exonération ou d'exemption des droits de douane; l'application des prescriptions du membre en matière de contingents, y compris les contingents tarifaires; et toutes questions additionnelles pour lesquelles un membre considérera qu'il est approprié de rendre une décision anticipée.[1]

Un membre pourra exiger que le requérant ait une représentation juridique ou soit enregistré sur son territoire. Dans la mesure du possible, les prescriptions ne doivent pas avoir pour objet de restreindre les catégories de personnes pouvant demander à bénéficier de décisions anticipées, au regard particulièrement des besoins spécifiques des petites et moyennes entreprises. Ces prescriptions doivent être claires et transparentes et ne constitueront pas un moyen de discrimination arbitraire ou injustifiable.

Le chapitre 9 de CKR traite des renseignements et décisions communiqués par la douane, entrevoit la possibilité pour les personnes intéressées d'obtenir des renseignements sur des questions de nature douanière constituant l'un des éléments fondamentaux en matière de facilitation des échanges. Les renseignements doivent être fournis par la douane, peuvent être de nature générale ou spécifique. Les opérateurs économiques ont fréquemment besoin d'obtenir des renseignements précis concernant une opération particulière qu'ils ont l'intention de réaliser. La décision de réaliser ou non cette opération peut découler des renseignements fournis par la douane. Lorsque des renseignements de ce genre sont demandés à la douane, celle-ci est tenue de les fournir de façon complète, précise et rapide. On note à ce sujet que la norme 9.9 de l'Annexe générale à la CKR porte sur les renseignements contraignants. Les Directives de la CKR relatives à cette norme couvrent de nombreux aspects idoines aux décisions anticipées, notamment leur portée, notification, délai de validité et utilisation. Elles offrent en plus une description détaillée des renseignements contraignants.[2]

L'OMD a également développé des outils supplémentaires qui sont les recommandations 1996 et 1998 pour la mise en œuvre de l'article 3 de l'AFE relatif aux décisions anticipées. La recommandation (1996) concernant l'introduction de programmes de renseignements

---

[1]Il est entendu qu'une décision anticipée sur l'origine d'une marchandise pourra être une évaluation de l'origine aux fins de l'Accord sur les règles d'origine dans les cas où la décision satisfera aux prescriptions de l'AFE et de l'Accord sur les règles d'origine. Une évaluation de l'origine au titre de l'Accord sur les règles d'origine pourra titre une décision anticipée sur l'origine d'une marchandise aux fins de l'AFE dans les cas où la décision satisfera aux prescriptions des deux accords. Les membres ne sont pas tenus d'établir des arrangements distincts au titre de la présente disposition en plus de ceux établis conformément à l'Accord sur les règles d'origine en ce qui concerne l'évaluation de l'origine, à condition qu'il ait été satisfait aux prescriptions de l'article 3 de l'AFE.

[2] La douane communique des renseignements contraignants à la demande des personnes intéressées, pour autant qu'elle dispose de tous les renseignements qu'elle juge nécessaires.

contraignants sur le classement des marchandises avant déclaration, ainsi que la recommandation (1998) relative à l'amélioration des travaux de classement tarifaire et des infrastructures connexes. Il existe également des directives techniques concernant les renseignements contraignants en matière d'origine. Elles précisent quel doit être le contenu de tous les renseignements contraignants en matière d'origine. Elles définissent aussi les procédures généralement recommandées en matière de décisions anticipées concernant l'évaluation en douane. Il existe aussi un document portant comparaison des dispositions de l'article 3 de l'AFE de l'OMC avec les outils de l'OMD, élaboré dans le cadre de la Phase II du Plan d'action du Dossier Recettes, en vue de définir une infrastructure commune pour rendre des décisions anticipées en matière de classement, d'origine et d'évaluation en douane.

Les pratiques du Japon, de l'Union européenne et du Royaume-Uni seront examinées. La pratique du Japon en matière d'origine, évoquée à la conférence 2014 de l'OMD, renseigne sur l'existence des décisions anticipées. L'Union européenne a conçu un réseau européen de RTC, qui est une base de données centralisée permettant de stocker ce type de renseignements. Le réseau a été créé en application du règlement 1715/90 et 3969/90 de la Commission en prévoyant un moyen de transmission rapide des RTC à la Commission et aux États membres. L'article 4.1 du règlement d'application 3796/90 requiert en effet des États membres qui transmettent électroniquement les données concernant les RTC. Le réseau européen de RTC est devenu pleinement opérationnel au Royaume-Uni en septembre 1993[1].

La possibilité d'interroger la base de données de Bruxelles permet de s'assurer dans la mesure du possible que les États membres ne publient pas de RTC divergents, notamment de décisions de classement contradictoires. Leur règlement appellerait de longs échanges de vues bilatéraux avec les autres États membres concernés et, dans de nombreux cas, devraient finalement être examinés en comité à Bruxelles. Cela permet également à la Commission européenne de surveiller les décisions concernant les RTC pour tous les États membres de garantir l'adoption d'une approche uniforme à l'égard du classement et de toutes les questions liées aux RTC.

Au Royaume-Uni, l'accès à cette facilité est actuellement limité à un terminal. Toutefois, la Commission produit des CD-ROM contenant les données téléchargées accompagnées d'images, ce qui permet un accès plus large aux renseignements. On note cependant que chaque fonctionnaire du Groupe responsable du classement a accès à ces CD-

[1] Les Etats membres sont non seulement en mesure de transmettre les RTC à la base de données de Bruxelles, mais peuvent aussi interroger le système, en utilisant un élément du critérium de recherche ou en combinant deux.

ROM via son PC, les CD ROM étant également disponibles pour d'autres sites de la douane du Royaume-Uni.

Le système BERTI est un système interne qui a commencé à fonctionner en mars 1997. Tous les fonctionnaires du service de classement y ont accès via leur PC. Base de données qui gérant toute la correspondance reçue par le Groupe chargé du classement, y compris la production en ligne des RTC, le BERTI a été conçu pour supprimer la tenue de dossiers manuels, éviter le double emploi des données et garantir une approche uniforme et normalisée en matière de classement. Il contient toutes les décisions concernant les RTC et les droits à payer (prises par le fonctionnaire du bureau d'entrée) publiées au Royaume-Uni, et offre de larges facilités en matière de recherche et d'enquête. Il fournit des renseignements exhaustifs conformes aux normes fixées dans la charte officielle du Royaume-Uni et aux priorités du plan de gestion à l'échelon local.

IV.6. Les procédures de recours ou de réexamen

L'AFE de l'OMC impose aux membres de prévoir que toute personne faisant l'objet d'une décision administrative rendue par les douanes ait droit à un recours ou à un réexamen administratif et/ou à un recours ou à un réexamen judiciaire. Les procédures de recours ou de réexamen, seront appliquées d'une manière non discriminatoire. Le chapitre 10 de l'Annexe générale à la CKR porte sur les recours en matière douanière. Les normes prévoient une procédure de recours transparente en plusieurs étapes, ayant pour but d'éviter que les personnes touchées par les décisions de la douane ne se sentent victimes. Par ailleurs, la possibilité d'introduire, en dernière instance, un recours devant une autorité judiciaire indépendante devrait donner aux citoyens et aux entreprises confiance dans les institutions gouvernementales, et plus particulièrement l'administration des douanes.

L'AFE fait donc obligation aux membres de prévoir que toute personne faisant l'objet d'une décision administrative[4] rendue par les douanes a droit, sur son territoire: à un recours ou à un réexamen administratif devant une autorité administrative supérieure ou un fonctionnaire ou un service ayant rendu la décision, ou indépendante de lui; et/ou à un recours ou à un réexamen judiciaire concernant la décision.

La législation d'un État membre pourra exiger que le recours ou le réexamen administratif soit engagé avant le recours ou le réexamen judiciaire. Chaque membre fera en sorte que ses procédures de recours ou de réexamen soient appliquées d'une manière non discriminatoire.[1] Il fera en sorte que, dans le cas où la décision sur le recours ou le réexamen de l'article 4 de l'AFE n'aura pas été rendue, soit: dans les délais fixes spécifiés dans ses lois ou réglementations; ou sans retard indu, le requérant ait le droit, soit de demander un autre recours ou un autre réexamen devant l'autorité administrative ou l'autorité judiciaire, soit de saisir autrement l'autorité judiciaire.

Chaque membre fera en sorte que la personne intéressée se voie communiquer les raisons de la décision administrative, afin de lui permettre d'engager des procédures de recours ou de réexamen dans les cas où cela sera nécessaire. L'AFE encourage les États membres à rendre les dispositions à une décision rendue administrative par un organisme pertinent présent aux frontières autres que les douanes.

Le droit de recours protège les particuliers contre les décisions de la douane qui ne sont pas jugées entièrement conformes aux lois et règlements que celle-ci est chargée de gérer et d'appliquer. Il vise aussi à protéger les particuliers contre les omissions de la douane dans tous les domaines. Le réexamen auquel se livre alors l'autorité compétente et les décisions auxquelles elle parvient, peuvent fournir un moyen approprié d'assurer l'application uniforme des lois et règlements. En syntonie avec le système juridique du pays concerné, ces décisions constitueront ou non des précédents ou des interprétations officielles, qui pourront être utilisés pour régler à l'avenir des litiges comparables ou analogues.

Les dispositions du chapitre 10 de la CKR prévoient une procédure de recours transparente en plusieurs étapes, qui a pour but d'éviter que les personnes touchées par les décisions de la douane ne se sentent victimes. Par ailleurs, la possibilité d'introduire, en dernière instance, un recours devant une autorité judiciaire indépendante, devrait donner aux citoyens et aux entreprises confiance dans les institutions gouvernementales, et plus particulièrement l'administration des douanes. Le chapitre 10 couvre les recours portant sur toutes les questions liées aux lois et règlements que la douane est chargée de gérer et d'appliquer, notamment les questions de classement tarifaire, d'origine et de valeur en douane, ainsi que les recours contre les

---

[1]La décision administrative s'entend d'une décision produisant un effet juridique qui affecte les droits et obligations d'une personne spécifique dans un cas donné. Il est entendu qu'aux fins de l'article 4 l'AFE, l'expression "décision administrative" couvre une mesure administrative au sens de l'article X du GATT de 1994 ou l'absence de mesure ou de décision administrative, conformément au droit interne et au système juridique interne d'un Membre. Afin de traiter ce défaut, les membres pourront maintenir un autre mécanisme administratif ou un recours judiciaire pour ordonner aux autorités douanières de rendre dans les meilleurs délais, une décision administrative, au lieu du droit à un recours ou à un réexamen prévu au paragraphe 1.a) de l'article 4.

dispositions de caractère général. Il ne couvre toutefois pas les recours en matière pénale ni les recours contre les simples avis des autorités douanières n'ayant pas un caractère obligatoire.

Seules les meilleures pratiques de la Nouvelles Zélande et des États Unis d'Amérique seront examinées. La Nouvelle Zélande a créé, conformément aux directives relatives à l'Annexe générale de la CKR, spécialement son chapitre 10, une autorité de recours en matière douanière (CAA), pour gérer la norme 10.5 de la CKR. Organe de justice indépendant et géré par le ministère de la Justice, la CAA[1] reçoit les recours déposés à l'encontre des évaluations, décisions, déterminations ou orientations, formulées dans le cadre de la loi par le Directeur général des douanes. Elle peut confirmer, infirmer ou modifier une décision dudit Directeur général. Il va de soi que toute personne peut déposer auprès de la haute Cour un recours à l'encontre d'une décision rendue par la CAA. La Haute Cour a autorité sur les questions pénales et civiles et traite, en première instance ou en appel, les dossiers émanant d'autres cours ou de certains tribunaux. La CAA est actuellement dirigée par une personne, nommée par le Gouverneur Général sur recommandation du ministre de la Douane et du ministre de la Justice. Toutefois, en cas de nécessité, plusieurs autorités peuvent être créées et les procès peuvent avoir lieu sur tout le territoire. Elle permet de faire appel facilement et pour un montant anodin des décisions du Directeur Général de la douane. Elle est indépendante vis-à-vis de la douane, et peut traiter les affaires à partir des documents, sans qu'il soit nécessaire que les parties se présentent.

Les amendements récents apportés à la Loi de 1996, renforcent la norme 10.5. Les dispositions de recours concernant les marchandises saisies par confiscation, ont été modifiées et permettent, à ce jour, de déposer un recours en première instance auprès du Directeur Général et de disposer d'un droit de recours auprès de la CAA, si la personne n'est pas satisfaite de la décision du Directeur Général.

Par contre, bien avant qu'ils ne deviennent Partie Contractante à la Convention de Kyoto d'origine ou à la CKR, les Etats-Unis disposaient d'une procédure de recours permettant aux personnes, à propos desquelles la douane a pris une décision administrative finale défavorable, de solliciter la révision de ladite décision, en s'adressant à l'origine, au tribunal des douanes, à son successeur, le tribunal des Etats-Unis pour le commerce international (USCIT), créé par la Loi sur le tribunal des douanes de 1980, en remplacement du tribunal des douanes, alors en place depuis 90 ans. L'USCIT traite des litiges nés du

---

[1] La CAA est régie par les dispositions légales figurant dans la Partie 16 de la Loi de 1996 sur les douanes et accises, relative aux autorités de recours en matière douanière (sections 244 à 274). La Partie 16 fixe les règles de mise en place et de fonctionnement de la CAA.

commerce international, notamment des recours et des contestations déposés auprès de différentes administrations des Etats-Unis, entre autres l'Administration des douanes et de la protection des frontières (CBP). Cette loi a été adoptée en raison de la complexité et de l'ampleur croissante des litiges concernant la douane et le commerce international. Elle visait à améliorer l'efficacité du système judiciaire fédéral, en matière de contentieux dans le commerce international.

L'USCIT fait partie de l'appareil judiciaire, totalement indépendant du pouvoir exécutif dont dépendent la CBP (Custorns Borders Protection) et d'autres administrations chargées de l'application de la loi. Selon la nature des affaires traitées, la procédure de recours doit être initiée dans un délai spécifique, prévu par la loi. Les recours émanant de l'USCIT relèvent de la compétence exclusive de la Cour d'appel, pour le circuit fédéral, et les recours ultérieurs sont traités par la Cour Suprême, chargée de se prononcer en dernière instance.

IV.7. Les autres mesures visant à renforcer l'impartialité, la non-discrimination et la transparence

Les mesures concernent principalement la notification de contrôle ou d'inspection renforcées, la relation et les procédures d'essai, concernant les produits alimentaires, les boissons ou les aliments pour les animaux. Dans le cas où un membre adoptera ou maintiendra un système d'émission de notifications concernant le relèvement du niveau des contrôles ou des inspections visant les produits alimentaires, les boissons ou les aliments pour animaux, il devra respecter certains principes, notamment l'application uniforme et sur la base du risque. Le chapitre 6 de l'Annexe générale à la CKR définit les normes relatives au contrôle douanier, à la gestion des risques et à la coopération avec les autres administrations douanières. Les dispositions ne concernent pas directement le système de notification, mais elles peuvent contribuer à sa mise en œuvre.

Les outils ci-dessous, élaborés par l'OMD, peuvent être utiles aux fins de la mise en œuvre de l'AFE: Cadre de normes SAFE ; Recueil sur la gestion des risques ; Recueil sur le Guichet unique.

Du point de vue de l'AFE et de l'OMC, dans les cas où un membre adoptera ou maintiendra un système d'émission de notifications concernant le relèvement du niveau des contrôles ou des inspections à la frontière visant les produits alimentaires, les boissons ou les aliments pour animaux faisant l'objet d'une notification ou d'une orientation aux fins de la protection de la vie et de la santé des personnes et des animaux ou de la préservation des végétaux sur son territoire, les disciplines ci-après s'appliqueront aux modalités d'émission, d'abrogation ou de suspension de ces notifications ou orientations:

1) le membre peut, selon qu'il sera approprié, émettre la notification ou l'orientation sur la base du risque;

2) le membre pourra émettre la notification ou l'orientation de sorte qu'elle s'applique de manière uniforme uniquement aux points d'entrée où les conditions sanitaires et phytosanitaires sur lesquelles la notification ou l'orientation sont fondées s'appliquent;

3) le membre mettra fin à la notification ou à l'orientation ou la suspendra dans les moindres délais lorsque les circonstances qui l'ont motivée, n'existent plus, ou s'il est possible de répondre aux circonstances nouvelles d'une manière moins restrictive pour le commerce; et

4) lorsqu'un membre va décider d'abroger ou de suspendre la notification ou l'orientation, il doit publier dans les moindres délais, selon qu'il sera approprié, l'annonce de l'abrogation ou de la suspension de la notification ou de l'orientation d'une manière non discriminatoire et facilement accessible, ou doit informer le membre exportateur ou l'importateur.

Par ailleurs, l'Annexe générale à la CKR, particulièrement le chapitre 6 traitant des contrôles à effectuer pour les administrations douanières, la facilitation de la circulation des biens et des personnes, implique toujours un élément de risque. La portée des contrôles aux fins de conformité avec la législation que la douane est tenue de faire respecter devra être proportionnel au niveau de risque évalué.

Les administrations douanières sont aujourd'hui tenues de garantir une facilitation optimale tout en appliquant des contrôles sur les mouvements internationaux des marchandises, des moyens de transport et des personnes. Le niveau de risque doit être défini par rapport aux priorités des administrations douanières, notamment le recouvrement des droits et taxes ou le contrôle des interdictions et restrictions ou tout autre domaine prioritaire identifié.

Le chapitre 6 définit les normes applicables à la gestion des risques, qui constitue le fondement des techniques modernes de contrôles douanier. Ainsi la norme 6.3 recommande que pour l'application des contrôles douaniers, la douane fait appel à la gestion des risques.[1] Au-delà de la CKR, l'OMD a développé également le cadre de normes dont la gestion des risques constitue l'élément clé. Tout pays qui y adhère, s'engage à appliquer une démarche cohérente en matière de gestion des risques afin de lutter contre les menaces sécuritaires[2].

Dans le cadre des efforts menés aux fins de renforcement des capacités, l'OMD a élaboré un vade-mecum sur la manière de mettre en œuvre un environnement de Guichet unique. Ce recueil se présente en deux volumes. Le volume 1, intitulé guide Exécutif, appelé «Executive Guide», traite des aspects du guichet unique qui préoccupent les responsables. Le volume 2, intitulé « Guide Pratique Professionnel », est un ensemble d'instruments et de techniques destinés à venir en aide aux experts techniques chargés des projets de mise en place d'un guichet unique. Il offre des informations et des orientations pour tous les stades de la mise en place d'un guichet unique. Quant aux meilleures pratiques des membres, on note à ce sujet que l'UE a développé un système d'alerte rapide pour les denrées alimentaires et les aliments pour animaux (RASFF).

En rapport avec la rétention de la marchandise[3], l'AFE de l'OMC impose aux membres d'informer le transporteur ou l'importateur, dans les moindres délais, au cas où des marchandises déclarées pour l'importation sont retenues aux fins d'inspection. Mais, l'Annexe générale, spécialement à son chapitre 3 qui traite des formalités de dédouanement et autres formalités douanières, sur pied de la norme 3.36, prévoit que lorsque la douane décide de procéder à un contrôle des marchandises, en se fondant sur la déclaration de marchandises, elle peut autoriser la présence du déclarant ou de son représentant, s'il en fait la demande. La norme 3.36 recommande à la douane de prendre en considération les demandes du déclarant lorsque ce dernier souhaite être présent ou être représenté lors de la vérification des marchandises, demandes acceptées, sauf circonstances exceptionnelles.

[1]La norme 6.4 demande à la douane de recourir à l'analyse des risques pour désigner les personnes et les marchandises à examiner, y compris les moyens de transport, et l'étendue de cette vérification. A contrario, la norme 6.7 recommande à la douane de coopérer avec les autres administrations douanières et à conclure des accords d'assistance mutuelle administrative pour améliorer les contrôles douaniers.

[2] Il existe un Recueil sur la gestion des risques portant sur l'application systématique de pratiques et procédures de gestion qui fournissent aux douanes les informations nécessaires au traitement des mouvements ou envois présentant un risque.

[3] Le chapitre 1 de l'Annexe spécifique à la CKR, fixe des règles de rétention de marchandises. Il contient plusieurs pratiques recommandées en matière de rétention, contrôle douanier, gestion des risques et coopération avec les autres administrations douanières. Le chapitre 6 fixe également des normes en matière de contrôle douanier.

Le chapitre 5 traite de contrôle douanier. Il recommande aux administrations douanières, la facilitation de la circulation des biens et des personnes qui implique toujours un élément de risque. La portée des contrôles aux fins de conformité avec la législation que la douane est tenue de respecter devra être proportionnel au niveau de risque évalué. Les administrations douanières sont également tenues de garantir une facilitation optimale tout en appliquant des contrôles sur les mouvements internationaux des marchandises, des moyens de transport et des personnes. Le niveau de risque doit être défini par rapport aux priorités des administrations douanières, notamment le recouvrement des droits et taxes ou le contrôle des interdictions et restrictions ou tout autre domaine prioritaire identifié.

La norme 6.1 stipule que toutes les marchandises, y compris les moyens de transport, introduites sur le territoire douanier ou qui le quittent, sont soumises au contrôle de la douane, qu'elles soient passibles ou non de droits et taxes. Le chapitre 1 de l'Annexe spécifique H à la Convention de Kyoto révisée fixe des normes relatives à la saisie ou la rétention de marchandises. Il contient plusieurs pratiques recommandées en matière de rétention, contrôle douanier, gestion des risques et coopération avec les autres administrations douanières.

La norme 1.1 reconnait à la douane le pouvoir de saisir les marchandises ou les moyens de transport, ou les deux à la fois, uniquement : lorsqu'ils sont susceptibles de faire l'objet d'une confiscation ; ou lorsqu'ils peuvent être présentés en tant que preuve matérielle à un stade ultérieur de la procédure.

La norme 1.2 stipule que lorsque l'infraction douanière ne concerne qu'une partie de l'envoi, la saisie ou la rétention des marchandises ne doit s'appliquer qu'à la partie de l'envoi en cause, pour autant que la douane soit assurée que l'autre partie n'a pas servi directement ou indirectement à commettre l'infraction. La norme 1.3 renchérit que lorsque la douane pratique la saisie ou la rétention de marchandises ou de moyens de transport, ou des deux à la fois, elle remet à la personne intéressée une pièce écrite spécifiant : le motif de la saisie ou de la rétention ; et la nature de l'infraction.

La douane devrait accorder la mainlevée pour les marchandises saisies ou retenues, moyennant le dépôt d'une garantie suffisante, à condition toutefois que les marchandises ne soient pas soumises à des mesures de prohibition ou de restriction ou ne doivent pas être présentées en tant que preuve matérielle, à un stade ultérieur de la procédure. Elle devrait lever la saisie ou la rétention des moyens de transport qui ont été utilisés pour commettre l'infraction douanière, lorsqu'elle a établi à sa satisfaction : les moyens de transport n'ont pas été construits, aménagés, adaptés ou équipés aux fins de dissimuler les marchandises ; et que les moyens de transport ne devront pas être présentés en tant que preuve matérielle, à un stade ultérieur de la procédure ; et que, le cas échéant, une garantie suffisante peut être constituée.

Les moyens de transport devraient être confisqués uniquement lorsque :

> 1) le propriétaire, l'exploitant ou toute autre personne responsable du moyen de transport avait, au moment des faits, participé d'une manière quelconque à l'infraction douanière ou en avait connaissance, ou n'avait pas pris toutes les mesures raisonnables pour éviter que l'infraction ne soit commise;
> 2) le moyen de transport a été spécialement construit, aménagé, adapté ou équipé pour y dissimuler des marchandises; ou
> 3) la remise en état du moyen de transport qui a été spécialement aménagé n'est pas possible.

A moins que les marchandises saisies ou retenues ne soient susceptibles de prompte détérioration ou ne se prêtent pas, de par leur nature, à être conservées, une décision pour procéder à leur vente ou en disposer autrement, est définitivement prononcée par la douane ou leur abandon consenti au profit du Trésor public. En ce qui concerne la détention des marchandises, l'OMD a développé d'autres instruments sur la mise en œuvre de l'article 5 de l'AFE, notamment le Recueil sur la gestion des risques et la réception des pratiques opérationnelles. Le Recueil porte sur l'application systématique de pratiques et procédures de gestion qui fournissent aux douanes les informations nécessaires au traitement des mouvements ou envois présentant un risque. Le COPES vise à mettre en évidence certaines pratiques douanières opérationnelles s'avérant particulièrement utiles en matière de lutte contre la fraude et de saisie, deux domaines essentiels pour les administrations douanières, alors que les autorités gouvernementales s'efforcent de garantir la sûreté et la sécurité de leurs citoyens tout en préservant le commerce légitime mondial.

L'AFE de l'OMD autorise les membres à ménager la possibilité d'un second essai en cas de conclusion défavorable du premier essai. A cet effet, il est recommandé aux membres d'examiner le résultat de l'essai pour la mainlevée et le dédouanement des marchandises.[1] Sur demande, un membre pourra ménager la possibilité d'un second essai, en cas de conclusion défavorable du premier essai effectué sur un

[1] Le chapitre 3 de l'Annexe générale à la CKR contient une norme sur le prélèvement d'échantillons par la douane.

échantillon prélevé à l'arrivée de marchandises déclarées pour l'importation[1]. Tout membre examinera le résultat du second essai effectué, le cas échéant, au titre du paragraphe 3.1 sus évoqué, pour la mainlevée et le dédouanement des marchandises, et, si cela est approprié, pourra accepter les résultats de cet essai.

Afin d'éviter les abus, dégager la douane de ses responsabilités et éviter les malentendus, la douane peut demander au déclarant d'être présenté et de procéder aux prélèvements requis.

La norme 3.38 recommande les prélèvements d'échantillons limités aux cas où la douane estime que cette opération est nécessaire pour établir l'espèce tarifaire ou la valeur des marchandises déclarées, ou pour assurer l'application des autres dispositions de la législation nationale. Les quantités de marchandises prélevées, à titre d'échantillons, doivent être réduites au minimum. L'OMD a également développé un manuel destiné aux laboratoires des douanes. Il se veut essentiellement un ouvrage pratique, traitant de la création ou de l'amélioration des laboratoires des douanes dans les PED et comprend un éventail des « meilleures pratiques » en matière de pratiques de laboratoire.

IV.8. Les disciplines concernant les redevances et impositions imposées à l'importation et les pénalités

L'AFE impose la publication des renseignements sur les redevances et impositions imposées à l'importation et à l'exportation ou à l'occasion de l'importation et de l'exportation. Les membres devront également examiner de manière sporadique leurs redevances et impositions en vue d'en réduire le nombre et la diversité. Il va de soi que l'AFE plaide pour la réduction en quantité et en qualité des droits et taxes qui grèvent les marchandises aussi à l'importation qu'à l'exportation.

Plusieurs normes de la CKR stipulent que les redevances et impositions seront limitées au coût approximatif des services rendus. Les dispositions du paragraphe 1 de l'article 6 de l'AFE relatif aux impositions et redevances, s'appliqueront à toutes les redevances et impositions autres que les droits d'importation et d'exportation et autres que les taxes relevant de l'article III du GATT de 1994, imposées par les membres à l'importation ou à l'exportation ou à l'occasion de l'importation ou de l'exportation de marchandises.

[1] Un membre, soit publiera, d'une manière non discriminatoire et facilement accessible, le nom et l'adresse du laboratoire où l'essai peut être effectué, soit fournira ces renseignements à l'importateur quand la possibilité lui en sera ménagée au titre du paragraphe 3.1 de l'article 5 de l'AFE.

L'AFE oblige les Etats membres de publier des renseignements sur les redevances et impositions en syntonie avec l'article premier de l'AFE. Ils incluront ainsi les redevances et impositions qui seront appliquées, le motif de ces redevances et impositions, l'autorité responsable et le moment et les modalités du paiement. [1]

L'Annexe générale de la CKR, en son chapitre 3 qui traite des formalités de dédouanement et autres formalités douanières, fixe des normes en matière de droits et impositions à acquitter pour des services douaniers supplémentaires. La norme 3.2 stipule que de tels frais peuvent être perçus, mais qu'ils seront limités au coût approximatif des services rendus. Sur demande de l'intéressé, et pour des raisons jugées valables par la douane, cette dernière s'acquitte des fonctions qui lui incombent aux fins d'un régime douanier ou d'une pratique douanière en dehors des heures d'ouverture fixées par l'administration ou dans un lieu autre que le bureau de douane, dans la mesure des ressources disponibles. Les frais éventuels à percevoir par la douane sont limités au coût approximatif des services rendus.

Traitant des renseignements et décisions communiqués par la douane, son chapitre 9 stipule également que les frais sont limités au coût approximatif des services rendus. La norme 9.7 renchérit que lorsque la douane n'est pas en mesure de fournir des renseignements gratuitement, la rémunération exigée est limitée au coût approximatif des services rendus.

L'Annexe spécifique A, particulièrement son chapitre 1er relatif aux formalités antérieures au dépôt de la déclaration de marchandises, évoque les frais dus, à percevoir par la douane, en ce qui concerne : l'accomplissement des formalités antérieures au dépôt de la déclaration de marchandises en dehors des heures d'ouverture fixées par la douane; le déchargement des marchandises en dehors des emplacements autorisés à cet effet; ou le déchargement des marchandises en dehors des heures d'ouverture fixées par la douane; se limitent au coût approximatif des services rendus.

La Déclaration d'Arusha révisée constitue le dur de la politique menée par l'OMD en matière d'éthique et de lutte contre la corruption. Elle contient des éléments spécifiques destinés à améliorer l'efficacité des administrations membres et à réduire ou éliminer la corruption.

L'AFE prévoit que le montant des redevances et impositions aux fins du traitement douanier, sera limité au coût approximatif des services rendus. Même cas pour plusieurs normes de la CKR. Les redevances et impositions aux fins du traitement douanier seront limitées au

---

[1] Toutefois, un délai adéquat sera ménagé entre la publication des redevances et impositions nouvelles ou modifiées et leur entrée en vigueur, sauf en cas d'urgence. Ainsi, ces redevances et impositions ne seront pas appliquées tant que des renseignements à leur sujet n'auront pas été publiés.

montant correspondant au coût approximatif des services rendus pour l'opération d'importation ou d'exportation spécifique en question ou à l'occasion de cette opération; et ne seront pas obligatoirement liées à une opération d'importation ou d'exportation spécifique, à condition qu'elles soient perçues pour des services étroitement liés au traitement douanier des marchandises.[1]

Sur demande de l'intéressé, pour des raisons jugées valables par la douane, cette dernière s'acquitte des fonctions qui lui incombent, aux fins d'un régime douanier ou d'une pratique douanière en dehors des heures d'ouverture fixées par l'administration ou dans un lieu autre que le bureau de douane.

La norme transitoire 3.45 affirme que lorsque la douane procède à la vente de marchandises, non déclarées dans le délai prescrit ou pour lesquelles la mainlevée n'a pu être accordée, bien qu'aucune infraction n'ait été relevée, le produit de la vente, déduction faite des droits et taxes applicables ainsi que de tous autres frais ou redevances encourus, est remis aux ayants droit ou, lorsque cela n'est pas possible, tenu à la disposition de ceux-ci, pendant un délai déterminé.

Le chapitre 9 stipule que les frais sont limités au coût approximatif des services rendus. La norme 9.7 renchérit que lorsque la douane n'est pas en mesure de fournir des renseignements gratuitement, la rémunération exigée est limitée au coût approximatif des services rendus. Le chapitre 1er de l'Annexe spécifique A stipule que les frais à percevoir par la douane se limitent au coût des services rendus. Frais à percevoir en ce qui concerne l'accomplissement des formalités antérieures au dépôt de la déclaration de marchandises en dehors des heures d'ouverture fixées par la douane ; le déchargement des marchandises en dehors des emplacements autorisés à cet effet ; le déchargement des marchandises en dehors des heures d'ouverture fixées par la douane se limitent au coût approximatif des services rendus.

En vertu des dispositions de l'AFE, les membres peuvent imposer des pénalités uniquement à la (aux) personne(s) responsable(s) d'une infraction à une loi, à une réglementation ou à une procédure douanières. Les membres se voient également obligés de veiller à ce que la pénalité imposée dépende des faits et des circonstances de l'affaire et soit proportionnelle au degré et à la gravité de l'infraction.

[1] Le chapitre 3 de l'Annexe générale à la CKR fixe des normes en matière de droits et impositions à acquitter pour des services douaniers supplémentaires. La norme 3.2 précise que de tels frais peuvent être perçus, mais qu'ils seront limités au coût approximatif des services rendus.

Le chapitre 3 contient plusieurs normes relatives aux erreurs et infractions douanières. Le chapitre 1 de l'Annexe spécifique H, traite de la recherche et de la constatation des infractions à la législation douanière et du règlement administratif de ces infractions par la douane. Chapitre fixant des normes visant à combiner les conditions d'une recherche efficace des infractions douanières, avec le moins d'entraves possible pour les échanges.

Aux fins du paragraphe 3 de l'article 6 de l'AFE, le terme pénalités s'entend des pénalités imposées par l'administration des douanes d'un membre en cas d'infraction aux lois, réglementations ou prescriptions procédurales de ce membre en matière douanière. Tout membre doit faire en sorte que les pénalités prévues en cas d'infraction à une loi, à une réglementation ou à une prescription procédurale en matière douanière soient imposées uniquement à la (aux) personne(s) responsable(s) de l'infraction en vertu de sa législation.

La pénalité imposée dépendra des faits et des circonstances de l'affaire et elle sera déterminée au prorata du degré et à la gravité de l'infraction. Tout membre doit maintenir des mesures visant à éviter les conflits d'intérêts lors de la fixation et du recouvrement des pénalités et des droits ; et la création d'une incitation à fixer ou à recouvrer une pénalité incompatible avec le paragraphe 3.3 de l'article 6 de l'AFE qui affirme que les pénalités découlent des faits et des circonstances

Lorsqu'une pénalité sera imposée pour infraction à une loi, à une réglementation ou à une prescription procédurale en matière douanière, chaque membre fera en sorte que soit fournie à la (aux) personne(s) à laquelle (auxquelles) la pénalité est imposée, une explication écrite précisant la nature de l'infraction et la loi, la réglementation ou la procédure applicables, en vertu desquelles le montant ou la fourchette de la pénalité relative à l'infraction a été prescrit[1].

Le chapitre 3 de l'Annexe générale contient plusieurs normes relatives aux erreurs et infractions douanières. Il est toujours apodictique qu'une erreur se glisse dans les renseignements communiqués à la douane par le truchement de la déclaration de marchandises, des documents justificatifs, de la déclaration de chargement ou de tout autre moyen. Lorsque des erreurs sont

---

[1] Dans l'hypothèse où une personne divulguera volontairement à l'administration des douanes, les circonstances d'une infraction d'un membre à une loi, à une réglementation ou à une matière douanière, le membre sera encouragé, dans les cas où cela sera approprié, à considérer ce fait comme un facteur atténuant potentiel pour l'établissement d'une pénalité à l'encontre de cette personne. Ces dispositions s'appliquent mutatis mutandis aux pénalités concernant le trafic en transit mentionnées au paragraphe 3.1 de l'article 6.

commises de façon fortuite et ne sont pas observées régulièrement, la douane peut, en pareil cas, autoriser la rectification et ne prend aucune mesure supplémentaire, telle que l'application d'une pénalité.

Il appert que lorsqu'une infraction est relevée, un temps considérable peut s'écouler avant que la procédure judiciaire ou administrative ne soit terminée. Il n'est souvent avantageux ni pour la douane ni pour l'opérateur commercial de différer la mainlevée des marchandises, jusqu'à ce qu'une décision définitive ait été prise au sujet de l'infraction. A ce sujet, la norme 3.43 prévoit la mainlevée des marchandises par la douane dans certaines conditions et permet à la douane d'exiger une garantie conséquente pour assurer le paiement des droits et taxes supplémentaires éventuels ou de toute pénalité susceptible d'être appliquée à l'issue de la procédure judiciaire ou administrative.

La norme 3.39 recommande à la douane de ne pas infliger de lourdes pénalités en cas d'erreurs lorsqu'il est établi à sa satisfaction que ces erreurs ont été commises de bonne foi, sans intention délictueuse ni négligence grave. Lorsqu'elle juge nécessaire d'éviter toute récidive, peut infliger une pénalité qui ne devra cependant pas être trop lourde par rapport au but recherché.

Lorsqu'une infraction a été constatée, la douane accorde la mainlevée sans attendre le dénouement de l'action administrative ou judiciaire, sous réserve que les marchandises ne soient pas passibles de confiscation ou susceptibles d'être présentées en tant que preuves matérielles à un stade ultérieur de la procédure et que le déclarant acquitte les droits et taxes et fournisse une garantie pour assurer le recouvrement de tous droits et taxes supplémentaires exigibles ainsi que de toute pénalité dont il pourrait être passible.

L'Annexe spécifique H, particulièrement son chapitre 1er relatif aux infractions douanières, affirme que la tâche principale de la douane consiste à garantir le respect de la législation douanière. Pour être en mesure de traiter les infractions douanières, effectives ou présumées, il est nécessaire que la douane soit investie suffisamment de pouvoirs lui permettant d'effectuer des recherches et des enquêtes et, le cas échéant, d'imposer des sanctions aux contrevenants.

Il appert ainsi que le chapitre 1 de l'Annexe spécifique H, traite de la recherche et de la constatation des infractions à la législation douanière et du règlement administratif de ces infractions par la douane. Il traite également de la répression des infractions douanières, par application de pénalités douanières idoine, mais uniquement dans la mesure où ces infractions relèvent de la compétence de la douane. Le chapitre fixe des normes visant à combiner les conditions d'une recherche efficace des infractions douanières avec le moins d'entraves possible pour les échanges. On note à ce sujet que les procédures pénales longues et coûteuses qui découlent des irrégularités mineures fréquentes, risquent d'entraîner des pénalités d'une importance disproportionnée pour les entreprises. Il en est de même du fait d'infliger des pénalités drastiques pour des infractions mineures à la législation douanière, qui est peu judicieux.

La norme 19 de la CKR recommande de prendre des mesures nécessaires afin que, le cas échéant, dans les meilleurs délais, après la constatation de l'infraction douanière : le règlement administratif de cette dernière puisse intervenir ; et le contrevenant soit informé des conditions et modalités du règlement, des voies de recours qui lui sont ouvertes ainsi que des délais prescrits à cet effet.[1]

La norme 21 de la CKR recommande également que lorsqu'une infraction douanière, considérée comme présentant une importance mineure, a été relevée à charge d'un voyageur, le règlement administratif de cette infraction devrait pouvoir être appliqué sans retard par le bureau de douane qui l'a relevée. La législation nationale fixe les pénalités applicables pour chaque catégorie d'infractions douanières susceptibles de faire l'objet d'un règlement administratif et désigne les bureaux de douane compétents pour les appliquer.[2] Il s'ensuit que la sévérité ou le montant des pénalités éventuellement appliquées dans le règlement administratif d'une infraction douanière, dépend de la gravité ou de l'importance de l'infraction commise et des antécédents du délinquant dans ses rapports avec la douane.

Nous relevons que lorsque des renseignements inexacts sont fournis dans la déclaration de marchandises et que le déclarant peut prouver qu'il a pris toutes les mesures nécessaires pour garantir l'exactitude des renseignements fournis, la douane prend ce facteur en considération au moment de décider de l'imposition éventuelle d'une pénalité. Lorsqu'une infraction douanière résulte d'un cas de force majeure ou d'autres circonstances indépendamment de la volonté de la personne intéressée, sans qu'il y ait eu négligence ou intention délictueuse de la part de cette personne, aucune pénalité ne doit pas être exigée.

IV.9. La mainlevée et dédouanement des marchandises

Nous dédions ce point au traitement avant arrivée, au paiement par voie électronique, à la séparation de la mainlevée de la détermination finale des droits de douane, taxes, redevances et impositions, à la gestion des risques, au contrôle a posteriori, à l'établissement et la

---

[1] On note ainsi que lorsqu'à l'occasion d'un dédouanement de marchandises, une infraction douanière considérée comme présentant une importance mineure a été constatée, le règlement administratif de cette infraction devrait pouvoir être appliqué par le bureau de douane qui l'a relevée.

[2] Norme 22 de la CKR.

publication des temps moyen nécessaires à la mainlevée, aux mesures de facilitation des échanges pour les opérateurs agréés, des envois accélérés pour les opérateurs agrées et les marchandises périssables.

L'AFE impose aux membres d'adopter ou de maintenir des procédures permettant de présenter les documents relatifs à l'importation avant l'arrivée des marchandises. Les membres prévoiront, selon qu'il sera approprié, le dépôt de ces documents sous forme électronique. La CKR couvre le dépôt et l'enregistrement préalables de la déclaration de marchandises. Il existe des normes pertinentes en la matière qui prévoient une procédure de dépôt avant l'arrivée de la marchandise.

Les outils tels que le cadre de normes SAFE et les directives aux fins de la mainlevée immédiate, élaborés par l'OMD, peuvent être utiles aux fins de la mise en œuvre de l'AFE. L'AFE oblige les Etats membres d'adopter ou de maintenir des procédures permettant de présenter les documents relatifs à l'importation et les autres renseignements requis, y compris les manifestes, pour commencer le traitement avant l'arrivée des marchandises en vue d'accélérer la mainlevée de celles-ci à l'arrivée.

Les membres sont ainsi appelés à prévoir, selon qu'il sera approprié, le dépôt préalable des documents sous forme électronique pour le traitement avant arrivée de ces documents.

La norme 3.25 de l'Annexe générale (chapitre 3), couvre le dépôt et l'enregistrement préalables de la déclaration de marchandises. La norme sus évoquée prévoit une procédure de dépôt préalable permettant de tenir compte équitablement des intérêts des entreprises et de ceux de la douane. La douane peut traiter anticipativement les renseignements fournis et déterminer de la sorte s'il convient d'examiner les marchandises. Dans la négative, les marchandises peuvent bénéficier de la mainlevée dès leur arrivée. Si cette procédure permet aux milieux commerciaux de disposer des marchandises dans des délais très brefs, elle permet en outre à la douane de mieux répartir la charge de travail. Il s'agit en fait d'une mesure de facilitation des échanges qui réduit les frais de stockage pour les importateurs et les exportateurs et leur donne davantage de temps pour organiser leurs opérations après le dédouanement. La législation nationale doit prévoir les conditions du dépôt et de l'enregistrement ou de l'examen de la déclaration des marchandises et des documents justificatifs avant l'arrivée des marchandises.

Le cadre de normes SAFE fixe les spécifications techniques aux fins de la mise en œuvre des normes. La Norme 1 relative à la Gestion de la Chaîne logistique intégrée, définit en détail les procédures en matière de présentation des données, notamment la déclaration de marchandises à l'importation et à l'exportation, la déclaration de chargement ainsi que leurs délais. Les directives aux fins de la mainlevée immédiate se fondent sur le principe de l'envoi des renseignements à la douane par l'opérateur avant l'arrivée des marchandises. Elles présentent les marchandises par catégorie et définissent en outre un ensemble de données à transmettre aux fins de mainlevée les marchandises reprises dans ces catégories ainsi que les procédures à suivre.

La mondialisation commande qu'on se réfère aux bourses pratiques des autres Etats en matière de facilitation. Il y a lieu de noter que le Japon a édicté des règles en matière de dépôt préalable des renseignements relatifs aux conteneurs maritimes, tandis que le Canada a un projet pilote de ciblage du fret aérien avant le chargement (PACT). L'AFE demande aux membres d'adopter ou de maintenir des procédures permettant de payer par voie électronique les droits et taxes recouvrés par les douanes. La CKR impose à cet effet le recours à la technologie de l'information à l'appui des opérations douanières.

Les membres de l'OMC doivent adopter ou maintenir, dans la mesure où cela sera réalisable, des procédures permettant de payer par voie électronique les droits, taxes, redevances et impositions recouvrés par les douanes à l'importation ou à l'exportation. La norme 7.1 de l'Annexe générale impose le recours à la technologie de l'information dans les opérations douanières, en cas d'efficacité et de rentabilité, tant pour la douane pour le commerce. Les Directives TIC offrent des informations plus techniques et détaillées.

Par ailleurs, l'AFE impose aux membres d'adopter ou de maintenir des procédures permettant la mainlevée des marchandises, avant la détermination finale des droits de douane, taxes, redevances et impositions. Il contient des dispositions pertinentes relatives à des garanties pour assurer le paiement des droits de douane, taxes, redevances et impositions.

La CKR contient des dispositions permettant la mainlevée anticipée de marchandises en cas de dépôt d'une déclaration de marchandises ou de documents provisoires ou incomplets. Le Chapitre 5 de l'Annexe générale à la CKR définit les principes fondamentaux en matière de garantie prescrits par les administrations douanières. Pour être en phase avec l'AFE, chaque membre adoptera ou maintiendra des procédures permettant la mainlevée des marchandises avant la détermination finale des droits de douane, taxes, redevances et impositions, lorsque ceux-ci n'auront pas été déterminés avant l'arrivée, ou à l'arrivée, ou le plus rapidement possible après l'arrivée et à condition qu'il ait été satisfait à toutes les autres prescriptions réglementaires. La mainlevée reste cependant subordonnée à la double conditionnalité suivante : le paiement des droits de douane, taxes, redevances et impositions déterminés avant ou au moment de l'arrivée des marchandises et une garantie pour tout montant n'ayant pas encore été déterminé ; une garantie sous la forme d'une caution, d'un dépôt ou d'un autre instrument approprié prévu dans ses lois et réglementations.

La garantie ne sera pas supérieure au montant exigé par le membre pour assurer le paiement des droits de douane, taxes, redevances et impositions dus en définitive pour les marchandises couvertes par la garantie. Dans la mesure où une infraction passible de pénalités pécuniaires ou d'amendes aura été décelée, une garantie supplémentaire pourra être exigée pour les pénalités et les amendes pouvant être imposées. La garantie visée aux paragraphes 3.2 et 3.4 de l'article 7 de l'AFE sera libérée quand elle ne sera plus requise.

L'Annexe générale, chapitre 3 relatif aux formalités de dédouanement et autres formalités douanières, recommande que la mainlevée des marchandises ne doit pas être différée pour la seule raison que la douane n'est pas en possession d'une déclaration de marchandises complète, à condition que les renseignements relatifs à la nature et à la valeur des marchandises soient disponibles ou que la douane soit assurée que ces renseignements lui seront communiqués et que toutes les obligations seront remplies.[1]

La norme 3.13 stipule, à cet effet, que le déclarant qui, pour des raisons jugées plausibles par la douane, ne dispose pas de tous les renseignements nécessaires pour établir la déclaration de marchandises, est autorisé à déposer une déclaration de marchandises provisoire ou incomplète.

L'enregistrement par la douane d'une déclaration de marchandises provisoire ou incomplète n'a pas pour effet d'accorder aux marchandises un traitement tarifaire différent de celui qui aurait été appliqué si une déclaration de marchandises établie de façon complète et exacte avait été déposée directement. La mainlevée des marchandises n'est pas différée à condition que la garantie éventuellement exigée ait été fournie pour assurer le recouvrement des droits et taxes exigibles.

C'est donc dans cette optique que la norme 3.17 affirme que lorsque certains documents justificatifs ne peuvent être présentés lors du dépôt de la déclaration de marchandises pour des raisons jugées valables par la douane, cette dernière autorise la production de ces documents dans un délai déterminé.

Elle stipule, en plus, que la mainlevée est accordée pour les marchandises déclarées dès que la douane en a terminé la vérification ou a pris la décision de ne pas les soumettre à une vérification, sous

---

[1] A cet égard, les dispositions combinées des normes 3.13, 3.14, 3.17 et 3.41 de l'Annexe générale à la CKR permettent la mainlevée anticipée de marchandises en cas de dépôt d'une déclaration de marchandises ou de documents provisoires ou incomplets.

réserve : qu'aucune infraction n'ait été relevée; que la licence d'importation ou d'exportation ou les autres documents nécessaires aient été communiqués ; que toutes les autorisations relatives au régime considéré aient été communiquées ; et que les droits et taxes aient été acquittés ou que les mesures nécessaires aient été prises en vue d'assurer leur recouvrement.

L'Annexe générale, en son chapitre 4 qui traite des droits et taxes, offre un cadre pour le recouvrement, le paiement, en ce compris le paiement différé et le remboursement des droits et taxes. La norme 4.9 par contre, porte sur le paiement après la mainlevée des marchandises.[1] Aucun intérêt ne doit être perçu pour la période écoulée entre la date de la mainlevée et la date d'échéance.

Le chapitre 5 définit les principes fondamentaux en matière de garantie, prescrits par la douane. Il stipule qu'une garantie est fréquemment exigée par la douane pour veiller à ce que le déclarant s'acquitte de toutes ses obligations éventuelles envers la douane. Ayant pour objet principal d'obtenir que les droits et taxes soient acquittés, la garantie peut, en outre, être fournie afin d'assurer le respect de toute autre obligation éventuelle du déclarant ou de l'opérateur économique, à l'égard d'un régime ou d'une pratique de la douane ou de toute autre obligation prévue par celle-ci.

La norme 5.1 de la CKR recommande à la législation nationale d'énumérer les cas dans lesquels une garantie est exigée et détermine les formes dans lesquelles la garantie doit être constituée. La norme 5.2 détermine, par contre, le montant. Toute personne tenue de constituer une garantie doit pouvoir choisir l'une des formes de garantie proposées, à condition qu'elle soit acceptable par la douane. Lorsque la législation nationale le permet, la douane n'exige pas de garantie lorsqu'elle est convaincue que l'intéressé remplira toutes ses obligations envers elle.

Dans l'hypothèse où la garantie est exigée, son montant est aussi faible que possible et, en ce qui concerne le paiement des droits et taxes, n'excède pas le montant éventuellement exigible. Lorsqu'une garantie a été constituée, la décharge est accordée le plus rapidement possible après que la douane ait estimé que les obligations qui ont nécessité la mise en place de la garantie ont été dûment remplies. Pour ce faire, l'OMD a développé le cadre de normes SAFE et les directives aux fins de la mainlevée immédiate. Le cadre de normes SAFE harmonise les renseignements préalables à la déclaration de chargement qui doivent être transmis par voie électronique pour les envois à l'arrivée, au départ et en transit.

---

[1] Lorsque la législation nationale précise que la date d'échéance peut être fixée après la mainlevée des marchandises, cette date doit être située au moins dix jours après la mainlevée.

Les directives aux fins de la mainlevée immédiate, se fondent sur le principe de l'envoi des renseignements à la douane par l'opérateur avant l'arrivée des marchandises. Elles présentent les marchandises par catégorie, et définissent également un ensemble de données à transmettre aux fins de mainlevée des marchandises reprises dans ces catégories ainsi que les procédures à suivre.

L'AFE impose aux membres d'adopter ou de maintenir, dans la mesure du possible, un système de gestion des risques pour le contrôle douanier. La CKR définit les principes de gestion des risques en matière douanière ; ses directives en couvrent les aspects techniques. Le recueil sur la gestion des risques fournit aussi des informations techniques et détaillées, fondées sur les pratiques et expériences des membres de l'OMD. Chaque membre pourra ainsi concevoir et appliquer la gestion des risques de manière à éviter toute discrimination injustifiable ou toute restriction déguisée au commerce international.[1]

Tout membre fondera la gestion des risques sur une évaluation des risques reposant sur un critérium de sélection idoine. Les critères pourront inclure, entre autres, le code du Système Harmonisé (SH), la nature et la description des marchandises, le pays d'origine, le pays de départ de l'expédition, la valeur des marchandises. L'Annexe générale à la CKR, en son chapitre 6 relatif au contrôle douanier, renseigne que ses normes 6.3 à 6.5 définissent les principes lies à la gestion des risques en matière douanière. Les directives relatives à ces normes couvrent de nombreux aspects de la gestion des risques, notamment les méthodes de contrôle, l'infrastructure nécessaire et des exemples de dispositifs de contrôle douanier. Pour l'application des contrôles douaniers, la douane fait appel à la gestion des risques de manière à rendre davantage le commerce international fluide.

Elle recourt à l'analyse des risques pour désigner les personnes et les marchandises à examiner, y compris les moyens de transport, et l'étendue de cette vérification. La douane adopte, à l'appui de la gestion des risques, une stratégie qui consiste à mesurer le degré d'application de la loi, de manière à avoir un droit du commerce international, dont les rigidités n'entament pas l'efficacité du management des opérations commerciales à l'échelle mondiale.

L'OMD a développé, à cet effet, le recueil sur la gestion des risques et le cadre des normes SAFE. Le recueil porte sur l'application systématique de pratiques et procédures de gestion, qui fournissent

---

[1] Les membres de l'OMC concentreront le contrôle douanier et, dans la mesure du possible, les autres contrôles pertinents à la frontière sur les envois présentant un risque élevé, et accéléreront la mainlevée des envois présentant un risque faible. Ils pourront aussi sélectionner, sur une base aléatoire, des envois devant faire l'objet de ces contrôles, dans le cadre de son système de gestion des risques.

aux douanes les informations nécessaires au traitement des mouvements ou envois présentant un risque. Le cadre des normes SAFE fait de la gestion des risques un élément clé. Tout pays qui y adhère, s'engage à appliquer une démarche cohérente en matière de gestion des risques afin de lutter contre les menaces sécuritaires, avec la résurgence actuelle du terrorisme.

L'AFE impose aux membres, dans la mesure du possible, d'adopter ou de maintenir des contrôles à posteriori pour accélérer le dédouanement des marchandises et assurer le respect des dispositions pertinentes en la matière. La CKR définit les principes relatifs aux contrôles douaniers, notamment les contrôles par audit et les directives de la CKR couvrent les aspects techniques desdits contrôles. Les directives aux fins du CAP, présentent des informations techniques et détaillées y relatives, notamment des orientations pratiques aux fins de mise en œuvre des processus de CAP.[1] En vue d'accélérer la mainlevée des marchandises, l'AFE oblige chaque membre d'adopter ou de maintenir un contrôle post dédouanement pour assurer le respect des lois et réglementations douanières et des autres législations connexes. Tout membre sélectionnera une personne ou un envoi aux fins du contrôle après dédouanement d'une manière arc-boutée sur les risques, ce qui pourra inclure un critérium de sélection idoine. De notre point de vue, le contrôle post-dédouanement a l'avantage de concilier la célérité du commerce avec l'indolence des droits de douane.

Dans l'hypothèse où la personne participera à ces contrôles et que des résultats concluants auront été obtenus, le membre notifiera sans délai à la personne dont le dossier aura été contrôlé, les résultats, les droits et obligations et les raisons ayant motivé les résultats. Les renseignements obtenus lors du contrôle post dédouanement pourront être utilisés dans des procédures administratives ou judiciaires ultérieures, de manière à garantir un recouvrement optimal des droits et taxes dus au Trésor.

Les membres de l'OMC utiliseront, dans la mesure du possible, le résultat du contrôle après dédouanement pour appliquer la gestion des risques. Le contrôle à posteriori reposant généralement, en effet, sur la comptabilité, il a la facilité de déterminer la vraie valeur transactionnelle.

En vue de faire face au développement du commerce à l'échelon mondial et offrir au secteur privé des mesures de facilitation plus étendues, la douane recourt de plus en plus à des contrôles par audit, reposant sur les systèmes comptables des entreprises. Les contrôles peuvent aller d'un simple CAP jusqu'à une auto-évaluation de l'opérateur économique. La norme 6.6 de l'Annexe générale à la CKR

[1] Les directives CAP sont des orientations de l'OMD sur le CAP.

porte sur le principe des contrôles par audit. Et les Directives relatives au chapitre 6, contiennent des informations détaillées sur les CAP et les auto-évaluations d'opérateurs économiques.

L'OMD a développé des directives aux fins du CAP et le recueil sur la gestion des risques. Les directives ont pour objectif d'aider à l'élaboration et à l'administration d'un programme de CAP et d'offrir aux fonctionnaires, des orientations pratiques sur les aspects opérationnels. La gestion des risques est un élément fondamental du cadre de normes SAFE auquel tout pays, en y adhérant, s'engage à appliquer une démarche cohérente en matière de gestion des risques afin de lutter contre les menaces sécuritaires, qui plombent le négoce international. Le recueil porte sur l'application systématique de pratiques et procédures de gestion qui fournissent aux douanes les informations nécessaires au traitement des mouvements ou envois, présentant un risque aussi bien pour la mobilisation accrue des recettes que pour des préoccupations sécuritaires.

L'AFE encourage les membres à mesurer et à publier le temps moyen qui leur est nécessaire pour la mainlevée des marchandises. L'Etude de l'OMD sur le temps nécessaire à la mainlevée (TRS) est spécifiquement mentionnée dans l'AFE. Outil et méthode uniques permettant de mesurer la performance réelle des activités douanières directement liées à la facilitation des échanges à la frontière, elle permet de mesurer le temps improductif généré par les opérations de dédouanement. Les membres sont également encouragés à faire part au CFE de leurs expériences en matière de mesure des temps moyens nécessaires à la mainlevée, y compris les méthodes utilisées, les goulots d'étranglement identifiés, et toutes répercussions sur le plan de l'efficacité du négoce international.

Le manuel d'analyse comparative des douanes aide à mesurer l'efficacité des administrations douanières, en comparant des procédures ou processus identiques ou similaires utilisés par d'autres administrations. Cette méthode permet d'identifier et de mettre en œuvre les meilleures pratiques en faveur d'un commerce international sens entrave. Par contre, le guide de l'étude sur le temps nécessaire à la mainlevée (TRS) offre des orientations sur la manière de mener une étude aux fins d'examen des procédures aux frontières, en mesurant le temps moyen écoulé entre l'arrivée des marchandises et leur mainlevée.

L'article 7.7 de l'AFE portant mesures de facilitation des échanges pour les opérateurs agréés, définit des mesures très spécifiques, en matière de facilitation des échanges pour les opérateurs économiques agréés qui remplissent des critères spécifiés, notamment de bons antécédents en matière de respect des législations douanières et autres législations connexes, un système de gestion des dossiers permettant les contrôles internes nécessaires, la solvabilité financière et la sécurité de la chaîne d'approvisionnement.

Il existe également la norme 3.32 de l'Annexe générale à la CKR, relative au principe de l'application de procédures particulières pour des personnes agréées, et les directives de la CKR relatives à cette norme, fournissant des informations détaillées sur les types de procédures particulières accordées à ces personnes ainsi que sur procédure d'agrément. Le deuxième pilier du cadre de normes SAFE, définit des normes mondiales aux fins de lancement et de maintien d'un programme d'OEA[1].

Conformément à l'AFE, chaque membre doit prévoir des mesures de par le truchement de procédures douanières généralement disponibles à tous les opérateurs, sans être tenu d'établir un système distinct. Les critères ainsi envisagés seront publiés, et pourront inclure les éléments ci-après : des antécédents appropriés en matière de respect des législations douanières et autres législations connexes; un système de gestion des dossiers permettant les contrôles internes nécessaires ; la solvabilité financière, y compris, dans les cas où cela sera approprié, la fourniture d'une caution suffisante ; et la sécurité de la chaîne d'approvisionnement.

Les critères ne seront pas conçus ni appliqués de manière à permettre ou à créer une discrimination arbitraire ou injustifiable entre les opérateurs pour lesquels les mêmes conditions existent; et le cas échéant, ne restreindront pas la participation des petites et moyennes entreprises.

Les mesures de facilitation des échanges, prévues conformément au paragraphe 7.1, incluront au moins trois des mesures ci-dessous :

a) des prescriptions peu astreignantes en matière de documents et de données requis, selon qu'il sera approprié ;

b) un faible taux d'inspections matérielles et d'examens, selon qu'il sera approprié ;

c) une main levée rapide, selon qu'il sera approprié ;

d) le paiement différé des droits, taxes, redevances et impositions ;

e) l'utilisation de garanties globales ou de garanties réduites ;

---

[1] Le critérium d'éligibilité au statut d'OEA inclut: des antécédents suffisants, un système efficace pour la gestion des écritures commerciales, une viabilité financière et des garanties, notamment en matière de fret, moyen de transport, locaux, personnel et partenaire commercial.

f) une déclaration en douane unique pour toutes les importations ou exportations pendant une période donnée ; et

g) le dédouanement des marchandises dans les locaux de l'opérateur agréé ou dans un autre lieu agréé par les douanes.[1]

L'Annexe générale définit, dans la norme transitoire 3.32, des procédures particulières pour des « personnes agréées » ; à savoir : des personnes physiques ou morales qui satisfont à des critères spécifiés par la douane, notamment pouvoir se prévaloir d'antécédents satisfaisants en matière douanière et utiliser un système efficace pour la gestion des écritures commerciales. Pour les personnes agréées qui remplissent certains critères fixés par la douane, notamment du fait qu'elles ont des antécédents satisfaisants en matière douanière et utilisent un système efficace pour la gestion de leurs écritures commerciales, la douane prévoit:

- la mainlevée des marchandises sur la base du minimum de renseignements nécessaires, pour identifier les marchandises et permettre l'établissement ultérieur de la déclaration de marchandises définitive;
- le dédouanement des marchandises dans les locaux du déclarant, ou en tout autre lieu agréé par la douane; et, de plus, dans la mesure du possible, d'autres procédures spéciales telles que:
    - le dépôt d'une seule déclaration de marchandises pour toutes les importations ou exportations effectuées pendant une période déterminée, lorsque ces opérations sont réalisées fréquemment par la même personne;
    - la possibilité pour les personnes agréées de liquider elles-mêmes les droits et taxes en se référant à leurs propres écritures commerciales, sur lesquelles la douane s'appuie, le cas échéant, pour s'assurer de la

[1] L'AFE encourage également les membres à élaborer des systèmes d'opérateurs agréés sur la base standards internationaux, dans les cas où de telles normes existent, sauf lorsque ces normes seraient inappropriées ou inefficaces pour réaliser les objectifs légitimes recherchés. Les membres échangeront des renseignements pertinents dans le cadre du Comité de Facilitation des Echanges au sujet des systèmes d'opérateurs agréés en vigueur.

conformité avec les autres prescriptions douanières;

Le cadre des normes SAFE a principalement incorporé dans le texte, des dispositions détaillées sur les conditions et prescriptions concernant la douane et les OEA qui faisaient initialement partie d'un document distinct. Il a été estimé, en effet, que la douane et ses partenaires commerciaux pourraient tirer parti du fait que toutes les dispositions relatives au cadre SAFE et aux OEA soient aisément accessibles dans un seul et même instrument exhaustif. Le dossier intègre divers outils relatifs aux OEA, notamment les directives sur la mise en œuvre des programmes d'OEA, le Recueil sur les programmes d'OEA et le modèle de procédures de recours pour les OEA :

- Directives sur la mise en œuvre des programmes d'OEA ;
- Recueil sur les programmes d'OEA ;
- Modèle de procédures de recours pour les OEA ;
- Avantages offerts aux OEA qui sont aussi inspirés d'une contribution du Groupe consultatif du secteur privé de l'OMD ;
- OEA et PME ;
- Directives aux fins de l'élaboration d'un accord mieux un arrangement de reconnaissance mutuelle ;
- Modèle d'OEA.

Le Recueil sur les programmes d'OEA contient des informations relatives à 41 programmes différents, répartis en trois catégories : les programmes d'OEA opérationnels, les programmes d'OEA. L'AFE impose aux membres de mettre en place des procédures permettant la mainlevée accélérée, au moins des marchandises entrées par des installations de fret aérien. Dans le cadre de ces mesures, les membres réduiront au minimum les documents requis, prévoiront la mainlevée des envois accélérés, le plus rapidement possible, et la valeur d'envoi ou un montant passible de droits de « minimis », pour lesquels ni droits de douane ni taxes ne seront recouvrés.

Les directives de l'OMD aux fins de la mainlevée immédiate, proposent un ensemble de possibilités, et de solutions, qui permettent à chaque administration de retenir le niveau de facilité le mieux adapté à ses structures commerciales et à ses impératifs en matière de lutte contre la fraude.

L'AFE font obligation aux membres d'adopter ou maintenir des procédures permettant la mainlevée accélérée au moins des marchandises entrées par des installations de fret aérien aux personnes qui demanderont un tel traitement, tout en maintenant le contrôle douanier. Si un membre utilise des critères de limitation aux demandeurs d'un tel traitement, il pourra poser au requérant, comme conditions d'admissibilité à l'application du traitement décrit au paragraphe 8.2 a. à d. à ses envois accélérés :

a) fournir l'infrastructure adéquate et assurer le paiement des dépenses douanières liées au traitement des envois accélérés, dans les cas où le requérant satisfera aux prescriptions du membre visant à ce que ce traitement soit effectué dans une installation dédiée;

b) présenter avant l'arrivée d'un envoi accéléré les renseignements nécessaires pour la mainlevée;

c) se voir appliquer des redevances dont le montant sera limité au coût approximatif des services rendus pour assurer le traitement ;

d) maintenir un degré élevé de contrôle sur les envois accélérés en assurant la sécurité, la logistique et la technologie de suivi internes, depuis la prise en charge jusqu'à la livraison;

e) assurer l'envoi accéléré depuis la prise en charge jusqu'à la livraison;

f) assumer la responsabilité du paiement de tous les droits de douane, taxes, redevances et impositions à l'autorité douanière pour les marchandises;

g) avoir de bons antécédents en matière de respect des lois et réglementations douanières et autres lois et réglementations connexes;

h) remplir les autres conditions directement liées à l'application effective des lois, des réglementations et des procédures du membre, qui se rapportent spécifiquement à l'octroi du traitement.

Sous réserve des paragraphes 8.1 et 8.3, les membres :

a) réduiront au minimum les documents requis pour la mainlevée des envois accélérés, conformément à l'article 10.1 et, dans la mesure du possible, prévoiront la mainlevée sur la base d'une présentation unique de renseignements concernant certains envois;

b) prévoiront la mainlevée des envois accélérés dans des circonstances normales le plus rapidement possible après l'arrivée, à condition que les renseignements requis pour la mainlevée aient été présentés;

c) s'efforceront d'appliquer le traitement prévu au paragraphe 8.2 a. et b. aux envois, quels que soient leur poids ou leur valeur, en reconnaissant qu'il existe des procédures d'entrée additionnelles, y compris les déclarations et de documents justificatifs et le paiement de droits et de taxes, et de limiter ce traitement en fonction du type de marchandises à condition que le traitement ne soit pas limité à des marchandises de faible valeur, telles que des documents; et

d) prévoiront, dans la mesure du possible, une valeur d'envoi ou un montant passible de droits de minimas, pour lesquels ni droits de douane ni taxes ne seront recouvrés, sauf pour certaines marchandises prescrites. Les taxes intérieures, telles que les taxes sur la valeur ajoutée et les droits d'accise, appliquées aux importations d'une manière compatible avec l'article III du GATT de 1994, ne sont pas visées par cette disposition.

L'AFE précise à cet effet que les dispositions des paragraphes 8.1 et 8.2 n'affecteront pas le droit d'un membre d'examiner, d'immobiliser, de saisir ou de confisquer des marchandises, d'en refuser l'entrée, ou d'effectuer des contrôles post dédouanement, en rapport avec l'utilisation de systèmes de gestion des risques. En outre, rien dans les paragraphes n'empêchera un membre d'exiger, comme condition de la mainlevée, la présentation de renseignements additionnels et le respect des prescriptions en matière de licences non automatiques.

Le chapitre 3 de l'Annexe générale définit une série de normes relatives au dédouanement des marchandises ainsi que d'autres formalités douanières. Les directives précisent en détail le contenu des normes, notamment l'établissement de bureaux de douanes, les droits et responsabilités du déclarant, la déclaration de marchandises, le dépôt et l'enregistrement de la déclaration de marchandises et le contrôle et la vérification par la douane. Les directives aux fins de la mainlevée immédiate, présentent les marchandises par catégorie. Elles définissent également un ensemble de données à transmettre aux fins de mainlevée des marchandises reprises dans les catégories ainsi que les procédures à suivre.

L'AFE impose aux membres d'adopter ou de maintenir des procédures permettant d'accorder le plus rapidement possible, la mainlevée des marchandises périssables afin d'empêcher toute perte ou détérioration. Les membres prévoiront ainsi d'accorder la mainlevée des marchandises périssables en dehors des heures d'ouverture des bureaux, d'accorder la priorité à leur examen et de prendre des dispositions pour leur entreposage approprié.

Afin d'empêcher toute perte ou détérioration évitable de marchandises périssables, et à condition que toutes les prescriptions réglementaires aient été remplies, il est fait obligation aux membres de prévoir l'accord de leur mainlevée, à la double conditionnalité subséquente dans des circonstances normales, le plus rapidement; et dans des circonstances exceptionnelles et dans les cas où cela serait approprié, en dehors des heures d'ouverture des bureaux des douanes et des autres autorités pertinentes.

Tout membre de l'OMC accordera le degré de priorité approprié aux marchandises périssables lorsqu'il planifiera les examens pouvant être requis. Les Etats membres de l'OMC prendront ainsi des dispositions, ou autorisant un importateur à prendre des dispositions, pour leur entreposage approprié, dans l'attente de leur mainlevée.[1] Le membre pourra exiger que les installations d'entreposage mises en place par l'importateur aient été agréées ou désignées par les autorités compétentes.[2] Le mouvement de marchandises ainsi visées vers les installations d'entreposage, en ce compris l'autorisation y relative donnée à l'opérateur, pourra être soumis, dans les cas où cela sera requis, à l'approbation des autorités compétentes.[3]

Tout retard important dans la mainlevée, pourra faire l'objet, et ce, sur demande écrite de la part du membre importateur, d'une demande en vue d'en justifier les raisons, dans la mesure du possible. La norme de la CKR stipule que les marchandises présentant ce caractère d'urgence, en ce compris les animaux vivants et les marchandises périssables, doivent être vérifiées avec diligence par la douane afin d'éviter leur perte ou leur détérioration. Autrement dit, lors de la planification des vérifications des marchandises, la priorité est accordée à la vérification des animaux vivants et des marchandises périssables et des autres marchandises dont le caractère urgent est accepté par la douane.

---

[1] OMC, *Op.cit*, p.24.

[2] *Idem*, p.17.

[3] Dans l'hypothèse où cela sera réalisable et compatible avec la législation nationale, et à la demande de l'importateur, le membre doit prévoir les procédures nécessaires pour que la mainlevée ait lieu dans ces installations d'entreposage.

IV.10. La coopération entre les organismes présents aux frontières

L'AFE stipule, à son article 8, que toutes les autorités ou agences nationales prestant aux frontières devront coopérer entre elles et coordonner leurs activités en matière de contrôles et de procédures à la frontière afin de faciliter les échanges. Cette coopération et cette coordination pourront inclure aussi l'harmonisation des jours et des horaires de travail, l'harmonisation des procédures et des formalités, la mise en place et le partage d'installations communes, des contrôles conjoints et l'établissement d'un guichet unique pour le contrôle à la frontière.

L'Accord de Bali (AFE) oblige les membres de faire en sorte que les autorités et les organismes chargés des contrôles et des procédures à la frontière, en ce qui concerne l'importation, l'exportation et le transit de marchandises, coopèrent et coordonnent leurs activités afin de faciliter les échanges. Chaque membre coopérera, dans la mesure du possible et de ce qui sera réalisable, selon des modalités mutuellement convenues avec les autres membres et les services opérant à une frontière commune, en vue de coordonner les procédures aux points de passage des frontières pour faciliter le commerce transfrontière. Coopération et coordination qui pourront inclure : l'harmonisation des jours et des heures de travail ; l'harmonisation des procédures et des formalités ; la mise en place et le partage d'installations communes ; des contrôles conjoints ; l'établissement d'un guichet unique pour le contrôle à la frontière.[1]

La norme transitoire 3.35 définit le principe selon lequel l'inspection des marchandises par la douane devra s'effectuer en coordination avec les autres autorités compétentes. Elle stipule également que la douane doit se mettre en rapport avec les autres autorités compétentes et, chaque fois que possible, effectuer ces vérifications en même temps que ces autorités.

La mesure est destinée à assurer un dédouanement rapide et efficace des marchandises, et donc à optimiser l'utilisation des ressources et des connaissances, dans le contexte d'un commerce fluide. Lorsque les marchandises doivent être soumises à un contrôle par d'autres autorités compétentes et que la douane prévoit également une vérification, cette dernière prend les dispositions utiles pour une intervention coordonnée, et si possible, simultanée des contrôles.

La partie 5 du Cadre des normes SAFE définit les normes relatives à la GCF. Les normes comprennent la coordination entre les services publics, la gestion transfrontalière et le guichet unique. Il existe

[1] Article 8 de l'AFE.

également le cahier de la Douane sur la gestion intégrée des frontières, qui reprend les éléments à prendre en considération ainsi que les étapes à franchir lors de la mise en œuvre du système de gestion intégrée des frontières, afin de faciliter les transactions transfrontalières. Le recueil sur le guichet unique, vient en rescousse de ces outils.

Aux fins de renforcement des capacités, l'OMD a développé un outil en vue de mettre en œuvre un environnement de guichet unique. Le recueil se présente en deux volumes[1] : le volume 1, intitulé *Guide Exécutif*, traite des aspects du guichet unique préoccupant les responsables. Par contre, le volume 2, intitulé *Guide Pratique Professionnel*, est un ensemble d'instruments et de techniques destinés à venir en aide aux experts techniques chargés des projets de mise en place de guichet unique. De manière globale, le recueil offre des informations et des orientations pour tous les stades de la mise en place d'un guichet unique.

Le modèle de données de l'OMD est un jeu de données exigées, combinées avec soin, qui s'appuient mutuellement. Elles seront mises à jour à intervalles réguliers pour satisfaire aux exigences procédurales et juridiques des organismes chargés de réglementer les flux transfrontaliers, notamment la douane, qui contrôlent les transactions à l'exportation, à l'importation et en transit. En matière de GCF à l'échelon national, l'OMD a listé un certain nombre d'Etats membres qui ont excellé dans le domaine, notamment (Croatie) Stratégie pour une gestion intégrée des frontières, (Allemagne) Gestion coordonnée des frontières, (Hong Kong Chine) Système de fret terrestre (ROCARS), (Nouvelle-Zélande) Système commun de gestion des frontières (JBMS).

IV.11. Le mouvement des marchandises destinées à l'importation sous contrôle douanier

L'AFE impose aux membres d'autoriser, dans la mesure où cela sera réalisable et à condition que toutes les prescriptions réglementaires soient remplies, le mouvement des marchandises destinées à l'importation vers un bureau de douane où la mainlevée ou le dédouanement sera effectué. Le mouvement correspond au régime de transit national, au titre de la CKR. L'Annexe spécifique E a pour objet le transit douanier, qui peut couvrir les régimes de transit national.

Il est fait obligation à tous les membres d'autoriser, dans la mesure où cela sera réalisable et à condition que toutes les prescriptions réglementaires soient remplies, le mouvement sur son territoire des

[1] OMC, *Op.cit.*, p.14.

marchandises destinées à l'importation, sous contrôle douanier d'un bureau d'entrée à un autre bureau de douane sur son territoire d'où la mainlevée ou le dédouanement seraient effectués.

Le chapitre 1er de l'Annexe spécifique E définit les principes inhérents au transit douanier. Il traite du transit douanier national lorsque le régime de transit ne s'applique qu'à un seul pays ou territoire douanier et que le bureau de départ et le bureau de destination sont situés sur le même territoire.[1]

La douane autorise le transport en transit douanier, sur son territoire, de marchandises : d'un bureau d'entrée à un bureau de sortie ; d'un bureau d'entrée à un bureau intérieur ; d'un bureau intérieur à un bureau de sortie ; et d'un bureau intérieur à un autre bureau intérieur.[2]

Le droit positif de chaque Etat doit désigner à cet effet les personnes responsables, vis-à-vis de la douane, de l'accomplissement des obligations découlant du transit douanier afin d'assurer, notamment la présentation des marchandises intactes au bureau de destination, conformément aux conditions fixées par la douane qui devrait accorder aux personnes le statut d'expéditeur ou de destinataire agréé lorsqu'elle est assurée que les personnes concernées remplissent les conditions fixées par l'administration des douanes.[3]

La douane devrait accepter, comme déclaration de marchandises pour le transit douanier, tout document commercial ou de transport relatif à l'envoi en cause, qui répond aux conditions fixées par elle. Cette acceptation est annotée sur le document. La douane du bureau de départ prend toutes les mesures nécessaires en vue de permettre au bureau de destination d'identifier l'envoi et de déceler, le cas échéant, toute manipulation non autorisée. Sous réserve des dispositions d'autres conventions internationales, la douane ne devrait pas exiger en principe que les unités de transport aient été agréées préalablement pour le transport des marchandises sous scellement douanier. Elle décide si les unités de transport sont sûres aux fins du transit douanier. On note aussi que lorsque les documents d'accompagnement permettent une identification sûre des marchandises, le transport devrait être effectué en général sans scellement douanier. Toutefois, le

---

[1] Le transit douanier est régi par les dispositions du Chapitre premier de la CKR et, dans la mesure où elles s'appliquent, par les dispositions de l'Annexe générale.

[2] Les marchandises transportées en transit douanier ne sont pas assujetties au paiement des droits et taxes, sous réserve de l'observation des conditions fixées par la douane et à condition que la garantie éventuellement exigée ait été constituée.

[3] Tout document commercial ou document de transport donnant clairement les renseignements nécessaires, est accepté comme constituant la partie descriptive de la déclaration de marchandises pour le transit douanier, et cette acceptation est annotée sur le document.

scellement douanier[1] peut être exigé : lorsque le bureau de douane de départ l'exige, compte tenu de la gestion des risques; lorsque l'opération de transit douanier s'en trouve facilitée dans son ensemble; lorsqu'un accord international le prévoit.

Si un envoi doit en principe être acheminé sous scellement douanier et que l'unité de transport ne peut être scellée de manière efficace, l'identification est assurée et les manipulations non autorisées rendues aisément décelables par : a vérification complète des marchandises avec mention du résultat de la vérification sur le document de transit ; l'apposition de scellements douaniers sur chaque colis ; la fixation de l'itinéraire et de délais stricts ; ou le transport sous escorte douanière.

La décision de dispenser l'unité de transport du scellement est toutefois du ressort exclusif de la douane. Le délai fixé par la douane pour le transit douanier, doit être suffisant aux fins de l'opération de transit. Sur demande de l'intéressé, et pour des raisons jugées valables par l'administration des douanes, cette dernière devrait proroger le délai initialement fixé. La douane impose les mesures suivantes uniquement dans les cas où elle les juge indispensables : obligation de transporter les marchandises suivant un itinéraire déterminé ; ou obligation de cheminer les marchandises sous escorte de douane. Les scellements douaniers utilisés pour le transit douanier doivent répondre aux conditions minimales prescrites dans l'appendice du chapitre 1er de la CKR. Toutefois, les scellements douaniers et les marques d'identification apposés par la douane étrangère devraient être acceptés aux fins de l'opération de transit douanier, à moins : qu'ils ne soient jugés insuffisants ;qu'ils n'offrent pas la sécurité voulue; ou que la douane procède à la vérification des marchandises.[2]

Tout changement de bureau de destination est accepté sans notification préalable, sauf lorsque la douane a expressément prévu qu'un accord préalable était nécessaire. Les marchandises peuvent être transférées d'un moyen de transport à un autre sans autorisation de la douane, à condition que les scellements douaniers éventuellement présents ne soient pas rompus ou manipulés.

La douane devrait autoriser le transport des marchandises en transit douanier, dans une unité de transport contenant également d'autres marchandises, dans la mesure où elle est assurée de pouvoir identifier celles des marchandises en transit douanier, et sous réserve que les autres conditions fixées par elle soient remplies. L'administration des douanes devrait exiger que la personne concernée signale rapidement les accidents ou autres événements imprévus

---

[1] OMD, *Op. Cit.*, p.137.

[2] Lorsque les bureaux de douane concernés vérifient les scellements douaniers ou examinent les marchandises, ils devraient consigner les résultats de ces vérifications sur le document de transit.

affectant directement l'opération de transit douanier au bureau de douane ou aux autres autorités compétentes les plus proches.

Dès lors que les marchandises sont placées sous son contrôle, le bureau de destination prend immédiatement toutes les mesures nécessaires pour l'apurement de l'opération de transit douanier, après s'être assuré que toutes les conditions ont été remplies. Le fait que l'itinéraire prescrit n'ait pas été suivi ou que le délai fixé n'ait pas été respecté, ne devrait pas entraîner le recouvrement des droits et taxes éventuellement exigibles, dès lors que toutes les autres conditions ont été remplies à la satisfaction de la douane. Le cahier de la douane sur le système de transit sécurisé et efficace constitue un précieux outil de référence aux fins du transit, car comportant des directives stratégiques sur l'efficacité des transits.

Les pratiques innovantes en matière de transit ont été répertoriées par l'OMD en se référant aux pratiques de 17 membres : Angola, Argentine, Azerbaïdjan, Bulgarie, Croatie, Géorgie, Hong Kong Chine, Hongrie, Jordanie, Kenya, Lituanie, Pologne, Sénégal, Serbie, Suisse, Royaume-Uni et Etats-Unis, qui sont en fait avec l'Union européenne, des modèles en matière de transit.

IV.12. Les formalités relatives à l'importation, à l'exportation et au transit

L'AFE impose l'examen régulier des formalités et prescriptions en matière de documents requis en vue de réduire au minimum les effets et la complexité des formalités d'importation, d'exportation et de transit et de simplifier les prescriptions en matière de documents. Les membres devront également faire en sorte que les formalités et prescriptions en matière de documents requis soient aussi rapides et efficaces que possible.[1]

Il est demandé à cet effet à chaque Etat membre, d'examiner les formalités et prescriptions. Sur la base des résultats de l'examen, il fera en sorte, selon qu'il sera approprié, que ces formalités et prescriptions en matière de documents requis :

[1] En vue de réduire au minimum les effets et la complexité des formalités d'importation, d'exportation et de transit, et de réduire et de simplifier les prescriptions en matière de documents requis à l'importation, à l'exportation et pour le transit, et en tenant compte des objectifs de politiques légitimes ; et d'autres facteurs, notamment l'évolution des circonstances, les nouveaux renseignements pertinents, les pratiques commerciales, les techniques et la technologie disponibles, les meilleures pratiques internationales et les contributions des parties intéressées.

a) soient adoptées et ou appliquées en vue d'assurer une mainlevée et un dédouanement rapides des marchandises, en particulier des marchandises périssables ;

b) soient adoptées et/ou appliquées d'une manière qui vise à réduire le temps, et le coût nécessaires pour le respect des exigences par les négociants et les opérateurs ;

c) constituent la mesure choisie la moins restrictive pour le commerce lorsque deux options ou plus sont raisonnablement disponibles pour atteindre l'objectif ou les objectifs de politique en question ; et

d) ne soient pas maintenues, même en partie, si elles ne sont plus requises.[1]

Le chapitre 3 de l'Annexe générale définit une série de normes relatives au dédouanement des marchandises et à d'autres formalités douanières. Les directives relatives à ce chapitre précisent le contenu des normes, notamment l'établissement de bureaux de douanes, les droits et responsabilités du déclarant, la déclaration de marchandises, le dépôt, l'enregistrement et l'examen de la déclaration de marchandises et le contrôle et la vérification par la douane.

Le contenu de la déclaration de marchandises est déterminé par la douane. Toutefois, des déclarations de marchandises établies sur papier doivent être conformes à la formule-cadre des Nations Unies. S'agissant de la procédure de dédouanement informatisée, la formule de déclaration de marchandises déposée par voie électronique doit être établie, selon les normes internationales régissant la transmission électronique des données, comme indiqué dans les recommandations du Conseil de coopération douanière relatives à la technologie de l'information.[2]

Le déclarant qui, pour des raisons jugées valables par la douane, ne dispose pas de tous les renseignements nécessaires pour établir la déclaration de marchandises, est autorisé à déposer une déclaration de marchandises provisoire ou incomplète, à condition qu'elle comporte les éléments jugés nécessaires par la douane et que le déclarant

[1] Dans cette optique, le CFE élaborera des procédures pour l'échange, par les membres, des renseignements pertinents et des meilleures pratiques selon qu'il sera approprié, de booster le commerce mondial.

[2] Norme : L'administration des douanes doit limiter ses exigences, en ce qui concerne les renseignements qui doivent être fournis dans la déclaration de marchandises, qui est en fait une confession fiscale, aux renseignements jugés indispensables pour permettre la liquidation et la perception des droits et taxes, l'établissement des statistiques et l'application de la législation douanière.

s'engage à compléter la déclaration de marchandises dans un délai déterminé.[1]

La mainlevée des marchandises n'est pas différée sous réserve que la garantie éventuellement exigée ait été fournie pour assurer le recouvrement des droits et taxes exigibles.[2] La douane exige, à cet effet, le dépôt de la déclaration de marchandises originale et le nombre minimum d'exemplaires supplémentaires nécessaires.

A l'appui de la déclaration de marchandises, la douane n'exige que les documents indispensables pour permettre le contrôle de l'opération, et pour s'assurer que toutes les prescriptions liées à l'application de la législation douanière ont été observées. Lorsqu'il est établi que certains documents justificatifs ne peuvent être présentés lors du dépôt de la déclaration de marchandises pour des raisons jugées valables par la douane qui autorise la production des documents dans un délai déterminé. La douane permet le dépôt des documents justificatifs par voie électronique, et pourra, le cas échéant, exiger une traduction des renseignements figurant sur les documents justificatifs uniquement lorsque cela s'avère nécessaire pour permettre le traitement de la déclaration de marchandises.

La recommandation 2012, relative à la dématérialisation des documents justificatifs, recommande aux membres d'identifier les documents justificatifs qui doivent normalement accompagner les déclarations de chargement et de marchandises et de déterminer la nécessité de présenter les documents.

IV.13. L'acceptation de copies

Les membres s'efforceront d'accepter les copies sur papier ou sous forme électronique des documents justificatifs. Il est entendu que l'original ou la copie des déclarations d'exportation ne sera pas exigée comme condition de l'importation. Le Chapitre 3 de l'Annexe générale à la Convention de Kyoto révisée, définit une série de normes relatives au dédouanement des marchandises et à d'autres formalités douanières, notamment des normes traitant des documents justificatifs[3].

L'AFE exige aux membres de s'efforcer, dans les cas où cela sera approprié, d'accepter les copies sur papier ou sous forme électronique des documents justificatifs requis pour les formalités d'importation,

---

[1] Norme : L'enregistrement par la douane d'une déclaration de marchandises provisoire ou incomplète n'a pas pour effet d'accorder aux marchandises un traitement tarifaire différent de celui qui aurait été appliqué si une déclaration de marchandises établie de façon complète et exacte avait été déposée directement.

[2] Norme 3.14 de la CKR.

[3] OMC, *Op.cit*, p.36.

d'exportation ou de transit. Dans l'hypothèse où un organisme gouvernemental d'un membre détiendra déjà l'original d'un tel document, tout autre organisme de ce membre acceptera de recevoir des copies. Toutefois, aucun membre ne pourra exiger l'original ou la copie des déclarations d'exportation présentées aux autorités douanières du membre exportateur comme condition de l'importation.

Le Chapitre 3 de l'Annexe générale définit une série de normes relatives au dédouanement des marchandises et à d'autres formalités douanières. Les directives précisent le contenu des normes, notamment l'établissement de bureaux de douanes, les droits et responsabilités du déclarant, la déclaration de marchandises, le dépôt, l'enregistrement et l'examen de la déclaration de marchandises et le contrôle et la vérification par la douane.

IV.14. Le recours aux TIC

L'AFE encourage les membres à utiliser les normes internationales pertinentes comme base pour leurs formalités et procédures d'importation, d'exportation ou de transit. Ils sont également encouragés à prendre part à l'élaboration et à l'examen périodique par les organisations internationales appropriées des normes internationales pertinentes.

Les TIC jouent un rôle essentiel dans l'accomplissement des formalités relatives à l'importation, l'exportation et au transit. L'utilisation des normes internationales aux fins d'informatisation des procédures, est vectrice d'avantages technologiques et économiques.

Le Modèle de données de l'OMD a été élaboré à l'aide d'un jeu harmonisé de données exigées par des administrations des douanes membres et plusieurs autorités chargées du contrôle aux frontières. Il s'appuie sur des normes internationales largement adoptées et reconnues. L'OMD a adopté plusieurs recommandations qui encouragent ses membres à adopter les normes internationales.

La CKR recommande l'utilisation des normes internationales. La norme 3.11 traite, à cet effet, de l'utilisation de normes internationales aux fins de la procédure de dédouanement informatisée et la norme 7.2 demande aux membres d'utiliser les normes internationales pertinentes acceptées à l'échelon mondial lors de l'adoption de systèmes informatiques.

Les normes internationales en matière d'échanges de renseignements, facilitent grandement la conception d'interfaces douane/partenaires commerciaux et douane /administrations publiques. L'utilisation par tous les opérateurs commerciaux de normes identiques permettra de réduire considérablement les coûts afférents aux échanges électroniques de données. La norme 7.2 de l'Annexe générale à la CKR impose l'utilisation des normes internationales aux fins d'adoption d'applications informatiques. Les directives TIC offrent des informations plus détaillées visant à promouvoir l'emploi de normes internationales dans les opérations de dédouanement. Le modèle de données de l'OMD est un jeu de données exigées, combinées avec soin, qui s'appuient mutuellement et seront mises à jour à intervalles réguliers pour satisfaire aux exigences procédurales et juridiques des organismes chargés de réglementer les flux transfrontaliers, comme la douane, qui contrôlent les transactions à l'exportation, à l'importation et en transit.

Les recommandations suivantes stipulent que les membres doivent adopter les normes acceptées à l'échelon international, notamment le modèle de données de l'OMD, le répertoire d'éléments de données commerciales des Nations Unies (UN/TDED) et l'EDIFACT-ONU. La recommandation 2009 relative à l'utilisation du modèle de données de l'OMD, la recommandation 1990 relative à l'utilisation du répertoire d'éléments de données commerciales des Nations Unies, et la recommandation (1990) relative à l'utilisation de l'EDIFACT-ONU, donnent des plus en plus de précisions sur le traitement automatique des informations.

IV.15. Le guichet unique

L'AFE impose aux membres d'établir ou de maintenir un guichet unique, permettant aux négociants de présenter les documents et/ou les données requis pour l'importation, l'exportation ou le transit de marchandises à un point d'entrée unique, aux autorités ou organismes participants. Après que les autorités ou organismes participants auront examiné les documents et/ou les données, les résultats seront notifiés aux requérants par le guichet unique en temps utile. Les détails du fonctionnement du guichet unique seront notifiés au CFE de l'OMC.[1] L'OMD a élaboré les directives sur l'harmonisation des données du Guichet unique à l'intention des développeurs d'environnements de guichet unique ; elles leur offrent des outils permettant d'harmoniser les données et de concevoir des jeux de données. Dans les cas où les documents et/ou les données requis auront déjà été reçus par le guichet unique, ils ne seront pas demandés par les autorités ou organismes participants, sauf en cas d'urgence et sous réserve d'autres exceptions limitées rendues publiques. Les membres ont l'obligation de notifier au CFE les détails du fonctionnement du guichet unique et mettront à contribution les TIC, dans la mesure du possible et de ce qui sera réalisable.

---

[1] Normes 3.25 de la CKR.

Le Chapitre 3 de l'Annexe générale définit une série de normes relatives au dédouanement des marchandises et à d'autres formalités douanières. Bien que la CKR ne fasse pas explicitement référence au guichet unique, ses directives en traitent du principe.

Sur pied du cadre de normes SAFE, les Etats devraient instaurer, à l'échelon national et international, des accords de coopération entre la douane et les autres autorités publiques intéressées aux échanges internationaux en vue de faciliter le transfert ininterrompu des données commerciales internationales (environnement du guichet unique) et de pouvoir échanger des informations concernant les risques.

Le modèle de données de l'OMD est un jeu de données exigées, combinées avec soin, qui s'appuient mutuellement et seront mises à jour à intervalles réguliers pour satisfaire aux exigences procédurales et juridiques, des organismes chargés de réglementer les flux transfrontaliers, comme la douane, qui contrôlent les transactions à l'exportation, à l'importation et en transit.

IV.16. L'inspection avant expédition

Conformément à l'AFE, les membres n'exigeront pas le recours à des inspections avant expédition en rapport avec le classement tarifaire et l'évaluation en douane. Les directives pratiques de l'OMD aux fins du contrôle de l'évaluation, présentent l'IAE comme un défi majeur et fournissent des conseils aux administrations des douanes.

Les membres n'exigeront pas le recours à des inspections avant expédition en rapport avec le classement tarifaire et l'évaluation en douane. Ainsi, sans préjudice du droit des membres d'utiliser d'autres types d'IAE non visées au paragraphe 5.1 de l'article 10 de l'AFE, les membres sont encouragés à ne pas introduire ni appliquer de nouvelles prescriptions concernant leur utilisation.

L'AFE impose aux membres de ne pas introduire de recours obligatoire à des courtiers en douane. Le chapitre 3 de l'Annexe générale définit les normes relatives au déclarant. A cet effet, la norme 3.7 en particulier, stipule que toute personne ayant le droit de disposer des marchandises peut agir en qualité de déclarant. Le chapitre 8 traite des tiers, notamment les agents en douane et les transitaires, et de leurs relations avec la douane.

Sans préjudice des importantes préoccupations de politique générale de certains membres qui maintiennent actuellement un rôle spécial pour les courtiers en douane, à compter de l'entrée en vigueur de l'AFE, les membres n'introduiront pas de recours obligatoire à des courtiers en douane. Il va de soi que chaque membre notifiera au Comité et publiera ses mesures concernant le recours à des courtiers en douane. Toutes modifications ultérieures de ces mesures seront notifiées et publiées dans les moindres délais. En ce qui concerne l'octroi de licences à des courtiers en douane, les membres appliqueront des règles qui seront transparentes et objectives.

La norme 3.6 stipule que la législation nationale doit déterminer qui est autorisé à agir en qualité de déclarant et les conditions à remplir à cette fin. Afin de faciliter les échanges, selon la Norme 3.7, cela ne doit pas être considéré comme se référant uniquement au seul propriétaire des marchandises, mais doit être interprété aussi largement que possible, en accord avec la législation nationale, comme couvrant les tiers agissant pour le compte de l'importateur.

Le chapitre 8 de l'Annexe générale traite des tiers et de leurs relations avec la douane ; les tiers visés sont, notamment les agents en douane, les transitaires, les services de transport modal et multimodal, et les services de livraison. Les tiers les plus couramment visés sont les agents en douane dont la tâche consiste essentiellement à présenter et à prendre en charge les documents douaniers pour le compte des importateurs ou des exportateurs.

Les personnes intéressées ont la faculté de traiter avec la douane, soit directement, soit par l'intermédiaire d'un tiers qu'elles désignent pour agir en leur nom.[1] La législation nationale précise les conditions dans lesquelles une personne peut agir pour le compte d'une autre personne dans les relations de cette dernière avec la douane et énonce, notamment les responsabilités des tiers vis-à-vis de la douane, pour ce qui est des droits et taxes et des irrégularités. Les opérations douanières que la personne intéressée choisit d'effectuer pour son propre compte, ne font pas l'objet d'un traitement moins favorable, ainsi toute personne désignée en qualité de tiers a, pour ce qui est des opérations à traiter avec la douane, les mêmes droits que la personne qui l'a désignée. Il va de soi que la douane prévoit la participation des tiers aux consultations officielles qu'elle a avec le commerce.

La douane doit également préciser les circonstances dans lesquelles elle n'est pas disposée à traiter avec un tiers. Elle doit alors notifier par écrit au tiers toute décision de ne pas traiter avec lui.[2]

IV.17. La frontière et la prescription documents requis

L'AFE impose aux membres d'appliquer des procédures douanières, et des prescriptions en matière d'uniformité des documents requis communes sur l'ensemble de leur territoire. Le chapitre 3 de l'Annexe générale à la CKR définit une série de normes relatives au

[1] Norme 8.1 de la CKR.
[2] Norme 8.6 de la CKR.

dédouanement des marchandises et à d'autres formalités douanières, notamment le contenu des déclarations de marchandises.

Tout membre appliquera, sous réserve du paragraphe 7.2, des procédures douanières communes et des prescriptions uniformes en matière de documents requis, pour la mainlevée et le dédouanement des marchandises sur l'ensemble de son territoire. Toutefois, rien ne pourra être considéré ici comme empêchant aux membres :

1) de différencier ses procédures et ses prescriptions en matière de documents, requis en fonction de la nature et du type de marchandises ou de leur moyen de transport;
2) de différencier ses procédures et ses prescriptions en matière de documents requis pour les marchandises sur la base de la gestion des risques;
3) de différencier ses procédures et ses prescriptions en matière de documents, requis pour prévoir une exonération totale ou partielle des droits ou taxes d'importation;
4) de pratiquer le dépôt ou le traitement électroniques; ou
5) de différencier ses procédures et ses prescriptions en matière de documents, requis d'une manière compatible avec l'Accord sur l'application des SPS.

La norme 3.11 de la CKR stipule que la douane détermine le contenu de la déclaration de marchandises ; la norme 3.20 stipule que le déclarant a le droit de choisir le bureau de douane qui lui convient le mieux pour accomplir les formalités douanières relatives à la déclaration de marchandises.

Le contenu de la déclaration de marchandises est déterminé par la douane. Les déclarations de marchandises établies sur papier doivent être conformes à la formule-cadre des Nations Unies. En ce qui concerne la procédure de dédouanement informatisée, la formule de déclaration de marchandises, déposée par voie électronique, doit être établie selon les normes internationales régissant la transmission électronique des données, comme indiqué dans les Recommandations du Conseil de coopération douanière, relatives à la technologie de l'information. La douane permet le dépôt de la déclaration de marchandises dans tous les bureaux désignés.

IV.18. Le renvoi des marchandises refusées

Dans l'hypothèse où des marchandises présentées pour l'importation seront refusées par l'autorité compétente d'un membre, pour cause de non-respect des réglementations sanitaires ou phytosanitaires ou des règlements techniques prescrits, le membre, sous réserve de ses lois et réglementations et conformément à celles-ci, autorisera l'importateur à réexpédier ou à renvoyer à l'exportateur ou à une autre personne désignée par l'exportateur les marchandises refusées[1]. Toutefois, lorsque la possibilité visée est donnée à l'importateur et que celui-ci ne l'utilise pas dans un délai raisonnable, l'autorité compétente pourra adopter une solution différente, pour ces marchandises non conformes.

Le chapitre 3 de l'Annexe générale s'applique aux procédures à suivre en cas de renvoi ou réexportation à l'exportateur de marchandises refusées. La norme 4.19 de l'Annexe générale concerne le remboursement des droits et taxes à l'importateur/exportateur pour les marchandises qui sont renvoyées, parce qu'elles s'avèrent non conformes aux caractéristiques convenues.

Le remboursement est accordé pour les marchandises importées ou exportées dont il est reconnu qu'au moment de l'importation ou de l'exportation, elles étaient défectueuses ou, pour toute autre cause, non conformes aux caractéristiques prévues et sont renvoyées au fournisseur ou à une autre personne désignée par ce dernier, à condition que : les marchandises soient réexportées dans un délai raisonnable, sans avoir fait l'objet d'aucune ouvraison ni réparation et sans avoir été utilisées dans le pays d'importation ; les marchandises soient réimportées dans un délai raisonnable, sans avoir fait l'objet d'aucune ouvraison ni réparation et sans avoir été utilisées dans le pays vers lequel elles avaient été exportées.

Toutefois, l'utilisation des marchandises n'interdit pas le remboursement lorsqu'elle a été indispensable pour constater leurs défauts ou tout autre fait motivant leur réexportation ou réimportation. Au lieu d'être réexportées ou réimportées, les marchandises peuvent être, selon la décision de la douane, abandonnées au profit du Trésor public, ou détruites ou traitées de manière à leur ôter toute valeur commerciale sous contrôle de la douane. Cet abandon ou cette destruction ne doit entraîner aucun frais pour le Trésor public.

[1] Article 8 de l'AFE, point 1.

IV.20. L'admission temporaire de marchandises

L'AFE impose aux membres d'adopter des procédures douanières aux fins d'admission temporaire de marchandises, autorisant leur entrée sur un territoire douanier en suspension, sous condition des droits et taxes d'importation.

Chaque membre autorisera, ainsi qu'il est prévu dans ses lois et réglementations, l'admission de marchandises sur son territoire douanier, en suspension totale ou partielle, sous condition des droits et taxes d'importation, si ces marchandises sont admises sur son territoire douanier dans un but spécifique et avec l'intention de les réexporter dans un délai spécifique et qu'elles n'ont subi aucune modification, exception faite de leur dépréciation et usure normales par suite de l'usage qui en est fait.

L'Annexe spécifique G à la CKR a pour objet exclusif l'admission temporaire. Elle traite des conditions liées à l'admission temporaire, telles que l'identification des marchandises et le délai de réexportation. Les Directives relatives à l'Annexe spécifique en définissent la question en détail. L'un des systèmes les plus importants, acceptés à l'échelle internationale, pour la circulation des marchandises sous admission temporaire traversant plusieurs territoires douaniers, est le système du carnet ATA. Il est fondé sur une chaîne internationale d'associations qui garantit le paiement des droits et taxes exigibles pour les marchandises en admission temporaire.

En outre, la Convention relative à l'admission temporaire (Convention d'Istanbul) a été élaborée afin de rassembler en un seul instrument toutes les dispositions existantes en matière d'admission temporaire contenues dans une multitude de conventions et accords. Elle vise également à harmoniser les procédures aux fins de satisfaction d'objectifs économiques, humanitaires, culturels et touristiques.

En mars 2013, la 12ème réunion du Comité de gestion de la Convention d'Istanbul et la 9ème réunion des Parties contractantes à la Convention ATA, sont convenues de mener une étude par le truchement de l'CC/VCF, à l'intention de la douane et des associations garantes afin de mieux comprendre les pratiques liées au carnet ATA et à l'admission temporaire. Cette étude a reçu des réponses de 37 membres de l'OMD et de 36 membres de l'CC/VCF.

IV.21. L'admission temporaire de marchandises/ perfectionnement actif et passif

L'AFE impose aux membres d'adopter des procédures douanières aux fins de perfectionnement actif et passif. Les marchandises autorisées pour perfectionnement passif pourront être réimportées en exonération totale ou partielle des droits et taxes d'importation conformément aux lois et réglementations de l'Etat membre. L'AFE considère que l'expression perfectionnement actif s'entend de la procédure douanière dans le cadre de laquelle certaines marchandises peuvent être admises sur le territoire douanier d'un membre, en suspension totale ou partielle sous condition des droits et taxes d'importation, ou avec admissibilité au bénéfice d'une ristourne de droits, pour autant qu'elles sont destinées à subir une ouvraison, une transformation ou une réparation et à être ultérieurement exportées.

Par contre, l'expression perfectionnement passif s'entend de la procédure douanière dans le cadre de laquelle des marchandises qui se trouvent en libre circulation sur le territoire douanier d'un membre peuvent être exportées temporairement pour subir à l'étranger une ouvraison, une transformation ou une réparation et pour être ensuite réimportées.

L'Annexe spécifique F à la CKR définit des normes très détaillées en matière de perfectionnement actif et de perfectionnement passif. Elle inclut un grand nombre de pratiques recommandées.

Dans la Communauté européenne, les autorités compétentes permettent le recours au Système des échanges standards lorsque l'opération de perfectionnement consiste en une réparation de marchandises. Le système consiste à substituer une marchandise importée à un produit compensateur. Il permet donc d'importer, en lieu et place du produit compensateur, un autre produit dit *produit de remplacement*, tout en conservant le bénéfice du perfectionnement passif.

Le produit de remplacement doit généralement relever de la même sous-position du tarif douanier (au sein de la Communauté européenne, il s'agit de la nomenclature combinée), présenter la même qualité commerciale et posséder les mêmes caractéristiques techniques que les marchandises exportées temporairement si ces dernières avaient fait l'objet de la réparation prévue (conditions d'équivalence).

Lorsque les marchandises exportées temporairement ont été utilisées avant l'exportation, les produits de remplacement doivent également avoir été utilisés et ne peuvent être des produits neufs. Il existe à cet effet des dérogations à cette règle qui peuvent être accordées si le produit de remplacement a été délivré gratuitement, soit en raison d'une obligation contractuelle ou légale de garantie, soit par suite de l'existence des vices de fabrication. Les autorités compétentes permettent également que les produits de remplacement soient dans les conditions fixées par elles, importés préalablement à l'exportation des marchandises d'exportation temporaire (importation anticipée)[1].

IV.22. La liberté de transit

L'AFE impose que les réglementations ou formalités relatives au trafic en transit soient supprimées ou réduites si elles ne sont plus requises ou si une solution moins restrictive pour le commerce est disponible. Les redevances ou impositions pourront être perçues uniquement pour le transport ou si elles correspondent aux dépenses administratives occasionnées par le transit ou au coût des services rendus.[2]

Nous relevons aussi que l'AFE contient plusieurs mesures visant à faciliter les procédures de transit, notamment la déclaration préalable à l'arrivée, et à interdire les mesures restrictives en matière d'impositions douanières, de formalités et d'inspection autres que celles en vigueur aux bureaux de départ et de destination. Il contient également plusieurs dispositions relatives aux garanties.

Les réglementations ou formalités relatives au trafic en transit imposées par un membre ne seront pas maintenues si les circonstances ou les objectifs qui ont motivé leur adoption, ont cessé d'exister ou ont changé de telle sorte qu'il est possible d'y répondre d'une manière moins restrictive pour le commerce et raisonnablement disponible ; ne seront pas appliquées de façon à constituer une restriction déguisée au trafic en transit.

Le trafic en transit ne sera pas subordonné au recouvrement de redevances ou d'impositions imposées en ce qui concerne le transit, à l'exception des frais de transport ou des redevances ou impositions qui correspondent aux dépenses administratives occasionnées par le transit ou au coût des services rendus. A ce sujet, les membres ne chercheront pas à prendre et ne prendront ni ne maintiendront de mesure d'autolimitation ou toute autre mesure semblable, concernant le trafic en transit. Cela est sans préjudice des réglementations nationales et arrangements bilatéraux ou multilatéraux existants et futurs relatifs à la réglementation du transport et compatibles avec les règles de l'OMC.

Il est également fait obligation aux membres d'accorder aux produits qui transiteront par le territoire de tout autre membre, un traitement non moins favorable que celui qui serait accordé à ces

---

[1] Dans le cadre du système des échanges standard sans importation anticipée, le délai est déterminé compte tenu de la durée nécessaire pour la substitution des marchandises exportées temporairement et pour leur transport ainsi que les produits de remplacement.

[2] Article 11 de l'AFE.

produits s'ils étaient transportés de leur lieu d'origine à leur lieu de destination, sans passer par le territoire de cet autre membre. Les membres sont encouragés à mettre à disposition, dans les cas où cela sera réalisable, une infrastructure physiquement distincte, notamment des voies, des postes d'amarrage pour le trafic en transit. Toutefois, les documents et les contrôles ne seront pas plus contraignants qu'il n'est nécessaire pour d'identifier les marchandises et assurer le respect des prescriptions en matière de transit.

Une fois que les marchandises auront fait l'objet d'une procédure de transit et auront été autorisées à être acheminées à partir du point d'origine situé sur le territoire d'un Etat membre, elles ne seront pas soumises à des impositions douanières, ni à des retards ou restrictions non nécessaires jusqu'à ce que le transit au point de destination sur le territoire du membre soit achevé. Les membres n'appliqueront pas aux marchandises en transit de règlements techniques ni de procédures d'évaluation de la conformité au sens de l'Accord sur les obstacles techniques au commerce.

Les membres intégreront le dépôt et le traitement préalables des documents et données relatifs au transit avant l'arrivée des marchandises. Une fois que le trafic en transit sera arrivé au bureau de douane par lequel il doit quitter le territoire d'un membre, le bureau mettra fin à l'opération de transit dans les moindres délais si les prescriptions en matière de transit ont été remplies. Dans l'hypothèse où un membre exigera une garantie sous la forme d'une caution, d'un dépôt ou d'un autre instrument monétaire ou non monétaire approprié pour le trafic en transit, cette dernière permettra seulement de s'assurer que les prescriptions découlant dudit trafic en transit sont respectées. Il va de soi que lorsque le membre aura déterminé qu'il a été satisfait à ses prescriptions en matière de transit, la garantie sera libérée sans délai.

Tout membre permettra, d'une manière compatible avec son droit interne, des garanties globales incluant des transactions multiples pour les mêmes opérateurs ou le renouvellement des garanties sans libération pour des expéditions ultérieures. Chaque membre mettra à la disposition du public les renseignements pertinents qu'il utilise pour fixer la garantie, y compris celles couvrant les transactions.[1]

Les règles générales applicables au convoyage douanier ou à l'escorte douanière seront publiées conformément à l'article premier de l'AFE qui traite notamment de la publication des dispositions

[1] Dans la mesure du possible, chaque membre pourra exiger le recours au convoyage douanier ou à l'escorte douanière pour le trafic en transit, uniquement dans des circonstances présentant des risques élevés ou lorsque l'utilisation de garanties ne permet pas d'assurer le respect des lois et réglementations douanières.

légales et réglementaires en matière du commerce[1]. Coopération et coordination qui pourront inclure, mais non exclusivement, une entente sur les impositions et les formalités et les prescriptions juridiques ; et le fonctionnement pratique des régimes de transit.

L'AFE demande aux Etats membre de s'efforcer de désigner un coordonnateur national du transit auquel pourront être adressées toutes les demandes d'information, et propositions émanant d'autres membres au sujet du bon fonctionnement des opérations de transit. Le chapitre 1 de l'Annexe spécifique E à la CKR définit les principes en matière de transit douanier. Il prévoit un système de transit qui vise à faciliter au maximum le transport international des marchandises sous contrôle douanier et à offrir aux pays de transit la sécurité requise ainsi que les garanties douanières. Il traite des procédures telles que, les formalités au bureau de départ, les scellements douaniers, les formalités en cours de route et l'apurement du transit douanier.

Le chapitre 2 de l'Annexe spécifique E définit, à son tour, les principes en matière de transbordement, et traite, par exemple, de la déclaration, de l'examen et de l'identification des marchandises. Les directives relatives à ces deux chapitres traitent des détails de procédures sus évoquées.

Le cahier de la douane sur le système de transit sécurisé et efficace, constitue un précieux outil de référence aux fins du transit. Les pratiques innovantes en matière de transit, ont été observées dans les pays membres suivants : Angola, Argentine, Azerbaïdjan, Bulgarie, Croatie, Géorgie, Hong Kong Chine, Hongrie, Jordanie, Kenya, Lituanie, Pologne, Sénégal, Serbie, Suisse, Royaume-Uni et Etats-Unis. Nous relevons également qu'il existe des régimes de transit douanier dans l'Union européenne, susceptibles d'influencer positivement le transit au Nord.

IV.23. La coopération douanière

L'article 12 de l'AFE, qui traite de la coopération douanière, définit les termes et conditions devant être respectés par les membres aux fins d'échange de renseignements pour garantir l'efficacité des contrôles douaniers, tout en respectant la confidentialité des renseignements échangés[2]. Il octroie aux membres une certaine latitude, eu égard à la définition de la base juridique présidant aux échanges de renseignements. Les membres sont autorisés à conclure ou maintenir des accords bilatéraux, plurilatéraux ou régionaux aux fins du partage

---

[1] Les membres s'efforceront de coopérer et de coordonner leurs activités en vue de renforcer la liberté de transit.

[2] Article 12 de l'AFE.

ou de l'échange de données et renseignements douaniers, y compris les renseignements préalables.

La CKR prévoit, dans l'Annexe générale (norme 6.7), que la douane cherchera à coopérer avec les autres administrations douanières et à conclure des accords d'assistance mutuelle administrative pour améliorer les contrôles douaniers. Aussi, le cadre de normes SAFE impose aux membres de conclure et de renforcer les accords du réseau douane-douane visant à promouvoir la circulation ininterrompue des marchandises le long de chaînes logistiques internationales sécurisées. Le modèle d'accord bilatéral de l'OMD et le modèle de protocole d'accord au sujet de l'assistance mutuelle administrative en matière douanière sont largement utilisés par les membres de l'OMD comme base pour la conclusion d'accords bilatéraux. Les Blocs utilitaires relatifs aux Douanes en Réseau International (DRI) offrent des modèles de normes aux fins de conclusion d'accords bilatéraux et multilatéraux.

L'Accord vise la coopération entre administrations, le respect volontaire pour permettre aux importateurs, dans des circonstances appropriées, d'effectuer eux-mêmes des rectifications sans pénalité, et d'appliquer des mesures visant à assurer le respect des exigences pour prendre des mesures plus strictes à l'encontre des négociants récalcitrants. Il encourage les membres à échanger des renseignements sur les meilleures pratiques de gestion du respect des exigences en matière douanière, y compris par l'intermédiaire du Comité. Les membres sont aussi encouragés à coopérer en ce qui concerne les orientations techniques ou l'assistance et le soutien pour le renforcement des capacités aux fins de l'administration des mesures visant à assurer le respect des exigences et pour le renforcement de l'efficacité de ces mesures.

Sur demande et sous réserve des dispositions de l'article, les membres échangeront les renseignements mentionnés au paragraphe 6.1 b) et/ou 6.1 c) aux fins de la vérification d'une déclaration d'importation ou d'exportation dans des cas déterminés où il y a des motifs raisonnables de douter de la véracité ou de l'exactitude de la déclaration. Tout membre a l'obligation de notifier au CFE, les coordonnées de son point de contact pour l'échange de ces renseignements.

Les membres ont droit de présenter une demande de renseignements uniquement après avoir mené à bien les procédures appropriées de vérification, d'une déclaration d'importation ou d'exportation et après avoir inspecté les documents pertinents disponibles. Le membre demandeur présentera au membre auquel la demande est adressée une demande écrite, sur papier ou sous forme électronique, dans une langue officielle de l'OMC ou une autre langue mutuellement convenue, indiquant :

1) le numéro identifiant la déclaration d'exportation correspondant à la déclaration d'importation en question ;

2) les fins auxquelles le membre demandeur souhaite obtenir les renseignements ou les documents, ainsi que les noms et coordonnées des personnes auxquelles se rapporte la demande, si ces renseignements sont connus;

3) si le membre auquel la demande est adressée l'exige et dans les cas où cela sera approprié, la confirmation de la vérification ;

4) les renseignements ou documents spécifiques demandés ;

5) l'identité du bureau qui est à l'origine de la demande ;

6) une référence aux dispositions du droit interne et du système juridique du membre demandeur qui régissent la collecte, la protection, l'utilisation, la divulgation, la conservation et la destruction des renseignements confidentiels et des données personnelles. Ainsi, si le membre demandeur n'est pas en mesure de respecter les dispositions de l'un quelconque des alinéas du paragraphe 4.1 de l'article 4 de l'AFE, il le précisera dans sa demande.

Selon l'article 4 et sous réserve du paragraphe 5.2 de l'article 5 de l'AFE, le membre demandeur:

1) gardera strictement confidentiels tous les renseignements ou documents fournis par le membre auquel la demande est adressée, et leur accordera au moins le même niveau de protection et de confidentialité que celui accordé en vertu du droit interne et du système juridique de l'Etat membre auquel la demande est adressée, tel qu'il est décrit par celui-ci, conformément aux dispositions pertinent du paragraphe 6.1 b) ou 6.1 c) ;

2) fournira les renseignements ou documents uniquement aux autorités douanières chargées de la question, dont il s'agit et les utilisera uniquement aux fins indiquées dans la demande, à moins que le membre destinataire de la demande n'en convienne autrement par écrit ;

3) ne divulguera pas les renseignements ou documents sans l'autorisation écrite spécifique du membre auquel la demande est adressée ;

4) n'utilisera pas de renseignements ou documents non vérifiés fournis par le membre auquel la demande est adressée comme élément déterminant permettant de lever le doute dans des circonstances données ;

5) respectera les conditions définies pour un cas spécifique par le membre auquel la demande est adressée en ce qui concerne la conservation et la destruction ;

6) sur demande, informera le membre auquel la demande est adressée des décisions et actions menées au sujet de la question dont il s'agit sur la base des renseignements ou documents fournis.

Au regard de son droit interne et de son système juridique, un membre demandeur pourra ne pas être en mesure de respecter l'un quelconque des alinéas du paragraphe 6. En pareil cas, le membre demandeur le précisera dans sa demande. Il accordera à toute demande et à tout renseignement se rapportant à la vérification reçus au titre du paragraphe 4, au moins le même niveau de protection et de confidentialité que celui qu'il accordé à ses propres renseignements semblables. Sous réserve des dispositions de l'article 12 de l'AFE, et dans les moindres délais, le membre auquel la demande est adressée :

1) répondra par écrit, sur papier ou sous forme électronique ;

2) fournira les renseignements spécifiques mentionnés dans la déclaration d'importation ou d'exportation, ou la déclaration, dans la mesure où ils seront disponibles, ainsi qu'une description du niveau de protection et de confidentialité requis du membre demandeur ;

3) sur demande, fournira les renseignements spécifiques mentionnés dans les documents ci-après, ou les documents présentés à l'appui de la déclaration d'importation ou d'exportation, dans la mesure où ils seront disponibles: facture commerciale, liste de colisage, certificat d'origine et connaissement, tels qu'ils ont été présentés, sur papier ou sous forme électronique, ainsi qu'une description du niveau de protection et de confidentialité requis du membre demandeur ;

4) confirmera que les documents fournis sont des copies conformes ;

5) fournira les renseignements ou répondra par d'autres moyens à la demande, dans la mesure du possible, dans un délai de 90 jours, à compter de la date de la demande.

Le membre auquel la demande est adressée pourra exiger en vertu de son droit interne et de son système juridique, avant la fourniture des renseignements. Ainsi, si le membre demandeur n'est pas en mesure de respecter cette prescription, il devrait le préciser au membre destinataire de la demande. Ce dernier pourra reporter sa réponse ou refuser de répondre à une partie ou à la totalité d'une demande de renseignements, et en indiquera les raisons au membre demandeur dans les cas où:

1) la demande serait contraire à l'intérêt public tel qu'il est inscrit dans le droit interne, et le système juridique du membre auquel la demande est adressée ;

2) son droit interne et son système juridique empêchent la diffusion de renseignements. En pareil cas, il fournira au membre demandeur une copie de la référence spécifique pertinente ;

3) la fourniture des renseignements ferait obstacle à l'application des lois ou interférerait, d'une autre manière avec une enquête, des poursuites ou une procédure administratives ou judiciaires en cours ;

4) le consentement de l'importateur ou de l'exportateur est requis par son droit interne, et son système juridique qui régissent la collecte, la protection, l'utilisation, la divulgation, la conservation et la destruction des renseignements confidentiels ou des données personnelles et ce consentement n'est pas donné ; ou

5) la demande de renseignements est reçue après l'expiration de la prescription juridique, du membre auquel la demande est adressée relative à la conservation des documents.[1]

Le droit international fonctionne sur le principe de réciprocité. Ainsi, si le membre demandeur estime qu'il ne serait pas en mesure de répondre à une demande semblable ou s'il n'a pas encore mis en œuvre l’article 12, il l'indiquera dans sa demande. L'exécution d'une telle

---

[1] Article 12 de l’AFE.

demande sera laissée à la discrétion du membre destinataire. Le membre demandeur examinera la proportionnalité entre son intérêt financier à présenter sa demande, et les efforts à consentir par le membre auquel la demande est adressée pour fournir les renseignements. Ainsi, si un membre reçoit un nombre ingérable de demandes de renseignements ou une demande de renseignements d'une portée ingérable de la part d'un ou de plusieurs membres et qu'il ne peut pas y répondre dans un délai raisonnable, il pourra demander un ordre de priorité en vue de convenir d'une limite réalisable, compte tenu des ressources dont il dispose.

En l'absence d'une approche mutuellement convenue, l'exécution de telles demandes sera laissée à la discrétion du destinataire, sur la base de l'ordre de priorité qu'il aura lui-même établi. L'AFE précise que le membre auquel la demande est adressée ne sera pas tenu:

a) de modifier le modèle de ses déclarations ou ses procédures d'importation ou d'exportation ;

b) de demander des documents autres que ceux qui ont été présentés avec la déclaration d'importation ou d'exportation et qui sont mentionnés au paragraphe 6 c) de l'AFE ;

c) de faire des recherches pour obtenir les renseignements ;

d) de modifier la durée pendant laquelle les renseignements sont conservés ;

e) d'utiliser des documents sur papier dans les cas où la forme électronique a déjà été adoptée ;

f) de traduire les renseignements ;

g) de vérifier l'exactitude des renseignements ;

h) de fournir des renseignements qui porteraient préjudice aux intérêts commerciaux légitimes de certaines entreprises publiques ou privées.

L'AFE stipule qu'en cas de violation des conditions d'utilisation ou de divulgation des renseignements échangés au titre de l'article 12 de l'Accord, le membre demandeur qui aura reçu les renseignements communiquera, dans les moindres délais, au membre destinataire, les renseignements, les détails concernant l'utilisation ou divulgation non autorisée, et il doit prendre les mesures nécessaires pour remédier à cette violation ; prendre les mesures nécessaires, pour empêcher toute violation à l'avenir ; et notifier au membre auquel la demande est adressé les mesures prises au titre des alinéas a) et b).

Le membre auquel la demande est adressée pourra suspendre ses obligations à l'égard du membre demandeur, au titre de l'article 12 de l'AFE jusqu'à ce que les mesures prévues au paragraphe 11.1 soient prises.

Aucune disposition de l'AFE n'empêche un membre de conclure ou de maintenir un accord bilatéral, plurilatéral ou régional aux fins du partage ou de l'échange de données et renseignements douaniers, par des moyens sûrs et rapides, notamment de façon automatique ou avant l'arrivée de l'envoi. Rien dans l'article 12 ne sera interprété comme modifiant ou affectant les droits ou obligations des membres au titre de tels accords bilatéraux, plurilatéraux ou régionaux ni comme régissant l'échange de données et renseignements douaniers au titre d'autres accords de ce type.

La norme 6.7 du chapitre 6 de l'Annexe générale à la CKR énonce le principe d'assistance mutuelle, administrative, entre les administrations douanières aux fins d'amélioration des contrôles douaniers. La norme 6.2 précise à cet effet que la douane doit chercher à coopérer avec les autres administrations douanières et à conclure des accords pour améliorer les contrôles douaniers.

Le Cadre de normes SAFE impose aux membres de conclure et de renforcer les accords du réseau douane-douane visant à promouvoir la circulation ininterrompue des marchandises le long de chaînes logistiques internationales sécurisées. Le paragraphe 1.2 du Cadre vise à renforcer la coopération entre les administrations douanières afin d'améliorer leur capacité à déceler les envois à haut risque. A toutes fins utiles, le modèle d'accord bilatéral constitue une base solide pour la négociation d'accords bilatéraux au sujet de l'assistance mutuelle administrative en matière douanière.

La Convention de Nairobi impose aux parties contractantes de se prêter mutuellement assistance en vue de prévenir, rechercher et réprimer les infractions douanières. Dans le même ordre d'idées, la Convention de Johannesburg permet aux administrations douanières d'échanger légalement des renseignements tels que des données personnelles et des renseignements sur des envois avant leur arrivée à destination afin d'assurer la sécurité de la chaîne logistique internationale.

Le concept de Douanes en Réseau international (DRI) constitue un mode normalisé d'échange de renseignements entre les administrations douanières. Il couvre les échanges de renseignements douane-douane (C2C), notamment les données obtenues à partir de sources commerciales. On note à cet effet qu'il existe le concept de Douanes en réseau international (Valeur stratégique), concept de Douanes en réseau international, (Foire aux questions) et le Réseau douanier de lutte contre la Fraude (CEN), pour assister la communauté douanière de lutter contre la fraude par l'échange des données et des informations à des fins de renseignement. Ce module sert de répertoire central pour les informations liées à la lutte contre la fraude. Son succès repose sur le flux régulier de données de qualité fournies de manière holistique par des membres de l'OMD.

Le CEN est un système développé par l'OMD pour assister les administrations douanières dans la collecte et le stockage des informations relatives à la lutte contre la fraude au niveau national. Il est doté en outre de la capacité d'échanger ces informations aux niveaux régional et international. L'Ile Maurice a été le premier pays à le mettre en œuvre.

L'outil de communication du Réseau douanier de lutte contre la fraude (CENcomm), quant à lui, facilite l'échange et l'utilisation des données de manière sûre, fiable et en temps réel. Il est en outre directement accessible 24 heures par jour. La gestion des courriels et le stockage des informations constituent deux des nombreuses caractéristiques du système CENcomm.

Chapitre V

Le piège de l'accord de facilitation des échanges sur le développement de l'Afrique

Théoriquement, l'OMC soutient que la facilitation des échanges réduirait de 14,3 % les coûts de transaction du négoce international et apporterait à la croissance mondiale, 0,5% l'an, une augmentation des exportations mondiales de l'ordre de 1100 milliards à 3 000 milliards de dollars, selon le degré de mise en œuvre des dispositions de l'AFE ainsi que la réduction de délai d'importation d'environ 2 jours[1], comme confirmé par bien d'études, pour une prospérité partagée.

De notre point de vue, ces études ne déterminent ni la part des exportations de l'Afrique ni le plus gagnant dans cette mondialisation plus favorable aux grandes puissances commerciales, et susceptibles de renforcer la dépendance économique de l'Afrique. Les instruments de facilitation des échanges proposés par l'OMC sont plus servants des grandes puissances commerciales que de l'Afrique sub-saharienne.

Tout en reconnaissant l'incidence de l'environnement économique international sur la croissance économique autonome des Etats, nous pensons que ces études éludent intentionnellement la vraie problématique des Accords de l'OMC, celle de percevoir l'enjeu du jeu commercial à l'échelon mondial et qui recèlerait un impérialisme commercial.

Partisan d'une relecture du droit du commerce international et non de son annulation, nous croyons fermement que les instruments de l'OMC sont des adjuvants qui programment la dépendance économique de l'Afrique. Nous appuyons notre dialectique sur les limites suivantes : le droit du commerce international est d'essence coloniale ; les négociations au sein de l'OMC mettent l'Afrique en position inégalitaire ; le déficit d'accès au crédit ; la mauvaise insertion dans les chaines de valeurs ; l'amélioration de l'éducation ; le territoire douanier international hétérogène ; la résurgence du terrorisme et le piratage du système informatique ; le dysfonctionnement de l'Union africaine.

---

[1] Organisation Mondiale du Commerce, Rapport sur le commerce mondial 2015, OMC, Genève, pp.7-10.

V.1. L'essence coloniale des instruments de l'OMC

La plupart des instruments de l'OMC, notamment son acte fondateur, alors GATT, sont d'essence coloniale. Ils existent soit avant les indépendances africaines ou légèrement après l'émancipation des Etats africains. Il va de soi qu'il s'agit du droit créé sans l'Afrique, mais qui lui est opposable. Aussi, pour ceux des amendements post coloniaux, ils sont faits avec l'Afrique inexperte sur les questions du commerce international et particulièrement sur les questions douanières liées aux échanges internationaux dont l'expertise n'est pas encore saturée même en Occident.

Il s'agit bien là du continuum de la loi du plus fort, et l'Afrique doit appliquer ce qu'elle n'a pas conçu et qui mutile ses réalités. Nous affirmons ainsi que l'AFE avantage plus l'Occident et l'Orient dont les produits vont envahir l'Afrique au point d'en étouffer l'industrie locale.

V.2. La position inégalitaire lors des négociations

Les chiffres sur la représentation des pays en développement aux négociations sur la question de l'évaluation en douane, selon l'OMC, comme d'ailleurs sur beaucoup de questions du commerce international, renseignent que des pays d'Afrique ainsi visés sont toujours sous représentées lors de ces négociations[1]. Au-delà de cette sous-représentation, la participation des africains est plus fictive qu'effective. En effet, les délégués africains affichent des attitudes plus touristes que négociateurs ; d'une manière telle que pendant les négociations la plupart de ces délégués sont plus dans les emplettes et les sièges laissés vides au profit de l'argumentaire occidento-oriental. Après avoir pris part à certaines conférences ministérielles de l'OMC, nous avons constaté cette inactivité, même dans le chef de certains ministres africains qui avaient le même le déficit de contact. S'il est vrai que l'Afrique se fait assister, par moment, des consultants comme c'est le ca s avec les pays occidentaux et orientaux lors de la préparation. Il s'agit souvent des inconditionnels de l'OMC acquis à la cause des puissances commerciales qui les évaluent lors de leur recrutement et financent l'Union africaine.

Toutefois, les relations internationales étant basées sur les intérêts, le rational interest des pays développés ne saura être condamné, à notre sens. Il appartient aux PED de s'acculturer aux enjeux du jeu commercial à l'échelon mondial, en vue de défendre leur position dans des négociations, s'appuyant aussi sur des *think thanks*.

---

[1] Les pays développés s'avèrent beaucoup mieux préparés, avec le concours, notamment des groupes d'intérêt et l'OCDE, tandis que les PMA accusent un déficit de consulting et les délégués sont plus touristes que négociateurs dans ce genre de fora.

V.3. La mauvaise intégration de l'Afrique dans les chaines de valeur mondiale

Au-delà de la simple expansion du commerce, l'émergence des chaines de valeur mondiales est devenue une dimension supplémentaire de la mondialisation, au cours des vingt dernières années.[1] Dans une économie mondiale de plus en plus intégrée, alimentée par le progrès technologique, la diminution des coûts de transport et de communication et les reformes favorisant le commerce, les processus de production, sont devenus de plus en plus dispersés géographiquement. L'évolution a donné naissance à des systèmes de chaines d'approvisionnement ou de la valeur qui s'ajoute à chaque étape avant de traverser la frontière pour être transféré à l'étape suivante dénommée, « les chaines de valeur mondiales ».

Le processus a permis aux pays de mieux tirer parti des avantages comparatifs en leur donnant la possibilité de rejoindre une chaine de production sans avoir à fournir toutes les autres capacités en amont. Il a été particulièrement exploité en Asie du Sud-est autour du Japon et de la Chine et en Europe orientale autour de l'Allemagne[2].

Les pays ayant actuellement peu de capacités d'exportation des biens et des services, mais disposant d'un vaste réservoir de main-d'œuvre, contre beaucoup de pays d'Afrique subsaharienne, peuvent trouver une occasion en or. La spécialisation dans un segment précis d'une chaine de production pout chaque pays participant, peut générer une partie de la valeur ajoutée des biens et des services alors qu'il lui aurait été impossible de fabriquer totalement les produits, dans un monde de plus en plus compétitif, même si cela signifie qu'une part plus faible de la valeur ajoutée des exportations est récupérée au niveau local.

Nonobstant les conditions préalables à l'insertion dans les chaines de valeur mondiales, notamment des niveaux de capacité, de qualité et d'efficacité suffisants[3], les niveaux minimums peuvent être dépassés au fil du temps via des transferts de technologie et de savoir d'autres pays, le plus souvent sous forme d'IDE. A l'échelon mondial, l'intégration dans les chaines de valeur mondiales a effectivement été accompagnée par une montée des niveaux de revenu.[4] D'après cette mesure, l'augmentation du degré d'intégration a été associée à une hausse des

---

[1] Zerah (D), *L'exigence d'une gouvernance mondiale,* Paris, L.G.D.J ,pp. 129-134.

[2] FMI, *Etudes sur les chaines de valeur*, 2015, p. 32.

[3] Les transferts de savoir d'autres producteurs de la chaine de valeur et, à terme, le passage à des segments à plus forte valeur ajoutée dans la chaine de production, peuvent favoriser une hausse de la productivité et des revenus.

[4] Pour mesurer le degré de cette intégration, les études examinent en principe la part de la valeur ajoutée étrangère dans les importations d'un pays, communément appelée, *intégration en amont.*

revenus, au fil du temps, pour les pays émergents et en développement. En poursuivant une stratégie de développement reposant sur l'intégration dans un maillon intermédiaire de la chaine de valeur, certains Etats sont parvenus à relever leurs niveaux de revenu au fur et à mesure qu'ils acquéraient de nouvelles capacités et bénéficiaient des retombées du savoir et, finalement, de possibilités de diversifier la production et de gagner en qualité[1] Par ailleurs, une plus grande participation aux chaines de valeur mondiales a aussi été corrélée à une croissance plus solidaire, en particulier lorsque les secteurs ciblés utilisent une main-d'œuvre nombreuse et relativement peu qualifiée.

Les pays d'Afrique subsaharienne se trouvent généralement au commencement de leur processus d'intégration dans les chaines de valeur mondiales, ayant aussi des niveaux de revenu relativement plus faibles que les autres régions du monde. La part de la valeur ajoutée étrangère contenue dans les exportations est basse (15 %), même comparée à la moyenne (20 %) des autres pays émergents et en développement.[2] A l'appui de ce constat, ni la complexité des exportations d'Afrique subsaharienne mesurée par la diversité des produits ni la qualité des biens exportés évaluée d'après les différences de prix à l'intérieur de catégorie de produits n'ont montré l'amélioration sur les vingt dernières années. Les autres régions du monde, les exportations d'Afrique subsaharienne entrent généralement au tout début des chaines de valeur mondiales sous forme d'une intégration en aval. Une part plus importante des exportations entrent comme intrants dans les exportations d'autres pays, dans la mesure où les produits de base jouent encore un rôle prédominant dans les exportations de nombreux pays de la région. La situation est toutefois très hétérogène entre les pays d'Afrique subsaharienne, certains ayant fait bien mieux que d'autres :

1) les exportateurs de pétrole sont les moins intégrés dans les chaines de valeur mondiales, du point de vue de la valeur ajoutée étrangère contenue dans leurs exportations. A l'exception du Cameroun et du Congo, cette part a même diminué, y compris dans des pays comme l'Angola et le Nigeria. Ce qui semble indiquer que la diversification des échanges

[1] Les pays asiatiques se sont faits les champions de ce modèle en s'engageant premièrement dans les activités à forte intensité de main-d'œuvre, pour progresser ensuite graduellement vers des activités plus évoluées dans la chaine de valeur.

[2] La grande préoccupation est le fait que leur degré d'intégration a peu augmenté depuis le milieu des années 90, contrairement à tous les autres groupes de revenus ailleurs clans le monde. Ce qui équivaut à dire que la région n'est pas encore entrée dans cette dynamique mondiale qui pourrait lui permettre de gagner en productivité et de créer des emplois.

au-delà des ressources naturelles a stagné, reculé, au cours des vingt dernières années dans ces pays ;

2) cependant, dans le reste de la région, une majorité de pays ont progressé, même s'ils partaient d'un niveau bas. L'amélioration est relativement généralisée parmi les exportateurs de produits de base non pétroliers, notamment le Burkina Faso, la République démocratique du Congo, le Ghana, la Guinée, le Niger, la République centrafricaine, la Sierra Leone et le Zimbabwe qui enregistrent tous des progrès. On en déduit que même les pays dont les produits de base occupent une place importante, peuvent s'insérer dans des chaines de valeur ;

3) les progrès ont été particulièrement remarquables dans la CAE, notamment au Kenya, en Ouganda et en Tanzanie. Ce qui témoigne aussi des effets positifs de l'intégration économique plus généralement enregistrée dans ces pays et de leur volonté déclarée de renforcer encore leurs liens économiques et monétaires[1]. Par contre, tant la CEMAC que l'UEMOA continuent de présenter un niveau d'intégration plus faible. Pour la première, la situation s'explique par le fait que la plupart de ses membres sont fortement dépendants des exportations de pétrole. Pour la deuxième, cela peut refléter le fait que les volumes relativement importants d'échanges interrégionaux au sein de l'union monétaire ne traduisent pas l'émergence d'une chaine de valeur régionale, mais correspondent à des échanges de services et de produits finals, le degré d'intégration étant particulièrement faible pour les deux plus grands pays de l'union la Cote d'Ivoire et le Sénégal ;

4) cinq pays se démarquent plus spécialement, au regard de leur part de la valeur ajoutée étrangère dans leurs exportations, qui augmente au moins de 5% au cours des vingt dernières années : l'Afrique du Sud, l'Ethiopie, le Kenya, les Seychelles et la Tanzanie. Il appert que dans ces pays, les secteurs qui ont bénéficié le plus du

---

[1] Dans le même ordre d'idées, le degré d'intégration des pays de la SACU est relativement plus élevé, à la fois parce que les plus petits d'entre eux l'étaient déjà au début des années 90, mais aussi parce que l'Afrique du Sud a bien progressé entre 1990 et 2010.

renforcement de l'intégration comprennent l'agriculture et l'agro-industrie particulièrement en Ethiopie et aux Seychelles, l'industrie manufacturière, notamment en Tanzanie, mais aussi le textile, les transports et le tourisme, dans une moindre mesure.

Ces exemples sont de bon augure pour la région, du fait de l'augmentation du degré d'intégration, dans certains de ces pays, qui atteint, voire dépasse, 10%, et qui est du même ordre de grandeur que celle des pays comme la Pologne ou le Viet Nam, qui sont aujourd'hui les exemples types d'une intégration réussie dans les chaines de valeur mondiales. Ils pointent aussi les secteurs agro-industrie, industrie manufacturière légère, tourisme et textile où l'Afrique subsaharienne pourrait exploiter ses avantages comparatifs, parmi lesquels une main-d'œuvre jeune et croissante, une forte proportion de terres inutilisées et un climat favorable ;

5) mais, pour pouvoir faire jouer ces atouts, le climat des affaires, notamment les infrastructures, primauté du droit, compétitivité des salaires, doit être favorable. Davantage d'efforts doivent encore être faits à cet égard, à en juger d'après la tendance générale au déclin de l'industrialisation dans la région attestée par d'autres études.[1]

De la même façon que la production des biens a été divisée en différentes étapes, les services sont de plus en plus désagrégés et vendus sous forme de tâches séparées pour créer des chaines de valeur de services comme l'a fait l'Inde. Pour toutes ces raisons, la région jouit encore d'un immense potentiel d'intégration dans les chaines de valeur mondiales. Grace à l'exploitation de ce potentiel, une meilleure insertion dans les chaines de valeur mondiales pourrait favoriser des transformations structurelles et la diversification des exportations et offrir des possibilités d'absorber des technologies et des compétences provenant de l'étranger.

Les pays qui ont le plus à y gagner sont ceux dont les marchés intérieurs sont relativement petits, tels que beaucoup de pays d'Afrique subsaharienne. En stimulant la création de nombreux emplois, une intégration plus poussée aux chaines de valeur mondiales permettrait

[1] Les possibilités de participer aux chaines de valeur mondiales ne se limitent pas à l'industrie manufacturière.

aussi aux pays de recueillir les dividendes de la transition démographique à venir.[1]

Une autre question qui se pose est celle du pays ou de la région qui pourrait servir de tête de pont à l'intégration de l'Afrique subsaharienne dans les chaines de valeur mondiales. Quelques économies plus grandes et plus avancées au sein de la région pourraient être candidates, en particulier l'Afrique du Sud. Ceux des Etats ayant des liens croissants avec la Chine et l'Inde, pays émergents, pourraient avoir de plus en plus d'intérêt à sous-traiter certaines de leurs activités économiques en Afrique subsaharienne, surtout dans la mesure où la hausse des salaires dans les pays asiatiques, pourrait rendre la région plus compétitive sur le plan des coûts.

Après la prise en compte du niveau de développement et de la taille de l'économie, les petits pays étant généralement plus intégrés au niveau international, toutes choses égales par ailleurs, il apparait qu'une intégration plus importante dans les chaines de valeur mondiales, telle que mesurée par une part plus élevée de valeur ajoutée étrangère dans les exportations d'un pays, est corrélée à de meilleurs indicateurs de capital humain et d'accès au crédit, tandis que des droits de douane élevés et un climat des affaires peu favorable gênent le processus d'intégration.

Une diminution des droits de douane en Afrique subsaharienne s'impose afin d'amener les pays au niveau moyen observé dans le reste du monde. Elle pourrait accroitre la part de la valeur ajoutée étrangère dans les exportations d'environ 3%, une hausse de l'accès au crédit, de 2%, et une progression des dépenses d'éducation et de la primauté du droit pour atteindre les niveaux enregistrés ailleurs dans le monde, de 1% chacun. Même si ces évolutions se produiraient sans doute de manière progressive, ensemble, elles amèneraient l'intégration de la région aux niveaux actuellement observés dans les autres pays émergents ou à faible revenu. Tout porte donc à croire qu'agir sur ces

[1] L'intégration dans les chaines de valeur mondiales n'est pas en soi une garantie de hausse des revenus, car les pays participant à des segments de chaines de valeur mondiales à faible valeur ajoutée, courent le risque de rester éternellement confinés à ces segments. Néanmoins, le fait d'augmenter le degré d'intégration dans la chaine de valeur mondiale, c'est-à-dire, d'accroitre la part de la valeur ajoutée étrangère dans les exportations d'un pays, est effectivement corrélé à de meilleures chances d'accélérer les transformations structurelles. L'insertion dans les chaines de valeur mondiales peut également avoir des répercussions positives sur l'économie nationale par le biais des liaisons en amont, à condition que les secteurs domestiques soient suffisamment concurrentiels pour contribuer à la hausse de valeur. Par exemple, lorsque des liaisons verticales en amont intègrent des fournisseurs locaux dans les processus de production d'entreprises participant aux chaines de valeur mondiales, ces fournisseurs locaux peuvent aussi bénéficier de retombées positives en termes de savoir et de technologies (Javorcik et Spatareanu, 2008).

leviers de politique publique, aiderait la région à se mettre en bonne place pour participer aux chaines de valeur mondiales. L'essor actuel que connaissent les CVM, offre de véritables opportunités aux industries africaines à même d'enclencher le décollage industriel. Nous allons nous employer à relever les opportunités qu'offre l'AFE à l'Afrique sub-saharienne.

Depuis les dernières années et à partir des années 90 notamment, le globe économique a connu une forte accélération des échanges internationaux. Le développement et l'innovation en matière des TIC et de transport ainsi que la libéralisation des économies, se trouvent à l'origine des facteurs explicatifs de cette accélération. En conséquence, la concurrence s'est accrue, les marges se sont réduites et les firmes obligées de reconfigurer leur structure organisationnelle.

Pour la grande partie d'entre elles, il s'agissait de s'étendre géographiquement sous une forme précise, notamment offshoring, outsourcing, pour saisir des opportunités de croissance et le cas échéant obtenir des avantages concurrentiels, les CVM, pour désigner de manière lapidaire, un ensemble d'activités allant de la conception d'un produit ou un service jusqu'à son utilisation finale, soit des inputs aux outputs.

Dans cette optique, l'insertion dans les CVM s'avère d'une importance capitale pour les pays africains afin qu'ils réussissent leur stratégie d'industrialisation, mais aussi pour les PME africaines afin qu'elles puissent apprendre des entreprises chefs de file et surtout profiter d'un effet de levier[1] stratégique, s'intégrer dans le réseau de production international sans avoir à posséder ou à constituer une chaine de valeur intégrale en devenant des micro-multinationales.

Le continent africain représente 1/4 des terres agricoles du monde et paradoxalement, moins d'un dixième de la production agricole.[2] A titre illustratif, un pays comme la Côte d'Ivoire importe des produits finis, et dérivés du cacao dont il est le premier producteur mondial. Un pays comme le Nigeria, premier producteur de pétrole de l'Afrique, non seulement importe l'essentiel de son carburant, mais le subventionne pour maintenir ses prix à un niveau bas, par le mécanisme de la fiscalité négative.

On compte actuellement moins d'industries en Afrique qu'il y a 40 ans. Faits confirmés également par le récent rapport sur les perspectives économiques en Afrique dressé par la BAD, l'OCDE et le PNUD, en 2014. Le rapport précise que l'Afrique ne joue pas un rôle significatif dans les CVM et que sa part en valeur ajoutée reste

[1] La pratique révèle que la réalité est tout autre, nonobstant le fait que l'intégration d'un bon nombre de pays africains dans les CVM soit relativement élevée, et qu'elle ne s'accompagne pourtant pas d'une création de valeurs pour leurs économies.

[2] OCDE, *L'Observateur de l'OCDE*, n° 295 T2, 2013, p. 17.

marginale, passant de 1,4% à 2,2% en 1995 et 2011. Le questionnement qui persiste et auquel nous tentons de répondre, est de savoir quelles stratégies l'Afrique devrait mettre en place pour tirer le meilleur parti de ces CVM, dans le contexte de l'AFE.

Nous précisons qu'une chaîne de valeur regroupe toutes les activités en amont et en aval aboutissant à la production d'un produit ou d'un service.[1] On parle de chaîne de valeur mondiale lorsque ces activités sont segmentées entre plusieurs sites et pays. Il va de soi que, ces activités n'ont pas la même contribution en matière de valeur ajoutée, certaines sont plus créatrices de valeurs, d'autres les sont moins, selon le pays et l'industrie en question.

La faiblesse de la valeur ajoutée fragilise l'Afrique sub-saharienne dans le contexte de la facilitation des échanges. Les pays africains sont trop souvent positionnés dans des stades comptant le moins de valeur ajoutée, que ce soit en amont ou en aval de la chaîne, comme l'approvisionnement en matières premières exportées en l'état brut, l'assemblage, le montage et la logistique. Les pôles communément reconnus comme créateurs de valeurs, sont ceux de la conception et du design, du R&D, du marketing et de la gestion de réseaux de commercialisation qui concentrent le plus de valeur ajoutée.

Au-delà du fait que le positionnement des pays africains sur les CVM soit problématique, l'intérêt que cela leur représente peut se justifier sur plusieurs plans. L'intérêt relatif au potentiel de création d'emplois entrainés par les activités de montage et d'assemblage, nécessiteuses en quantité et moins exigeantes en qualité. Elles constituent, entre autres, les stades de la chaîne de valeur les plus pourvoyeurs d'emplois. Lorsqu'on considère qu'une bonne partie des revenus de la classe pauvre et moyenne provient essentiellement de ces emplois, il serait, certes, très risqué de les abandonner, surtout dans les pays où plusieurs problèmes socio-économiques persistent, notamment le chômage, l'instabilité sociale, surtout leur incidence sur le développement.

En revanche, bien que les autres stades de la chaîne tels que le R&D, le Management, le Design, ne créent pas de l'emploi avec cette même ampleur, ils procurent néanmoins des emplois durables et de qualité. C'est pourquoi, ils sont conservés dans les pays d'origine où les entreprises chefs de file contrôlent leur exécution et, par là même, empêchent le transfert de compétences et le partage de technologies et de connaissances, en consolidant par ricochet la dépendance de l'Afrique sub-saharienne. La situation débouche sur un dilemme selon lequel la création d'emplois n'est pas synonyme de création de valeurs.

---

[1] Porter, Competition in Global industries, book Harvard business school, Harvard, 1986, p. 37.

En d’autres termes, le maintien des activités moins stratégiques en Afrique est prometteur en emplois, mais pas en valeur. Toute la problématique est ainsi de réfléchir plus en termes des coûts d’opportunité, en mesurant l’impact, au cas par cas, des emplois créés sur les aspects micro et macrosociologique des Etats et principalement sur le développement à court, moyen et long terme sur le développement de l’Afrique.

Partant du constat que la région peine à suivre le rythme d'expansion très rapide du commerce mondial et que la productivité du travail n'a pas progressé autant que dans les autres régions, il y a lieu d’évaluer le déficit d’échanges commerciaux de l'Afrique subsaharienne et le niveau d'intégration de la région dans les chaines de valeur, comme un déterminant essentiel pour injecter de la valeur ajoutée dans les échanges et favoriser la création durable d'emplois. Ce qui met également en évidence les leviers sur lesquels les pouvoirs publics peuvent agir pour, à la fois, réduire le déficit et accroitre le degré d'intégration des échanges.

En règle générale, les échanges commerciaux entre deux pays sont d'autant plus intenses que les pays sont plus proches, tant géographiquement que culturellement, notamment lorsqu'ils partagent une langue ou d'anciens liens coloniaux. En outre, la taille et le niveau de développement des économies constituent des paramètres importants des flux commerciaux. Un moyen couramment employé dans les études pour évaluer l'ampleur relative des flux, est d’estimer des modèles de gravité, mettant en relation le volume des échanges commerciaux bilatéraux et les différentes caractéristiques des pays concernés.[1]

A l'aide d'un modèle de ce type couvrant 167 pays, on constate que les exportations et les importations de l'Afrique subsaharienne sont significativement inferieures aux flux commerciaux enregistrés ailleurs dans le monde. Situation qui s'explique en partie par les niveaux de revenu inférieurs en Afrique subsaharienne et les distances relativement plus importantes ainsi que le nombre plus élevé de pays enclavés dans la région. Dans l’hypothèse où l’on tenait compte de ces facteurs, les échanges bilatéraux depuis l'Afrique subsaharienne ont tendance à être en moyenne 50 % moins élevés qu'ailleurs dans le monde.

De même, le commerce régional s’avère moins développé en Afrique subsaharienne que dans la plupart des autres régions du monde : il est inférieur de 85 % à celui de l'Asie du Sud et de l'Est ; de 80 % à celui de l’Europe et de 65 % à celui de l'Amérique du Nord et de l'Amérique

[1] Head (K.T) et Mayer (T), “The erosion of colonial trade linkages after independence”, in Journal of international economics, 2014, p. 23.

latine. Les seuls échanges régionaux comparables en taille à ceux de l'Afrique subsaharienne sont ceux du Moyen-Orient et de l'Asie centrale. Le fait que le commerce régional de l'Afrique subsaharienne, soit beaucoup moins développé, malgré l'existence de nombreux accords commerciaux infrarégionaux, mérite d'être signalé. Il est possible que le recouvrement partiel des groupements de pays réduise beaucoup leur efficacité.

Pour répondre à cette question, le modèle de gravité nous permet d'expliquer les écarts très marqués pour inclure les déterminants tels que la primauté du droit, le niveau des droits de douane, la qualité des infrastructures et le niveau du crédit au secteur privé, comme mentionné dans certaines études[1].

Les facteurs sus évoqués s'avèrent importants pour expliquer les volumes d'échanges bilatéraux à travers le monde. Toutes choses restant égales par ailleurs, un climat des affaires plus favorable, des droits de douane inferieurs, de meilleures infrastructures et un accès plus facile au crédit, sont autant d'éléments qui favorisent des flux commerciaux plus intenses. Ces éléments sont notablement moins propices au commerce en Afrique subsaharienne, avec une qualité des infrastructures inferieure d'environ 50 % par rapport au reste du monde, des ratios crédit/PIB d'environ un tiers de ceux qu'on observe ailleurs et des droits de douane en moyenne quatre fois plus élevés. Il importe de préciser que :

1) les infrastructures apparaissent comme l'obstacle le plus important au commerce pour la région. De manière concrète, le fait de relever la qualité des infrastructures au niveau moyen observé ailleurs, permettrait de faire progresser le commerce de l'Afrique subsaharienne de 42 %, car le coût de circulation des marchandises entre les pays en serait sensiblement abaissé. De gros efforts sont d'ailleurs déployés dans la région pour combler le manque d'infrastructures ;

2) une nouvelle amélioration de la gouvernabilité et du climat des affaires aurait également des effets très positifs, car le relèvement de l'indicateur de primauté du droit au niveau moyen du reste du monde génèrerait 28 % supplémentaires d'augmentation des échanges commerciaux en Afrique subsaharienne. De manière particulière, les perspectives d'échanges, surtout au niveau régional, seraient grandement améliorées par

[1] Nordas (H.K) et Piermartini (R), *Infrastructure and trade*, staff working paper, WTC, 2004, p. 24.

des mesures destinées à réduire les obstacles non tarifaires au commerce : les taxes et droits d'exportation, mais aussi la corruption, les obligations réglementaires et les délais de dédouanement qui entrainent une accumulation de charges supplémentaires ;

3) de même, l'accès du secteur privé au crédit joue un rôle déterminant dans le développement des échanges commerciaux de la région. La poursuite de la financiarisation de l'économie, afin d'atteindre le niveau observé ailleurs, contribuerait à faire progresser le commerce de 29 %[1] ;

4) enfin, il importe de poursuivre les initiatives d'abaissement des droits de douane dans la région pour promouvoir davantage le commerce tant international que régional. Le fait d'amener les droits de douane au niveau mondial moyen, pourrait se traduire par environ 14 % d'échanges supplémentaires. Il faut toutefois prendre en compte le fait que les taxes sur le commerce représentent encore une source majeure de recettes budgétaires pour beaucoup de pays de la région, et les mesures d'abaissement des droits de douane doivent aller concomitamment avec un effort permanent d'augmentation des recettes provenant d'autres sources ;

5) à l'échelon régional, le renforcement des unions douanières et de l'intégration économique serait bénéfique, comme le montrent, notamment la CAE et l'UEMOA. Toutes choses restant égales par ailleurs, les échanges transfrontaliers au sein de la CAE s'avèrent cinq fois plus importants que la moyenne des échanges commerciaux régionaux au sein de l'Afrique subsaharienne ; dans l'UEMOA, ils sont environ trois fois plus élevés. Toutefois, avoir une monnaie unique n'est pas suffisant en soi, ainsi qu'on peut le remarquer dans la CEMAC où les échanges commerciaux ne sont pas beaucoup plus élevés avec l'extérieur.

[1] Cette expansion aurait toutefois besoin d'être accompagnée de cadres macro-économiques prudentiels appropriés pour permettre une gestion convenable des risques correspondants.

V.4. Les limites liées à l'accès au crédit

Le commerce international est un domaine qui fait intervenir des acteurs qui sont généralement situés dans des pays différents voire des continents distincts. Ils désignent alors des échanges entre nations, leur développement entrainant un mouvement d'internationalisation des échanges de marchandises, de services et de capitaux qu'on peut définir donc comme l'élargissement du champ d'activité d'une économie au-delà d'un territoire national.

Les échanges des biens ont connu un essor très rapide qui s'est accompagné d'une mutation de la structure par produits. Ils portaient essentiellement sur des produits bruts[1], environ 2/3 du commerce mondial, mais après 1945, les produits manufacturés ont pris une place primordiale. Entre 1950-2002, leur part dans les exportations mondiale de biens, est passée de 40 % à 78 % respectivement.

Le commerce de services s'est développé plus tardivement, mais il a connu un essor très rapide : 367 milliards de dollars en 1980, à 4170 milliards de dollars en 2011, soit une croissance de 8.2 % l'an[2]. Dans un contexte économique dynamique, caractérisé par l'ouverture des échanges, les PED ont des chances de précéder les pays développés, avec une croissance de deux à trois fois plus élevée en exportations et en PIB, au cours des prochaines années. Par contre, leur PIB augmente deux fois moins vite et la croissance des exportations est plus faible que dans les pays développés.

Selon le rapport statistique de 2013 de l'OMC, les dix principaux négociants représentent 51 % du commerce de marchandises et 49 % des services commerciaux en 2012. Quant aux économies en développement, les contributions dans le commerce des marchandises et des services commerciaux sont, respectivement, de 49 % et 35 %.

Le choix de moyen de paiement, dans le contrat de vente, est d'autant plus important dans les relations commerciales internationales que les risques de non-paiement qui ont augmenté du fait de l'éloignement des entreprises via les distances géographiques. Les modes de paiement sont ainsi subdivisés en deux grandes familles : celle des « techniques d'encaissement simple » et celle « des techniques d'encaissement documentaire ».

Les techniques d'encaissement simples sont constituées de chèque, les effets de commerce, les virements internationaux. Le chèque est un ordre écrit de payer à vue une somme déterminée à son bénéficiaire. On distingue deux types de chèque :

---

[1] Produits minéraux, énergétiques et agricoles.

[2] OMC, *Op.cit.* p.13

1) Le Chèque d'entreprise émis par le titulaire du compte, l'acheteur (importateur) appelé « tireur », sur une banque appelée « tirée », au profit du « bénéficiaire », le vendeur. L'exportateur peut offrir plus de garantie, c'est-à-dire que la banque applique un visa sur le chèque certifiant qu'il existe une provision suffisante sur le compte bancaire, lors de l'émission et bloque cette provision jusqu'à l'expiration du délai légal de présentation.

2) Le Chèque de banque émis par une banque sur l'ordre de l'importateur. C'est un engagement direct de paiement par celle-ci. Le chèque facilite, non seulement le recours contre le tiré, mais assure aussi une grande sécurité de paiement même s'il recèle le risque politique ; les risques de perte, de vol et de falsification. Il reste incontestablement un instrument peu utilisé dans la pratique du commerce international, car malgré sa simplicité d'utilisation, il présente certains inconvénients, comme les délais d'encaissement qui peuvent être longs et les frais sont importants.

Les effets de commerce se rencontrent sous deux formes :

1) la lettre de change ou traite (bill of exchange) : c'est un écrit par lequel le vendeur (tireur) donne ordre à l'acheteur (tiré) de payer à vue ou à une date déterminée, une certaine somme à lui-même ou à un tiers (bénéficiaire). La lettre de change est un instrument très utilisé dans les échanges internationaux ;

2) le billet à ordre (promissory note) : c'est un écrit émis par l'acheteur, « souscripteur », au profit du vendeur, « bénéficiaire ». Il présente les mêmes caractéristiques que la lettre de change.

Le virement bancaire, « bank transfer », est une opération par laquelle les fonds sont transférés électroniquement d'un compte à un autre. Il est généralement transmis par courrier, télex ou encore par un réseau de télécommunication privée : le virement SWIFT[1], appuyé sur l'EDI[2]. Le virement est ainsi une procédure par laquelle l'acheteur

[1] Society for World Wide Interbank Financial Télécommunications : un message utilisé par les banques lors de l'émission d'une lettre de crédit
[2]Echanges de données informatisées.

donne l'ordre à son banquier de créditer le compte du vendeur. L'ordre peut être libellé en monnaie nationale ou en devise étrangère. C'est un moyen rapide, souple ; les frais demandés par la banque pour la transmission postale sont peu coûteux. Le virement SWIFT est privilégié puisque le risque de perte, de vol ou de falsification est impossible, vu qu'il n'existe pas de support papier. Mais il est émis à l'initiative de l'acheteur.

Les techniques bancaires comprennent le crédit documentaire et la remise documentaire. Parfois désignée par « Letter of Credit » (L/C) ou encore dénommé, « Credoc », la lettre de crédit est l'une des premières techniques de paiement à distance. Elle était faite et utilisée par les banquiers lombards[1] et hanséatiques[2], ainsi que les templiers[3], afin de sécuriser les routes marchandes et de pèlerinage[4] pour Jérusalem[5]. Instrument de crédit pour le commerce international, le crédit documentaire ne fait pas l'objet d'une loi, mais du Règlement établi par la Chambre de commerce internationale.

Le crédit documentaire est un arrangement d'une banque, de payer un montant déterminé au fournisseur d'une marchandise ou d'une prestation contre remise de documents conformes, affirmant que la marchandise a été expédiée ou la prestation faite dans un délai fixe. Il est donc un instrument de paiement très efficace que de nos jours, le commerce international ne pourrait plus s'en passer. Il permet, en effet, d'assurer la mise à disposition et le paiement selon des conditions clairement fixées d'avance, comme il peut servir au financement des exportations.

Les documents d'un crédit documentaire sont soumis à des conditions très strictes, notamment le bénéficiaire ne peut être remboursé que contre remise de documents conformes, la conformité des documents se vérifie sur la base des règles (RUU) : « les banques ont considéré des documents à l'exclusion des marchandises, services ou prestation auxquels les documents peuvent se reporter ».

La réalisation d'un crédit documentaire fait concourir quatre principaux acteurs, l'absence d'un de ces intervenants rend impossible la réalisation et le déroulement du crédit documentaire :

---

1 Plus exactement, Langobards, connus depuis bien longtemps par les Romains

2 La Hanse était l'association des villes marchandes de l'Europe du Nord.

3 L'ordre du Temple est un ordre religieux et militaire issu de la chevalerie chrétienne du moyen âge, dont les membres étaient appelés les Templiers.

4 Un pèlerinage est un voyage effectué par un croyant vers un lieu de dévotion, vers un endroit tenu pour sacré selon sa religion.

5 Dénomination israélienne officielle en arabe est une ville du Proche-Orient qui tient une place centrale dans les religions juive, chrétienne et musulmane.

- le donneur d'ordre est l'importateur (acheteur) qui demande l'ouverture d'un crédit documentaire au nom de son fournisseur dans sa banque ;
- le bénéficiaire est l'exportateur (vendeur) qui reçoit le crédit documentaire par l'intermédiaire de sa banque. Il expédie la marchandise demandée et transmet les documents à sa banque ;
- la banque émettrice est la banque du donneur d'ordre (l'acheteur) qui émet le crédit documentaire au nom du bénéficiaire. La banque qui notifie (réceptrice) est la banque correspondante de la banque émettrice, généralement située dans le pays du vendeur et qui avise le client de l'opération de crédit documentaire sans prendre des engagements.

La banque confirmatrice, c'est généralement la banque notificatrice choisie par la banque émettrice et qui accepte de prendre un engagement de paiement vis-à-vis de l'exportateur. Le déroulement commence par l'acheteur (donneur d'ordre) qui demande à sa banque l'ouverture d'un crédit documentaire auprès de la banque du vendeur/bénéficiaire, pour le compte de ce dernier. La banque émettrice, celle de l'acheteur, transmet l'ensemble des documents à la banque notificatrice, celle du vendeur, tout en précisant les conditions d'utilisation et de paiement (montant, date, nature de la marchandise, date limite d'expédition, conditions de vente, de transport et d'assurance, documents demandés, et le délai de paiement). Dès ce moment, la banque émettrice s'engage à régler le vendeur, à condition que ce dernier respecte exactement les conditions exigées, en fournissant surtout tous les documents nécessaires dans les délais prévus. La banque du vendeur lui notifie cette ouverture de crédit, sans aucun engagement de sa part. Dès la réception de la notification du Credoc, le vendeur doit vérifier que les conditions fixées sont conformes au contrat commercial défini avec le client, et que tous les documents essentiels sont fournis dans les délais accordés. Quand tout est conforme, le vendeur expédie la marchandise.

Les documents d'expédition sont des contrats de transport par lesquels la société qui les a émis s'engage vis-à-vis de l'exportateur, à transmettre sa marchandise en bon état. Les documents montrent si le prix du transport a été payé au départ ou s'il sera payable à l'arrivée. C'est ainsi qu'on parle de connaissement en cas de transport par voie maritime (c'est le moyen de transport le plus utilisé dans le cadre du commerce international, puisqu'il présente un de faible coût), de la lettre de voiture pour le transport par voie ferrée, de la lettre de transport aérien(LTA) pour les transports aériens, de la lettre de voiture routière pour le transport par camion.

Les documents d'assurance sont des documents émis par une compagnie d'assurance ou son représentant, qui garantissent à l'assuré le paiement d'une indemnité en cas de défaillance sur la marchandise en cours de transport. Les documents exigés par la douane du pays de l'acheteur permettent l'entrée de la marchandise dans le pays de l'acheteur. Il est demandé d'établir la facture douanière par le vendeur, le certificat d'origine par une autorité administrative ou la chambre de commerce internationale et le certificat sanitaire qui garantit la bonne qualité de la marchandise.

Les documents décrivant la nature de la marchandise :

- la facture commerciale (commercial invoice), établie au nom de l'importateur par l'exportateur, indique la nature de la marchandise ou la prestation et le montant à régler. Elément de base de toute opération, ce document est indispensable à l'importateur pour le dédouanement de sa marchandise;
- la liste de colisage, précise, en cas d'expédition en plusieurs lots, le détail des marchandises expédiées par colis et les marques apposées sur chacun d'eux ;
- le certificat de qualité, établi soit par des sociétés de surveillance ou des professionnels, soit par le vendeur, indique les résultats de l'analyse des produits vendus juste avant leur expédition et permet ainsi d'en garantir le bon état.

Le crédit documentaire revêt différentes formes. Il est dit révocable lorsque le banquier peut revenir sur son engagement avant expédition des marchandises. L'exportateur conserve donc un risque tant qu'il n'a pas encore expédié ses marchandises. Dans ce cas, le banquier ne peut pas revenir sur son engagement, quelle que soit l'évolution de la situation de son client. L'exportateur est assuré d'être payé par le banquier de l'importateur, sauf dans le cas où il n'a pas respecté ses engagements. Le banquier de l'importateur est seul engagé. L'exportateur est totalement couvert contre le risque commercial, mais il n'est pas protégé en cas de risque politique, catastrophique ou de non-transfert et de risque pays. L'engagement du banquier de l'importateur se fait par un banquier correspondant dans le pays de l'exportateur. L'exportateur qui respecte partiellement ses engagements est totalement assuré d'être payé. En pratique, le crédit révocable est peu utilisé. On parle également des crédits documentaires spéciaux. Le Crédit documentaire avec acomptes s'effectue de différentes manières. La banque bénéficiaire doit présenter une garantie qui se réduit généralement en proportion des livraisons effectuées, ce qu'on appelle « acompte garantie ». Prenons l'exemple de la « red clause » : elle permet à la banque désignée de verser une avance au bénéficiaire pour qu'il puisse se procurer les marchandises.[1]

Le Crédit « back to back » est une lettre de crédit d'exportation qui couvre une lettre de crédit d'importation. Une fois les contrats sont signés entre l'exportateur et l'importateur, ce dernier rédige une demande de crédit documentaire *back to back*. Cette demande est transmise à la banque émettrice (la banque de l'importateur) qui remet le crédit documentaire à la banque notificatrice (banque de l'exportateur).

L'exportateur, dans ce cas, réceptionne le crédit documentaire et établit le second crédit documentaire qu'il remet à la banque notificatrice. Celle-ci devient alors la banque émettrice du second crédit. La banque émet un second crédit documentaire et le remet à la banque du second bénéficiaire, (le fabriquant ou le fournisseur réel). Enfin La banque du second bénéficiaire notifie le crédit documentaire à la banque du fabriquant, et les opérations se dérouleront comme pour un crédit documentaire classique.

Quant aux modalités de paiement, « un crédit doit indiquer s'il est réalisable par paiement à vue, paiement différé, acceptation ou négociation)[2]. Certes, il existe différentes formes de réalisation de crédit documentaire :

1) *Crédit documentaire réalisable par paiement a vue :* l'opération se fait sur la base de « donnant-donnant », c'est-à-dire, paiement contre document. La banque dispose d'un délai maximum de 5 jours ouverts pour les opérations de vérification des documents et la négociation. Cette modalité de paiement permet à l'importateur une ouverture de crédit documentaire auprès de sa banque en faveur de l'exportateur, généralement.

2) *Crédit documentaire réalisable par acceptation :* l'exportateur tire une traite sur la banque émettrice à présentation de document.

[1] Le crédit documentaire renouvelable pour des prix attirants ; l'acheteur peut envisager l'entente avec le fournisseur pour une commande qui dépasse ses besoins actuels. La livraison sera donc faite sur une période déterminée ; l'acheteur dans ce cas peut ouvrir un Credoc renouvelable, d'un montant courant contre-valeur d'une livraison fractionnée.

[2] *Règles uniformes relatives aux encaissements*, Chambre de commerce international, Paris. (Le document approuvé par les banques).

L'échéance de la traite peut être de 90 jours de la date d'expédition ou de la date de la facture. Il n'y donc pas paiement, mais acceptation de traite à terme (effet de change).

3) *Crédit documentaire réalisable par paiement différé :* l'exportateur remet les documents à son banquier et celui-ci les transmet au banquier de l'importateur qui s'engage par écrit à effectuer le paiement à l'échéance dans la mesure où les documents présentés seront conformes à ceux qui étaient prévus et où l'expédition aura été faite dans les délais prévus. Du point de vue des commissions, le crédit à paiement différé est meilleur que le crédit avec traite. Le crédit documentaire à terme (les crédits contre acceptation et ceux à paiement différé) permet à l'acheteur de revendre la marchandise avant l'échéance, ce qui lui permet de payer avec le montant du crédit documentaire.

4) *Crédit documentaire réalisable par négociation* : le crédit est réalisable par négociation à vue ou à terme, le crédit est utilisé par le bénéficiaire avec une traite et avec la présentation des documents spécifiés ou seulement contre remise de document. Cette technique permet de régler directement le fournisseur.

5) *La « Stand-by letter of credit »* : c'est une garantie de paiement à la première demande ; permet à l'exportateur et à l'importateur de réaliser l'opération d'échange sans la contrainte de transfert de document. La banque de l'importateur s'engage à regeler l'exportateur en cas de défaillance dans une échéance convenue.

Le crédit documentaire présente des avantages :

- c'est une technique de paiement et un instrument de financement rapide, efficace, très reconnu et utilisé partout dans le monde ;
- le Credoc garantit la livraison des marchandises avec la qualité et la quantité demandée et dans des délais déterminés ;
- il n'est utilisé que dans des conditions commerciales favorables ;

- facilite les opérations commerciales entre les acteurs internationaux ;

- pour l'exportateur : sécurité maximale quand il s'agit d'un crédit documentaire confirmé.

On note cependant comme inconvénients :

- procure des risques communs au vendeur et à l'acheteur ;

- la moindre erreur, le crédit documentaire doit être annulé ou modifié, ce qui engendre des frais supplémentaires ;

- procédures lourdes et complexes ;

- c'est un moyen de paiement coûteux et même en cas de non-utilisation ou de non-exécution, il y a un paiement de la commission.

La remise documentaire est une collaboratrice du crédit documentaire, en ce qu'elle appartient à la petite famille des moyens de paiement internationaux. Cette technique est beaucoup moins complexe et plus souple pour les banques. Le commerce avait un poids important depuis fort longtemps pour certaines économies, grâce à plusieurs facteurs. Le commerce n'a pas cessé de progresser et de se développer, tant en volume qu'en valeur. Et avec l'importance accordée au commerce international par les banques qui ont facilité les échanges internationaux, en offrant des moyens de paiement qui répandent au mieux aux attentes de ses clients, le commerce devient « la chose du monde la plus utile à l'Etat »[1].

Les entreprises qui importent ou exportent des marchandises à l'étranger, font recours généralement aux techniques bancaires de paiement internationaux, car elles sont considérées comme des moyens de paiement et de financement les plus pratiques dans les échanges internationaux. Parmi ces techniques, « le crédit documentaire » et « la remise documentaire » constituent des garanties efficaces pour le vendeur qui veut s'assurer de l'encaissement du produit de ses ventes et pour l'acheteur qui souhaite s'assurer de la bonne qualité du bien ou du service acheté, avant tout règlement financier.

L'encaissement documentaire ou remise documentaire, est un moyen de faire encaisser par une banque, le montant dû par un acheteur contre remise des documents. Il sied de préciser que

[1] MONTESQUIEU, posté par 1001-citations le Janvier 13/2012 le non classé, http://www.1001-citations.com/citation-26534/

l'encaissement documentaire s'effectue conformément aux « RUE 522 »[1].

La remise documentaire permet à un vendeur d'expédier sa marchandise, tout en mandatant une banque pour remettre les documents nécessaires au dédouanement, contre paiement ou acceptation d'une lettre de change de la part de l'acheteur. Elle consiste à ce que le vendeur et l'acheteur aient une bonne relation basée sur la confiance, la solvabilité de l'acheteur et la stabilité politique et économique dans le pays de l'importateur.

La responsabilité des banques, dans le cadre des encaissements documentaires, se limite essentiellement à transmettre et à délivrer des documents contre paiement ou acceptation d'un effet de change, « les banques doivent agir de bonne foi, et avec un soin raisonnable », c'est-à-dire que « ces dernières ne seront pas responsables des retards ou des pertes dans la transmission des documents, que si elles auront commis une faute grave »[2]. Les banques interviennent comme des mandataires de leurs clients : elles s'engagent uniquement à exécuter leurs instructions. L'encaissement documentaire assure une protection parfaite au vendeur, meilleur qu'une simple facture.

Les acteurs de la remise documentaire sont : le donneur d'ordre, la banque remettante, la banque présentatrice et le tiré. Le donneur d'ordre, c'est le vendeur (exportateur) qui remet les documents à sa banque et lui donne un ordre d'encaissement, en prenant soin d'expédier la marchandise. La banque remettante, c'est la banque du donneur d'ordre, qui transmet les documents à la banque chargée de l'encaissement dans le pays de l'acheteur, mais elle n'assume aucun engagement ni responsabilité. La banque présentatrice, c'est la banque à l'étranger, chargée de l'encaissement et effectue la présentation des documents, à l'acheteur ; elle ne les remettra qu'après règlement. Tandis que le tiré, c'est l'acheteur ou l'importateur auquel sont présentés les documents d'encaissement.

Il existe des formes d'encaissement documentaire : document contre paiement (D/P) ; document contre acceptation (D/A) ; document contre acceptation et aval ; documents d'une remise documentaire ; stratégie du risque documentaire.

La banque présentatrice ne remet les documents au tiré que contre paiement immédiat, c'est-à-dire, au plus tard à l'arrivée des marchandises. Dans la pratique, certains acheteurs préfèrent reporter la remise des documents et le paiement jusqu'à l'arrivée de la marchandise. Contre un effet de change, la banque présentatrice remet les documents contre acceptation d'un effet de change payable à une

---

[1] *Règles uniformes relatives aux encaissements*, Chambre de commerce international, Paris. (Approuvé par les banques).

échéance ultérieure, en général de 30 à 180 jours. Après la présentation de la lettre de change, le tiré entre donc en possession de la marchandise avant la date de paiement. Cette procédure n'offre pas au vendeur une garantie, car il supporte le risque du non-paiement à l'échéance de l'effet de change.

La banque présentatrice remet les documents à l'acheteur contre une lettre d'engagement où l'énoncé est fixé par la banque remettante ou le donneur d'ordre. A partir de cette formule, le tiré sera obligé de payer le montant de l'encaissement à une date fixe. Il est important que la lettre d'engagement soit rédigée de façon précise et claire.

Pour se couvrir contre le risque de défaillance de l'acheteur, une variante consiste à demander à la banque présentatrice d'ajouter son engagement sous la forme d'un aval, c'est-à-dire, une signature sur l'effet qui garantit le paiement de la traite à son échéance. Il reste, néanmoins, le risque de défaillance de la banque qui avalise et le risque pays.

Après la conclusion du contrat entre le fournisseur et le client, le fournisseur expédie la marchandise, tire généralement une traite sur son client, soit à vue, soit à échéance. Ensuite, le donneur d'ordre remet à sa banque (banque remettante) les documents nécessaires au client pour qu'il puisse retirer sa marchandise. Le vendeur, pour sa part, donne à sa banque un ordre d'encaissement. La banque se chargera, par la suite, de délivrer ou de faire délivrer ces documents à l'acheteur par le biais de sa banque, contre acceptation de la traite ou contre paiement, en se conformant aux instructions reçues de la banque remettante.

La banque de l'acheteur transfère le montant de la remise à la banque du vendeur. Dans le cas de document contre paiement et dans le cas d'un encaissement contre acceptation, le tiré acceptera l'effet qui, selon les instructions de l'ordre d'encaissement, restera auprès de la banque présentatrice. Dans ce dernier cas, le remettant pourra demander l'escompte de l'effet auprès d'une banque disposée à le faire ou fera encaisser le montant à l'échéance.

Lorsque la banque de l'importateur reçoit les documents, une vérification véritable doit être faite par celle-ci. Une fois la banque assurée de la conformité des documents, elle envoie une lettre d'information au bénéficiaire pour l'informer de l'arrivée des documents. Enfin, lorsque le client accepte la traite (documents contre acceptation) ou effectue le paiement (documents contre paiement), les documents lui sont remis par la banque. La banque du vendeur crédite le compte de son client du montant de son exportation.

La remise documentaire comporte un certain nombre de documents rassemblés et remis par l'exportateur à sa banque, dans le but de les faire parvenir à son client, par l'intermédiaire de sa banque. Il s'agit des documents suivants :

- les factures : documents commerciaux qui détaillent la quantité et le montant de la marchandise ;
- les détails de la nature de marchandise (poids, colisage...) ;
- le certificat d'assurance : qui indique les risques assurés en cas de défaillances ;
- les connaissements : documents qui attestent que la marchandise a été bien embarquée. Ils permettent au client de retirer sa marchandise, une fois arrivée au port de débarquement, le cas échéant. L'attestation BIVAC[1] atteste de la qualité et de la conformité de la marchandise ; le certificat sanitaire et le bulletin d'analyse pour les produits alimentaires et les médicaments. Dans le cadre d'une expédition par voie aérienne, on parle LTA;

Comme avantages, il convient de noter que l'acheteur ne pourra retirer la marchandise que si les documents nécessaires au dédouanement ou à la remise de la marchandise par le transporteur (Bill of Loading, en cas de transport maritime), sont inclus dans la remise documentaire, sans avoir préalablement réglé à sa banque le montant y relatif. C'est un moyen souple simple sur le plan des documents, et dans l'exécution administrative. Le coût de La remise documentaire est raisonnable, les frais de son déroulement sont moins élevés. L'importateur peut, dans certains cas, recevoir la marchandise avant de payer ou d'accepter la traite.

Comme inconvénients, la technique ne protège pas l'exportateur du risque de change. Le mécanisme est déséquilibré entre l'importateur et l'exportateur. Ce dernier encourt beaucoup de risque. La technique est fortement soumise au risque politique, si l'entreprise se destine vers un marché instable.

Le financement des importations par les techniques documentaires peuvent engendrer différents risques qui peuvent être néfastes pour leur évolution. Le risque de crédit est l'une des causes majeures de la faillite des établissements bancaires, appelé aussi « risque de signature ». C'est le risque principal auquel les établissements de crédit doivent faire face.

Les risques documentaires proviennent de la différence entre les mentions portées sur les documents et la marchandise réellement expédiée (mauvaise qualité des produits, tricherie sur la marchandise,

---

[1] Bureau Inspection Valuation Assessment Control.

erreur dans les documents). En cas de doute au moment de la vérification des documents, le banquier du bénéficiaire doit interroger l'acheteur afin d'obtenir son accord concernant l'irrégularité dans les documents.

Le risque d'insolvabilité est également appelé risque commercial ou risque de non-paiement. Il a lieu quand la banque correspondante règle le vendeur sans toutefois être elle-même remboursée par le donneur d'ordre, dans l'échéance prévue. La banque de l'importateur est toujours face à ce genre de risque, sauf si elle a pris la préoccupation de bloquer les fonds des correspondants.

Le risque de change se définit comme le risque de perte encouru par l'entreprise, suite aux variations défavorables des cours de change, auxquelles sont exposés les agents effectuant des échanges en devise étrangère. On distingue deux types de risques de change : un risque de dépréciation de la monnaie de paiement pour l'exportateur ; un risque d'une appréciation de la monnaie de paiement pour l'importateur.

Le risque politique fait référence à tous les événements locaux, qu'ils soient d'ordre social ou politique pouvant perturber ou empêcher la bonne exécution des engagements des parties et des échanges internationaux. Ces événements peuvent être des guerres, des révolutions, des grèves ou des décisions d'ordre politiques ou administratif, national ou international.

Le risque catastrophique résulte d'un phénomène naturel (séisme, typhon, inondation...) qui empêche ou entrave le bon fonctionnement des activités d'une entreprise et les engagements pris avec ses partenaires.

Le risque économique se déclenche au niveau du cycle d'exploitation. C'est le risque de hausse des prix internes du pays du fournisseur, hausse supportée par le vendeur dans le cas où le contrat aurait été conclu selon la formule de prix fermes et non révisables. L'ouverture des entreprises à l'international procure, lors de leurs opérations, plusieurs risques. Le choix des techniques de paiement le plus adéquat qui couvre un maximum de risques, résulte du fait que les contrats internationaux sont les plus souvent libellés en devises.

V.5. Les limites liées au territoire douanier international hétérogène

Le droit de l'OMC qui se veut toujours universel, néglige souvent le particularisme local qui met en jeu les infrastructures. C'est notamment le cas de l'AFE de l'OMC dont la mise en œuvre a été confiée à l'OMD. Les principes de base de la CKR ont été prévus pour assurer une uniformisation et une harmonisation des régimes douaniers à l'échelon mondial. Ils s'appliquent au territoire de chaque Partie Contractante qui adhère à la Convention, quelle que soit sa situation géographique. Le retard en infrastructures et en énergie électrique rendrait ce texte d'application difficile en Afrique subsaharienne[1]. Les flexibilités accordées aux PMA pour la mise en œuvre de l'AFE auraient des délais courts ; la détérioration des routes amenuiserait les chances d'application du droit de l'OMD, au risque de faire des réformes, une modification robotique des recettes[2].

Les effets positifs du droit de l'OMD se ressentent en effet par le fait que les infrastructures pour la mise en œuvre des instruments, sont prises en charge par la communauté internationale. Lorsque les administrations des douanes devront supporter leur entretien et le renouvellement, les coûts additionnels vont alourdir le fardeau du commerce international, par le fait que les coûts douaniers viendront se sus poser sur les droits de douane au risque de faire de la CKR une simple modification robotique des textes et non un droit servant des échanges internationaux.

Aucune facilitation des échanges n'est possible sans infrastructures routières. Ce qui rend inapplicable la CKR, et pourtant ses dispositions pertinentes, spécialement celles contenues en l'Annexe générale, sont d'application obligatoire. Le réseau routier africain reste un obstacle majeur. Du cap de Bonne-Espérance au Caire, les routes africaines ne sont pas encore servantes d'un commerce accru. Les efforts de la CKR se diluent ainsi dans les infrastructures inappropriées, qui rendent inapplicable les instruments de l'OMD. Toute la problématique est de savoir comment imposer les mécanismes de facilitation dans un continent sans un bon réseau routier. Une telle situation révèle l'inefficacité des instruments de l'OMD et les préalables à vider avant leur application.

---

[1] La facilitation des échanges est subordonnée aux infrastructures non seulement pour le transport mais aussi dans la modernisation de l'administration douanière. Il est vrai que le programme mercator de l'OMD garantit l'assistance technique et le renforcement des capacités.

[2] La CKR a comme piédestal le recours à l'informatisation. A ce sujet, un ajustement de la convention sus évoquée s'impose. La philosophie qui sous-tend les instruments de l'OMD, demeure un commerce mondial fluide, qui passe inéluctablement par la réduction de séjour des marchandises dans les installations douanières et les coûts de transaction qui ont une incidence directe sur le commerce international. Il appert ainsi que si la communauté internationale garantit une assistance technique et un renforcement des capacités, le retour de bâton est certain lors du renouvèlement et l'entretien du matériel informatique.

V.6. Les limites liées au terrorisme et piratage informatique

Les autorités douanières à travers le monde, sont la première ligne de défense contre les organisations terroristes qui tentent souvent d'exporter leurs activités en dehors des frontières nationales, pour porter atteinte à la sécurité mondiale. C'est donc à ce titre que la CPG de l'OMD a appelé, à Punta Cana en République dominicaine, à une action concertée entre les gouvernements, les services de sécurité et les administrations douanières pour lutter contre les menaces terroristes transfrontalières[1]. Il semble que l'aspect sécuritaire va incontestablement ralentir le rythme de dédouanement. Il devient ainsi apodictique d'insérer cette disposition dans la CKR comme une raison justifiant l'examen approfondi de certaines déclarations, au-delà de la gestion classique des risques.

V.7. Le dysfonctionnement de l'Union africaine

Sur les deux dernières décennies, l'Afrique subsaharienne a connu une formidable expansion des échanges commerciaux, qui a alimenté son moteur de croissance. La demande soutenue de produits de base a indéniablement stimulé le développement du commerce, notamment avec les marchés émergents. Mais elle n'explique pas tout, car même des exportateurs de produits de base non pétroliers ont su diversifier leurs exportations et commencent à s'insérer dans des chaines de valeur.

L'environnement mondial actuel est toutefois plus difficile que les dernières années et paraît atteint de l'atonie généralisée de la demande mondiale (une Chine qui ralentit, une croissance anémique en Europe, des cours des produits de base en forte baisse et les risques de turbulences financières au niveau mondial alors que certaines économies avancées normalisent leur politique monétaire). L'environnement offre une chance unique de recentrer les politiques publiques dans l'optique de diversifier l'économie et de favoriser des transformations structurelles. Une intégration accrue et de meilleure qualité dans le commerce mondial, peut fournir l'occasion recherchée.

---

[1] Elle a adopté à l'unanimité la déclaration de «Punta Cana 2015», qui réitère l'engagement des gouvernements et des différentes institutions concernées à relever les nouveaux défis auxquels font face les administrations douanières. Elle souligne le rôle crucial des autorités douanières dans la lutte contre le terrorisme, par l'échange d'informations et à une coopération plus étroite entre les autorités douanières et les institutions de sécurité aux niveaux national, régional et international, ainsi qu'à la veille, à travers des plans d'actions bilatéraux et multilatéraux, à la sûreté des frontières, qui représentent un élément essentiel pour une réponse efficace aux menaces terroristes.

Même si les échanges commerciaux de l'Afrique subsaharienne sont en forte hausse, ils restent en-deçà de leur potentiel, tant sur le plan du volume total que du positionnement dans les chaines de valeur mondiales. Certains pays ont commencé à faire valoir leurs avantages comparatifs dans l'agriculture ou dans l'agro-industrie, et parfois dans l'industrie manufacturière. Toutefois, il serait possible de faire beaucoup plus pour stopper le processus de désindustrialisation progressive de la région.

S'attaquer aux obstacles au commerce pourrait, par conséquent, débloquer des gains de productivité inexploités et amener, dans la foulée, de nouveaux emplois, des revenus en hausse, des économies plus diversifiées et, en bout de course, une croissance plus durable. Encourager le développement du commerce régional, protégerait ainsi mieux la région des chocs exogènes.

L'un des principaux handicaps aux échanges commerciaux s'avère être le manque d'infrastructures, mais des droits de douane inférieurs, un meilleur accès au crédit pour le secteur privé et un climat des affaires plus porteur, sont autant de facteurs qui favorisent des échanges commerciaux plus intenses et une meilleure insertion dans les chaines de valeur mondiales, de même que les mesures visant à améliorer les indicateurs d'éducation. Il s'agit en fait des leviers sur lesquels les pouvoirs publics ont prise et sur lesquels ils ont commencé à agir.

Les efforts engagés doivent être maintenus et même accélérés afin d'exploiter les remarquables atouts de la région, notamment des politiques macroéconomiques avisées, des institutions économiques qui s'améliorent et une main-d'œuvre jeune et de plus en plus abondante. Il convient de souligner l'importance de l'intégration financière régionale en Afrique subsaharienne. L'IDE en provenance de l'extérieur du continent, reste prédominant. Mais l'IDE infrarégional progresse. Avec une part des projets annoncés d'investissements internationaux dans des installations nouvelles, le principal type d'investissements en Afrique subsaharienne d'origine africaine, est passé de moins de 10 % sur la période 2003-2008 à 18 % sur la période 2009-2013[1].

Au sein de la CEDEAO et la CAE, l'IDE infrarégional dans ces secteurs représente environ 36 % du total des investissements. Nonobstant le déficit d'informations disponibles sur les types d'entrées d'IDE, on estime que le secteur bancaire est un destinataire important des IDE dans les services, en particulier dans la zone de la CEDEAO,

---

[1] Une caractéristique distinctive de l'intégration de l'IDE en Afrique subsaharienne, est son orientation infrarégionale marquée. Contrairement à l'IDE provenant de l'extérieur du continent, la quasi-totalité (soit 97 %) des investissements intra-africains sont concentrés dans l'industrie manufacturière et les services.

où les secteurs bancaires du Nigeria et du Togo se sont développés rapidement via un réseau de filiales[1].

On note à ce sujet qu'entre 2010 et 2012, les investissements d'autres pays d'Afrique ont représenté au moins 30 % des entrées d'IDE au Benin, au Burkina Faso, en Guinée Bissau, au Lesotho, au Rwanda et au Togo.

La plupart des pays d'Afrique subsaharienne ont avancé dans la modernisation de leur système de réglementions et de contrôle, s'orientant vers une approche intégrée au niveau régional. Les de données SWIFT soulignent le rôle essentiel joué par les infrastructures financières dans la promotion du commerce infrarégional, avec des volumes de commerce infrarégional, qui s'expliquent par des infrastructures financières régionales plus développées.

Les pays de la CAE ont commencé à prendre des mesures systématiques d'harmonisation des règles et pratiques de contrôle prudentiel. Aussi, la SADC, le COMESA, UEMOA et la CEMAC ont fait des progrès dans l'harmonisation de leurs systèmes de paiement. De ce fait, les systèmes de paiement transfrontaliers sont de plus en plus utilisés pour faciliter les envois de fonds, réduire les coins de transaction et promouvoir le commerce infrarégional.

En dehors de l'Afrique du Sud, les marchés obligataires dans les pays d'Afrique subsaharienne sont encore embryonnaires, du point de vue taille et liquidité. Construire un «marché régional» est un moyen de surmonter les difficultés de transferts de technologie et d'économies d'échelle, et de permettre ainsi une réduction globale de toutes sortes de transaction.

Plusieurs initiatives sont en cours pour développer les marchés régionaux. La BRVM et la BVMAC sont mises en place. La CEDEAO et la CAE progressent vers une plus grande intégration régionale des marchés financiers. Par exemple, dans la CEDEAO, les Bourses du Ghana, du Nigeria et de la Sierra Leone et la BRVM travaillent à intégrer leurs marchés. Le COMESA prévoit également de créer un marché unique de services financiers. L'UEMOA est le marché obligataire régional le plus développé en Afrique subsaharienne, bénéficiant de l'intégration économique et monétaire de la région et des institutions régionales chargées de la surveillance financière, du commerce et des règlements. L'émission d'obligations locales sur le marché primaire a considérablement augmente, bien que la capitalisation du marché reste faible, dominée par la dette publique. L'intégration régionale a également contribué à une plus grande diversification des émetteurs et des échéances. En 2014, tous les pays

[1] Pour la plupart de « petits pays » d'Afrique subsaharienne, souvent enclavés ou non, exportateurs de pétrole, l'IDE infrarégional constitue une source importante de capitaux étrangers.

ont procédé à des émissions sur le marché obligataire régional, à l'exception de la Guinée Bissau ; l'encours des émissions couvrait pratiquement tous les points sur la courbe des rendements dans la plage 3-10 ans.

V.8. Les limites liées à l'évaluation en douane selon l'OMC

A ce sujet, nous nous opposons à l'OMD qui considère que depuis l'instauration de la valeur transactionnelle, les recettes douanières ont augmenté. Une telle affirmation relève de la mésoéconomie. Il s'observe en effet dans les PMA un taux de croissance important. C'est donc cette croissance tirée essentiellement par le secteur primaire qui justifie la maximisation des recettes observée du fait de l'engagement soutenu dans le commerce international via l'exportation des matières primaires.[1]

Nous sommes d'avis que lorsqu'il devient impossible de déterminer la valeur transactionnelle par les cinq premières méthodes, les valeurs boursières peuvent être appliquées, car l'imprécision de la sixième méthode d'évaluation en douane de l'OMC, dite *de dernier recours*, s'éloigne de plus en plus de la valeur transactionnelle au détriment des finances publiques de l'Afrique sub-saharienne.

Tout en étant transactionnel, le prix de transfert engendre des difficultés énormes pour la détermination de la valeur transactionnelle en Afrique sub-saharienne. Difficultés résultant des méthodes de fixation des prix de transfert, d'une part, et l'évaluation en douane effectuée dans le cadre de transactions entre parties liées, d'autre part. Par le fait que l'évaluation en douane se réfère à l'Accord sur l'évaluation en douane selon l'OMC, tandis que le prix de transfert est régi par les directives de l'OCDE. Nous opinons que l'accord de l'OMC doit être modifié, en prévoyant des ajustements supplémentaires pour le prix de transfert, dès lors qu'il mutile la valeur transactionnelle.

Le prix de transfert est un écueil de taille à l'évaluation en douane et est de nature à juguler la facilitation des échanges et pourtant voulue prestement. En fait, ce prix étant fixé entre le siège social des multinationales et leurs filiales est généralement minoré et entame dangereusement les recettes internes des PMA. Nous opinons que le gap négatif lorsque ce dernier est contrasté aux valeurs boursières, s'il

---

[1] Au-delà des infrastructures, et des TIC, le recours à l'électricité dont le délestage ralentit les opérations de dédouanement, aux groupes électrogènes ou, le cas échéant, à l'énergie renouvelable, engendre un coût fiscal supplémentaire prédateur à la facilitation des échanges. En Afrique, l'accès à l'électricité est un problème majeur qui freine considérablement le développement du continent le moins électrifié du monde, représentant 15% de la population mondiale, pour seulement 3% de la consommation électrique.

dépasse 5 % que celles-ci s'appliquent de plein droit dès lors qu'aucun ajustement n'est possible par les six méthodes édictées par l'OMC.

La meilleure façon de comprendre le préjudice que cause la facilitation à court et moyen terme à l'Afrique, passe impérativement par la connaissance de l'Afrique et son fonctionnement institutionnel. C'est ainsi que nous faisons un aperçu économique de l'Afrique et sa structure institutionnelle, en l'occurrence l'Union africaine.

Lorsque nous parlons du préjudice, ce n'est toutefois pas de manière absolue, mais c'est de notre point de vue. Les instruments de l'OMC promeuvent généralement une concurrence déloyale entre l'Occident et l'Orient hyper développés économiquement, en dehors des règles de l'OMC. A la différence de l'Afrique, avec des structures économiques fébriles, qui deviendra en fait un déversoir des excédents commerciaux, sous les règles de l'OMC, avec comme conséquences la dépendance pérenne des économies africaines versant dans une sorte d'impérialisme économique.

Présenter l'Afrique, n'a pas de motivation géographique, mais sert de présentoir aux enjeux commerciaux. L'Afrique, terme à l'étymologie incertaine, est un continent qui couvre 6 % de la surface terrestre et 20 % de la surface des terres émergées. Sa superficie est de 30 415 873 km² avec les îles, ce qui en fait la troisième mondiale, si l'on compte l'Amérique comme un seul continent.

Avec plus de 1,2 milliard d'habitants, l'Afrique est le deuxième continent le plus peuplé après l'Asie et représente 16,4 % de la population mondiale en 2016. Le continent est bordé par la mer méditerranée au nord, le canal de Suez et la mer Rouge au nord-est, l'océan Indien au sud-est et l'océan Atlantique à l'ouest. Au-delà de cette démographie importante, l'Afrique constituée de 54 Etats, comprend 16 Etats enclavés[1] et 6 insulaires[2]. L'Afrique contemporaine est dans une situation où le poids de sa démographie est délicat à gérer (chômage, financement de l'éducation...). Elle reste le continent le moins développé, malgré une forte croissance depuis le début du XXIème siècle, qui a permis l'émergence d'une classe moyenne moins féconde, aux revenus plus élevés. Elle est en outre confrontée aux violences terroristes parmi les plus meurtrières de la planète.

Économiquement, le commerce intercontinental est soutenu depuis l'époque antique et, à l'époque des grands empires, le continent est le fournisseur d'or de l'Occident et de l'Orient. Plus tard, la colonisation entraîne une spécialisation massive des économies coloniales qui

---

[1] L'Afrique a le taux le plus élevé d'Etats enclavés (32%), devant l'Europe (25%), l'Asie (12,8 %) et l'Amérique (5,71%) : Botswana, Burkina, Burundi, Ethiopie, Lesotho, Malawi, Mali, Niger, Ouganda, Centrafrique, Rwanda, Swaziland, Tchad, Zambie et Zimbabwe.

[2] Il s'agit de Comores, Madagascar, Ile Maurice, Réunion, Seychelles, Zanzibar.

deviennent presque exclusivement extraverties, dévolues à l'exportation des matières premières, minérales et agricoles, vers les métropoles ; sachant qu'elle possède encore d'importantes réserves minières et pétrolières. L'Afrique connaît une situation qui perdure au XXIème siècle avec en corollaire, des États rentiers et des oligarchies qui captent les revenus au détriment de populations restées pauvres. Sa place dans la mondialisation économique actuelle est minime, contrairement aux siècles passés. Certains pays ont cependant amorcé un tournant économique durant la période récente grâce à la diversification économique, le développement du secteur tertiaire et la « croissance inclusive ». On s'aperçoit d'emblée que l'industrie africaine est au stade rudimentaire et ne saura aussitôt s'engager efficacement dans une bataille commerciale rude à l'échelon mondial, et que l'AFE renforce la dépendance économique de l'Afrique sub-saharienne.

Le commerce international en Afrique est conçu aujourd'hui au niveau de l'UA. Il va de soi que sa compréhension passe par celle du fonctionnement de l'Union. Organisation d'États africains créée en 2002, à Durban en Afrique du Sud, en application de la déclaration de Syrte du 9 septembre 1999, l'UA a remplacé l'OUA de 1963. La mise en place de ses institutions telles que Commission, Parlement panafricain et Conseil de paix et de sécurité, a eu lieu en juillet 2003 au sommet de Maputo au Mozambique, avec comme premier président, le Sud-africain Thabo Mbeki, précédemment président de l'OUA.

L'UA a comme buts d'œuvrer à la promotion de la démocratie, des droits de l'homme et du développement à travers l'Afrique, surtout par l'augmentation des investissements extérieurs par l'intermédiaire du NEPAD, pour lequel la paix et la démocratie sont des préalables indispensables au développement durable, tandis que ses objectifs comportent la création d'une banque centrale de développement.

Le 3 juin 1991, fut conclu le traité d'Abuja qui prévoyait explicitement la création d'un marché commun[2] à l'ensemble du continent avant 2025. L'impulsion visant à relancer le processus d'intégration politique, qui apparaît indispensable aux yeux des dirigeants africains pour la croissance économique du continent, a été donnée en 1998 par Mouammar Kadhafi, alors « Guide de la révolution » de la Jamahiriya arabe libyenne. Le 9 septembre 1999, fut signé la déclaration de Syrte qui fixe l'objectif de la création d'une Union africaine. La déclaration rappelle dans ses premières lignes les idéaux des pères fondateurs de l'OUA, notamment celui du panafricanisme. Cependant, comme lors de la création, les conceptions fédéralistes et souverainistes s'affrontent.

La transformation de l'OUA a entrainé un certain nombre d'évolutions, puisque l'Union européenne a servi de modèle à la nouvelle UA. Ainsi, les nouvelles institutions témoignent, au moins dans leurs formes, d'une intention de partage de l'autorité. En effet, au sein de l'OUA, la seule source de décision était la Conférence des chefs d'État. Nouvel organe, l'ECOSOCC est lui composé de membres de la société civile. Enfin, le secrétariat général de l'OUA a été remplacé par la Commission qui a un pouvoir d'initiative et non plus seulement exécutif.

Le principal sujet de débat, lors du sommet de juillet 2007 à Accra au Ghana, fut la création d'un gouvernement d'Union afin de créer, à terme, les États-Unis d'Afrique. Une étude sur un gouvernement de l'Union, adoptée fin 2006, proposa plusieurs options pour mener à son terme le projet d'UA. Le sujet entraîna des divisions parmi les États africains, certains (notamment la Libye sous Kadhafi) ayant une vision maximaliste d'un tel gouvernement, avec notamment une armée de l'AU et d'autres (dont les États du sud de l'Afrique) soutenant un renforcement des structures existantes, avec quelques réformes pour s'adapter aux défis administratif et politique en rendant la Commission de l'UA et les autres institutions pleinement opérationnelles.

À la suite du sommet d'Accra, la Conférence de l'UA trouva un accord, sous la forme d'une déclaration, pour passer en revue le fonctionnement de l'Union afin de déterminer si celle-ci pouvait évoluer vers un gouvernement de l'Union. La Conférence s'accorda sur les points suivants:

a) accélérer l'intégration politique et économique du continent africain, notamment la formation d'un gouvernement de l'Union ;
b) réaliser un audit des institutions et organes de l'UA;
c) trouver des moyens de renforcer l'UA ; et
d) élaborer un calendrier en vue d'élaborer de former le gouvernement de l'Union.

La déclaration évoque en dernier lieu l'importance d'impliquer les peuples africains, dont les Africains de la diaspora, dans le processus menant à la formation d'un gouvernement de l'Union ». À la suite de la décision, un panel de personnalités fut appelé pour constituer le Comité d'audit. L'équipe commença ses travaux le 1er septembre 2007. L'examen fut présenté à la Conférence de l'Union lors du sommet de janvier 2008 à Addis-Abeba. Cependant, aucune décision finale ne fut prise concernant les recommandations, et un Comité de dix chefs d'État fut désigné pour étudier le résultat de l'examen et soumettre un rapport lors du sommet de juillet 2008 en Égypte. Le 3 février 2009, la déclaration finale du Sommet a finalement conduit à la transformation de la Commission de l'UA en Autorité de l'Union africaine aux compétences renforcées.

L'emblème de l'UA se compose d'un ruban d'or portant de petits anneaux rouges se chevauchant, de feuilles de palmier qui poussent autour d'un cercle d'or extérieur et un cercle intérieur vert, dans lequel l'or est une représentation de l'Afrique. La carte de l'Afrique, sans frontières, représente l'unité du continent africain. Le cercle doré symbolise les richesses de l'Afrique et son avenir. Les feuilles de palmiers représentent la paix. Le cercle vert symbolise les espoirs et aspirations de l'Afrique. Le cercle rouge, la solidarité africaine et le sang versé pour sa libération.

Lors du 8e Sommet de l'UA (Addis-Abeba, les 29 et 30 janvier 2007) les chefs d'État et de gouvernement décidèrent de lancer un concours pour la sélection d'un nouveau drapeau de l'Union. Ils conseillèrent alors l'usage d'un fond vert pour représenter l'Afrique, et des étoiles pour représenter ses États membres. La Commission de l'Union organisa alors la compétition et reçut 106 propositions provenant des citoyens de dix-neuf pays africains et deux de deux pays de la Diaspora. Les propositions furent examinées par un panel d'experts nommé par la Commission de l'Union.

Lors de la 13ème session ordinaire de la Conférence, les chefs d'État et de gouvernement examinèrent le rapport du panel et sélectionnèrent une des propositions. L'UA adopta un nouveau drapeau lors de la 14e session ordinaire de la Conférence à Addis-Abeba en 2010. Le drapeau est désormais officiellement celui de l'UA et remplace l'ancien. Enfin, l'UA a adopté un nouvel hymne appelé, L'Africaine.

L'UA se compose de plusieurs institutions et organes :

1) la Conférence est composée des chefs d'État et de gouvernement des États de l'Union. Organe suprême actuellement, elle délègue graduellement certains de ses pouvoirs de décision au Parlement panafricain, se réunit une fois par an et prend des décisions par consensus ou par une majorité des deux tiers ;

2) le Parlement Panafricain (PPA) doit à terme, devenir l'organe législatif le plus important de l'Union. Le siège est à Midrand, Afrique du Sud. Le Parlement se compose de 265 représentants élus au sein des 54 États membres et prévoit la participation de la société civile dans le processus de gouvernance démocratique ;

3) la Commission était auparavant le secrétariat de l'Organisation de l'unité africaine. Elle est composée

de dix commissaires (dont un président et un vice-président) et siège à Addis-Abeba en Éthiopie. De la même manière que son homologue européenne, la Commission européenne, elle est l'autorité exécutive et dispose également d'un pouvoir d'initiative ;

4) le Conseil exécutif est composé des ministres désignés par les gouvernements des États membres. Il prend des décisions dans les domaines du commerce international, de la sécurité sociale, de la nourriture, de l'agriculture et des communications. Il est responsable devant la Conférence et prépare les éléments que doit approuver ou discuter la Conférence[1].

L'UA comprend également des institutions judiciaires. La Cour africaine de justice est créée par l'acte constitutif de l'UA pour résoudre les problèmes d'interprétation des traités de l'Union. Le protocole qui a instauré la Cour de justice a été adopté en 2003 et est entré en vigueur en 2009. Il est possible qu'il soit remplacé par un protocole créant la Cour de justice et des droits de l'homme, qui serait incorporé au sein de la Cour africaine des droits de l'homme et des peuples. La Cour aurait alors deux chambres, l'une traitant des affaires générales et l'autre concernant les droits de l'homme.

La Commission africaine des droits de l'homme et des peuples existe depuis 1986. Elle est établie par la Charte africaine des droits de l'homme et des peuples et non pas par l'acte constitutif de l'Union africaine. La Cour africaine des droits de l'homme et des peuples a été établie en 2006 pour compléter les travaux de la Commission.

La Commission de l'Union africaine pour le droit international a été créée le 4 février 2009. Elle est composée d'experts en droit international élus par les 54 États membres de l'Organisation. Son siège est fixé à Addis-Abeba. La commission a été créée sur la base de l'article 5 de l'Acte constitutif de l'organisation. Ses activités ont commencé en mai 2010. Cet organe statutaire a une double mission : celle de conseil des organes de l'Union et une mission de prospection juridique. Elle peut à ce titre suggérer la révision de certains textes (traités) déjà adoptés. Il y a trois institutions économiques :

a) la Banque centrale africaine siégeant à Abuja au Nigeria ;

b) la Banque africaine d'investissement siégeant à Tripoli en Libye ;

[1] Ndeshyo (O), *Manuel de droit communautaire africain*, Kinshasa, pp.48-51.

c) le Fonds monétaire africain siégeant à Yaoundé au Cameroun.

Cependant, les institutions n'ont pas encore été établies, bien que les travaux du Comité de pilotage sur leur création soient terminés. À terme, l'UA a pour objectif de se doter d'une monnaie unique qui s'appellera probablement, l'afro. L'UA institue également le CPS ; le Comité des représentants permanents ; l'ECOSOCC ; les comités techniques spécialisés et la Commission africaine de l'énergie.

Le CPS, proposé au sommet de Lusaka en 2001, établi en 2004 par un protocole annexé à l'acte constitutif, fut adopté par la conférence en juillet 2002. Le protocole définit le CPS comme un organe de sécurité collective et de prévention visant à faciliter la prise de décisions effectives face aux conflits et à la reconstruction qui s'ensuit. Enfin, il vise à mettre en place une politique commune de défense. Le CPS est composé de quinze membres élus, sur une base régionale, par la conférence. Le Comité des représentants permanents se compose de représentants permanents nommés par les Etats membres. Le comité prépare les travaux du Conseil exécutif. Il peut être rapproché du Comité des représentants permanents de l'Union européenne.

L'ECOSOCC est un organe consultatif dont les membres sont issus des différentes couches socioprofessionnelles des états membres. Il ressemble à son homologue européen, le Comité économique et social. Il est présidé depuis 2008, par Akere T. Muna[1]. Les comités techniques spécialisés sont créés par le Traité d'Abuja (Traité établissant la Communauté économique africaine) et l'Acte constitutif qui sont établis par les ministres africains pour conseiller la Conférence des chefs d'Etat et de gouvernement.

Le rôle des Communautés économiques régionales est un sujet très débattu dans le cadre de la mise en place d'une intégration continentale totale. Tout le questionnement consiste à déterminer si l'intégration du continent doit se faire en un seul bloc unitaire ou s'il doit passer, au préalable, par l'intégration des sous-régions. Le Plan d'action de Lagos de 1980 et le Traité d'Abuja proposèrent la création des Communautés économiques régionales comme base de l'intégration africaine, avec l'instauration d'un calendrier organisant le passage d'une intégration régionale à continentale.

On dénombre actuellement huit Communautés économiques régionales reconnues par l'Union, chacune établie par des traités régionaux différents : UMA, COMESA, CEN-SAD, EAC, CEEAC, CEDEAO, IGAD et SADC. Dans la plupart des cas, ces Communautés

---

[1] Ancien bâtonnier de l'ordre des avocats du Cameroun, vice-président de Transparency international et président de l'Union panafricaine des avocats.

se superposent, certains de leurs membres étant parfois membres de plusieurs d'entre elles. Tel est le cas de la RDC. La question de leur rationalisation a été posée pendant plusieurs années et ce fut le thème du Sommet de Banjul (2006). Lors du Sommet d'Accra (juillet 2007), la Conférence a finalement décidé d'adopter un protocole sur les relations entre l'UA et les Communautés économiques régionales. Protocole visant à faciliter l'harmonisation des politiques et à assurer la conformité avec le Traité d'Abuja et le calendrier du Plan d'action de Lagos. C'est d'ailleurs dans ce contexte que la tripartite SADC-COMESA-EAC a eu lieu en Egypte, en juin 2015.

Le PIB nominal des États membres de l'UA s'élevait à 1 627 milliards de dollars. Le PIB en parité de pouvoir d'achat de l'UA était de 2 849 milliards de dollars, la plaçant à la sixième place mondiale, après l'Allemagne. Les objectifs futurs de l'UA comportent, notamment la création d'une zone de libre-échange, d'une union douanière, d'un marché unique, d'une banque centrale et d'une monnaie commune (cf. Union monétaire africaine), établissant ainsi une Union économique et monétaire[1].

L'Acte constitutif de l'UA dispose qu'elle doit inviter et encourager la pleine participation de la diaspora africaine en tant qu'élément important pour le continent dans la construction de l'Union africaine. A cet effet, le gouvernement de l'Union africaine a défini la diaspora africaine comme étant composée de personnes d'origine africaine vivant hors du continent, sans considération de leur citoyenneté et nationalité et qui souhaitent contribuer au développement du continent et construire une UA[2]. Par conséquent, l'économie africaine coloniale, essentiellement extravertie et dans une logique de tirer profit des avantages comparatifs, est fortement spécialisée pour chacune des colonies. Les deux caractéristiques perdurent.

Les nouveaux États, indépendants à partir des années 1960, reprenant les frontières coloniales, sont majoritairement des États rentiers où des oligarchies captent la rente, soit pétrolière, soit minière, mise en place au moment de la colonisation. Les richesses africaines ont permis l'accumulation du capital en Europe, préalable à son industrialisation, mais le continent africain en a été privé. L'économie

---

[1] Les projets actuels consistent à établir une Communauté économique africaine avec une monnaie commune, d'ici à 2028.

[2] Le continent, colonisé au 19ème siècle et jusqu'à la fin du 20ème, voit ses richesses agricoles et minières se diriger vers les métropoles, au bénéfice quasi-exclusif de ces dernières. L'Afrique ne connaissant pas une colonisation de peuplement, le nombre de colons est infime au regard de celui des autochtones. Le développement économique interne et l'accumulation locale du capital ne sont donc pas à l'ordre du jour.

de l'Afrique reste donc rentière, extravertie et la logique redistributive l'emporte sur celle d'accumulation[1].

Cela entraîne une forte dépendance aux cours internationaux des matières premières qui perturbent les politiques publiques. On note à cet effet que 80 % des exportations de l'Algérie sont constituées de produits pétroliers. En 2014, pour l'ensemble du continent, le pétrole et ses dérivés ajoutés au gaz naturel liquide ou gazeux, représentaient 53,3 % des exportations.

L'Afrique est riche en pétrole, continent le plus riche de la planète en matière de minerais, avec 30 % des réserves minérales mondiales. Elle l'est aussi en terres agricoles disponibles, ce qui constitue un appât pour les pays du Golfe et émergents comme l'Inde et la Chine, qui achètent des terres sur le continent, au point que 5 % de la surface du continent appartient ou est louée pour une longue durée à des pays étrangers. A la suite d'un super cycle haussier des matières premières, la croissance du PIB de l'Afrique, notamment subsaharienne, est restée continue et soutenue, supérieure à la moyenne mondiale, et cristallisée au taux de croissance de 5,1 % entre 2000-2011, nonobstant le décrochage de la crise mondiale qui a fait chuter le taux à 2,5 % en 2009 ; la productivité a affiché une croissance de l'ordre de 2,7 % au cours de la décennie 2000. On note cependant d'énormes disparités entre pays et entre sous-régions. Ainsi, en 2011, le PIB/hab. en parité de pouvoir d'achat de l'Afrique du Nord (7 167 $) est presque le triple de celui de l'Afrique subsaharienne (2 391 $). L'inégalité sociale est également très forte. La croissance a marqué le pas en 2015 du fait de la baisse du cours des matières premières, principales sources de revenus pour le continent, comme ce fut le cas en 2009, du fait de la crise mondiale. La forte demande des classes moyennes émergentes devrait, malgré tout, entretenir la croissance et les perspectives de long terme.

Néanmoins, le continent est en retard, car 34 des 48 PMA se situent en Afrique et présentent de faibles performances. Les statistiques renseignent qu'en 2014, le PIB par habitant, en parité de pouvoir d'achat, est de 3 513 $ pour l'Afrique subsaharienne, alors que la moyenne mondiale se situe à 14 956 $.

Il existe une flopée d'études sur les causes de ce phénomène, que d'aucuns appellent la « malédiction des tropiques ». Elles mettent en

[1] La caractéristique la plus générale du continent est que son économie et ses exportations s'appuient sur les industries extractives. Ainsi, la moitié environ des pays d'Afrique subsaharienne sont exportateurs nets de produits de base et, à la différence de ce qui s'est passé ailleurs, les exportations de produits des industries extractives ont vu leur importance augmenter depuis les années 90, d'une manière telle que l'Afrique constitue aujourd'hui qui l'une des parties du monde les plus fortement tributaires des produits de base, plus ou moins à égalité avec la région Moyen-Orient et Afrique du Nord.

exergue les facteurs démographiques (fécondité...), politiques (faiblesse des États de droit...), historiques (influence de la colonisation...), infrastructurels (production d'énergie insuffisante...) ainsi que la malédiction des frontières (États trop petits, enclavés...) ou bien encore, constatant le poids des industries extractives, le syndrome hollandais (ou « malédiction des matières premières ») et le phénomène d'État rentier qui l'accompagne (notamment la captation des revenus de la rente par une oligarchie au détriment de la population).

Les exceptions s'observent quand même par quelques « miracles » économiques permettant d'éviter une extrapolation abusive. Le Botswana, riche en diamant, mais sans accès à la mer, a réalisé aux 20ème et 21ème siècles, une performance économique exceptionnelle à l'encontre du syndrome hollandais et du handicap lié à l'enclavement, tout en ayant une gouvernance et une transparence sans égales à comparer au reste du continent. On déplore cependant une prévalence du SIDA, très élevée, avec un taux de 25,2 % pour la tranche d'âge 15-49 ans. L'île Maurice, partant d'une situation où le sucre représentait 20 % du PIB et plus de 60 % des recettes d'exportations, a misé sur l'industrialisation dans le secteur textile, puis sur les services dont le tourisme. Sa croissance a été de 5 % par an pendant 30 ans et son revenu par habitant, qui était de 400 $ au moment de l'indépendance, s'établit aujourd'hui à 6 700 $. Son système éducatif est performant et son rang dans le classement Doing Business de la BM (28e) est meilleur que celui de la France (31e). Le Rwanda est un autre miraculé, car après le génocide de 1994 qui le laisse en ruines, le pays a su se développer fortement, malgré une densité de population extrêmement élevée de 420 hab./km2, plus de dix fois supérieure à la moyenne du continent.

Le continent n'a donc pas de handicaps géographiques, culturels ou structurels insurmontables, de malédiction qui l'accablerait. C'est la politique qui a créé la Rising Africa (l'Afrique montante) et qui lui permettra de prospérer. Pour l'heure, le retard est significatif, l'usage même du terme miracle indiquant qu'il ne s'agit que de contre-exemples, dans une Afrique qui reste le « continent de la pauvreté ». Même si la pauvreté recule, la proportion de pauvres vivant en Afrique reste bon gré mal gré croissante, montrant que le recul est moins rapide qu'ailleurs, comme l'attestent les objectifs du millénaire, les indicateurs concernant l'insécurité alimentaire et la pauvreté qui progressent le moins.

Les années 1980-1990 sont marquées par la crise de la dette ; le relèvement des taux d'intérêt et la baisse des revenus d'exportation plongent le continent dans une crise financière qui conduit à la mise en place des programmes d'ajustement structurels. Au même moment, l'aide publique à l'Afrique diminue sensiblement, car réorientée vers l'Europe de l'est . L'organisation politique et économique des États est drastiquement revue, notamment par le démantèlement des appareils étatiques jugés coûteux et inefficaces et celui des entreprises paraétatiques à la compétitivité mitigée. Cette purge libérale crée la « génération ajustée » ou « génération déflatée » ; mais, conjuguée au retournement des cycles internationaux en matière de taux d'intérêt, à une reprise des aides publiques vers l'Afrique et à une reprise des investissements directs étrangers avec une présence prononcée de la chine.

Le continent souffre d'un déficit d'infrastructures, notamment en électricité et transport, qui lui coûte environ deux points de croissance annuelle. Cependant, l'investissement en infrastructures est nécessaire à la croissance économique, aux entreprises, mais aussi au bien-être des populations, grâce un accès à l'eau potable, à laquelle 65 % des Africains sont reliés et surtout à l'électricité qui présente un taux d'accès de 29 % seulement. La production cumulée de 48 pays d'Afrique subsaharienne ne dépasse pas les 68 000 mégawatts, soit l'équivalent de l'électricité produite par l'Espagne.

L'Afrique est l'un des continents où la corruption est la plus répandue, selon l'ONG Transparency International : 3 pays parmi les 10 plus mal classés sont dans la zone Moyen-Orient et Afrique du nord (Irak, Libye et Soudan). En Afrique subsaharienne, 40 des 48 pays de la région accusent de sérieux problèmes de corruption. Ensemble avec la gouvernance, l'économie informelle est une caractéristique importante de l'économie du continent, son poids est considérable, compris entre 40 et 75 % du PIB, causant notamment un manque à gagner fiscal important. La pression fiscale, probablement insuffisante, est l'une des plus basses du monde. La Banque mondiale affirme à ce sujet que pour déclencher un financement de développement durable, il faut 20 à 24 % de pression fiscale. La moyenne africaine se situe à environ 17 % (35 % dans les pays riches) ; la première puissance économique africaine, le Nigeria, atteint à peine 8 %. Macro-économiquement, l'économie informelle est un moyen de la résilience sociale et économique face à une croissance qui n'est toujours pas inclusive. La proportion d'emplois relevant du secteur informel est estimée à 66 % en Afrique subsaharienne.

Au niveau micro-économique, au-delà de l'évitement de l'impôt, l'économie informelle existe aussi par la volonté des opérateurs de contourner la corruption de l'administration et de se désolidariser de la mauvaise gouvernance et du mauvais usage systématique des fonds publics.

L'Afrique est inscrite dans la mondialisation économique depuis toujours, notamment par sa façade méditerranéenne et orientale. Tout au long de l'antiquité, la puissante civilisation égyptienne est, grâce à sa position géographique à la jonction entre le monde méditerranéen et l'Arabie, ainsi qu'au Nil, par lequel transitent les marchandises, au centre d'un important commerce ; ses villes sont les têtes de pont du commerce intercontinental[1].

Un peu plus tard, Carthage (en Tunisie) vaincue, est redevenue une grande ville, une des premières cités de l'empire romain. Le récit de voyages datant du premier siècle, atteste d'un commerce intercontinental depuis la zone allant de l'Égypte à la Tanzanie, en direction de la péninsule arabique, de l'Inde et de la Méditerranée et portant sur des produits tels que l'ivoire, les épices, la cannelle, l'encens, le styrax, le lapis-lazuli, les topazes, les turquoises, la soie, l'indigo, sans oublier les esclaves qui se retrouvent en Inde et en Chine[2].

Dès l'an mil, l'or du Monomotapa (au Zimbabwe) part vers l'Inde, dans les ports duquel s'échangent cotonnades et verroteries. La période qui correspond au Moyen Âge européen est l'âge d'or de l'Afrique avec les grands empires du Ghana, du Mali et Songhaï. C'est aussi l'âge de l'or pendant lequel Kanka Moussa, dixième mansa (roi des rois) de l'empire du Mali dans le premier tiers du 7ème siècle, considéré comme l'un des hommes les plus riches de l'histoire de l'humanité, contrôle de facto tout le commerce du métal précieux dans le bassin méditerranéen.

À partir de la fin du 15ème siècle, le continent connaît d'abord la traite atlantique, ensuite la colonisation au 19ème siècle, les formes les plus tragiques d'intégration mondiale. Les déportations d'esclaves alimentent le développement de l'Amérique et les pays européens enclenchent leur processus d'industrialisation grâce aux ressources coloniales ; le volume du commerce entre l'Afrique et l'Europe décuple entre 1820 et 1850.

Après les indépendances, l'Afrique ne prend cependant pas le virage de l'industrialisation. La part en valeur de son économie et de son commerce décroit mécaniquement dans les échanges face à des productions incorporant plus de valeur ajoutée. De nos jours, la place

---

[1] Par la suite, les cités marchandes phéniciennes installées dès le premier millénaire av. J.-C., sont les vecteurs de l'intégration économique du continent dans la première mondialisation. Ainsi et par exemple, au 5ème siècle av. J.-C., les Carthaginois commercent-ils l'or du désert « au-delà des colonnes d'Hercule ».

[2] Au troisième siècle, le royaume d'Aksoum (en Éthiopie) commerce avec plusieurs contrées de l'océan Indien et de la Méditerranée. Le commerce, notamment d'ivoire, profite au développement du royaume par la création de villes-marchés. À l'autre extrémité des routes commerciales, l'autre partie prospère aussi ; dans les premiers siècles de l'ère chrétienne, le royaume d'Awsân (actuel Yémen) doit son essor au commerce avec l'Afrique. À partir du 7ème siècle, l'islamisation de l'Afrique subsaharienne lui permet de s'intégrer encore plus fermement dans le commerce international, les Arabes servant d'intermédiaires avec le monde occidental.

du continent dans le commerce mondial est minime, environ 3 % en valeur et il ne représente que 1,6 % du PIB mondial (4,5 % en parité de pouvoir d'achat). L'Afrique est souvent présentée comme « un continent périphérique » ou « en marge », du fait de son PIB. Il est en sus considéré aussi comme globalement et même historiquement marginalisé.

De manière restreinte, l'intégration régionale est considérée comme une des clés du développement économique du continent. Le continent s'est doté depuis les années 1970, de diverses institutions régionales à vocation intégrative (CEDEAO, UMA, UEMOA, SADC, CEEAC, EAC, IGAD) pour les plus importantes : unions douanières, marché commun, zones de libre-échange, etc.

Principalement tournées vers l'action économique, les institutions ont aussi, plus tardivement, pris une dimension politique et diplomatique en contribuant notamment à la résolution des conflits. L'intégration est cependant en retard ; le commerce intra-africain ne représente que 10 % des échanges et est polarisé autour de quelques pays phares tels que : Afrique du Sud, Côte d'Ivoire, Nigeria, Kenya, Zimbabwe et Ghana. Il porte pour un tiers sur le pétrole, sachant que, par ailleurs, les échanges informels créent tacitement des zones de libre-échange. Notons tout de même que l'Union Africaine travaille pour l'établissement de la Zone de Libre-échange Continentale (ZLEC) en 2017 et l'union douanière en 2019. A ce sujet, notons que la zone de libre-échange a été lancée le 21 mars 2018, sous le vocable ZLECAF et n'entrera en vigueur qu'à la vingt-deuxième ratification des Etats africains.

L'Afrique se caractérise par une insécurité alimentaire persistante, principalement à cause des événements climatiques et des conflits. Ainsi la sécheresse atteint-elle la corne de l'Afrique tandis qu'en RDC, les conflits sont responsables de la situation. Et ailleurs, les événements climatiques sont eux-mêmes causes des conflits, comme au Darfour. Quoique l'Afrique du Nord soit épargnée et que la prévalence de la sous-alimentation diminue, du fait de la croissance démographique, le nombre de personnes touchées augmente alors qu'à l'échelle planétaire, les deux valeurs décroissent.

Dans ce contexte, l'agriculture africaine est au centre des préoccupations des économistes et des hommes politiques, car la rendre moins dépendante aux variations du climat, et plus performant, permettrait de diminuer l'instabilité politique, d'améliorer la santé des populations et de fournir des millions d'emplois. Face à une croissance démographique sans égale, une population rurale représentant 60 % de la population totale et en croissance constante en valeur absolue ainsi qu'à un secteur agricole proposant 65 % des emplois en Afrique subsaharienne, elle est considérée comme une des clés du développement africain. L'Afrique est caractérisée par la faible productivité avec une quantité d'intrants (engrais...) très faible, l'absence d'irrigation et de mécanisation, des exploitations de taille très réduite. À côté de l'agriculture vivrière, il existe des agricultures de rente et d'exportation (café, cacao, arachide, coton...) reposant sur des exploitations de taille et de productivité largement supérieures. Globalement, les produits agricoles représentent 20 % du commerce international africain en 2006, et 30 % du montant des exportations.

Depuis quelques années, on assiste à l'exploitation des ressources naturelles par de nouveaux intervenants, notamment les pays asiatiques dont la Chine et l'Inde ou les États pétroliers en manque de place ; des terres agricoles sont achetées ou louées. Pêche et aquaculture. L'Afrique est le deuxième continent, loin derrière l'Asie, par le nombre de bâtiments de pêche, mais cette flottille est la plus faiblement motorisée de la planète, 1/3 des embarcations seulement possèdent un moteur. Le continent ne place donc qu'un pays, le Maroc, à la 17ème place mondiale des 25 pays représentant 82 % de la pêche mondiale.

Cette activité accuse cependant de faibles performances : l'offre de poisson par habitant (en kg/an) est la deuxième plus faible du monde à 9,8 kg/hab/an, alors que la moyenne mondiale s'établit à 19,7. La performance n'est pas meilleure en matière de transformation : « en Afrique, certaines estimations donnent des pertes après capture, comprises entre 20 et 25 pour cent, et allant même jusqu'à 50 pour cent ». La pêche continentale, quant à elle, hormis la partie des grands lacs d'Afrique de l'Est, notamment les lac Victoria, Tanganyika et Malawi, est peu industrialisée.

À l'instar de la pêche en mer, la pêche continentale voit le nombre de captures baisser, du fait de la pollution, de la dégradation de l'environnement et d'une tendance à la surexploitation. Quant aux produits aquacoles, leur production, exprimée en kg/personne, est la plus faible du monde. La zone la plus productive est l'Afrique du Nord, avec un peu plus de 5 kg/personne ; les autres sous-régions de l'Afrique étant à moins d'1kg/personne. La pêche en mer est industrialisée. Mais l'exploitation est le fait des compagnies européennes et chinoises qui tendent à épuiser les ressources. Ainsi, « la production totale des pêches de capture dans l'Atlantique Sud-est est restée stable les dix dernières années, à environ 1,4 million de tonnes par an. La majeure partie de ces captures provient maintenant des ZEE[1] des trois pays côtiers : Angola, Namibie et Afrique du Sud. Les prises en haute mer d'espèces autres que les thonidés ayant chuté pour s'établir à quelques

[1] On entend par ZEE une zone économique exclusive dans laquelle en syntonie avec le droit de la mer un Etat côtier y exerce des droits souverains en matière d'exploration et d'usage des ressources.

centaines de tonnes, les dernières années. Outre le problème de la surpêche industrielle, on note celui de la pêche illégale qui représente un manque à gagner important pour les économies africaines.

La pêche concourt au solde positif des échanges, car « en valeur, l'Afrique est un exportateur net depuis 1985 (sauf en 2011). En revanche, en volume, le continent est depuis longtemps un importateur net, ce qui traduit la valeur unitaire plus faible des importations (surtout pour les petites espèces pélagiques). »

L'industrie de transformation manufacturière est, de tout temps, le parent pauvre de l'économie africaine. L'accumulation du capital ayant manqué, car le continent a vu ses ressources servir à l'accumulation européenne, mais pas à la sienne, l'industrie de transformation ne s'est jamais vraiment mise en place. Pire, au cours des deux dernières décennies, la part de l'activité manufacturière dans la valeur ajoutée produite n'a cessé de baisser, passant de 13 % en 1990 à 10 % en 2011.

Quelques pays ont cependant réussi, partant d'une situation de rente minière ou agricole, à créer des filières de transformation significatives, générant plus de valeur ajoutée. Il s'agit, notamment de la Côte d'Ivoire avec la transformation du poisson et du bois ; le Sénégal avec la transformation du poisson ; le Botswana, riche de ses diamants, avec la transformation de la viande, le traitement de peaux animales, les aliments pour animaux; Maurice, l'industrie textile ; la Tunisie, pour laquelle l'industrie représente 30 % de son PIB ainsi que le géant économique qu'est l'Afrique du Sud, qui représente à elle seule entre 20 et 30 % du PIB continental, dotée d'une industrie diversifiée employant près du quart de la population active et représentant près de 30 % de son PIB[1].

Pour l'heure, l'industrie manufacturière est cependant globalement « au point-mort », selon l'expression employée du Forum économique mondial. Au-delà de la flopée de ressources naturelles, les services représentent plus de 50 % du PIB en Afrique et le secteur est en croissance constante. Le continent présente un profil de transformation structurelle atypique. Contrairement aux économies occidentales et à celles de l'Asie du sud et du Sud-est, la régression tendancielle de l'agriculture n'a ni profité à l'industrie ni aux services ; il y a eu « de moins en moins d'agriculture » et « de plus en plus de services » dans l'économie africaine, sans qu'elle passe par une phase

---

[1] Néanmoins la désindustrialisation n'est cependant peut-être pas inéluctable car, faute d'accumulation locale, le capital pourrait provenir de l'étranger. Les investissements directs à l'étranger, qui reprennent en Afrique, notamment ceux en provenance de Chine, sont plus diversifiés qu'auparavant ; ils concernent moins le secteur primaire (agriculture et industries d'extraction) et plus l'industrie manufacturière

intermédiaire d'industrialisation, et pourtant l'activité manufacturière a décliné alors que croissait la part des services[1].

L'accroissement démographique a entraîné une forte demande, notamment en matière de télécommunications, malgré l'insuffisance des infrastructures. Le secteur des télécommunications a attiré 74 % de l'investissement privé dans les infrastructures durant la période 1990-2013. Sur le plan international, l'Afrique est un acteur mineur du marché des services ; elle représente 2,2 % des exportations mondiales de services, et 4 % des importations totales mondiales ; sa compétitivité est faible, freinée par des réglementations et des politiques inefficaces et par le déficit d'infrastructures.

Les principales questions liées à la facilitation des échanges, dans une perspective africaine, sont analysées en mettant en lumière les enjeux pour le continent en acceptant l'AFE. Il importe d'analyser de nouveau plusieurs avis en se fondant sur la prémisse qu'il existe un consensus dans les études empiriques, indépendamment de la méthodologie utilisée ; en ce qui concerne l'incidence positive et considérable que la facilitation des échanges pourrait exercer sur les performances commerciales de l'Afrique.

De notre point de vue, les analyses qui vantent les avantages de l'AFE sont, soit les réflexions du système de Breton Woods et ses appendices tels que l'OMC, la CNUCED et le CCI. La dialectique s'appuie sur le fait que la mesure de l'efficacité d'un accord en Afrique doit se faire par l'approche coûts-bénéfices. De ce point de vue, il découle que les avantages évoqués par les institutions et ceux qui réfléchissent par leur procuration constituent des adjuvants, mieux un appât pour permettre aux pays développés de déverser leurs excédents commerciaux au point de renforcer la dépendance économique.

A ce sujet, précisons que l'Afrique a un problème de gestion des relations commerciales internationales. Elle est dupée dans la signature et gestion des Accords commerciaux. Nous avons déjà relevé que la plupart des instruments de l'OMC, notamment son acte fondateur (GATT) sont d'essence coloniale, ils existent, soit avant les indépendances africaines ou légèrement après l'émancipation des Etats africains. Il va de soi qu'il s'agit du droit créé sans l'Afrique, mais qui lui est opposable. Aussi pour ceux des amendements post coloniaux, ils sont faits avec une Afrique sans expertise, à la différence de l'Occident, dans les questions douanières et celles du commerce international. Les chiffres sur la représentation des pays en développement aux négociations sur les questions du commerce international, comme

[1] Les services accompagnent principalement les activités d'exportation y compris agricoles, comme c'est le cas éthiopien où les services comptent pour 83% du prix de vente des roses éthiopiennes aux Pays-Bas. La croissance des services, outre les exportations, est aussi causée par la consommation intérieure.

d'ailleurs sur beaucoup des questions, renseignent que des pays ainsi visés sont toujours sous représentés lors de ces négociations[1].

Les relations internationales étant basées sur les intérêts, le *rational interest* des pays développés ne saurait être condamné. Il appartient aux PED de s'acculturer aux enjeux du jeu commercial à l'échelon mondial, en vue de défendre leur position en pleine négociation, en s'appuyant aussi sur des *think thanks*.

En analysant tout d'abord les indicateurs pertinents issus de la base de données « Doing Business », établie par la BM, le document compare la paperasserie et les coûts liés aux transactions (pour ce qui a trait au commerce international) en Afrique et dans le reste du monde. Compte tenu de l'ampleur disproportionnée des coûts des transactions selon les normes internationales, l'analyse confirme combien la facilitation des échanges est cruciale pour l'Afrique. Les éléments examinés soulignent en outre les diverses incidences des coûts de transaction, en établissant une distinction entre les flux d'exportation et d'importation et font ressortir la variabilité sous-régionale et internationale (en portant une attention particulière aux pays sans littoral).

L'analyse de la BM mutile les réalités, car l'Afrique n'ayant pas grand-chose à présenter sur le marché international, la facilitation des échanges sera un ressort pour rebondir le commerce des pays développés. Le document inspiré par les organisations internationales, examine deuxièmement le schéma des importations des pays africains, en accordant une attention particulière aux intrants intermédiaires. L'analyse permet de comprendre dans quelle mesure la facilitation des échanges pourrait stimuler les exportations, non seulement en réduisant directement le coût des transactions, mais aussi indirectement en fournissant un accès moins coûteux aux moyens de production qui doivent être transformés sur le territoire national et être éventuellement réexportés. Bien que cet effet indirect semble actuellement jouer un rôle assez limité, étant donné la dépendance persistante de l'Afrique à l'égard des matières premières, il est certainement loin d'être négligeable. L'effet indirect est en outre appelé à devenir progressivement plus pertinent, à mesure que la diversification économique progresse et que les entreprises africaines réussissent à intégrer les chaînes de valeur régionales et mondiales. Argumentaire qui ne résiste pas à l'analyse, dans la mesure où la facilitation des échanges profitera plus aux pays industrialisés qu'à l'Afrique dont le stade rudimentaire de l'industrialisation handicape sa compétitivité sur le marché mondial.

[1] Les pays développés préparent minutieusement les négociations, bénéficiant du concours, notamment des groupes d'intérêt et des experts de l'OCDE, à la différence des PMA dont les délégués dans ce genre des fora sont plus touristes que négociateurs.

Au-delà des rapports élogieux qui se multiplient sur la croissance économique robuste, observée jusqu'en 2015 en Afrique subsaharienne, le retour de bâton s'observe avec l'atonie des prix des matières premières sur le marché mondial. Même si le résultat s'explique par de meilleures politiques économiques, la croissance demeure étroitement liée aux prix des matières premières. Certains économistes estiment cependant que l'industrialisation, et la production de produits manufacturés, est le vecteur principal de croissance à long terme.

L'industrialisation est en fait l'ultime stratégie, mieux la voie suivie par tous les pays sortis du sous-développement, en favorisant premièrement des industries créatrices en emplois peu qualifiés et celles incorporant de plus en plus de valeur ajoutée. Telle a été l'expérience de la Corée du Sud et de la Chine. Il appert ainsi que la fragile industrialisation de l'Afrique sub-saharienne ne lui permettra pas de profiter des dispositions facilitatrices de l'AFE au profit de l'Occident et de l'Orient hyperindustrialisés

L'ONUDI et les pays à bas revenus disposent d'un potentiel important dans l'agro-industrie et le secteur du textile. Un pays peut bénéficier d'une spécialisation dans les matières premières (pétrole, cuivre, diamants, etc.) puisque la demande mondiale existe. Sa croissance est alors très vulnérable à la volatilité des prix. C'est pourquoi, la croissance via l'industrialisation, avec ses effets propagateurs, est considérée comme la plus bénéfique à long terme.

Les performances de l'Afrique subsaharienne autorisent alors quelques inquiétudes. On note à cet effet qu'en 2013, selon les chiffres de la BM, les exportations se répartissaient ainsi : 13 % en produits alimentaires, 3 % en matières premières agricoles, 41 % en pétrole, 15 % en minerais et métaux, et 27 % en produits manufacturés (comme en 2000...). Le PIB était constitué pour 58 % de services, pour 28 % de produits industriels (et 11 % de produits manufacturés), et pour 14 % de produits agricoles.

Également inquiétant, le fait que les produits manufacturés sont majoritairement basés sur des ressources naturelles et près d'un quart d'entre eux est considéré comme « low tech »[1]. Ceci réconforte le point de vue que la facilitation des échanges vient consolider la position des pays développés et fragiliser davantage celle des Etats dont les biens et services, de mauvaise qualité, ne sauraient être compétitifs sur le marché mondial très concurrentiel et aux exigences drastiques.

Sur la même lancée, nous devons reconnaître qu'il n'y a pas d'industrie ou de services modernes sans infrastructures. Nonobstant

---

[1] Le low tech est une basse technologie par opposition à high tech. Il est attribué à des techniques apparemment simples, économiques et populaires qui peuvent faire appel au recyclage des machines, récemment tombé en désuétude.

le fait que la téléphonie mobile s'est généralisée, permettant le développement de services dans les secteurs financier, agricole, etc., en 2010 seulement, un tiers des Africains avait accès à l'électricité, le réseau de transports restant notoirement insuffisant. Il s'observe que les pays développés se désindustrialisent, en raison des gains de productivité et de la transformation en économie de services basés sur les technologies de l'information, et que l'Afrique pourrait ainsi sauter les étapes et passer directement à une telle économie de services. Le saut serait prématuré, car le continent n'a pas encore exploité les opportunités offertes par l'industrialisation, et il se produirait à des niveaux de revenus bien plus bas que les pays asiatiques[1].

Il sied cependant de relever que les politiques industrielles sont plus difficiles à conduire aujourd'hui pour les PED, notamment africains, en raison des règles de l'OMC, des conditionnalités des institutions financières internationales limitant les politiques publiques interventionnistes et de l'organisation du commerce international en « chaînes de valeur mondiales », sous influence croissante des firmes multinationales. Une fois de plus, on s'aperçoit de l'injustice du droit du commerce international, car les Etats qui se sont développés par le protectionnisme, veulent sous-développer l'Afrique par les règles libérales nées d'un droit international « africanicide ».

Que cela soit pour les droits humains ou pour le développement économique, l'Occident prétentieux fait toujours semblant de croire que ses derniers progrès, forts récents, sont en fait des constantes depuis fort longtemps. Nous avons mis plus de deux siècles à élaborer ce que nous vivons maintenant, au prix d'un pillage organisé des ressources de toute la planète et de beaucoup de violence et nous édictons des règles pour les autres avec une amnésie totale de notre propre histoire.

Les normes sanitaires des pays riches jugulent les exportations du continent. Alors même que les PED commencent à s'émanciper de certaines barrières commerciales et à augmenter leurs exportations vers les pays industrialisés, un obstacle supplémentaire fait son apparition. Du fait des accords négociés à l'OMC, les mesures traditionnelles de protection du commerce que constituent les tarifs douaniers et les quotas se relâchent. Elles font toutefois place à des réglementations techniques nationales qui permettent aux pays d'interdire l'entrée sur leurs marchés de produits qui ne satisfont pas à certaines normes.

---

[1] La stratégie adoptée par les pays asiatiques pour se développer fut la mise en œuvre des politiques industrielles, protections tarifaires, exonérations fiscales, subventions, liées à des politiques d'attraction des investissements étrangers, notamment sous condition de transfert de technologie et de sous-évaluation du taux de change.

Il s'agit, notamment de mesures visant prétendument à protéger la population contre les dangers que présentent les aliments quotidiens, les SPS. Il s'agit en fait des législations à la tête des exportateurs qui excluent injustement les produits africains, comme l'a aussi affirmé le ministre des Finances de l'Afrique du Sud, Trevor Manuel : « Les tarifs douaniers élevés demeurent un obstacle de taille, mais "les barrières non douanières limitent davantage" les exportations de marchandises en direction de l'OCDE, qui regroupe 30 pays riches »[1]. Il vise à uniformiser l'ensemble des lois, règlements et dispositions portant sur la production, la transformation, le stockage ou le transport des produits, de façon que les produits importés ne posent pas de risque pour la santé des hommes, des animaux ou des plantes.

L'accord exige, par exemple, que les marchandises soient importées des zones exemptes de maladies, qu'elles soient inspectées avant d'être exportées et qu'elles ne dépassent pas les seuils maximaux de pesticide ou d'insecticide autorisés. Parmi les risques que les aliments frais et produits agricoles peuvent poser pour la santé, figurent, notamment la salmonellose, la fièvre aphteuse et les parasites des plantes sucrières.

L'accord vise également à empêcher les pays de se servir de ces mesures sanitaires, uniquement pour freiner le commerce ; il stipule clairement qu'elles ne peuvent pas être employées d'une « manière qui constituerait une limitation déguisée du commerce international ». Hezron Nyangito, du Kenya Institute of Public Policy Research and Analysis, note que, bien que l'accord ait pour objectif de protéger la santé de la population, il « ouvre également la voie à l'introduction de mesures plus rigoureuses » que les normes internationales. Selon des études réalisées par le Ministère de l'Agriculture des Etats-Unis et l'OCDE, en 1996, des barrières techniques contestables ont été signalées dans 62 pays et ont entraîné, d'après les estimations, un manque à gagner de 5 milliards de dollars[2]. Quant à Manuel, « Le problème n'est pas que le commerce international aille fondamentalement à l'encontre des besoins et des intérêts des pays pauvres, mais que les règles qui le régissent soient faussées en faveur des pays riches ».

Les normes ayant été principalement établies par les pays développés, durant la dernière série de négociations commerciales (cycle d'Uruguay), elles correspondent surtout aux intérêts de ces pays.

---

[1] On note que les vingt dernières années, les barrières techniques se sont multipliées. En vue de régulariser ces normes, l'Accord des 149 pays membres de l'OMC sur l'application des SPS est entré en vigueur en 1995.

[2] Le plus souvent, les analyses des effets sur le commerce des SPS s'intéressent essentiellement aux pays développés, bien que la BM et d'autres institutions aient laissé entendre que les effets de ces mesures pourraient être plus graves pour les PED fortement tributaires des exportations agricoles.

Pendant le cycle qui a pris fin en 1994, un grand nombre de PED n'ont pas eu les moyens d'envoyer des négociateurs les représenter ou se sont surtout intéressés à des questions qui les préoccupaient davantage, telles que les subventions agricoles qu'accordent les pays du Nord. La plupart ne font toujours pas partie des institutions internationales qui fixent les normes applicables dans ce domaine et ne disposent pas non plus de fonds, de main-d'œuvre ni d'infrastructures nécessaires pour se conformer aux normes adoptées.

Bien qu'il faille de toute évidence des SPS pour protéger les consommateurs, les retombées bénéfiques de la libéralisation des échanges dans le secteur agricole qu'a permise le cycle d'Uruguay « risquent d'être compromises par le recours à des fins protectionnistes de mesures sanitaires et phytosanitaires », prévient Simonetta Zarrilli, de la CNUCED.

Il existe de nombreux exemples de SPS ayant servi à limiter l'entrée de marchandises africaines sur les marchés étrangers. Pendant plusieurs années, à la fin des années 90, par exemple, les pays européens ont interdit les poissons en provenance du Kenya, du Mozambique, de l'Ouganda et de la Tanzanie en raison de doutes quant à leurs normes sanitaires et à leurs systèmes de réglementation.

L'Ouganda a ainsi enregistré un manque à gagner de 36,9 millions de dollars. En Tanzanie où les poissons et les produits dérivés représentaient 10 % des exportations annuelles, les pêcheurs tributaires des ventes à l'Union européenne ont perdu 80 % de leurs revenus, d'après la BM. Le problème n'est pas que le commerce international aille fondamentalement à l'encontre des besoins et des intérêts des pays pauvres, mais que les règles qui le régissent soient faussées en faveur des pays riches.

Nyangito estime que certaines des conditions imposées sont justifiées sur le plan de la sécurité alimentaire. Mais nombreux pays africains ont du mal à répondre aux normes, en raison d'obstacles techniques et par manque de moyens. Selon des études réalisées au Kenya, les exploitants agricoles devraient, pour respecter les normes rigoureuses qu'impose l'Union européenne, multiplier leurs dépenses actuelles par dix. L'Ouganda devrait, quant à lui, dépenser 300 millions de dollars pour moderniser ses usines de conditionnement du miel et les producteurs de café devraient supporter une hausse de 200 % de leur frais.

« Si l'UE appliquait les normes internationales relatives aux pesticides et aux bananes et non ses propres normes, plus restrictives, les exportations annuelles de l'Afrique augmenteraient de 400 millions de dollars »[1]. Ceci démontre que le commerce mondial est toujours en faveur des puissants qui sont l'Occident et l'Orient, en renforçant la misère et la dépendance de l'Afrique.

« Les exportations africaines de viande vers les Etats-Unis, de produits laitiers vers l'Union européenne et de produits d'origine animale destinés au Japon, se heurtent souvent à des obstacles d'ordre sanitaire », note Nyangito. Le Commissaire européen à la santé et à la protection des consommateurs, David Byrne, reconnaît que l'on s'imagine que l'UE, ainsi que d'autres pays développés, se servent des normes de sécurité alimentaire à des fins protectionnistes. Il soutient toutefois que les SPS appliquées par l'Union n'ont pas pour objet de freiner le commerce, mais plutôt de préserver les normes sanitaires de la région.

Selon ACTSA, les horticulteurs africains ont de plus en plus de mal à s'introduire sur le marché européen en raison de règles excessivement restrictives concernant les niveaux de contaminants acceptables, encore appelés « limites maximales de résidus »[2].

Il est cependant évident que l'UE décide souvent d'ignorer les recommandations du Codex et impose des normes beaucoup plus strictes, indique l'ACTSA. Ceci démontre que le commerce mondial est injuste et en défaveur de l'Afrique. La plupart de producteurs et d'activistes d'Afrique australe estiment que les dispositions législatives constituent une forme de protectionnisme commercial indirect. A titre illustratif, on peut citer les résidus d'aflatoxines qui sont cancérigènes et que l'on trouve, notamment dans les arachides traitées et dans les fruits secs.

Depuis 1998, l'UE exige que les denrées alimentaires qui entrent sur son marché répondent à des normes plus strictes que celles que recommande le JECFA, en ce qui concerne les aflatoxines ; bien que des études indiquent que si l'on réduisait les niveaux d'aflatoxine de façon à respecter les normes imposées par l'Union, on n'éviterait que deux décès par milliard de personnes par année. La BM estime que le respect de ces normes coûterait environ 670 millions de dollars par an aux exportateurs africains de céréales, de fruits, de légumes et d'arachides.

Les conditions sont tellement drastiques que même les pays industrialisés, tels que les Etats-Unis, se plaignent des normes de l'UE

---

[1] Cf. Rapport publié en mars 2005 par la Commission pour l'Afrique, groupe de haut niveau créé par le Premier ministre du Royaume-Uni, Tony Blair.

[2] Nous rappelons que l'OMC permet aux pays d'empêcher l'entrée sur leur territoire de denrées alimentaires ne satisfaisant pas à certaines normes relatives aux contaminants biologiques et chimiques. Le JECFA, organe des Nations Unies qui se compose d'experts OMS et FAO, présente des recommandations de normes mondiales à la Commission du Codex Alimentarius.

relatives aux aflatoxines. Pour les produits laitiers, l'UE exige le niveau le plus faible d'aflatoxine que les moyens technologiques actuels puissent déceler, alors que les Etats-Unis appliquent des normes bien moins rigoureuses. Selon les exploitants agricoles des Etats-Unis, ceci les empêche de vendre des produits laitiers à l'UE, car dans certaines régions des Etats-Unis, le climat ne permet pas d'atteindre les normes fixées par l'Union. Toute la question est de savoir si les Etats-Unis trouvent les conditions indigestes et ce qui en sera pour l'Afrique.

Il est donc clair que par moment, les SPS peuvent à la fois servir d'adjuvant au protectionnisme et être particulièrement compliquées lorsque différents pays évaluent différemment la nature du risque ou ont différents degrés de tolérance, comme l'affirme aussi Leonardo Lacovone[1]. Il arrive que les vues des experts divergent et dans d'autres cas, nous nous heurtons essentiellement à une pression politique qui reflète une peur généralisée mais non universelle.

« La campagne menée par l'UE afin d'harmoniser les normes internationales depuis les droits de propriété intellectuelle jusqu'aux normes en matière d'environnement, pose un problème considérable à l'OMC », selon Razeen Sally, dans une étude consacrée aux politiques de l'Union. Les propositions de l'Europe ajoutent au programme de l'OMC des réglementations complexes et intempestives, qui pourraient être trop contraignantes pour un grand nombre de pays pauvres. «Ce programme implicite d'harmonisation des normes qui vise à hisser les normes des PED au niveau de celles des pays développés, est à présent la force la plus insidieuse qui existe au sein de l'OMC », observe-t-il. Nous pensons que ce stratagème risque de renforcer encore les barrières réglementaires qu'imposent les pays développés et de fermer la porte aux exportations à bas prix des PED.

Le FEM sur l'Afrique, qui s'est déroulé au Cap, en Afrique du Sud, a fourni une opportunité intéressante de discuter de la place occupée par l'Afrique dans le commerce mondial et des perspectives futures pour le commerce africain. Le forum s'est penché à fond sur cette question, soulignant le grand potentiel du commerce en tant que moteur de la croissance et du développement économique en Afrique.

La part de l'Afrique dans le commerce mondial est actuellement très faible et s'élève aux alentours de 3 %. Par ailleurs, l'Afrique reste le continent qui commerce le moins avec lui-même, les échanges intracontinentaux ne représentant qu'environ 12% du commerce africain, contre approximativement 55% pour l'Asie et plus de 70% pour l'Europe. Dans un contexte marqué par le ralentissement de la croissance du commerce mondial, une tendance à la baisse des prix des matières premières et l'émergence d'accords commerciaux méga-

[1] Conseiller économique auprès du Ministère de l'Agriculture du Mozambique.

régionaux, le continent se trouve face à de grands défis, qu'il s'accapare une plus grande et meilleure part des échanges mondiaux. A ce sujet, la plupart des observateurs et experts s'accordent sur certaines recommandations clés :

1) les pays africains devraient initier une transformation structurelle de leur économie ;

2) développer des infrastructures permettant l'essor du commerce ; et

3) s'efforcer d'offrir un environnement propice aux affaires. Il va de soi que, la mise en œuvre d'un tel programme ne sera pas une tâche aisée, et comme souvent, les contours précis seront plus difficiles à définir que les grandes lignes. Il sied tout de même de noter que récolter de plus grands bénéfices du commerce mondial nécessitera une combinaison d'actions à différentes échelles.

Il est donc clair que la facilitation des échanges est profitable aux économies fortes et que l'Afrique ne saura être compétitive pour le moment. Lorsque l'on aborde la thématique du commerce, on a souvent tendance à focaliser son attention sur la sphère internationale, en s'intéressant aux modalités d'accès au marché. Cependant, tout commence au niveau domestique. Comme l'a souligné Yonov Frederik Agah (directeur général adjoint de l'OMC), même si elles sont influencées par des facteurs externes difficiles ou impossibles à contrôler, les performances commerciales sont profondément enracinées dans des conditions domestiques. À cet égard, le commerce n'est pas différent de l'investissement, et de l'activité économique en général : il a besoin d'un environnement favorable et prévisible pour prospérer. Ceci démontre clairement que les instruments actuels de l'OMC ne profitent pas globalement à l'Afrique mais plutôt aux puissances commerciales qui vont pérenniser la dépendance du continent africain.

Les pays africains devraient donc s'efforcer de mettre ne place un tel environnement domestique, ce qui implique essentiellement deux types d'éléments. Primo, il est important que les gouvernements nationaux développent des infrastructures physiques appropriées, qui font cruellement défaut dans nombre de pays africains, afin de permettre aux acteurs économiques de faire des affaires et de transporter des marchandises de manière aussi efficiente que possible.

Les infrastructures, qui comprennent notamment les routes, les chemins de fer, ainsi que les réseaux électriques et de télécommunications, nécessitent d'énormes investissements financiers que l'Afrique ne dispose pas nonobstant le soutien de la communauté internationale en deçà des besoins du continent. Secundo, tout pays désireux d'offrir des conditions propices au développement de l'activité commerciale doit également mettre en place les bonnes institutions. Ainsi, il est apodictique de construire des fondations solides dans le domaine politique, en s'inspirant de toutes les institutions politiques qui ont amené au succès de nombreux pays. Cela peut paraître évident, mais la vitalité de la démocratie, le renforcement du l'Etat de droit, l'amélioration de la gouvernance, et la lutte contre la corruption constituent autant d'objectifs cruciaux qui nécessitent des efforts continuellement renouvelés.[1]

Une fois le socle politique en place, des politiques économiques et commerciales plus spécifiques sont nécessaires, afin de fournir aux opérateurs économiques un cadre institutionnel favorable, transparent, et prévisible. « La clé, c'est de s'attaquer à ces réformes domestiques », a insisté Agah, ajoutant que les réformes et politiques domestiques devraient cibler certains secteurs spécifiques en vue de stimuler la diversification. Pour que l'Afrique puisse bénéficier de manière plus substantielle des échanges commerciaux internationaux, le niveau régional est également d'une importance capitale.

De surcroît, comme cela a été souligné par Fatima Haram Acyl[2], beaucoup de pays africains sont trop petits pour justifier d'énormes investissements. Ainsi, l'intégration régionale et continentale a également un rôle crucial à jouer en permettant aux pays de mutualiser leurs ressources et de s'allier pour effectuer certains investissements clés, dans des domaines tels que les infrastructures ou la facilitation des échanges. C'est d'ailleurs dans ce contexte que se justifie la création de la Zone de libre-échange continentale en 2017 et l'Union douanière à l'horizon 2019. On note actuellement, des progrès significatifs dans le cadre des communautés économiques régionales (CER). Bien que la CAE reste la plus avancée en termes d'intégration, d'autres CER ont pris des mesures importantes pour resserrer les liens économiques entre leurs membres. C'est notamment le cas de la CEDEAO, qui a adopté la libre circulation des personnes et dont le tarif extérieur commun (TEC) est entré en vigueur au début de l'année 2015.[3]

En bout de course, le niveau global sera aussi essentiel pour que l'Afrique puisse prendre une meilleure place dans les échanges mondiaux. L'Afrique doit, en premier lieu, s'assurer de son intégration

[1] Il semble que toutes ces tares bloquent l'engagement de l'Afrique dans le commerce international et constituent des préalables à vider, avant tout engagement massif dans le commerce international. Il est donc évident qu'aucune facilitation des échanges ne profitera à l'Afrique, dans le contexte actuel.

[2] Commissaire de l'Union africaine pour le commerce et l'industrie.

[3] Ces évolutions sont perçues par beaucoup de manière positive, car il existe un large accord autour de l'idée que le commerce intra-régional ouvrira la voie au commerce intra-africain.

dans le système commercial multilatéral, afin de faire partie intégrante de l'économie globale. Il est également nécessaire, pour les économies africaines, d'apporter une réponse à l'évolution de l'environnement économique global. En particulier, dans un contexte marqué par la prolifération d'accords de libre-échange toujours plus ambitieux, les préférences dont jouissaient jusque-là les pays africains s'érodent davantage.

Au-delà du fait que, le renforcement de l'intégration régionale et continentale représente certainement une réaction judicieuse, permettant d'intensifier le commerce intra-africain, nous pensons que l'OMC pourrait bien s'avérer l'enceinte la plus efficace pour négocier des dispositions bénéficiant aux pays africains. Malheureusement, nous pensons que la relecture des Accords commerciaux au gré des intérêts africains s'avère utopique, et que le jour où sera aura lieu ladite relecture sera encadré et recadré par les puissances commerciales du monde.

La Chine étendra bientôt son accès en franchise de droits à 97% des produits taxés pour tous les PMA ayant des relations diplomatiques avec elle, les dirigeants de vingt-six pays d'Afrique ont annoncé la plus grande zone de libre-échange du continent appelée, *Zone de libre-échange tripartite* (COMESA-SADC-EAC).

Au cours des vingt dernières années, l'augmentation des échanges commerciaux a coïncidé avec une, croissance rapide et généralement de meilleurs résultats macroéconomiques clans la région. Il y a lieu d'examiner le rôle relatif des progrès de l'ouverture commerciale sur la croissance et la productivité du travail.

La croissance du PIB réel par habitant de l'Afrique subsaharienne s'est sensiblement accélérée vers la fin des années 90, pour avoisiner 4,3 % par an, en moyenne, durant la première décennie 2000, contre 2,9 % au cours de la décennie précédente. Les améliorations enregistrées sur le plan de la stabilité politique, de la gestion macroéconomique, de l'accès aux financements ainsi que du climat des affaires, ont eu des effets positifs sur les investissements, ce qui a permis l'augmentation des capacités de production dans la région.

Mais l'intégration commerciale accrue a aussi joué son rôle, non seulement en stimulant la demande pour les biens exportés, mais aussi en encourageant la concurrence et en rendant possibles des transferts de technologie et des gains d'efficience via les biens intermédiaires importés. De fait, l'ouverture commerciale moyenne mesurée par la somme des exportations et des importations en pourcentage du PIB, a progressé pour passer de 41 % du PIB, dans les années 90 à 45 % du PIB, pendant la première décennie 2000, avec une accélération et une tendance à la hausse claire sur les trois dernières décennies.

S'il s'avère que l'intégration mondiale a globalement favorisé la croissance. Elle n'a pas eu autant d'effets positifs sur la productivité du travail que dans d'autres régions en processus d'intégration commerciale. On voit donc bien, s'il était besoin de le rappeler, qu'une plus grande ouverture commerciale ne se traduit pas nécessairement par des transformations structurelles et un basculement vers des activités à plus forte productivité. Il faut pour cela que des politiques favorables soient en place. L'AFE est l'un des principaux thèmes débattus à Bali. Les questions liées à la facilitation des échanges dans une perspective africaine, seront ainsi analysées, en mettant en relief les enjeux pour le continent de contribuer ainsi à informer l'opinion des africains sur l'enjeu du jeu de la facilitation des échanges au sein de l'OMC.

Notre étude s'arc-boute sur la prémisse qu'il existe un consensus dans les études empiriques, indépendamment de la méthodologie utilisée, en ce qui concerne l'incidence positive et considérable que la facilitation des échanges pourrait doper les performances commerciales de l'Afrique.

Primo, en analysant les indicateurs pertinents issus de la base de données « Doing Business » établie par la BM, laquelle base des données compare la paperasserie et les coûts des transactions relatives au commerce international en Afrique ainsi que dans le monde. Sur base des éléments précités, notamment l'ampleur disproportionnée des coûts des transactions selon les normes internationales, il appert que la facilitation des échanges est cruciale pour l'Afrique[1].

Secundo, nous relevons le schéma des importations des pays africains, en accordant une attention particulière aux intrants intermédiaires. L'analyse permet de comprendre dans quelle mesure la facilitation des échanges pourrait stimuler les exportations, non seulement en réduisant directement le coût des transactions, mais aussi indirectement en fournissant le soutien moins coûteux aux moyens de production qui doivent être transformés sur le territoire avant d'être éventuellement réexportés. Bien que cet effet indirect semble actuellement jouer un rôle limité, étant donné la dépendance persistante de l'Afrique à l'égard des matières première, certainement loin d'être négligeable. L'effet indirect est appelé à devenir progressivement plus pertinent, à mesure que la diversification économique progresse, les entreprises africaines réussissent à intégrer les chaînes de valeur régionales et mondiale.

---

[1] En sus, les éléments examinés soulignent les diverses incidences des coûts de transaction établissant une distinction entre les flux d'exportation et d'importation et font ressortir la dimension sous-régionale et internationale en portant une attention particulière aux pays sans littorale.

Tertio, nous passerons en revue les instruments spécifiques couverts par l'AFE et les autres instruments déjà adoptés en Afrique au niveau des communautés économiques régionales ainsi qu'aux dispositions juridiques au niveau national, ce qui permet d'évaluer la priorité multilatérale avec le programme d'intégration régionale et les politiques nationales des Etats d'Afrique, tout en recensant en même temps les domaines de synergie potentielle entre les trois.[1]

En bout de course, nous donnons des précisions sur les coûts sous-jacents des activités de facilitation. Etablir adéquatement les coûts de la facilitation des échanges n'est pas uniquement perceptible sous l'angle du besoin de financement du développement de l'Afrique, mais aussi tenir compte du fait que les modalités de l'AFE proposé, subordonnent la mise en œuvre de certains engagements à la fourniture d'une assistance technique et financière.

A ce niveau, nous analysons le degré d'intégration de l'Afrique subsaharienne dans l'économie mondiale, en nous intéressant plus particulièrement au commerce et à la participation de la région aux chaînes de valeur mondiales. Nous évaluons dans quelle mesure l'intégration commerciale a contribué aux bons résultats économiques des dernières décennies et, pour ce qui est de l'avenir, nous examinons les facteurs qui pourraient permettre à l'Afrique subsaharienne d'exploiter son potentiel d'intégration commerciale encore important, notamment en se positionnant mieux dans les chaînes de valeur mondiales et régionales afin de favoriser une croissance durable et d'encourager des transformations structurelles.

L'histoire renseigne que le milieu des années 90 a marqué le début de vingt années d'une croissance économique forte et ininterrompue, en Afrique subsaharienne. Le décollage de la croissance du reste du secteur primaire, généralement considéré comme une croissance appauvrissante, a été attribué aux facteurs conjugués, notamment la mise en œuvre de politiques macroéconomiques avisées par les Etats de la région, mais aussi les marges de manœuvre créées par les mesures d'allègement de la dette, le renforcement des institutions politiques et économiques et, pour la plupart de pays, la sortie de leur situation de fragilité.

La conjoncture extérieure a aussi joué un rôle indubitable, avec une demande soutenue dans les pays avancés jusqu'à la crise financière mondiale, puis dans les pays émergents, en particulier pour les matières premières. On note à ce sujet que jusqu'en 2015, la Chine qui

---

[1] Il évalue également les domaines de synergie potentielle, complémentarités entre la proposition de l'OMC et les conventions multilatérales connexes, notamment la CKR sur la simplification, l'harmonisation des procédures douanières et la Convention douanière sur le commerce international des marchandises sous la couverture des carnets TIR (Convention TIR).

contrôle 8% des importations mondiales et 12 % des exportations, achète entre 40 et 50% des matières premières. L'environnement économique au niveau mondial est néanmoins en train de prendre un tour moins favorable, d'une manière telle que la récession de l'économie chinoise a eu des répercussions sur les économies des Etats dont le gros des revenus provient des matières premières.

Dans ce contexte, il convient d'analyser le degré d'intégration de la région dans l'économie mondiale, afin de mettre en évidence les moyens qui s'offrent à elle, pour tirer le meilleur parti de ses liens commerciaux grandissants et, pour le futur, soutenir durablement la croissance. Il s'en dégage un constat général :

1) la région s'est fortement ouverte au commerce depuis le milieu des années 90 grâce aux nouveaux partenariats conclus avec les pays émergents, singulièrement la Chine, et à l'éclosion charpentée des échanges infrarégionaux. Le niveau élevé de la demande de produits de base a joué également un rôle important pour les pays exportateurs de pétrole. Toutefois, les matières premières ne pèsent pas aussi lourd dans les exportations du reste de la région, même chez les autres exportateurs de ressources non renouvelables ;

2) le développement des échanges commerciaux a été un moteur performant de croissance. Pourtant, la productivité du travail n'a beaucoup évolué que dans les autres régions au cours des vingt dernières années. Son intégration accrue dans l'économie mondiale a rendu l'Afrique subsaharienne plus vulnérable aux chocs exogènes ;

3) la région dispose d'un potentiel indéniable pour renforcer son intégration dans le commerce régional et mondial. Nonobstant les volumes d'échanges en forte hausse, l'Afrique subsaharienne a à peine suivi le rythme d'expansion du commerce international, alors que, pendant le même temps, d'autres régions parvenaient à accroître leur poids dans le système des échanges commerciaux internationaux. Ainsi, même si l'on tient compte des niveaux inférieurs de revenu, de la petite taille des économies, des distances généralement plus grandes et de l'enclavement de nombreux pays, les échanges commerciaux en provenance d'Afrique subsaharienne n'atteignent que la moitié de ceux enregistrés ailleurs dans le monde ;

4) de même, la région a encore beaucoup à faire pour mieux s'intégrer dans les chaînes de valeur mondiales du fait de faible valeur ajoutée pour les opérations faites en Afrique, un processus qui est associé ailleurs dans le monde à un niveau d'activité plus élevé et à une augmentation des revenus au fil des ans notamment en Asie du Sud-est ou en Europe orientale.

On note à ce sujet que les pays exportateurs du pétrole sont nettement en retrait, beaucoup d'autres Etats, exportateurs de produits de base ou non, affichent des progrès, même s'ils partaient de très bas, avec une mention spéciale pour les membres de la CAE et de la SACU. S'agissant des pays qui ont fait le plus de progrès dans leur intégration dans les chaînes de valeur mondiales, notamment l'Afrique du Sud, l'Éthiopie, le Kenya, les Seychelles ou la Tanzanie, les principaux secteurs bénéficiaires ont été l'industrie manufacturière, l'agriculture et l'agro-industrie ainsi que, dans une moindre mesure, les transports, le tourisme et le textile. Ces résultats pointent les secteurs où la région pourrait s'appuyer sur les avantages comparatifs, à condition que le climat des affaires y soit suffisamment favorable. Ainsi, nous semble-t-il, pour tenir un grand profil des chaînes de valeur mondiale, l'Afrique doit privilégier cette stratégie essentiellement dans le secteur pour lequel il détient l'avantage comparatif.

A cet égard, nous sommes d'avis que pour exploiter le potentiel de la région et, ce faisant, permettre la création de nouveaux foyers de richesses, travail et assurer une saine croissance durable dans un contexte d'essoufflement de la demande de produits de base au niveau mondial, il est plus que jamais essentiel d'avancer sur le front des besoins d'infrastructures, de l'abaissement des barrières douanières et non douanières, et de l'amélioration du climat des affaires et de l'accès au crédit, tout en améliorant les indicateurs d'éducation. Les échanges commerciaux de l'Afrique subsaharienne ont augmenté, à un rythme accéléré, au cours des vingt dernières années. Si la croissance du PIB nominal cumulé de la région a atteint 350 % entre 1995 et 2013 (en dollars), les exportations de biens ont fait encore mieux avec 500 % d'augmentation. Sur la même période, le commerce mondial a progressé de 260 % avec un ratio exportations/PIB de la région, passant de 20½ % en 1995 à 27½ % en 2013, et le ratio importations/PIB a aussi augmenté, passant de 19 % à 23 %. On note également que la destination des exportations d'Afrique subsaharienne a sensiblement évolué durant cette période : les échanges avec les pays avancés, qui représentaient près de 90% des exportations en 1995, ont plongé à la suite de la crise financière internationale.

Au même moment, de nouveaux partenariats commerciaux ont été forgés avec des pays émergents tels que le Brésil, l'Inde et la Chine qui est aujourd'hui le premier partenaire commercial de l'Afrique. Il s'observe pour la même période que la part du commerce intra-régional a presque doublé en partant, certes, d'un niveau très bas pour atteindre 3½ % du PIB de la région.

Les performances en matière d'échanges commerciaux présentent cependant une très grande hétérogénéité au sein de la région. Ainsi, alors que le ratio exportations/PIB a plus que doublé entre 1995 et 2013, pour les pays riches en ressources naturelles non exportateurs de pétrole, l'Afrique du Sud à elle seule représentant environ les deux tiers de cette augmentation tandis que ce ratio a stagné pour l'ensemble des pays non exportateurs de produits de base, et même chuté pour les exportateurs de pétrole.

Les pays devenus exportateurs de ressources naturelles pendant la période, comme la Sierra Leone et le Tchad, ont vu la part des exportations dans le PIB progresser, notablement sous l'effet de la demande croissante de produits de base émanant des pays émergents. A l'inverse, la part des exportations dans la plupart des pays exportant des produits de base depuis longtemps, comme l'Angola, la Guinée équatoriale ou la Tanzanie, a diminué au fil des ans, ce qui révèle leur difficulté d'élargir le bassin d'exportations.

Dans beaucoup de pays, la croissance rapide du PIB s'est accompagnée du développement de secteurs dynamiques de biens non échangeables. La donne a conduit, non seulement à une diversification bienvenue des sources de croissance, mais aussi à un recul de la part du commerce dans le PIB, le Nigéria se distinguant sur ce plan. Certains pays ont su tirer parti de la croissance des échanges régionaux, comme la Côte d'Ivoire et le Sénégal dans UEMOA, le Togo en Afrique de l'Ouest, et le Botswana, le Lesotho, la Namibie et le Swaziland dans la SACU.

Il va de soi que les pays enclavés, dépourvus de ressources naturelles, restent des économies plus fermées, les exportations ne représentent qu'environ 10% du PIB, et ont encore beaucoup de mal à accroitre leur intégration commerciale, handicapés qu'ils sont par les infrastructures, le transport de mauvaise qualité et un intérêt sans envergure de la part des pays émergents.

La croissance dynamique des exportations de la région s'explique en partie par une évolution favorable des prix, car non seulement les volumes exportés ont augmenté, mais le prix relatif auquel les pays d'Afrique subsaharienne ont vendu ces exportations a progressé très substantiellement. De manière concrète, si la valeur réelle des exportations de l'Afrique subsaharienne a été multipliée par 5 entre 1995 et 2013, c'est à la fois parce que les volumes ont été multipliés par 2,5 et que le prix relatif de ces exportations a doublé, une situation totalement différente de celle d'avant 1995. Cette évolution a entrainé une hausse fort appréciée du pouvoir d'achat pour la région et permis de financer l'accélération, tant nécessaire, des investissements dans les infrastructures[1]. La situation laisse les exportateurs de produits de base de la région à la merci d'un renversement des prix. L'Afrique ne doit donc pas seulement négocier les dispositions plus avantageuses dans le droit de l'OMC, mais également rationaliser sa gouvernance, en mettant en œuvre des politiques publiques cohérentes assises sur l'avantage comparatif et la diversification. Là aussi, ce tableau général masque une hétérogénéité importante dans la structure des exportations au sein de la région.

Les produits de base représentent, en effet, environ la moitié des exportations de biens et de services, dans l'ensemble de l'Afrique subsaharienne. Ce ratio grimpe à 80% pour les huit exportateurs de pétrole, mais tombe autour de 35% pour les autres pays, y compris ceux qui exportent des produits de base non pétroliers, avec un pourcentage assez similaire à celui enregistré dans les pays émergents ou à faible revenu des autres régions du monde.

Les progrès accomplis par l'Afrique subsaharienne en matière d'intégration commerciale, doivent aussi être considérés à la lumière de l'évolution du commerce mondial sur la même période. Les échanges mondiaux ont décollé à la suite de la mise en œuvre du cycle de l'Uruguay, de la création de l'OMC et de l'entrée de la Chine à l'OMC en 2001. Ce dynamisme se justifie aussi par l'émergence de nouveaux géants commerciaux et le recul de la contribution des pays avancés au commerce mondial. En fait, c'est uniquement dans la mesure où l'Afrique subsaharienne a été capable de réorienter ses échanges commerciaux vers ces nouveaux acteurs du commerce, en particulier la Chine, qu'elle a réussi à conserver sa place dans le commerce mondial, du reste modeste sur la scène internationale.

La situation se confirme par une mesure plus précise de l'intégration de la région dans le commerce mondial ; la centralité dans le réseau des échanges mondiaux a conduit à un résultat similaire. L'indicateur considère non seulement la taille des exportations dans un pays donné, mais aussi le nombre de ses partenaires commerciaux et le poids relatif des partenaires dans le commerce mondial. Ce qui permet d'avoir une meilleure image de l'interconnexion du pays dans le réseau des échanges mondiaux. L'Afrique subsaharienne reste la région la moins intégrée du monde avec une centralité moyenne, d'environ la moitié seulement de celle d'autres pays émergents et en développement.

[1] Toutefois, l'amélioration des termes de l'échange n'a pas été le résultat d'un plus grand pouvoir de fixation des prix ni d'une meilleure qualité des biens exportés, mais d'une hausse des cours des produits de base sur les dix dernières années, alimentée par une relative faiblesse de l'offre mondiale et une demande forte des pays émergents.

Conclusion

Consacrer tout un livre à la question apparemment banale, celle de l'impact du droit de l'OMC et de la facilitation des échanges sur l'économie africaine,_après l'entrée en vigueur de l'AFE, paraît, à tout le moins, saugrenu. Et pourtant, au détour de l'observation, le phénomène notoire et banalisé affecte dangereusement les économies africaines.

La facilitation des échanges ne saurait être réduite aux intérêts des puissances commerciales du monde, mais elle doit être polygonale, au point de prendre en compte l'incidence sur l'engagement de l'Afrique dans le commerce international. De manière concrète, nous nous sommes employé à cerner les dispositions léonines de l'instrumentum de l'OMC, susceptibles de prolonger la dépendance économique de l'Afrique. Au-delà des flexibilités et de l'assistance technique, notamment le programme Mercator, nous concluons que l'AFE désavantage l'Afrique dont la production est faible sur le plan qualitatif et quantitatif. Il va sans dire que l'AFE fera du continent un déversoir du surplus des producteurs occidentaux et orientaux, qui va, à coup sûr, ralentir son industrialisation, car l'économie d'échelle fera que les biens importés coûteraient moins chers au détriment de la production continentale.

Pour ce faire, nous avons planché sur les fondements théorique et juridique du commerce international ; l'AFE et sa mise en œuvre ; et l'impact de l'AFE sur l'économie africaine.

Sur le plan principiel, l'OMC soutient que la facilitation des échanges réduirait de 14,3 % les coûts de transaction du négoce international et apporterait à la croissance mondiale 0,5% l'an, une augmentation des exportations mondiales de l'ordre de 1 100 milliards à 3 000 milliards de dollars, selon le degré de mise en œuvre des dispositions de l'AFE ; ainsi que la réduction de délai d'importation d'environ de 2 jours, comme confirmé par bien d'études, pour une prospérité partagée. Les études antérieures ne déterminent ni la part des exportations de l'Afrique ni le plus gagnant dans la mondialisation, plus favorable aux grandes puissances commerciales. Elles sont susceptibles de renforcer la dépendance économique de l'Afrique. Nous sommes aussi d'avis que les instruments de facilitation des échanges proposés par l'OMC, sont plus servants des grandes puissances commerciales que de l'Afrique sub-saharienne.

Tout en reconnaissant l'incidence de l'environnement économique international sur la croissance économique autonome des Etats, nous pensons que ces études éludent intentionnellement la vraie problématique des Accords de l'OMC : percevoir l'enjeu du jeu commercial à l'échelon mondial. Elle recèle, à notre avis, un impérialisme commercial.

Partisan d'une relecture du droit du commerce international et non de son annulation, nous croyons fermement que les instruments de l'OMC sont des adjuvants qui programment la dépendance économique de l'Afrique. Nous appuyons notre dialectique sur les limites suivantes : le droit du commerce international est d'essence coloniale, car la plupart des Accords ont existé avant l'indépendance de l'Afrique ; les négociations au sein de l'OMC mettent l'Afrique en position inégalitaire ; le déficit d'accès au crédit ; la mauvaise insertion dans les chaines de valeurs ; l'amélioration de l'éducation ; le territoire douanier international hétérogène ; la résurgence du terrorisme et le piratage du système informatique ; le dysfonctionnement de l'Union africaine.

La plupart des instruments de l'OMC, notamment son acte fondateur, alors GATT, sont d'essence coloniale : ils existent, soit avant les indépendances africaines, soit légèrement après l'émancipation des Etats africains. Il va de soi qu'il s'agit du droit créé sans l'Afrique, mais qui lui est opposable. Quant aux amendements post coloniaux, ils sont faits avec l'Afrique inexperte sur les questions du commerce international, particulièrement sur les questions douanières liées aux échanges internationaux. En cette matière, l'expertise n'est pas encore saturée, même en Occident.

Il s'agit bien là du continuum de la loi du plus fort et l'Afrique doit appliquer c'est qu'elle n'a pas conçu, qui mutile ses réalités. Nous affirmons ainsi que l'AFE avantage plus l'Occident et l'Orient dont les produits vont envahir l'Afrique au point d'étouffer l'industrie locale.

Les chiffres sur la représentation des PED aux négociations sur la question de l'évaluation en douane selon l'OMC, comme d'ailleurs sur beaucoup de questions du commerce international, renseignent que les pays d'Afrique y sont toujours sous représentés. La participation des Africains est plus fictive qu'effective. Les délégués africains sont plus touristes que négociateur, d'autant plus que pendant les négociations, la plupart d'entre eux sont versés dans les emplettes et préoccupés par les sièges laissés vides, au profit de l'argumentaire « occidento-oriental ».

Au-delà de la simple expansion du commerce, l'émergence des chaines de valeur mondiales est devenue une dimension supplémentaire de la mondialisation au cours des vingt dernières années. Dans une économie mondiale de plus en plus intégrée, alimentée par le progrès technologique, la diminution des coûts de transport et de communication et les réformes favorisant le commerce, les processus de production sont devenus de plus en plus dispersés géographiquement. L'évolution a donné naissance à des systèmes de chaines d'approvisionnement ou de la valeur qui s'ajoute à chaque étape, avant de traverser la frontière, pour le transfert à l'étape suivante dénommée « les chaines de valeur mondiales ». L'absence d'organismes de financement ne permet pas aux entreprises africaines de produire les biens et services de qualité au point de faire concurrence aux puissances commerciales.

Le droit de l'OMC qui se veut toujours universel, néglige souvent le particularisme local qui met en jeu les infrastructures. C'est notamment le cas de l'AFE de l'OMC dont la mise en œuvre a été confiée à l'OMD. Les principes de base de la CKR ont été prévus pour assurer une uniformisation et une harmonisation des régimes douaniers à l'échelon mondial. Ils s'appliquent au territoire de chaque Partie Contractante qui adhère à la Convention, quelle que soit sa situation géographique. Nous pensons que le retard en infrastructures et en énergie électrique rend ce texte d'application difficile en Afrique sub-saharienne. Les flexibilités accordées aux PMA pour la mise en œuvre de l'AFE, ont des délais courts et la détérioration des routes amenuise les chances d'application du droit de l'OMD, au risque de faire de ces réformes une modification robotique des recettes.

Les autorités douanières, à travers le monde, sont la première ligne de défense contre les organisations terroristes qui tentent souvent d'exporter leurs activités en dehors des frontières nationales, pour porter atteinte à la sécurité mondiale. C'est donc à ce titre que la CPG de l'OMD a appelé, à Punta Cana en République dominicaine, à une action concertée entre les gouvernements, les services de sécurité et les administrations douanières pour lutter contre les menaces terroristes transfrontalières. Il nous semble que l'aspect sécuritaire va incontestablement ralentir le rythme de dédouanement. Il devient ainsi apodictique d'insérer cette disposition dans la CKR, comme une raison justifiant l'examen approfondi de certaines déclarations, au-delà de la gestion des risques classique.

En définitive, dans le cadre de l'étude concernant l'incidence du droit de l'OMC sur l'économie africaine, nous avons défendu la thèse que l'AFE favorise plus les puissances commerciales que l'Afrique. Ainsi, la correction passe par la concrétisation de deux derniers piliers du paquet de Bali en souffrance : l'aide au développement des PMA, car il est prévu une exemption accrue de droits de douane aux produits provenant des PMA et réduire les subventions à l'exportation des produits agricoles des puissances.

Bibliographie

OUVRAGES

1. Albriejel (D) et Slocum (J), *Management des organisations*, 2ème éd, Nouveaux horizons, Paris, 2006.
2. Bakandeja, (Gr), *Le droit du commerce international, les peurs justifiées de l'Afrique face à la mondialisation des marchés*, De Boeck, Bruxelles.
3. Benichi (R), *Histoire de la mondialisation*, Vuibert, Paris, 2ème éd, 2008.
4. Bureau inspection Valuation Assessment Control
5. Christian (A) et Philippe (N), *Economie internationale, faits, théories et politiques*, Paris, Seuil, 2000.
6. Combe (E), *Précis d'économie*, 12ème éd, Paris, PUF, 2012.
7. Dumas (E), *L'économie mondiale, commerce, monnaie, finance*, Bruxelles, De Boeck, 2006.
8. FMI, *Etudes sur les chaines de valeur*, Washington, FMI, 2015.
9. Ghorra-Ghorra (C), *Dictionnaire critique de la mondialisation*, Armand colin, Paris, 2012.
10. Gunchard (S), *Lexique des termes juridiques*, 17ème Dalloz, Paris, 2010.
11. Head (K.T) et Mayer (T), "The erosion of colonial trade linkages after independence", in Journal of international economics, 2014.
12. Krugman (P) et Obstifald (M), *Economie internationale*, 4ème éd., Bruxelles, De Boeck, 2013.
13. Krugman (P), *Economie internationale*, 10ème éd, Paris, Nouveaux horizons, 2013.
14. Luff (D), *Droit de l'Organisation Mondiale du Commerce*, Bruxelles, Bruylat, 2004.
15. Mankiw (Gr) et Taylor (M), *Principes de l'économie*, 2ème éd., Bruxelles, De Boeck, 2011.
16. Ndeshyo (O), *Manuel de droit communautaire africain*, EUA, Kinshasa,2016.
17. Nordas (H.K) et Piermartini (R), *Infrastructure and trade*, staff working paper, WTC, 2004.
18. Nyahoho (E) et Proulx (P-P), *Le commerce international, théories, politique et perspectives industrielles*, 4ème éd. Québec, PUQ, 2016.
19. OCDE, *L'Observateur de l'OCDE*, n° 295 T2, OCDE, Paris, 2013.

20. OMC, *Comprendre l'OMC*, Genève, OMC, 2015.
21. OMC, *Les textes juridiques, résultats des négociations commerciales multilatérales du cycle de l'Uruguay*, OMC, Genève, 2015.
22. OMC, *Rapport sur le commerce mondial 2016*, OMC, Genève, 2016.
23. OMD, Cadre de normes SAFE, OMD, Bruxelles, 2005.
24. OMD, *Guide sur la mise en œuvre et de gestion de l'Accord sur la Facilitation des Echanges,* Bruxelles, OMD, 2014.
25. OMD, un système de transit sûr et efficace, conseils aux membres sur la mise en place d'un système de transit.
26. Organisation Mondiale du Commerce, Rapport sur le commerce mondial 2015, OMC, Genève.
27. Perkins (D), *Economie du développement,* 3ème éd., De Boeck, Bruxelles, 2008.
28. Perkins H. (D), Radelet (S) et L. lindauer (D), *Economie de développement,* 3ème éd, De Boeck, Bruxelles, 2014.
29. Porter, *competition in global industries,* book Harvard business school, Harvard, 1986.
30. Reineli (M), *Le commerce international,* 8ème éd, La découverte-rysins, Paris, 2002.
31. Revel (cl), *La gouvernance mondiale a commencé,* Ellipses, Paris, 2006.
32. Robbun (S) et Decenzo (D), *Management, l'essentiel des concepts et des pratiques,* 6ème éd, Nouveaux horizon, Paris, 2008.
33. Samuelson (P) et Nordaus (W), *Economie,* 18ème éd, Economica, Paris, 2005.
34. Silem (A), *Lexique d'économie,* 10ème éd., Dalloz, Paris, 2008.
35. Zarrouk (N), *Commerce et développement, Du GATT à l'OMC,* REJCES, Rabat, 2008.
36. Zerah (D), *L'exigence d'une gouvernance mondiale,* condé sur noiseau, L.G.D.J, 2013.

AUTRES DOCUMENTS

1. Accord général sur le commerce des services
2. Accord sur l'agriculture
3. Accord sur la Facilitation des Echanges
4. Accord sur les ADPIC.
5. Accord sur les aspects des droits de propriété intellectuelle
6. Accord sur les aspects du droit de propriété intellectuelle.
7. Accord sur les obstacles techniques du commerce
8. Accord sur les textiles et vêtements
9. Convention de Kyoto révisée

Table des matières

Structures éditoriales du groupe L'Harmattan

L'Harmattan Italie
Via degli Artisti, 15
10124 Torino
harmattan.italia@gmail.com

L'Harmattan Hongrie
Kossuth l. u. 14-16.
1053 Budapest
harmattan@harmattan.hu

L'Harmattan Sénégal
10 VDN en face Mermoz
BP 45034 Dakar-Fann
senharmattan@gmail.com

L'Harmattan Cameroun
TSINGA/FECAFOOT
BP 11486 Yaoundé
inkoukam@gmail.com

L'Harmattan Burkina Faso
Achille Somé – tengnule@hotmail.fr

L'Harmattan Guinée
Almamya, rue KA 028 OKB Agency
BP 3470 Conakry
harmattanguinee@yahoo.fr

L'Harmattan RDC
185, avenue Nyangwe
Commune de Lingwala – Kinshasa
matangilamusadila@yahoo.fr

L'Harmattan Congo
67, boulevard Denis-Sassou-N'Guesso
BP 2874 Brazzaville
harmattan.congo@yahoo.fr

L'Harmattan Mali
Sirakoro-Meguetana V31
Bamako
syllaka@yahoo.fr

L'Harmattan Togo
Djidjole – Lomé
Maison Amela
face EPP BATOME
ddamela@aol.com

L'Harmattan Côte d'Ivoire
Résidence Karl – Cité des Arts
Abidjan-Cocody
03 BP 1588 Abidjan
espace_harmattan.ci@hotmail.fr

L'Harmattan Algérie
22, rue Moulay-Mohamed
31000 Oran
info2@harmattan-algerie.com

L'Harmattan Maroc
5, rue Ferrane-Kouicha, Talaâ-Elkbira
Chrableyine, Fès-Médine
30000 Fès
harmattan.maroc@gmail.com

Nos librairies en France

Librairie internationale
16, rue des Écoles – 75005 Paris
librairie.internationale@harmattan.fr
01 40 46 79 11
www.librairieharmattan.com

Lib. sciences humaines & histoire
21, rue des Écoles – 75005 Paris
librairie.sh@harmattan.fr
01 46 34 13 71
www.librairieharmattansh.com

Librairie l'Espace Harmattan
21 bis, rue des Écoles – 75005 Paris
librairie.espace@harmattan.fr
01 43 29 49 42

Lib. Méditerranée & Moyen-Orient
7, rue des Carmes – 75005 Paris
librairie.mediterranee@harmattan.fr
01 43 29 71 15

Librairie Le Lucernaire
53, rue Notre-Dame-des-Champs – 75006 Paris
librairie@lucernaire.fr
01 42 22 67 13

www.ingramcontent.com/pod-product-compliance
Lightning Source LLC
LaVergne TN
LVHW011438061026
849535LV00004BA/857